Analogie und Argument

Recht und Rhetorik

Herausgegeben von Katharina Gräfin von Schlieffen

Band 7

PETER LANG

Jens Fischer

Analogie und Argument

Eine rechtsrhetorische Untersuchung zur Struktur juristischer Begründungen

PETER LANG

Bibliografische Information der Deutschen Nationalbibliothek
Die Deutsche Nationalbibliothek verzeichnet diese Publikation in der Deutschen Nationalbibliografie; detaillierte bibliografische Daten sind im Internet über http://dnb.d-nb.de abrufbar.

Zugl.: Hagen, Fernuniv., Diss., 2020

D 708
ISSN 1619-389X
ISBN 978-3-631-85351-1 (Print)
E-ISBN 978-3-631-87847-7 (E-PDF)
E-ISBN 978-3-631-87848-4 (EPUB)
DOI 10.3726/b19816

Peter Lang – Berlin · Bern · Bruxelles · New York · Oxford · Warszawa · Wien

Diese Publikation wurde begutachtet.

www.peterlang.com

Vorwort

Nach verbreiteter Vorstellung folgt die Begründung juristischer Entscheidungen einer deduktiven Methode. Sachverhaltsaussagen seien demnach unter Normsätze zu subsumieren und der Rechtsspruch erscheine als das Ergebnis eines syllogistischen Verfahrens. Für den analogischen, also eben nicht-deduktiven Begründungsmodus sei dagegen kaum Raum. In dieser Arbeit wird dagegen ein differenzierteres Bild juristischer Begründungsweisen gezeichnet, in dem der Analogie ein zentralerer Ort zukommt, als Juristen oft annehmen. Die Arbeit greift die These auf, dass die strukturelle Vielschichtigkeit juristischer Argumentation eher durch ein Begründungsmodell erfasst werden kann, das sich an das aristotelische Enthymem anlehnt, als durch ein deduktives Argumentationsmodell. Um diese These zu belegen, setzt sich die Arbeit mit der Rezeption informaler und formaler Logiken im rechtstheoretischen Schrifttum auseinander und erprobt die Reichweite, mit der diese Logiken geeignet sind, insbesondere die realiter von den Gerichten praktizierte Argumentation zu repräsentieren.

Mein größter Dank gilt Frau Professorin Katharina Gräfin von Schlieffen, die mit ihren Schriften insbesondere zum Enthymem wichtige Pionierarbeit geleistet hat, an die ich anknüpfen konnte und die als Doktormutter durch ihre stets ermutigenden und inspirierenden Gespräche maßgeblich zum Entstehen meiner Arbeit beigetragen hat. Sie hat sich als ideale Betreuerin für mein Promotionsvorhaben erwiesen, das ich zu meinem großen Glück als wissenschaftlicher Mitarbeiter an ihrem Lehrstuhl durchführen durfte.

Danken möchte ich aber auch Herrn Professor Ulfrid Neumann, nicht nur dafür, dass er sich für die Erstellung des Zweitgutachters bereit erklärt hat, sondern auch für den stillen Einfluss, den er als juristischer Publizist und Wissenschaftler auf mich hatte: Er hat mit seiner Einführung in die Rechtsphilosophie und Rechtstheorie der Gegenwart mein Interesse für die Rechtstheorie geweckt und mit seinen argumentationstheoretischen und logikwissenschaftlichen Studien auch diese Arbeit stark geprägt.

Die hier vorliegende Arbeit hat im Februar 2020 der Juristischen Fakultät der FernUniversität in Hagen als Dissertation vorgelegen.

Hagen, im Mai 2021 Jens Fischer

Inhaltsübersicht

Teil 2 – Das deduktive Paradigma

Teil 3 – Die juristische Analogie zwischen Herstellung und Darstellung

Teil 4 – Repräsentation juristischer Argumentation im Toulmin-Schema

Teil 5 – Repräsentation juristischer Argumentation in einem rechtsrhetorischen Modell

Inhaltsverzeichnis

Teil 1 – Die Struktur der Analogie als allgemeiner Begründungsweise

Einleitung

§ 1 Auswahl des Untersuchungsgegenstands: Juristische Analogie

Erst langsam, klagt *Max Weber* in seinem Monumentalwerk „Wirtschaft und Gesellschaft“, sei das „mythologische Denken“, das sich in Gestalt der Analogie zeige und lange Zeit die Eigenart des juristischen Denkens – etwa in der Präjudizienbehandlung – beherrscht habe, einer rationaleren Denkform gewichen: „der syllogistischen Begriffsbildung durch rationale Subsumtion“.[1] Im Widersatz zum angelsächsischen Common Law, das vormodernen Mustern verhaftet sei, richte sich das juristische Denken im Deutschland seiner Zeit auf Systematisierung: „die Inbeziehungsetzung aller durch Analyse gewonnenen Rechtsätze derart, daß sie untereinander ein logisch klares, in sich widerspruchsloses und, vor allem, lückenloses System von Regeln bilden, welches also beansprucht: daß alle denkbaren Tatbestände unter eine seiner Normen müssen logisch subsumiert werden können, widrigenfalls ihre Ordnung der wesentlichen Garantie entbehre“.[2] Juristische Arbeit erreiche nach *Weber* den Höchstgrad methodisch-logischer Rationalität, wenn sie von den Postulaten ausgehe,

> „1. daß jede konkrete Rechtsentscheidung „Anwendung“ eines abstrakten Rechtssatzes auf einen konkreten „Tatbestand“ sei,
>
> 2. daß für jeden konkreten Tatbestand mit den Mitteln der Rechtslogik eine Entscheidung aus dem geltenden abstrakten Rechtsätzen zu gewinnen sein müsse,
>
> 3. daß also das geltende objektive Recht ein „lückenloses“ System von Rechtssätzen darstellen oder latent in sich enthalten oder doch als ein solches für die Zwecke der Rechtsanwendung behandelt werden müsse,
>
> 4. daß das, was sich juristisch nicht rational „konstruieren“ lasse, auch rechtlich nicht relevant sei,
>
> 5. daß das Gemeinschaftshandeln der Menschen durchweg als „Anwendung“ oder „Ausführung“ von Rechtssätzen oder umgekehrt „Verstoß“ gegen Rechtssätze gedeutet werden müsse.“[3]

Auf die Frage, wie Rechtsregeln entstünden, antwortet er: „Heute normalerweise durch Gesetze“ und bespricht das Gewohnheitsrecht als Residualgröße.[4]

---

1 *Max Weber*, Wirtschaft und Gesellschaft, S. 231 f.

2 *Ders.*, a. a. O., S. 395.

3 *Ders.*, a. a. O., S. 396.

4 Ebd.

Die zeitgenössischen Rechtslehren sind den strengen Postulaten *Webers* nicht gefolgt.[5] Die Analogie zählt zu den anerkannten Mitteln der Rechtsfortbildung.[6] Man hebt sie indes von der Auslegung von Gesetzesbegriffen[7] und der Anwendung von Recht ab und stellt sie unter besondere Zulässigkeitsvoraussetzungen: Die Zuordnung eines ungeregelten Sachverhalts zu einer Norm sei nur dann möglich, wenn die Norm eine „planwidrige Regelungslücke" aufweise und die von der Norm erfassten Fälle mit jenem ungeregelten Sachverhalt von „vergleichbarer Interessenlage" seien.[8] Unzulässig sei die

---

5 Die Frühzeit der Bundesrepublik stand – wenigstens in der Rechtsprechung – unter dem Stern einer naturrechtlichen Renaissance, in der die Leidenschaft für gesetzespositivistische Ansätze versiegte. Später kamen verschiedene theoretische Ansätze als „dritte Wege" zwischen Positivismus und Naturrecht hinzu, vgl. zu dieser Entwicklung *Lena Foljanty*, Recht oder Gesetz.

6 In neuerer Zeit vertritt vor allem noch Hillgruber – im Anschluss wohl an Bergbohm und Weber (Annahme logischer Geschlossenheit und Lückenlosigkeit der Rechtsordnung) – die Auffassung, dass eine Kompetenz der Rechtsprechung zur Rechtsfortbildung verfassungsrechtlich illegitim sei, lässt aber eine Ausnahme für die gesetzlich angeordnete Rechtsfortbildung durch die großen Senate der obersten Bundesgerichte zu, vgl. *Christian Hillgruber*, in: Maunz/Dürig, Grundgesetz-Kommentar, Art. 97 Rn. 63 ff.

7 Etwa bei *Hans-Joachim Koch/Helmut Rüßmann*, Juristische Begründungslehre, S. 119 ff. Larenz spricht vor dem Hintergrund seines hermeneutischen Ansatzes in weniger strikter Entgegensetzung von der Rechtsfortbildung (Analogie) als „Fortsetzung der Auslegung", vgl. *Karl Larenz*, Methodenlehre der Rechtswissenschaften, S. 366 ff.

8 Ständige Rechtsprechung: *BVerfGE* 132, 99 (118 ff.).; *BGH* NJW 2010, S. 3087 f.; BVerwG NJW 2013, S. 552 f.; *BSG* NZS 2012, S. 468 ff.; *BAG* NZA 2019, S. 940 ff.; *BFH* HFR 2019, S. 178 ff.; *BPatGE* 52, 136 ff. Auf der Ebene der ergänzenden bzw. hypothetischen Vertragsauslegung nach §§ 133, 157 BGB bedienen sich die Gerichte ebenfalls dieser Topoi, vgl. *BGHZ* 90, 69 (75), *BAG* MDR 2011, 239 f. Vgl. aus der Literatur grundlegend: *Ernst Zitelmann*, Lücken im Recht; *Claus-Wilhelm Canaris*, Die Feststellung von Lücken. Vgl. neben der auf logischer Geschlossenheit und Vollständigkeit insistierenden Lückenkritik Hillgrubers die genau entgegengesetzte, die Unvollständigkeit hervorhebende Kritik, *Dieter Simon*, Vom Rechtsstaat in den Richterstaat? Und in abgemilderter Form unter Kritik des hergebrachten Lückenbegriffs auch *Ralph Christensen/Friedrich Müller*, Juristische Methodik. Band I, Rn. 371 ff. Wohl nicht ganz zu Recht beruft sich Hillgruber im Übrigen auf Kelsen, der zwar in der Tat den Lückenbegriff als Abgleich mit einer erwünschten Rechtsvorstellung (wie auch Analogie und *argumentum e contrario* als austauschbar) ablehnt, den (notwendigen) richterlichen Akt der Interpretation jedoch als schöpferisch-volitiv charakterisiert. Die Frage nach der „Richtigkeit"

Analogiebildung, wenn ihr – wie in paradigmatischer Weise aufgrund von Art. 103 Abs. 2 GG bei der *analogia in malam partem* im Strafrecht[9] – ein Analogieverbot entgegenstehe.[10]

Zu ihrer Legitimation wird verfassungsdogmatisch die Bindung des Richters an Gesetz *und* Recht in Art. 20 Abs. 3 GG angeführt,[11] die auch dahin interpretiert wird, dass das Gesetz im Ausnahmefall von einer höheren – überpositiven – Rechtsschicht derogiert werden könne,[12] aber auch der allgemeine

---

einer Interpretation ist für Kelsen rechtspolitischer Natur, vgl. *Hans Kelsen*, Reine Rechtslehre, S. 251 ff., 346 ff.

9 Vgl. hierzu *Juan P. Montiel*, Grundlagen und Grenzen der Analogie in bonam partem im Strafrecht, der eine Erweiterung des Analogieverbots auf die *analogia in bonam partem* erörtert.

10 Analogieverbote gelten insbesondere noch im Ordnungswidrigkeitenrecht sowie im Steuer- und Abgabenrecht. Diskutiert wurde ein Analogieverbot allgemein für die Eingriffsverwaltung, vgl. hierzu *Guy Beaucamp*, Zum Analogieverbot im öffentlichen Recht, in: AöR 2009, S. 82 ff.; *Markus Bach*, Das Analogieverbot im Verwaltungsrecht.

11 *Reinhold Zippelius*, Juristische Methodenlehre, S. 83 f.

12 *Udo di Fabio*, Gewaltenteilung, in: Handbuch des Staatsrechts, § 27 Rn. 26; *Gerhard Robbers*, in: Bonner Kommentar zum Grundgesetz, Art. 20 Abs. 3 Rn. 3335 ff.; *Klaus F. Gärditz*, in: Berliner Kommentar zum Grundgesetz, Art. 20 (6. Teil) Rn. 67 ff.; andererseits wird ein anti-positivistisches Verständnis des Begriffs Recht abgelehnt und eine Synonymie der Begriffe „Recht" und „Gesetz" angenommen, vgl. *Karl-Peter Sommermann*, in: von Mangoldt, Kommentar zum Grundgesetz – Band 2, Art. 20 Abs. 3 Rn. 286; tendenziell auch *Friedrich E. Schnapp*, in: Münch/Kunig, Grundgesetz-Kommentar, Art. 20 Rn. 61. Zum Teil wird die appellative Funktion der Formel von Gesetz und Recht hervorgehoben, durch die auf das Auseinanderklaffen zwischen Gesetzesrecht und Wertungsquellen anderer Herkunft hingewiesen wird, vgl. *Helmuth Schultze-Fielitz*, in: Dreier, Grundgesetz-Kommentar, Art. 20 (Rechtsstaat) Rn. 94; *Fritz Ossenbühl*, Gesetz und Recht – Die Rechtsquellen, in: Handbuch des Staatsrechts, § 100 Rn. 18; *Eberhard Schmidt-Aßmann*, Der Rechtsstaat, in: Handbuch des Staatsrechts, § 26 Rn. 41 ff. Von dieser Einordnung ist die Frage der verfassungsrechtlichen Legitimation und Einordnung von Richterrecht zu trennen. Weit überwiegend wird Richterrecht nur der Charakter einer nicht an der Bindungswirkung des Art. 20 Abs. 3 GG partizipierenden sog. Rechtserkenntnisquelle zuerkannt. Rechtsfortbildung wird im Gegensatz zur Rechtssetzung auf den Nachvollzug rechtsimmanenter Wertungen und damit vor allem auf die im Gesetz ausgedrückten Zwecke zurückgeführt, die unter Rückgriff auf anerkannte Methodenmittel zu ermitteln seien, vgl. *Klaus F. Gärditz*, a. a. O. Rn. 61 ff.; *Friedrich E. Schnapp*, a. a. O. Rn. 61.; *Karl-Peter Sommermann*, a. a.O. Rn. 286; *Dieter Wilke*, Die rechtsprechende Gewalt, in: Handbuch des Staatsrechts, § 112 Rn. 37; *Bernd Greszick*, in: Maunz/Dürig, Grundgesetz-Kommentar, Art. 20 Rn. 100 ff.; *Helmuth Schultze-Fielitz*, a. a. O. Rn. 286. Gärditz hält Art. 20 Abs. 3 GG entgegen der

Gleichbehandlungsgrundsatz[13]. Verwiesen wird weiter auf eine etablierte Tradition, nach der die schöpferische Rechtsfindung in die Funktion der Rechtsprechung eingeschlossen sei.[14] Positivistische Begründunganätze führen ihre Zulässigkeit auf die Zulassung der Rechtsfortbildung durch den Gesetzgeber in den Prozessordnungen der Gerichtszweige zurück.[15] Schließlich wird auf das praktische Bedürfnis abgestellt, die Norm an eine veränderte Wirklichkeit anzupassen.[16]

Trotz ihrer grundsätzlichen Anerkennung ist die Skepsis gegenüber der Analogie – selbst außerhalb von Analogieverboten – nicht gewichen. *Langhein* stellt in seiner Analogiestudie für das Zivilrecht fest:

> „Im Vordergrund steht [...] die Akzeptanz des Wahrscheinlichkeitscharakters der Analogie. Dieser Umstand wirft aber die Frage nach der Zulässigkeit des juristisch ausgestalteten Analogieschlusses im Zivilrecht auf [...] Deswegen könnte eine juristische Analogie als Maßstab des Gesetzgebers Verwendung finden oder von diesem als eine Methode positiv erlaubt werden."[17]

Die juristische Analogie steht für eine vorrationale Form von Rechtlichkeit. Im Vergleich zur Subsumtion könne sie nicht Wahrheit, nur Wahrscheinlichkeit garantieren. Damit befördere sie Rechtsunsicherheit.[18] Als Störung der

---

herrschenden Meinung für unergiebig für die Frage, ob sich aus ihm ein Auftrag der Rechtsprechung zur Rechtsfortbildung ergibt, vgl. *Klaus F. Gärditz*, a. a. O. Rn. 62. Von Vertretern der Methodenlehre wird die Trennbarkeit von positiven Gesetzesnormen und der Fortentwicklung durch ein auch an außerrechtlichen – im gesellschaftlichen Werterleben wurzelnden – Gesichtspunkten orientiertes Richterrecht methodologisch für unmöglich erklärt, vgl. *Reinhold Zippelius*, a. a. O., S. 83 f.; *Franz Bydlinski*, Juristische Methodenlehre, S. 289 f.

13 *Dirk Looschelder/Wolfgang Roth*, Juristische Methodik, S. 302 ff.; *Hans-Joachim Koch/Helmut Rüßmann*, a. a. O., S. 257.

14 *Fritz Ossenbühl*, a. a. O., § 100 Rn. 50, 55; auch die Rechtsfortbildungsfunktion der europäischen Gerichte wird auf überlieferte Grundsätze gestützt, vgl. *Jörg Neuner*, Die Rechtsfortbildung, in: Europäische Methodenlehre, S. 249.

15 Vgl. *Dieter Wilke*, a. a. O. Rn. 32; eingeschränkt (vgl. FN 6) *Christian Hillgruber*, a. a. O. Rn. 71.

16 Oft wird auf das praktische Bedürfnis nach Anpassung der Norm an veränderte Sachlagen hingewiesen, vgl. etwa *BVerfGE* 96, 375 (394); *Karl-Peter Sommermann*, a. a. O. Rn. 286.

17 *Heinrich Langhein*, Das Prinzip der Analogie als juristische Methode, S. 217.

18 Dieser Bezug zum Aspekt der Rechtssicherheit wird etwa deutlich durch die Begründung des Analogieverbots als Dimension des Gesetzlichkeitsgrundsatzes in Art. 103 Abs. 2 GG: Durch ihn soll die Vorhersehbarkeit von Strafentscheidungen

verfassungsrechtlich im Gewaltenteilungsgrundsatz des Art. 20 Abs. 2 S. 2 GG eingeforderten Funktionenverteilung zwischen demokratisch unmittelbar legitimierter Legislative und Jurisdiktion lockere sie die Gesetzesbindung der letzteren Gewalt auf.[19] Die Gerichte werden zu „rechtssetzenden" Akteuren.[20] Man dürfe sich der Analogie als Mittel der Rechtsbildung nur bedienen, wenn der Gesetzgeber ihren Einsatz zumindest implizit („planwidrige Lücke") oder sogar positiv gestatte.

Es fragt sich daher, warum zu diesem scheinbar randständigen, gleichwohl vielbehandelten Phänomen, das mehr für eine zu überwindende Vergangenheit als die Zukunft unserer Rechtskultur stehen sollte, überhaupt geforscht wird.

Bereits der oberflächliche Blick auf die vom Gesetzgeber gewählten Regelungstechniken verdeutlicht die fortdauernde Bedeutung der Analogie: Die Methode der Regelbeispiele hat – selbst im materiellen Strafrecht[21] – einen erheblichen Verbreitungsgrad gefunden.[22] Sowohl bei der juristischen Fiktion[23]

---

der Strafgerichte garantiert werden, vgl. *BVerfGE* 78, 374 (382). Im Umkehrschluss ist die Analogie also ein Mittel, das jene Vorsehbarkeit beeinträchtigt.

19 *Hans-Joachim Koch/Helmut Rüßmann*, a. a. O., S. 254 ff.

20 „Rechtssetzend" soll hier auf die faktische Wirkmacht von Richterrecht hinweisen und keine Anerkennung von Richterrecht als „Rechtsquelle" implizieren. Nach dem Bundesverfassungsgericht darf sich ein Gericht gerade nicht in die Rolle einer „normsetzenden Instanz" begeben, vgl. *BVerfGE* 33, 125 (158). Freilich wird es normtheoretisch paradox, wenn die Frage gestellt wird, was eine richterrechtlich entwickelte Rechtsregel ist, wenn sie doch keine vom Richter aufgestellte Norm sein darf. Vgl. im Übrigen hierzu FN 11 sowie *Hans Kelsen*, a. a. O., S. 238 f., 352, der aus normtheoretischer Sicht von der Erzeugung (genereller und individueller) Rechtsnormen durch die Gerichtsbarkeit spricht und den Begriff der „Rechtsquelle" als unbrauchbar ablehnt.

21 Z. B. §§ 149 Abs. 1 Nr. 1, § 275 Abs. 1 Nr. 1, § 315 Abs. 1 Nr. 4, § 238 Abs. 1 StGB, vgl. hierzu kritisch *Luis Greco*, Ist der Strafgesetzgeber an das Analogieverbot gebunden?, in: GA 2012, S. 452 ff., der dort für ein Analogiegestattungsverbot votiert. „Ähnlichkeit" oder „Vergleichbarkeit" ist als Kriterium in mehreren weiteren Straftatbeständen benannt.

22 *Karl Engisch*, Einführung in das juristische Denken, S. 161.

23 Zum Zusammenhang zwischen Fiktion und Analogie, vgl. *Wolfgang Fikentscher*, Methoden des Rechts, S. 285; Jachmann sieht beide zwar gleichermaßen als bewusste Gleichbehandlung von formal Ungleichartigem, nimmt allerdings eine verschiedene logische Struktur an, vgl. *Monika Jachmann*, Die Fiktion im öffentlichen Recht, S. 131 ff. Sie nimmt damit eine ähnliche Einordnung wie Larenz vor, welcher die Fiktion als „verdeckte Verweisungen" ausweist. Durch eine Fiktion werde fingiert, Tatbestand T_2 sei ein Fall von Tatbestand T_1, vgl. *Karl Larenz*, a. a. O., S. 245 ff. Vgl. auch *Fabian Steinhauer*, Regel und Fiktion, S. 112 ff., der die Fiktion im Anschluss

als auch den Rechtsgrund- und Rechtsfolgenverweisungen[24] wird – wie bei der Analogie – Gleiches mit Ungleichem gleichgestellt. Bei „unbestimmten Rechtsbegriffen“ ist das Walten des analogischen Verfahrens apokryph: Durch Regelbeispiele wird im Kontext „unbestimmter Rechtsbegriffe“ eine Anwendungstendenz vorgeben. Fallen sie weg, muss eine Kasuistik entwickelt werden.

Im Schrifttum wurden bereits früh[25], spätestens im Zuge der Rezeption der Hermeneutik von *Gadamer*[26], Zweifel am Subsumtionsdogma einerseits, andererseits der Haltbarkeit der Differenzierung von Analogie und Interpretation durch das Kriterium des „möglichen Wortsinn“[27] eines Gesetzesbegriffs ausgedrückt.[28] Die Rede von einem „Analogieverbot“ stellte man in Frage.[29] Aus methodologischer Sicht[30] wird man das analogische Denken kaum für überwunden und die mit der Analogie verbundenen Orte der wissenschaftlichen Auseinandersetzung nicht für befriedet erklären können.[31]

---

an Vaihingers Philosophie des Als-ob diskutiert und auf Vico hinweist, welcher die Fiktion als Mittel zur „Umdichtung“ von Sachverhalten und zur Konservierung der Autorität der Gesetze betrachtete. Entsprechend wurde von den römischen Juristen nach Simon die *fictio iuris* als begriffsrealistischer Gestaltungsakt verstanden und wäre also von der analogen Gesetzesausdehnung abzuheben, die – einer nominalistischen Tradition folgend – als semantische und nicht als ontologische Unterstellung aufzufassen sei: Die Römer wollten die Dignität ihrer sakralen Gesetze nicht antasten, sondern stellten auf der profaneren Ebene der Sachverhalte gleich, vgl. *Dieter Simon*, Fiktionen, m. w. N.

Vgl. allgemein zur Fiktion auch den die Thematik umfassenden Band von *Thomas Seibert*, Fiktion im Recht, Zeitschrift für Semiotik 1990, S. 175 ff.

24 Vgl. *Theodor Heller*, Logik und Axiologie, S. 70 ff.; *Franz Reimer*, Juristische Methoden-lehre, Rn. 443 ff.

25 Vgl. *Walter Sax*, Das strafrechtliche Analogieverbot, S. 152 ff.; *Theodor Heller*, a. a. O., S. 135 ff.; *Arthur Kaufmann*, Analogie und Natur der Sache.

26 *Hans-Georg Gadamer*, Wahrheit und Methode.

27 Vgl. z. B. *BVerfGE* 126, 170 (197).

28 *Winfried Hassemer*, Tatbestand und Typus, S. 160 ff.; *Joachim Hruschka*, Das Verstehen von Rechtstexten, S. 102; *Arthur Kaufmann*, a. a. O., S. 4 f.

29 *Walter Sax*, a. a. O, S. 152 ff.; *Arthur Kaufmann*, ebd.; *Winfried Hassemer*, a. a. O., S. 160 ff., der aber für ein Verbot der unzulässig übertrieben extensiven Auslegung votiert. Ähnlich auch *Joachim Hruschka*, ebd.

30 Auch in der verfassungsrechtlichen Literatur wird inzwischen die Unmöglichkeit der Trennung zwischen Rechtsfortbildung und Auslegung teilweise realistisch zugestanden, *Helmuth Schultze-Fielitz*, a. a. O. Rn. 102 m. w. N.

31 Vgl. auch den Überblick von *Matthias Klatt*, Theorie der Wortlautgrenze, S. 40 ff.

Terminologisch schlägt sich in der Rechtsprechungspraxis des Bundesverfassungsgerichts zum Analogieverbot die weite Bedeutung der „Analogie" nieder: Als Analogie im nicht technischen Sinn versteht das Gericht nicht nur die verwandte „teleologische Reduktion"[32], sondern jede mit dem Inhalt einer Gesetzesnorm unvereinbare restriktive oder extensive Auslegung.[33] „Analogie" steht so allgemeiner für eine methodisch zweifelhafte, zumindest verdächtige und potenziell verbotene Begründungsweise im Recht.

Daneben gibt es im theoretischen Schrifttum Stimmen, die ein freundlicheres Bild der Analogie zeichnen: Als konservatives Argumentationsprinzip und Brücke zwischen den Fällen billigt namentlich *Luhmann* der Analogie die zentrale Funktion zu, die in Altfällen gewonnenen Erfahrungen und durch sie festgelegten Erwartungen in Folgefällen vorsichtig auszuweiten und zu bestätigen.[34] Die Analogie erscheint hier entgegen dem verbreiteten Narrativ nicht als Ursache für Rechtsunsicherheit, sondern wird umgekehrt zur methodischen Lösung erhoben, sie zu vermeiden und zu bewältigen.[35]

§ 2 Methodologischer Ansatz: Einführung in die Rhetorische Rechtstheorie und ihre Grundbegriffe

Eine Arbeit zur juristischen Analogie kann in verschiedener Weise angelegt sein: Sie kann *erstens* die Gestalt einer dogmatischen Studie annehmen. Eine solche Untersuchung könnte die Frage nach Bedürfnis und Umfang eines Analogieverbots in einem Rechtsgebiet – etwa dem Europarecht – aufwerfen und in diesem Rahmen auftretende Spannungslagen (zum Beispiel zwischen dem Prinzip der begrenzten Einzelermächtigung in Art. 5 EUV und der Kompetenz

32 Diese wird teilweise aber auch als Alternative zur Analogie vorgestellt, vgl. *BVerfG* WM 2006, S. 1791 (1793), allerdings qualifiziert das Bundesverfassungsgericht sie – wohl in Entsprechung zu Larenz – gleichzeitig als Gesetzesauslegung und Rechtsfortbildung und prüft als Zulässigkeitsvoraussetzung wie bei der Analogie eine „planwidrige Regelungslücke" und „gleichgerichtete Interessenlage" bzw. nimmt eine „Interessenabwägung" vor, vgl. *BVerfG* NJW-RR 2016, S. 1356 ff. und ähnlich *BVerfGE* 143, 101 (128).

33 Vgl. z. B. *BVerfGE* 126, 170 (197 ff.). *BVerfGE* 9, 420 ff. fasst die ungebührlich restriktive Interpretation von Strafaufhebungsgründen als nicht-technische Analogie auf.

34 *Niklas Luhmann*, Das Recht der Gesellschaft, S. 346.

35 Auch Ipsen gesteht Richterrecht und damit auch der Analogie eine positive Rolle in der Herstellung von Rechtssicherheit zu, vgl. *Jörn Ipsen*, Richterrecht und Verfassung, S. 218 ff. Zur kohärenzstiftenden Funktion der Analogie vgl. auch *Hans-Joachim Strauch*, Methodenlehre des gerichtlichen Erkenntnisverfahrens, insbes. S. 627 ff.

des EuGHs zur Auslegung und Wahrung der Verträge in Art. 19 EUV) untersuchen. *Zweitens* könnte versucht werden, die juristische Analogie in eine juristische Methodenlehre einzuordnen, sie gegen andere methodische Instrumente – wie die Auslegung – abzugrenzen und Zulässigkeitsbedingungen – wie die planwidrige Rechtslücke oder die gleichgerichtete Interessenlage – begrifflich weiter zu entfalten. Beiden Ansätzen wäre gemein, dass sie normative Ziele verfolgen. Sie zielten, wohlgemerkt aus der internen Perspektive des Juristen, auf eine Reglementierung der juristischen Analogie und eine Verbesserung des Rechtsgewinnungsprozesses. *Drittens* kann die juristische Analogie methodologisch untersucht werden. Hier nimmt der Forscher eine rechtsexterne Perspektive ein: Mag er als Jurist Recht nicht anders als durch die Brille des Juristen betrachten können, versucht er sich von dieser juristischen Perspektive doch zu befreien und etwa als Logiker, Historiker oder Soziologe, den Blick auf das Recht durch weitere Beobachtungsperspektiven anzureichern. Nicht verbunden sind mit dieser Trias Werturteile über die akademische Bedeutsamkeit der jeweiligen Zugriffsperspektive, wie man sie etwa in einem platonischen Modell antreffen würde, in dem der methodologische Zugriff wegen seiner größeren Nähe zur zeitlosen Welt der Ideen von vermeintlich höherer Dignität wäre:[36] Für den Erhalt und die Fortentwicklung unserer Rechtskultur ist die Dogmatikpflege an den Universitäten schlicht unerlässlich und nichts wäre verfehlter, die dort vollbrachten intellektuellen Leistungen geringer als diejenigen in der methodologischen Grundlagenforschung zu schätzen. Dogmatische Ansätze unterscheiden sich – neben der gewählten Perspektive – von methodologischen durch die verfolgten Ziele und die damit verbundenen Zwänge und nicht durch qualitative Kriterien, die den akademischen Anspruch messen können sollen;[37]

---

36 Wenn die rhetorische Rechtstheorie sich an der aristotelischen Trias *sophia* (Philosophie und Geisteswissenschaften), *scientia* (Mathematik und Naturwissenschaften) und *prudentia* (Handlungslehren wie die Jurisprudenz) orientiert, möchte sie damit in erster Linie theorieintern Differenzen zwischen Disziplinen und Denkweisen nachvollziehen. Keinesfalls soll hiermit der Ausgliederung der *prudentia* und *sophia* aus dem universitären Betrieb, also in diesem Sinne ein Reduktionsprogramm, befürwortet werden. Mit Blick auf die Geschichte der Universität und der durch sie vorangetriebenen Entwicklung einer lebendigen, geistigen Kultur wäre ein solches Unternehmen auch schlicht abwegig. Vgl. zum Verhältnis Wissenschaft und Jurisprudenz *Ottmar Ballweg*, Rechtswissenschaft und Jurisprudenz. Die Ausscheidung der Jurisprudenz aus dem „scientistischen Wissenschaftsbegriff" betont aber auch etwa *Karl Larenz*, a. a. O., S. 189 ff., 315.

37 Für die Ausfüllung des „Wissenschaftsbegriffs" (im Sinne von Art. 5 Abs. 3 GG) scheint mir aber die sehr sorgfältige, nach verschiedenen, nur graduell erfüllbaren

nicht selten wird der Dogmatiker während der Erarbeitung einer Dogmatik in einer der Vorstufen phasenweise ohnehin selbst zum Methodologen (oder er bedient sich extern methodologischer Arbeitsergebnisse).

In dieser Arbeit wird mit dem rechtsrhetorischen ein methodologischer Forschungsansatz verfolgt. Er wird hier einerseits empirisch – also praxisorientiert – sowie primär analytisch angelegt. An passenden Stellen wird zwar auch auf die (möglichen) normativen Implikationen der Analyseergebnisse hingewiesen. Diese sind indes aus der vorliegend gewählten Perspektive als Nebenprodukte der Forschung anzusehen und haben insofern nur Beiläufigkeitscharakter.[38] Das erste Ziel der folgenden Auseinandersetzung mit der juristischen Analogie ist theoretischer Art: Die Studie soll dazu verhelfen, den Begriffsapparat der analytischen Rechtsrhetorik zu verfeinern. Insofern bildet die juristische Analogie den Ausgangspunkt einer analytischen Dekonstruktion, auf die eine Phase der theoretischen Rekonstruktion folgen soll. In der Terminologie der Rechtsrhetorik gesprochen, wird die Gesetzesanalogie zunächst als ein besonderes Darstellungsschema in seiner Struktur untersucht, um diese sodann passenden rhetorischen Mustern zuzuordnen. Nach der hier vorgestellten Hypothese kann die juristische Analogie in ihrer Funktion als ein Rechtsfortbildungsinstrument strukturell dem sogenannten *paradeigmatischen Enthymem* zugeordnet werden, was diese Arbeit im Folgenden begründen wird.

Um Missverständnisse zu vermeiden, sei bereits an dieser Stelle betont, dass diese Zuweisung keine Äquivalenz von juristischer Analogie und paradeigmatischem Enthymem bedeutet. Insbesondere kann der dogmatische Begriff nicht durch den theoretischen ersetzt werden. Des Weiteren wird nicht behauptet, dass die Strukturbeschreibung des paradeigmatischen Enthymems ausschließlich auf die juristische Analogie zutrifft; vielmehr kann sie auch andere argumentative Passagen kennzeichnen, die sich in ihrer dogmatischen oder methodischen Ausgestaltung voneinander unterscheiden. Noch weniger soll die rekonstruktive Beschreibung als paradigmatisches Enthymem eine Aussage über den Sinn oder die Wirkung von juristischen Analogien und

---

Dimensionen von Wissenschaftlichkeit (Systematizität) differenzierende Arbeit von *Hoyningen-Huene* hilfreiche Anregungen zu liefern. Kernsatz: „Wissenschaft" zeichnet sich durch einen relativ zum Alltagswissen erhöhten Grad an Systematizität aus, vgl. *Paul Hoyningen-Huene*, Systematicity: The Nature of Science

38 *Theodor Viehweg*, Über die Zukunft der Rechtsphilosophie als Grundlagenforschung, S. 121 ff.; *ders.*, Some Considerations Concerning Legal Reasoning, S. 109 ff.; *Katharina Sobota*, Sachlichkeit, S. 2 ff.

Analogieverboten als dogmatisch-methodischen Gebilden implizieren; wie auch keine Entscheidung des (theoretische Bezüge aufweisenden) Streits um die Wortlautgrenze bzw. semantische Grenze von Gesetzesbegriffen zu erwarten ist. Dieser Streit wird in der Untersuchung nur gestreift, doch keineswegs im Zentrum stehen.

A. Die Topik im Sinne Viehwegs

Die obigen Hinweise scheinen mir angesichts einer beispielhaften, in die 1960er Jahre zurückreichenden Kette von Fehldeutungen angemessen: den Verlauf der Topik-Diskussion. Auf verschiedenen Ebenen (der theoretischen einerseits, der methodisch-dogmatischen andererseits) wurde mehr aneinander vorbei gestritten, statt miteinander argumentiert.[39] *Viehwegs* Topikansatz wird heute zwar anerkannt, man versucht ihn allerdings in die juristischen Auslegungslehren zu integrieren und so ein Nebeneinander von Topik und Interpretation nach den *canones* zu arrangieren.[40] Ein Rhetoriker dagegen würde die Gesetzesinterpretation unter Aufgreifen der *canones* schlicht als ein topisches Verfahren bezeichnen.[41]

Viehweg wollte nicht die *canones* der Auslegung neu ordnen, vor allem lag es nicht in seiner Absicht, die systematische Auslegung zurückzudrängen. Er war kein Verächter von Systembildung und stellte in „Topik und Jurisprudenz" Tendenzen zur Systematisierung im Recht fest, die jedoch – anders als *Weber* es annimmt – nicht den erwünschten Grad an logisch-semantischer Geschlossenheit und Vollständigkeit erreichen, wie es ein axiomatisches System verlangt, das sich am cartesianischen Ideal des *more geometrico* orientiert.[42] Der zwangsläufige Abstand zwischen der juristischen und einer der Mathematik und den

39 Vgl. hierzu *Agnes Launhardt*, Topik und Rhetorische Rechtstheorie, S. 37 ff.

40 Vgl. etwa die Rezeption bei *Franz Reimer*, a. a. O., Rn. 397; *Claus-Wilhelm Canaris*, Systemdenken und Systembegriff in der Jurisprudenz, S. 151 ff.; *Ernst A. Kramer*, Juristische Methodenlehre, S. 284 ff.

41 Genauso wenig kann man übrigens von einer „hermeneutischen Methode" (jedenfalls wenn man Gadamer folgt) sprechen, da Hermeneutik als transzendentale Bedingung des Verstehens begriffen wird, vgl. zu letzterem *Arthur Kaufmann*, Das Verfahren der Rechtsgewinnung, S. 67. Schröders These vom „Zusammenbruch der Topik" (vgl. *Jan Schröder*, Recht als Wissenschaft, S. 121 ff.) wird man in diesem Zusammenhang eingeschränkt auf eine spezifische, geschichtliche Ausformung der Topik verstehen müssen.

42 Der Begriff „more geometrico" geht allerdings nicht auf Descartes, sondern auf Spinoza (Ethica, ordine geometrico demonstrata) zurück.

Naturwissenschaften angemessenen Vorgehensweise resultiert insbesondere aus drei Umständen:

- Der Eigenheit der juristischen Sprache, die nicht von der Alltagssprache entkoppelt, und daher interpretationsbedürftig ist,
- dass Widersprüche zwischen der Pluralität mehrerer im Recht ausgebildeter Systeme weder vermeidbar noch durch präexistente logische Metaregeln auflösbar sind und schließlich
- dass durch die Konstruktion eines konkreten Geschehens in Wechselwirkung mit der Interpretation rechtlicher Normen ein rechtlich beurteilungsfähiger Sachverhalt als Beurteilungsbasis erst gefunden werden muss.[43]

„Topik“ referiert auf eine Findekunst (*ars inveniendi*), die als alte Studienart im Sinne *Vicos*[44] der neuen Studienart – der einerseits anspruchsvollen, andererseits lebensweltlich restringierten und durchgängig systematisch-deduktiv organisierten[45] euklidischen Methode nach *Descartes* – zwar entgegengesetzt ist, aber nicht gleich Inkohärenz und Beliebigkeit zum Ideal erhebt; als unentbehrlich behält die Logik nach ihr einen Platz im Recht.[46] Der Widersatz von Problem- und Systemdenken, den *Viehweg* geltend macht, wird von ihm nicht verstanden als ein Plädoyer für eine Situationsethik, in der übersituative Bindungen vom Rhetor ganz abgestreift würden (oder abgestreift werden könnten). Die Topik als ein eher konservatives Verfahren ist auf (mehr oder minder geordnete) Bestände angewiesen, die sie zur Lösung eines Problems aufzufinden hilft. Jene Bestände sind aber nicht selbstzweckhaft, sondern übernehmen die Funktion, in einer konkreten Handlungssituation satzförmige Lösungsvorschläge für eine kluge – auftretende Spannungslagen ausgleichende – Bewältigung für ein sich in ihr stellendes Problem bereitzustellen oder zu entwickeln.[47]

---

43 *Theodor Viehweg*, Topik und Jurisprudenz, S. 88 ff.; *Agnes Launhardt*, a. a. O., S. 94 ff.

44 *Gian Battista Vico*, Vom Wesen und Weg der geistigen Bildung.

45 Vgl. zu diesen Abgrenzungskriterien *Ottmar Ballweg*, Rechtswissenschaft und Jurisprudenz, S. 46 ff.

46 *Theodor Viehweg*, a. a. O., S. 91.

47 Das mag ein Beispiel Kelsens illustrieren: Nach einem Gesetz darf ein Kollegium erst dann tätig werden, wenn es vom Vorsitzenden einberufen worden ist. Diesen Vorsitzenden muss es aber selbst wählen: Die Tätigkeit „Wählen“ kann es also erst dann ausüben, wenn es vom Vorsitzenden einberufen worden ist. Falls es noch keinen Vorsitzenden hat und folglich keinen Vorsitzenden wählen kann, könnte es also nie tätig werden, vgl. *Hans Kelsen*, a. a. O., S. 254 f. Ein problemorientiertes Denken würde hier versuchen, die Funktionsfähigkeit des Kollegiums unter weitgehender Konservierung des gesetzgeberischen Verfahrens aufrechtzuerhalten; also für den Fall des

B. Die Rhetorizität von Recht

In dieser Situations-, Handlungs- und Problembezogenheit zeigt sich die Rhetorizität des Rechts: Die gerichtliche Entscheidungspraxis dient der intersubjektiven Koordination menschlichen Verhaltens durch kommunikatives Handeln unter der Beachtung bestimmter Zwänge.[48] Sie ist auf einen Handlungserfolg gerichtet: In einer Handlungssituation, in der die Möglichkeit von Protest sowohl institutionalisiert als auch verfassungsrechtlich geschützt und daher offenzuhalten ist, soll er, auch wegen der Qualität gerichtlicher Entscheidungsbegründungen, möglichst ausbleiben.[49] Recht erscheint – jedenfalls unter den Voraussetzungen der freiheitlichen-demokratischen Grundordnung[50] – so im Entscheidungsakt als sprachgestaltete Wirklichkeit durch begründendes Reden,[51] das, als entfernteres Ziel, auf die Befriedung von Konflikten und die Verbesserung von Orientierungssicherheit in der zu ordnenden Lebenswelt zielt.

In diesem Sinne wird Recht von der rhetorischen Rechtstheorie als Rhetorik verstanden und ein verschriftlichtes Gerichtsurteil als wirkungsbezogene Rede analysiert.[52] In der wirkungsbezogenen Analyse unterscheidet sich die

---

Kollegiums ohne Vorsitzenden etwa einmalig Einvernehmen (oder ggf. Stimmenmehrheit) für die Einberufung zur Wahl des Vorsitzenden genügen lassen und für die Zeit danach das gesetzliche Verfahren für verbindlich erklären.

48 *Katharina von Schlieffen,* Rhetorische Rechtstheorie, in: Rhetorik, S. 318 f.; vgl. zu diesen Zwängen *Ottmar Ballweg*, a. a. O., S. 106 ff.; *Katharina Sobota*, The Rhetorical Construction of Law, in: International Journal for the Semiotics of Law (IJSL), Vol. V, No. 13 (1992), S. 42 ff.; *Katharina von Schlieffen*, Rhetorik und rechtsmethodologische Aufklärung, in: Bruch zwischen Theorie und Praxis (Rechtstheorie 32), S. 179 ff.

49 Vgl. auch zur Anerkennung von Entscheidungen *Niklas Luhmann*, Legitimation durch Verfahren, S. 32 ff., 109 ff.; *Hans Blumenberg*, Anthropologische Annäherung an die Rhetorik, in: Wirklichkeiten in denen wir leben, S. 119. Diese Möglichkeit von (legitimem) Protest besteht allerdings auch jenseits des Instanzenganges und kann unabhängig von den Prozessbeteiligten durch z. B. die Repräsentanten von Politik und Presse artikuliert werden. Damit geht es letztlich um die Bewährung von Rechtsgestaltungen, vgl. *Katharina von Schlieffen, a. a. O., S. 318 m. w. N.*

50 *BVerfGE* 2, 1 LS. 2.

51 *Katharina Sobota*, Sachlichkeit, S. 1 ff.; die Rechtskonstitution von Recht durch Sprechakte betont auch Müller-Mall, vgl. *Sabine Müller-Mall*, Performative Rechtserzeugung.

52 *Katharina Sobota*, ebd. Zur Verbindung von Recht und Rhetorik seit der griechischen Antike vgl. *Katharina von Schlieffen*, Rhetorik und Stilistik in der Rechtswissenschaft, in: Rhetorik und Stilistik (Band 2), S. 1811 ff.

rhetorische Rechtstheorie von den verwandten, aber normativ ausgerichteten Argumentationstheorien, für die im Gegensatz zur rhetorischen Rechtstheorie die Differenzierung zwischen „überzeugen" und „überreden"[53] und das Konzept eines „universellen Auditoriums" elementar sind.[54] Die rhetorische Rechtstheorie dagegen berücksichtigt die verschiedenen reellen Auditorien, die durch eine Rechtsrede adressiert werden und fragt nicht, wie sie überzeugt werden sollten, sondern untersucht, wie sie faktisch überzeugt oder beeinflusst werden. Sie versteht die Adressaten als autonome und *ratio*-befähigte Subjekte, die ihrerseits eine rationalisierende und disziplinierende Rückwirkung auf die Konzeption der Rede durch den Redner nehmen.[55] Je besser sie über Wirkfaktoren und Wirkmittel einer Rede aufgeklärt sind, desto wirksamer ist diese Disziplinierungswirkung.[56] Rhetorik hilft also – nach einem Wort von *Blumenberg* – zu explizieren, was ohnehin getan wird und nicht eigens verordnet zu werden braucht.[57]

C. Herstellung und Darstellung von Recht

Zu den erwähnten Zwängen, denen ein Jurist zu genügen hat, zählt derjenige, stets zu einer Entscheidung zu gelangen (Entscheidungszwang) und diese in einer reglementierten Form zu begründen (Begründungszwang).[58] Mag die rhetorische Situation vom Prinzip des unzureichenden Grundes (*principium rationis insufficientis*) geprägt sein,[59] wird von einem Juristen dennoch erwartet, sich auch in rational nicht entscheidbaren Fällen gleichwohl zu entscheiden und diese Entscheidung dann nicht als kontingent, sondern als „einzig richtige Entscheidung" zu präsentieren: Der Student verfehlt die Aufgabenstellung, wenn er zu einem Meinungsstreit in seinem Gutachten (auf argumentativ brillante

---

53 *Robert Alexy*, Theorie der juristischen Argumentation, S. 207 f.; *Ulfrid Neumann*, Theorie der juristischen Argumentation, in: Rechtsphilosophie im 21. Jahrhundert, S. 239 f.

54 *Robert Alexy*, a. a. O., S. 203 im Anschluss an Perelman und in Verbindung mit dem Konzept der „idealen Sprechsituation" von Habermas.

55 *Katharina von Schlieffen*, Rhetorische Rechtstheorie, a. a. O., S. 320 ff.; vgl. auch FN 74.

56 Vgl. hierzu auch *dies.*, Rhetorik und rechtsmethodologische Aufklärung, a. a. O., S. 175 ff.

57 *Hans Blumenberg*, a. a. O., S. 112. Entsprechend heißt es an anderer Stelle, dass Rhetorik lehrt, Rhetorik zu erkennen, ihre Absicht aber nicht ist, sie zu legitimieren, vgl. *ders.*, a. a. O., S. 126.

58 *Ottmar Ballweg*, a. a. O., S. 108 ff.

59 *Hans Blumenberg*, a. a. O., S. 124.

Weise) begründet, warum zwei miteinander im Widerspruch stehende Rechtssätze gleichermaßen gut vertretbar sind und ein Streitentscheid ihm daher nicht möglich ist. Der Richter fällt aus seiner sozialen Rolle, wenn er – dem Wahrhaftigkeitsprinzip folgend – in einer Entscheidungsbegründung offenlegt, dass er mit gleich guten Gründen auch eine gegenläufige Entscheidung hätte treffen können. Die an den Studenten wie an den Richter in deren Rollen gerichteten Erwartungen zwingen sie dazu, „apodiktisch, ja schon assertorisch zu behaupten, was nur problematisch behauptet werden kann"[60]. Mit den Rollenerwartungen, die an einen Wissenschaftler im wissenschaftlichen Diskurs gestellt sind, ist das unvereinbar.[61] Richter und Wissenschaftler spielen also auf verschiedenen Bühnen: Die Rechtsbegründung kann nicht einlösen, was sie verspricht, weil mehr behauptet werden muss, als begründet werden kann.

Katharina Sobota [*von Schlieffen*] erforscht dieses Paradox unter Übernahme und Weiterentwicklung ethnomethodologischer und soziologischer Analysekategorien und hat in konstruktivistischer Tradition eine Differenzierung eingeführt, die auch der Arbeit zugrunde gelegt wird: die Unterscheidung in die Trias der Herstellung, der Darstellung und der Darstellung der Herstellung einer Rede. Diese Unterscheidung steht im Zusammenhang mit der aus den Naturwissenschaften bekannten Differenzierung zwischen Entdeckungszusammenhang und Rechtfertigungszusammenhang, ist aber autonom zu verstehen und führt zu einem verschiedenen Forschungsprogramm.[62]

Die Unterscheidung *context of discovery* (Entdeckungszusammenhang) und *context of justification* (Rechtfertigungszusammenhang) wurde 1937 von *Reichenbach* eingeführt.[63] *Reichenbach* verfolgte damit den Zweck, den Entdeckungszusammenhang als epistemologisch und wissenschaftstheoretisch irrelevant für die Beurteilung von Forschungsergebnissen auszuscheiden. Wissenschaftliche Entdeckungen sollten von der Person des Entdeckers und von psychologischen Denkprozessen entkoppelt werden.[64] Mit der Trennung von *context of discovery* und *context of justification* hängt die Regulierung der im Rechtfertigungszusammenhang legitimen Begründungsweisen zusammen: Hatte *Reichenbach* noch die auf Probabilität basierende Induktionen

---

60 *Ders.*, a. a. O., S. 125.

61 Ebd.

62 *Katharina Sobota*, Sachlichkeit, S. 13 ff., *Katharina von Schlieffen*, Subsumtion, in: Subsumtion, S. 380 ff.

63 In rechtlichen Argumentationstheorien wurde diese Unterscheidung übernommen, vgl. *Hans-Joachim Koch/Helmut Rüßmann*, a. a. O., S. 329; *Robert Alexy*, a. a. O., S. 282.

64 *Hans Reichenbach*, Experience and Prediction, S. 3 ff., 381 ff.

akzeptiert,[65] wollte namentlich *Popper* die wissenschaftliche Rechtfertigung auf die Deduktion reduzieren.[66] Die Abduktion, als Technik der Hypothesenfindung, und die Analogie wurden als begründungstechnisch wertlos qualifiziert.[67]

Im Recht ist eine solche Trennung für eine praxisorientierte Theorie ungeeignet. Gerichtliche Entscheidungen sind nicht nur durch Begründungsfehler, sondern auch durch prozessuales und außerprozessuales Fehlverhalten eines Richters anfechtbar, Entdeckungs- und Rechtfertigungszusammenhang intrinsisch verbunden.[68] „Entdeckung" suggeriert zudem einen Grad an Objektivität der Rechtsentscheidung, der die Unterscheidung terminologisch von einer rhetorischen Theorie des Rechts entfremdet. Da diese sich angesichts ihres wirkungsbezogenen Ansatzes gerade für die als psychologisch ausgeschiedenen Momente im Prozess der Rechtsgenese interessiert, muss sie anders ansetzen und Herstellung und Darstellung als miteinander verschränkt untersuchen.

Schlieffen unterscheidet zunächst die Begriffe „Welt" (Darstellung), die nur im Wege teilnehmender Beobachtung und mitgestaltender Interpretation zugänglich ist und einer aus Relationen bestehenden „Wirklichkeit" (Herstellung oder Darstellung der Herstellung), die in dieser Relationalität Gegenstand methodologischer Forschung sein kann.[69]

Mit „Darstellung" referiert sie auf die Oberflächenstruktur einer Rede: die Entscheidungsbegründung. Durch eine solche Entscheidungsbegründung wird dasjenige erzeugt, was als Recht erlebt wird. Substanziell verstanden kann es indes nicht Gegenstand methodologischer Forschung sein. Fragt man zur Lösung einer Folgeentscheidung nach der „wahren Bedeutung" einer vergangenen Entscheidungsbegründung für den jetzt zu entscheidenden Fall, wird diese Entscheidung mitsamt ihrer Begründung interpretationsbedürftig.[70]

---

65 Ebd.

66 *Karl Popper*, Logik der Forschung, S. 3 ff.

67 Vgl. die Ablehnung von Analogiemodellen bei *Wolfgang Stegmüller*, Wissenschaftliche Erklärung und Begründung, S. 131 ff.; entsprechend auch *Hans Poser*, der zwar auf die Wichtigkeit der Analogie im vorwissenschaftlichen Bereich hinweist, sie im Rechtfertigungskontext („als Beweismittel") aber als unwissenschaftlich und persuasiv charakterisiert, *vgl. Hans Poser*, Wissenschaftstheorie, vgl. S. 275 f.

68 Vgl. zur Verbindung von Herstellung (*context of discovery*) und Darstellung (*context of justification*) auch *Ulfrid Neumann*, Juristische Argumentationslehre, S. 4 ff.

69 Vgl. FN 62.

70 Ebd.

Im Gegensatz zur stets interpretationsbedürftigen Oberflächenstruktur ist die den situativen, sozialen und historischen Kontext betreffende Tiefenstruktur einer solchen Rede – soweit nach ihren Herstellungsbedingungen und Wirkungen gefragt wird – analysefähig.[71] Die „Darstellung der Herstellung" betrifft den Bericht, der in einer Begründung – der Darstellung – über den Prozess seines Zustandekommens gegeben wird. In Gerichtsentscheiden dominiert ein ratio-orientiertes dualistisches Muster der Selbstdarstellungen: Es wird behauptet, dass die Entscheidung aus dinghaft verstandenen Entitäten deduziert worden ist.[72]

Aus der Perspektive der Herstellung ist eine solchermaßen behauptete syllogistische Erzeugung von Recht nicht möglich. Als handlungsbezogenes Gegenstück in praktischen Disziplinen zieht *von Schlieffen* das bereits erwähnte aristotelische Konzept des *Enthymems* als Erklärungsmuster heran. Wegen der Diskrepanz zwischen Herstellung und Darstellung der Herstellung sieht sie die Darstellung der Herstellung als eine Fiktion im Sinne von *Vaihinger*.[73] Der rhetorische Zwang zu dieser Form der Selbstdarstellung führt im Ergebnis aber dazu, dass – wenn auch in gelösterer Form – diejenige Bindung generiert wird, die theoretisch nicht einlösbar ist: Wird auf der Ebene der Herstellung willkürlich verfahren, wird eine Selbstdarstellung, die eine syllogistische Genese der Entscheidung behauptet, als durchsichtige Maskerade ihren rhetorischen Erfolg verfehlen. Darstellungszwänge, die nicht realisierbar sind, nehmen so disziplinierenden Einfluss. Darstellung, Darstellung der Herstellung und Herstellung sind miteinander verschränkt.[74]

D. Anknüpfung an die aristotelische Rhetoriktradition

Zur weiteren Theorieentwicklung greift die rhetorische Rechtstheorie ein Programm auf, das *Aristoteles* in der griechischen Antike begründet hat: eine ratio-orientierte Rhetorik, die breit angelegt ist, irrationale Wirkfaktoren nicht ausspart und die in ein holistisches Philosophiekonzept eingebunden ist, das

---

71 Ebd.

72 Ebd.; vgl. auch *Katharina Sobota*, Sachlichkeit, S. 39 ff.; *dies.*, The Rhetorical Construction of Law, a. a. O., S. 49 f.

73 Sie bevorzugt allerdings eine andere, weniger missverständliche Terminologie und spricht von "constructive achievements"; vgl. *dies.*, a. a. O., S. 51 f.

74 *Dies.*, a. a. O., S. 52 ff. *Katharina von Schlieffen*, Das Enthymem – Ein Modell juridischen Begründens, in: Das Enthymem (Rechtstheorie 42), S. 602 f.; *dies.*, Subsumtion, a. a. O., S. 384.

neben der Rhetorik und den sophistischen Widerlegungen auch seine sprachanalytischen Schriften sowie die Schriften zu Ethik und Politik umfasst.[75] Unter den Bedingungen absolutistischer Herrschaft ab dem 17. Jahrhundert und der Dominanz des cartesianischen Denkstils wurde dieses aufklärerische Programm – das ursprünglich aus der Trias der deliberativen Rede, der Gerichtsrede und der epideiktischen Rede bestanden hatte[76] – auf die höfische Lobrede verkürzt. Die Rhetorik geriet in der Folge als pathetische Schmeichelkunst in Verruf.[77]

Dieses vergessene, aufklärerische Programm von *Aristoteles* möchte die rhetorische Rechtstheorie in modernisierter Form wiederbeleben. Mit der Anknüpfung an den aristotelischen Begriffsapparat wird allerdings keine philosophiehistorische Authentizität oder philologische Richtigkeit beansprucht. Es soll versucht werden, die aristotelischen Konzepte im Dienste einer zeitgenössischen Methodologie weiterzuentwickeln.[78]

Grundlegend für das Verständnis der aristotelischen Rhetorik ist die Unterteilung der vom Redner gebrauchten Wirkmittel in die Trias von *Ethos*, *Pathos* und *Logos*: *Ethos* betrifft danach die charakterliche Selbstrepräsentation des Redners vor seinem Auditorium, Pathos die Lenkung der Affekte seiner Zuhörer (etwa durch den Einsatz rhetorischer Figuren) und Logos schließlich das argumentierende Reden durch den Einsatz von Enthymemen.[79] *Aristoteles* stellt jene Wirkmittelebenen in Zusammenhang mit den sog. *pisteis entechnoi* („kunstgemäßen Beweismitteln"), die als Momente der Redegestaltung im Gegensatz zu den davon unabhängigen und vorgefundenen *pisteis atechnoi* („kunstfremde Beweismittel") stehen.[80] Mit den *pisteis entechnoi* nimmt der Rhetor gestalterischen Einfluss auf die Überzeugungsbildung seines Publikums.

---

75 Zum weiten Verständnis des aristotelischen Organons, vgl. *Katharina von Schlieffen*, Das verborgene Organon und literale Rechtskultur im Wandel, in: Republik, Rechtsverhältnis, Rechtskultur, S. 382.

76 *Aristoteles*, Rhet. 1358b.

77 Ein entsprechend verkürztes Rhetorikverständnis prägte zudem das antike Rom nach dem Niedergang der Republik, vgl. *Gert Ueding/Bernd Steinbrink*, Grundriß der Rhetorik, S. 39 ff., 120. Die pejorative Abqualifizierung der Rhetorik zur Schmeichelkunst findet sich aber bereits *Platon*, Gorgias 463a 6-463b.

78 Vgl. zur Legitimität dieses Vorgehens *Katharina von Schlieffen*, Rhetorische Rechtstheorie, a. a. O., S. 316; *Dieter Simon*, Alle Quixe sind Quaxe, in: JZ 2011, S. 700.

79 *Aristoteles*, Rhet. 1356a.

80 *Aristoteles*, Rhet. 1355b 36–1356a 1.

Die aristotelische Trias soll in leicht modifizierter Form übernommen werden: *Ethos*, *Pathos* und *Logos* werden abstrakter als „Wirkfaktoren" verstanden. *Pathos* wird über das Affekterleben hinaus auf die sensuell-affektischen Dispositionen des Auditoriums erstreckt. *Logos* als Wirkfaktor meint die rationale Verarbeitungskapazität der Zuhörerschaft und *Ethos* schließlich referiert auf eine geteilte Lebens- und Kulturwelt mit gemeinsamen Traditionen, Wirklichkeitsvorstellungen und Werteinstellungen. Zu „Wirkmitteln" werden *Ethos*, *Pathos* und *Logos*, wenn ein Rhetor die korrespondierenden Wirkfaktoren durch verbale und non-verbale Gestaltungsakte adressiert.[81]

E. Topik und Enthymematik

Im Zentrum der aristotelischen Rhetorik stehen zwei Konzepte, die grundlegend für das Verständnis der rhetorischen Rechtstheorie und den in dieser Arbeit verfolgten Ansatz sind: der „Topos", der neben der Rhetorik auch im dialektischen Disputationsbetrieb relevant wird, und das „Enthymem" als rhetorische Schlussform. Der Begriff „Topos" und das in dieser Arbeit noch zentralere Konzept des „Enthymems" können angesichts ihrer mehr als zweittausendjährigen geistesgeschichtlichen Traditionen und der vielgestaltigen Aus- und Umdeutungen, die sie während dieser Zeit erfahren haben, durchaus als schillernd bezeichnet werden.[82] Es führte zu weit, jene begrifflichen Entwicklungsetappen im Einzelnen zu explizieren. Weil die Arbeit keine historisch-philologischen Anliegen verfolgt, sollen diese Begriffe nur soweit skizziert werden, dass mit den folgenden Ausführungen keine irrigen Assoziationen verbunden werden und begriffliche Differenzierungen begreiflich werden.

I. Die Begriffe Topos und Endoxon

Am leichtesten erschließt sich der Bedeutungsgehalt von Topos, wenn dieser nach seiner bereits erwähnten Funktion als „Suchformel" bestimmt wird.[83] Als Begriff der antiken Mnemotechnik werden unter ihm Gesichtspunkte (Prämissen/Protaseis) zusammengefasst, aus denen Argumente – Enthymeme – gebildet

81 Durch das Wirkmittel „Pathos der Sachlichkeit" (vgl. *Katharina Sobota*, Sachlichkeit; *dies.*: The Rhetorical Construction of Law, a. a. O., S. 51) kann ein Richter in der Verhandlung eines pathetischen Sachverhalts – etwa einem Nachbarstreit – mäßigend auf das Affekterleben der Parteien Einfluss nehmen und sie vielleicht in eine der Ratio zugeneigte Stimmung versetzen.

82 *Klaus Ostheeren*, Topos, in: Historisches Wörterbuch der Rhetorik (St-Z), Sp. 630 ff.

83 *Ders.*, a. a. O., Sp. 631.

werden können.[84] Um die Funktion als Suchformel erfüllen zu können, müssen sie im Gedächtnis leichter speicherbar sein als die theoretisch unbeschränkte Anzahl an Argumenten, die aus ihnen gebildet werden können.[85] Entsprechend übersetzten die Römer den aus dem Griechischen stammenden Begriff plastisch als „Sitze der Argumente" (*sedes argumentorum*);[86] daneben nannten sie sie „Plätze" (*loci*)[87]. Mit dem ciceronianischen Konzept der *loci communes* als materialisierter Form der Topoi ist das geistesgeschichtlich wirkmächtige, doch z. T. als anrüchig empfundene Konzept der „commonplaces" verbunden.[88] Heute verleitet es zur Gleichsetzung des Topos-Begriffs mit einer Sammlung von Leerformeln, Versatzstücken und Zitaten. Eine solche Engführung des Topos-Begriffs hatte *Viehweg* mit seinem Anschluss an die aristotelische Topik jedoch nicht im Sinn.[89]

Aristoteles verzichtete in seiner Topik auf eine Definition des Topos-Begriffs. Er beschrieb allerdings seine Funktion, in einem dialektischen Lehrgespräch, „über jedes vorgelegte Problem aus anerkannten Meinungen zu deduzieren und, wenn wir selbst ein Argument vertreten, nichts Widersprüchliches zu sagen."[90] Die aristotelische Topik folgt der Trennung von formalen (oder abstrakten) und materiellen Topoi. In der Rhetorik differenzierte *Aristoteles* weiter, ob ein Topos in jeder der drei Redegattungen verwendbar (*konoi topoi*)[91] oder ob er spezifischer mit einer Gattung verkoppelt ist (*ídiai protáseis*)[92-93] Die Topik beginnt nach Definition ihrer Grundbegriffe mit der Einteilung in die vier Prädikabilien (Gattung, Proprium, Akzidenz und Definition)[94] und die Organa (Prämissenerfassung, Unterteilung in verschiedene Wortverwendungsweisen,

84 *Aristoteles*, Rhet. 1403a 18 f.

85 *Klaus Ostheeren*, a. a. O. Sp. 631. Neben der Findefunktion haben Topoi zudem eine Katalogisierungs- und Sammelfunktion, vgl. *Katharina von Schlieffen*, Zur topisch-pathetischen Ordnung juristischen Denkens, in: Die Sprache des Rechts Band 2, S. 439.

86 *Quintilian*, a. a. O., V 10, 20.

87 *Ders.*, a. a. O., V 10, 20 ff.

88 Diese wurden in sog. Commonplace books gesammelt, vgl. *Klaus Ostheeren*, a. a. O. Sp. 673.

89 *Theodor Viehweg*, Topik und Jurisprudenz, S. 19 ff.

90 *Aristoteles*, Top. 100a 18.

91 *Ders.*, Rhet. 1358a.

92 Ebd.

93 *Klaus Ostheeren*, a. a. O. Sp. 642 f.

94 *Aristoteles*, Top. 101b–104a.

Betrachtung der Unterschiede, Betrachtung des Ähnlichen)[95]. Ausgerichtet an Prädikabilien und Organa finden sich Kataloge von formalen Topoi, die in der zeitgenössischen Rhetorikforschung[96] vielfach regruppiert worden sind: Topoi aus dem Gegensatz (*argumentum e contrario*)[97], Topoi aus Ähnlichkeit (*argumentum a simili*)[98], quantitative Topoi (*argumentum a maiore ad minus, a minore ad maius*)[99] oder qualitative Topoi (etwa Verhältnis Gattung-Art)[100], um nur die geläufigsten jener formalen Topoi zu nennen. Sie fungieren als Ordnungsgesichtspunkte, unter denen sich weitere formale und materiale Topoi finden lassen.

Das topisch-dialektische Verfahren sei an einem kleinen Beispiel demonstriert: Wird einem Studenten in einem Lehrgespräch die Frage gestellt, ob im Falle eines Vertrags, der die Gebrauchsüberlassung einer Garage zu einem monatlichen Zins von EUR 100,00,- betrifft, er den Zins mindern kann, wenn die Garage einen Mangel hat, baut er nach Wahl einer bejahenden Konklusion ein Argumentationsschema auf, in dem er den in Rede stehenden Vertrag als eine Art des Mietvertrags versteht. In der Topik wird er im vierten Buch vielleicht eine Stelle finden, wonach, was als notwendige Folge bei der Zuordnung einer Entitität zu einer Gattung – dem Mietvertrag: Überlassung des Gebrauchs einer Sache gegen Zinszahlung – gilt, auch für deren Art – der Gebrauchsüberlassung einer Garage gegen Zahlung eines Zinses – gelten muss.[101] Im Gesetz wird er für die Gattung Mietvertrag in § 536 BGB die Minderungsmöglichkeit bestätigt finden und auf diese Gesetzesstelle seine Konklusion stützen.[102]

---

95 *Ders.*, Top. 108b.

96 Kienpointner z. B. differenziert in seiner Schrift zur Alltagslogik nach Einordnungsschemata (Definition, Genus-Spezies, Ganzes-Teil), Vergleichsschemata (Gleichheit, Ähnlichkeit, Verschiedenheit, *a maiore ad minus*), Gegensatz-Schemata (kontradiktorisch, konträr, relativ, inkompatibel), Kausalschemata (Ursache, Wirkung, Grund, Folge, Mittel-Zweck), vgl. *Manfred Kienpointner*, Alltagslogik, S. 231 ff.

97 Vgl. *Aristoteles*, Top. 112a 24–114a 25.

98 Vgl. *ders.*, a. a. O. 114b 26–37.

99 Vgl. *ders.*, a. a. O. 114b 38–115b.

100 Vgl. *ders.*, a. a. O. 120b 10–128b 10.

101 In diese Richtung ginge etwa *ders.*, a. a. O. 120b 7–11: Was als begriffliche Erklärung von der Gattung ausgesagt wird, muss auch von der Art ausgesagt werden, andernfalls gehörte diese Art nicht zur Gattung. Wenn der Student dann noch nachweist, dass der fragliche Vertrag tatsächlich zur Gattung der Mietverträge gehört – durch gemeinsame Teilhabe an einem Differenzierungsmerkmal, das Mietverträge von anderen Verträgen abgrenzt –, wäre das Argument prinzipiell abgeschlossen.

102 Dass die Jurisprudenz noch der Gattungsmetaphysik von Aristoteles folgt, hat Sobota in ihren Arbeiten belegt, vgl. *Katharina Sobota*, Sachlichkeit, S. 91 ff.

Diese bewusst triviale Präsentation sollte die Vorgehensweise der Topik *in nuce* demonstrieren und dabei helfen, die Differenzierung zwischen formalen und materiellen Topoi einzuführen: Die an der Gesetzstelle getroffene Aussage ist ein „materieller Topos". Solche materiellen Topoi können die Qualität von Endoxa – „anerkannten Meinungen" – haben. Endoxische Qualität hat auch die Regel „Was allgemein für eine Gattung gilt, gilt auch für eine Art dieser Gattung"[103] als „formaler Topos". Die Bezeichnung als „Endoxon" referiert mithin primär auf die soziale Anerkennung einer verwendeten Prämisse, der Begriff „Topos" auf ihre Herkunft aus einem heuristischen Verfahren sowie die formale Qualität einer Aussage.[104]

Aus der Perspektive der rhetorischen Rechtstheorie sind Gesetze – wie auch Kommentare, Gesetzesmaterialien, Entscheidungssammlungen, Lehrbücher, Datenbanken, Aufbauschemata, juristische Monographien und Aufsätze – sog. Topoi-Kataloge. In diesen lassen sich Gesichtspunkte finden (vorwiegend materielle, teils auch formale Topoi), die endoxische Qualität besitzen. Endoxa können auch dem extrajuristischen Bereich entstammen; etwa als das Ergebnis einer empirischen Studie zusammenfassende Ergebnissätze. Desgleichen können Theorien des Alltags endoxische Qualität besitzen, wenn sie unangefochten und noch unreflektiert im Allgemeinen als wahr unterstellt werden.[105]

Mit dem Konzept des Endoxons und der Topoi soll weder die Egalität der verwendbaren Prämissen behauptet[106] noch der topische Bestand auf den *status quo* eingefroren werden. Als Topoi im formalen Sinn – die als Teile einer juristischen Sondertopik zwischen den aristotelischen *konoi topoi* und den *ídiai protáseis* stehen – werden der Interpretationskanon, Präferenzordnungen („lex specialis derogat legi generali"), Verfahrensregeln („audiatur et altera pars", „in dubio pro reo"), die Gliederungsschemata oder die in Art. 3 Abs. 1 GG niedergelegte Gerechtigkeitsregel begriffen.[107] Man wird den Widersatz zwischen

---

103 Vgl. *Christof Rapp*, Aristotelische Grundbegriffe, in: Das Enthymem (Rechtstheorie 42), S. 400 f. In einem moderneren Schema würde wohl von der Allbeseitigungsregel (Was als Rechtsfolge für alle Mietverträge gilt, das gilt auch für ein Exemplar eines Mietvertrags) sprechen, vgl. hierzu FN 405.

104 Vgl. hierzu auch *Lothar Bornscheuer*, Topik, S. 30.

105 Vgl. zur praktischen Relevanz von Alltagstheorien im Recht *Joachim Strauch*, Wandel in der Rechtsprechung durch Wikipedia?, in: Rechtsquelle Wikipedia? (im Erscheinen).

106 Vgl. auch *Katharina Sobota*, Sachlichkeit, S. 89.

107 Vgl. *Katharina von Schlieffen*, Rhetorische Rechtstheorie, a. a. O., S. 316; *dies.*, Zur topisch-pathetischen Ordnung juristischen Denkens, a. a. O., S. 440 f.

formalen und materialen Topoi vor diesem Hintergrund nicht als strikte Entgegensetzung verstehen können. Zwischen den Polen der logischen oder quasilogischen Regeln und den durch die Judikatur konkretisierten Rechtssätzen von hoher Spezifität besteht ein Kontinuum abnehmender Formalität. Aus der Differenzierung zwischen Rhetoriken erster Stufe (Dogmatik) und zweiter Stufe (Methodenlehre)[108] folgt zudem eine Hierarchisierung der Topoi in solche erster und zweiter Ordnung.[109] Die *canones* übernehmen als formale Topoi zweiter Ordnung eine Funktion bei der Konstruktion dogmatischer Aussagen. Sie führen zu einer verschobenen Leseweise juristischer Texte: Gesetzesmaterialien oder ein Gesetz werden – durch ein Raster – daraufhin gelesen, ob sie einen Aussagenkomplex enthalten, der in der Entscheidungssituation als Aussage über Sinn und Zweck (teleologisches Argument) einer Normierung gedeutet werden kann. Diese Stellen werden dann als materielle Topoi oder Endoxa bei der Argumentbildung verwendet.

II. Das Enthymem in der Rhetorik

Das Enthymem – als Herzstück der Argumentation aus dem Griechischen passend mit dem Begriff etwas „beherzigen" übersetzt[110] und der Wirkmittelebene des Logos zugeordnet – soll an dieser Stelle nur in seinen Grundzügen skizziert werden. In der zeitgenössischen Literatur zur Logik wird es oft als verstümmelter Syllogismus (Syllogismus-Truncatus-These) vorgestellt: Aus dem Zwei-Prämissen-Schluss „Syllogismus" werde eine der Prämissen fortgelassen, die ein Zuhörer als selbstverständlich im Geiste ergänze.[111] Diese These des verkürzten Syllogismus entspricht – wie die Arbeiten von *Rapp* und *Kraus* gezeigt haben[112] – nicht dem aristotelischen Konzept und wird auch in dieser Arbeit nicht zugrunde gelegt. Das Enthymem soll stattdessen als Stützung einer Meinung (Behauptung) durch eine andere Meinung (Begründung) eingeführt

---

108 *Katharina Sobota*, Sachlichkeit, S. 3 f.

109 Vgl. *Theodor Viehweg*, Topik und Jurisprudenz, S. 35; *Katharina von Schlieffen*, a. a. O., S. 440 ff.

110 So *Manfred Kraus*, Deduktion, Reduktion, Kontradiktion: Theorien des Enthymems, in: Das Enthymem (Rechtstheorie 42), S. 419.

111 Vgl. etwa *Immanuel Kant*, Logik, S. 145; *W.V.O. Quine*, Grundzüge der Logik, S. 240 ff.; *Robert Alexy*, a. a. O., S. 118; *Georges Kalinowski*, Die Rhetorik des Aristoteles und die juristische Logik, in: FS-Viehweg, S. 107 f.

112 *Christof Rapp*, Aristotelische Grundbegriffe, a. a. O., S. 385 f.; *ders.*, Aristoteles. Rhetorik, S. 323 ff., 358 ff. (Bd. 1) m. w. N. zum Streitstand; *Manfred Kraus*, a. a. O., S. 421 ff.

werden.[113] Mit diesem Grundmodell wird gleichzeitig dem Vorschlag *Neumanns* entsprochen, der das Enthymem als Molekül – oder kleinste Einheit – der juristischen Argumentation begreift.[114] Auf eine formalisierte Darstellung wird hier verzichtet. Die Argumentfunktion „p (Begründung) ist Argument für q (Behauptung)" bzw. in objektsprachlicher Ausdrucksweise „q gilt, weil p gilt" entzieht sich ohnehin deshalb einer formallogischen Darstellungsweise, weil die materiale Implikation „weil" (oder „ist Grund für") in dieser nicht fassbar ist.[115]

Bereits an dieser Stelle sei ein erster Ausblick auf die an späterer Stelle weiter differenzierte Konzeption des Enthymems durch *Aristoteles* geliefert. Zugleich erlaubt dies, den zuvor im Zusammenhang mit dem dialektischen Disputationsunterricht vorgestellten Begriff des Endoxons rhetorisch zu kontextualisieren. Im Gegensatz zur Dialektik – wo er die Bildung von Argumenten in einer syllogistischen Form empfiehlt[116] – betont *Aristoteles* in der Rhetorik, dass das Enthymem eine argumentative Formation im „rhetorischen Gebrauch" sei;[117] so wirbt ein Rhetor in einer Handlungssituation um die Zustimmung eines konkreten Auditoriums.

Diese argumentative Formation kann vergröbert in zwei charakteristische Grundformen eingeteilt werden: Einerseits in Zeichen-Enthymeme, die als Indizienschlüsse auf einen induktiven Charakter des Enthymems weisen, andererseits auf Eikos-Enthymeme (Wahrscheinlichkeits-Enthymeme), die deduktionsorientiert auf Endoxa beruhen.[118]

In einem rhetorischen Kontext definiert *Aristoteles* das Endoxon – wie in der Topik – als einen etablierten Lehrsatz oder einen anerkannten Gesichtspunkt –, fügt jedoch hinzu, dass sie aus „dem Wahrscheinlichen" – demjenigen,

---

113 *Katharina von Schlieffen*, Das Enthymem – Ein Modell juridischen Begründens, a. a. O., S. 606.

114 *Ulfrid Neumann*, Das Enthymem in der Theorie der juristischen Argumentation, in: Das Enthymem (Rechtstheorie 42), S. 574; *ders.*, Theorie der juristischen Argumentation, in: Rechtsphilosophie im 21. Jahrhundert, S. 235 f.

115 *Ders.*, a. a. O., S. 574 f.; *ders.*, Juristische Logik, in: Einführung in die Rechtsphilosophie und Rechtstheorie der Gegenwart, S. 305 f.

116 *Aristoteles*, Top. 100a.

117 Rapp spricht in diesem Zusammenhang von Enthymemen als „deduktiven Argumenten im rhetorischen Gebrauch", vgl. *Christof Rapp*, Aristotelische Grundbegriffe, a. a. O., S. 408 ff., gesteht allerdings zu, dass es auch Kandidaten für nicht-deduktive Enthymeme gibt, vgl. *ders.*, Aristoteles, Rhet., S. 232 ff. (Bd. 2).

118 Vgl. *Aristoteles*, Anal. Pr. 70a.

was in der Regel eintritt – gebildet werden.[119] Es handelt sich mithin um Gesichtspunkte, die in einer konkreten Handlungssituation eine bestimmte Anwendungstendenz zwar vorgeben, aber Ausnahmen zulassen, prinzipiell widerlegungsfähig sind und denen daher der Wahrheitscharakter fehlt. „Wahrscheinlich" betrifft in diesem Kontext nicht die statistische oder quantitative Wahrscheinlichkeit (*probabilitas*), sondern die allgemeiner auf Plausibilität zielende rhetorische Wahrscheinlichkeit (*verisimilitudo*), die von Autorität, Gewöhnung oder Pathos getragen auf Seiten des Auditoriums als wahrheitsanalog verstanden wird.[120] Auf diese Weise sind durch ein Enthymem – so die These der rhetorischen Rechtstheorie – die Wirkmittelebenen miteinander verschränkt.[121]

---

119 *Ders.*, Rhet. 1402b.

120 Zur Differenzierung zwischen *probabilitas* und *verisimilitudo*, vgl. auch *Theodor Viehweg*, a. a. O., S. 17; vgl. auch *Ottmar Ballweg*, Rechtswissenschaft und Jurisprudenz, S. 70 ff.; *Katharina von Schlieffen*, Rhetorik, in: Ueding, Rhetorik, S. 316; *Temilo van Zantwijk*, Das Enthymem: Fragmentarische Ordnung und rhetorische Wahrscheinlichkeit, in: Das Enthymem (Rechtstheorie 42), S. 448 ff.

121 Vgl. *Katharina von Schlieffen*, Zur topisch-pathetischen Ordnung juristischen Denkens, a. a. O., S. 445 f.; *dies.*: Wie überzeugt der Richter sein Auditorium?, in: Justice – Justiz – Giustizia 3/2009, S. 18 ff.; vgl. auch *Markus H. Wörner*, Enthymeme – ein Rückgriff auf Aristoteles in systematischer Absicht, in: FS-Viehweg, S. 98; *Lewis Johnston*, Die rhetorische Architektur erstinstanzlicher Strafentscheidungen, S. 198. Es sei allerdings nicht verschwiegen, dass Aristoteles nach Rapp das Enthymem (Logos) von der Ebene des Pathos (Emotionserregung) streng separiert haben soll. Rapp stützt sich dabei auf eine Stelle in der Rhetorik (Rhet. 1418312-13), in der es heißt: „Auch dann gebrauche kein Enthymem, wenn du Emotionen erregst; entweder nämlich wird es die Emotion verdrängen oder es wird vergeblich gebraucht worden sein.", vgl. *Christof Rapp*, Rhetorik und Philosophie in Aristoteles' Rhetorik, in: Jahrbuch Rhetorik 18, S. 112 f. m. w. N. zum philologischen Diskussionsstand. Allerdings wird hiermit auf eine spezifische Form des Einsatzes eines engagierten Pathos als Wirkmittel referiert. Aristoteles sagt nicht, dass Enthymeme pathosfrei wären. Wären beide Wirkebenen tatsächlich unverbunden, könnte die Verwendung von Enthymemen jene spezifischere Form von Emotionalität auch kaum verdrängen.

§ 3 Präzisierung des Analysegegenstands: Analogie

A. Analogie und Enthymem

Sein Wahrscheinlichkeitscharakter rückt das Enthymem in die Nähe zur (juristischen) Analogie. Mit dieser teilt es den Status eines vormodernen, protologischen Konzepts, das den von der Wissenschaftstheorie für die Wissenschaften entwickelten Rechtfertigungsstandards nicht genügt. Mit der Zurückweisung der These vom verkürzten Syllogismus ist die Aussage verbunden, dass Enthymeme nicht leichthin durch Ergänzung der impliziten Prämisse zu einem formgültigen Syllogismus gespreizt werden können. Auch dies deckt sich mit Forschungsergebnissen zur Analogie: Zwar wurde verschiedentlich versucht, die juristische Analogie in ein formgültiges Schema zu überführen.[122] Diese Versuche werden jedoch als gescheitert betrachtet, weil nicht das gesamte analogische Verfahren abgebildet werden kann. Es werden lediglich die anderweitig analogisch erarbeiteten Prämissen in eine deduktive Schlussform eingesetzt, die das Analogieverfahren beendet.[123] Diese Gleichläufigkeit rechtfertigt es, der Frage nach dem Verhältnis von (juristischer) Analogie und Enthymem sowie deren Stellung zum Syllogismus nachzugehen.

B. Das aristotelische Paradeigma und der Topos a simili in der juristischen Sondertopik

Aristoteles hat das Konzept des paradeigmatischen Enthymems entwickelt. Es beruht auf einer Ähnlichkeitsbetrachtung und aktualisiert einen *topos a simili.*[124] Eine solches *argumentum a simili* betrifft eine argumentative Struktur, die – gebildet aus einem *topos konoi* – sämtliche Redegattungen übergreift. Es gehörte damit zunächst nicht zur juristischen Sondertopik. In seiner ersten Analytik diskutierte *Aristoteles* das Paradeigma allerdings nicht als ein Enthymem, sondern – abgehoben von den später diskutierten Zeichen-Enthymemen – nach der Entwicklung seiner Syllogistik neben der Epagoge (Induktion) und der Apagoge (Abduktion).[125]

Die Vorarbeiten von *Aristoteles* in Topik, Analytik und Rhetorik hatten offenbar einen gewissen Einfluss darauf, wie juristische Autoren in der späteren

122 Vgl. *Ulrich Klug*, Juristische Logik, S. 79, 120 ff.

123 Vgl. *Arthur Kaufmann*, Das Verfahren der Rechtsgewinnung, S. 63 f.

124 *Ders.*, Anal. Pr. 68b.; *Aristoteles*, Rhet. 1402b.

125 *Ders.*, Anal. Pr. 68b–70a.

Entwicklung das *argumentum a simili* im Rahmen der Gerichtsrede – also einer juristischen Sondertopik – konzeptualisiert haben:

In sichtbarer Anlehnung an die aristotelischen Organa der Topik hatte der griechische Rhetoriklehrer *Hermagoras von Temnos* im Rahmen der sog. Statuslehre folgende Elemente der *zetemata nomika* (*status legales*) benannt: **1.** Zunächst werde – orientiert an Wortlaut und Willen – zum Sinn des Gesetzes argumentiert (*rheton*); **2.** sodann solle überlegt werden, wie man im Falle von Gesetzeskonkurrenzen verfährt (*antinomia*); **3.** In der dritten Station wird die Unklarheit von Gesetzen traktiert, die entsteht, wenn eine Aussage in einem Gesetz verschiedene, sich widersprechende Ansprüche stützt (*amphibolia*). **4.** Die vierte Station schließlich betrifft das, was wir heute als Analogie bezeichnen würden: Wenn die Gesetze einen Anspruch nach Durchlaufen der Stationen 1. bis 3. nicht unmittelbar tragen, kann der Anspruch reserveweise durch Analogieschlüsse aus einem eigentlich unpassenden Gesetz plausibel gemacht werden (*syllogismos*).[126]

Diese Unterteilung haben die römischen Rhetoren übernommen. Exemplarisch zeigt dies die Rhetoriklehre von *Quintilian*: Das Enthymem, über dessen Konzeption bereits zu römischen Zeiten gestritten wurde, sowie die von ihm bevorzugte Modifikation des Enthymems, das Epicheirem[127], erörtert er zusammen mit dem Syllogismus im fünften Buch seiner Institutio Oratoria. Das fünfte Buch der Institutio betrifft die Beweisführung mit äußeren oder kunstfremden Beweismitteln (vgl. oben die *pisteis atechnoi*) und kunstgemäßen Beweismitteln (vgl. oben die *pisteis entechnoi*). Zu letzteren zählt *Quintilian* – neben Enthymem, Epicheirem und Syllogismus – die Indizien- und verschiedene Varianten der Beispielargumentation (*similitudo*).[128] Allerdings

---

126 Die Originalschrift von Hermagoras ist verloren gegangen und wird aus den Schriften von Cicero und Quintilian rekonstruiert, vgl. *Thomas Schirren*, Redesachverhaltsfeststellung (Statuslehre), in: Rhetorik und Stilistik (Band 1), S. 613 f. Vgl. zur Rezeption der Status-Lehre auch *Joachim Lege*, Was Juristen wirklich tun, in: Rechtsphilosophie im 21. Jahrhundert, S. 218 ff.; *ders.*, Pragmatik und Jurisprudenz, S. 429.

127 *Quintilian*, Ausbildung des Redners, V 14, 1–25. Quintilian fasst das Epicheirem im Widerstreit zu anderen Rhetoriklehren, die 4 bis 6 Teile annehmen, als dreigliedrig auf. Vgl. näher zur Relevanz des Epicheirem für die juristische Argumentation *Joachim Lege*, Pragmatik und Jurisprudenz, S. 430 f., 449 f., 455 f.

128 *Quintilian*, a. a. O., V 11. Er weist allerdings auf verschiedene Sprachgebräuche hin: Die *similitudo* wurde in Rom teils mit der griechischen Parabole gleichgesetzt, wohingegen mit *exemplum* das Beispiel (Paradeigma) bezeichnet wurde. Quintilian sieht sowohl *exemplum* als auch *similitudo* vom Begriff des Beispiels gedeckt, begreift sie als „rhetorische Induktionen“ und diskutiert neben der sokratischen

hebt er die Indizien- und die Beispielargumentation ab von einer Beweisführung durch „Beweisgründe“, für deren Geltendmachung er in erster Linie das Epicheirem diskutiert.[129] *Quintilian* fasst den Begriff des Enthymems mithin enger, als es noch bei *Aristoteles* der Fall war. Mit Referenz auf andere Rhetoriklehrer diskutiert er das Enthymem als unvollständiges Epicheirem bzw. unvollständigen Syllogismus, aber auch als *argumentum e contrario*. Diese Schlusstypen kennzeichnen, dass ausgehend von einem Faktum ein zweifelhaftes Ergebnis begründet werde.[130] Allein der von *Quintilian* als vielgestaltig beschriebene (vollständige) Syllogismus erschließe „Wahres durch Wahres“[131]. *Quintilian* knüpft damit also an die traditionelle Syllogismusvorstellung an. Allerdings fehlt bei ihm ein vertieftes Verständnis der aristotelischen Schluss- und Argumentationslehre. Im fünften Buch diskutiert er noch Enthymeme aus Ähnlichem und Entgegengesetztem,[132] im siebten Buch schließlich versteht er die Station der analogen Gesetzesanwendung innerhalb seiner Lehre von den *status legales* – wie bereits *Hermagoras* – als Syllogismus (!).[133] Weder seine Ausführungen zur ersten (*scripta et voluntas*) noch der dritten Station (*syllogismus*) deuten dabei auf die formale Strenge syllogistischer Argumentation hin. Beide Stationen hielt er zudem für ähnlich: In der ersten Station wird unter anderem über Ausnahmen vom Wortlaut gestritten,[134] in der dritten Station über eine auf den Willen des Gesetzes gestützte Erweiterung über dessen Wortlaut hinaus[135].[136]

Neben diesen Passagen bei *Quintilian*, wo man bereits die Abgrenzungsschwierigkeit von Gesetzesanalogie und extensiver Auslegung sowie

---

Induktionsmethode des *argumentum a fortiori* (also *a maiore ad minus* und *a minore ad maius*). Vgl. auch der Überblick zur *similitudo* in der Herennius-Rhetorik, bei Cicero und bei Quintilian in der Arbeit von *Paul M. Schittko*, Analogien als Argumentationstyp, S. 70 ff., 98 ff., S. 114 ff., der – ausgehend von dem aristotelischen Paradeigma als Mittel des Logos – eine begriffliche Verschiebung hin zur Dekorfunktion der *similitudo* bei den römischen Rhetoren bemerkt.

129 *Quintilian*, a. a. O., V 10.

130 *Quintilian*, a. a. O., V 10, 1–3; 14 1–4, 25.

131 *Ders.*, a. a. O., V 14, 14.

132 *Ders.*, a. a. O., V 14 4.

133 *Ders.*, a. a. O., VII 6–9.

134 *Ders.*, a. a. O., VII 6.

135 *Ders.*, a. a. O., VII 8.

136 Vgl. zur Stellung des „Syllogismus“ bzw. der Analogie im Kontext der Gesetzesauslegung *Heinrich Lausberg*, Handbuch der literarischen Rhetorik, § 221, S. 121 f. m. w. N.

Unsicherheiten in der Qualifikation der juristischen Schlussweisen angedeutet sieht, findet sich – bei den römischen Juristen *Papinian*[137] und *Ulpian*[138] sowie dem römischen Rhetor *Cicero*[139] – mit der *inductio* (Destillation genereller Aussagen aus den Einzelaussagen der römischen Kasuistik) – als Variante der *similitudo* eine frühe Form der Rechtsanalogie.[140]

Diese ging in den neuzeitlichen Topoi-Katalogen – die neben anderen den *topos a simili* enthielten – praktisch verloren. Erst im Verlauf des 18. Jahrhunderts wurde sie in Form der *analogia iuris* wieder „entdeckt". Ab dem 19. Jahrhunderts trat sie schließlich zusammen mit der Gesetzes- als „Rechtsanalogie" neben die durch *canones* ausdifferenzierte Auslegungslehre.[141] Übernahm die Rechtsanalogie unter der Ägide der sog. Begriffsjurisprudenz als induktive Methode, die prinzipienorientiert allgemeine Rechtssätze begründen sollte, anfänglich noch eine dominante Rolle in den Methodenlehren, wurde sie seit Anfang des 20. Jahrhunderts von der Gesetzesanalogie weitgehend verdrängt. In Orientierung am Gesetzeszweck entspricht die Gesetzesanalogie dem Konzept des angelsächsischen „reasoning from case to case". Die Induktion (und Abstraktion) empfand man dagegen als Methode der Seinswissenschaften für die Fortentwicklung der Rechtsmaterie nicht als angemessen und wollte sie durch ein „teleologisch-synthetisches Verfahren" ersetzen.[142]

In der heutigen Methodenlehre sperrt man sich denn auch teils, die Rechts- oder Gesamtanalogie als eine wirkliche Analogie zu begreifen: Anders als bei der Gesetzesanalogie, die vom Besonderen zum Besonderen vermittelt über ein Allgemeines schließt, werde bei der Rechts- oder Gesamtanalogie

---

137 Beispiele aus Papinians Quaestiones bei *Ulrike Babusiaux*, Papinians Quaestiones, S. 200 ff., 209 f. Die zitierten Fälle weisen als rhetorische Induktion deutlich in die Klasse der Beispiel-Argumentation im Abschnitt bei Quintilian und verdeutlichen das Diffundieren der Begründungsweisen.

138 Beispiele aus Ulpians Ediktskommentar bei *Ulrike Babusiaux*, Der Kommentar als Haupttext, in: Kommentare in Recht und Religion, S. 43 ff.

139 *Cicero*, Top. 42.

140 Vgl. zur Auswertung der Stellen und der Verbindung römischer Rhetoren und Juristen auch *Ulrike Babusiaux*, Römische Rechtsrhetorik, in: Handbuch Rechtsrhetorik (im Erscheinen).

141 Vgl. *Jan Schröder*, Recht als Wissenschaften, S. 25 ff., 110 ff., 179 ff., 259 f. Allerdings weist Schröder darauf hin, dass es im Rahmen der „analogischen Interpretation" bei Joachim Hopper (1523–1576) zur Auflösung von Gesetzeswidersprüchen bereits wieder erste Spuren rechtsanalogischer Rechtsgenese gegeben hat, vgl. *ders.*, a. a. O., S. 95 f., 179.

142 *Ders.*, a. a. O., S. 381 ff., 413 ff. mit Hinweis auf Larenz.

aus Einzelrechtsaussagen auf die „ratio legis" geschlossen und diese in einem verallgemeinerten Rechtssatz ausgedrückt.[143] In dieser Ausklammerung der Rechtsanalogie aus dem Analogiebegriff scheint noch die im frühen 20. Jahrhundert vertretene Deutung der Analogie als Niveauschluss fortzuwirken, die die Vermittlung über ein Allgemeines ganz geleugnet hat.[144]

Die neuere Methodenliteratur schaut dagegen kaum mehr auf die logische Struktur des Analogieverfahrens. Wichtiger scheint jetzt die Frage, inwieweit der vermittelnde allgemeine Gesichtspunkt expliziert wird oder ob er implizit bleibt. Damit hängt die Wertungsfrage zusammen, welche Bindungen man über die Lösung des konkreten Rechtsproblems hinaus eingehen möchte.[145] Soweit es die Struktur betrifft, wird hervorgehoben, dass es sich bei der Analogie – genau genommen – nicht um einen „logisch zwingenden Schluss, sondern ein teleologisch mögliches und gebotenes Vorgehen" handle, die Analogie „in erster Linie keine Frage der Logik, sondern der Teleologik" sei.[146]

Damit zeigt sich folgendes Bild: Wo *Aristoteles* mit seinem Paradeigma den *topos a simili* noch in Vergleich zu anderen Schlussformen oder Argumentationsstrukturen setzen wollte, hängt dieser Topos im materialisierten Rahmen einer juristischen Sondertopik gleichsam in der Luft: Mit der Auskunft darüber,

---

143 *Karl Larenz/Claus Wilhelm Canaris*, Methodenlehre der Rechtswissenschaft, S. 205; *Franz Bydlinski*, a. a. O. S. 477 f.; *Ernst Kramer*, a. a. O., S. 208.

144 Vgl. *Theodor Ziehen*, Lehrbuch der Logik, S. 724, 761. Reimer sieht im Anschluss an Looschelders auch in der Gesamtanalogie einen „Schluss vom Besonderen auf das Besondere", vgl. *Franz Reimer*, a. a. O. S. 261 Fn. 78; *Dirk Looschelders/Wolfgang Roth*, a. a. O., S. 310. Ohne Vermittlung über einen allgemeinen Gesichtspunkt (ein Allgemeines) stehen die besonderen Sätze aber beziehungslos nebeneinander.

145 Vgl. etwa *Franz Reimer, a. a. O., Rn. 558, 595 ff.* und *Dirk Looschelders/Wolfgang Roth, a. a. O., S. 304 ff.* differenzieren zwischen Einzel- und Gesamtanalogien einerseits und der Bildung von allgemeinen Rechtsgrundsätzen durch Induktion andererseits. Bei den beiden Analogieformen werde die Rechtsfolge einer oder mehrerer Normen auf einen ungeregelten Fall übertragen. Bei der Bildung eines allgemeinen Rechtsgrundsatzes dagegen werde induktiv ausgehend vom Besonderen, von der Induktionsbasis, die entweder aus einer oder mehreren Normen gebildet sein kann, unabhängig von deren Rechtsfolgen ein allgemeinerer, neuer Rechtssatz entwickelt. Reimer gesteht dabei Parallelen zwischen Analogie und der induktiven Konstitution von allgemeinen Rechtsgrundsätzen zu, sieht letztere aber unabhängig von Vergleichsfällen und durch das Prinzip der Angemessenheit bestimmt. Wegen der größeren Tragweite empfiehlt er, der Gesamtanalogie den Vorzug vor der induktiven Bildung allgemeiner Rechtsgrundsätze zu geben.

146 *Franz Reimer*, a. a. O, Rn. 556. Vgl. auch FN 143.

dass die Rechtsanalogie strukturell der Induktion in den Seinswissenschaften nicht entspricht und beide Formen der Analogie formal-logisch ungültig sind, ist noch nicht geklärt, welche Struktur die juristische Induktion (Rechts- oder Gesamtanalogie) und die Analogie (Gesetzes- oder Einzelanalogie) charakterisiert. Das paradeigmatische Enthymem bietet sich hier als Erklärungsmuster an, um diese Struktur sichtbar zu machen, sie in den Vergleich zu anderen juristischen Argumentationsweisen zu setzen und Auskunft über die Herstellungsbedingungen der gerichtlichen Rechtserzeugung zu geben.

C. Logik und Analogik

Werden Induktion und Analogie für logisch defizitäre Weisen der Rechtsgewinnung gehalten, müsste man annehmen, dass es logisch suffiziente Schlussweisen gibt. Als solche werden die Deduktion oder der Syllogismus verstanden. In seiner Analogie-Schrift diskutiert *Langhein* darüber hinaus die vollständige Analogie und die vollständige Induktion, denen er die unvollständige Analogie und die unvollständige Induktion entgegenstellt.[147] Die Gesetzesanalogie ist *Langhein* zufolge ihrer logischen Form nach eine (unvollständige) Analogie, die wiederum als komplexe Schlussweise sich aus einer (unvollständigen) Induktion und einer formgemäßen Deduktion zusammensetze; derivativ von der Unvollständigkeit der Induktion leite sich der Wahrscheinlichkeitscharakter der juristischen Analogie ab.[148] Der Grad an Zuverlässigkeit sowohl der Induktion- als entsprechend auch der Analogiebildung bestimmt sich nach *Langhein* gemäß der Übereinstimmung in den Einzelmerkmalen von zwei Dingen einer Gattung: Je mehr Einzelmerkmale miteinander identisch seien, desto wahrscheinlicher soll ein gesetzmäßiger Zusammenhang sein.[149] Vollständig ist eine juristische Induktion nach ihm dann, wenn aus der Gesamtheit aller Einzelurteile zu den Gegenständen „eines Umkreises" ein Universalurteil gebildet werde; unvollständig dagegen, wenn die Bildung des Universalurteils auf einer bloßen Teilmenge der Einzelurteile basiere.[150] Orientiert an einem Beispiel von *Larenz* zur Rechtsanalogie rekonstruiert er eine formgültige Deduktion in der ersten Figur der aristotelischen Syllogistik und die (unvollständige) Induktion wie folgt:[151]

147 *A. W. Langhein*, a. a. O., S. 16 ff.
148 *Ders.*, a. a. O., S. 17 f., 31 f.
149 Ebd.
150 *Ders.*, a. a. O., S. 20 f.
151 *Ders.*, a. a. O., S. 18.

Syllogismus / Deduktion	**Deduktion**	**(unvollständige) Induktion**
Alle B sind A (= Obersatz)	Alle Dauerschuldverhältnisse (M) schreiben eine Kündigung aus wichtigem Grund vor (P).	Eine Reihe von Schuldverhältnissen (M) schreibt eine Kündigung aus wichtigem Grund vor (P).
Alle C sind B (= Untersatz)	Diese Reihe von Schuldverhältnissen (S) stellen Dauerschuldverhältnisse dar (M).	Diese Reihe von Schuldverhältnissen (M) stellen Dauerschuldverhältnisse dar (S)
Also alle C sind A (= Schlusssatz)	Eine Reihe von Schuldverhältnissen (S) schreibt also eine Kündigung aus wichtigem Grund vor (P).	Alle Dauerschuldverhältnisse (S) schreiben also eine Kündigung aus wichtigem Grund vor (P).

Unvollständig sei die Induktion in dem Beispiel von *Langhein* deshalb, weil „die Allheit der Summe […] durch eine sammelnde Beobachtung“ nicht erreichbar sei. Weil dies typischerweise der Fall sei, sieht *Langhein* in ihr die klassische Form der Induktion.[152] In diese Stellungnahme mischen sich epistemologische Deutungen. Zudem müssen die Begriffe im Untersatz permutiert werden, damit aus der unvollständigen Induktion eine formgültige aristotelische Epagoge wird.[153]

Die vollständige Analogie ist für *Langhein* – im Gegensatz zur vollständigen Induktion – für das Recht bedeutungslos.[154] Sie entspricht der mathematischen Proportionalität. Vereinfacht stellt sie sich folgendermaßen dar

$$\frac{a}{b} = \frac{c}{d}$$

Sind in dieser Gleichung drei Größen bekannt, kann die Variable über terminologische Umformung sicher erschlossen werden; weil im Recht nicht – oder doch nur in marginalem Umfang – quantitativ geschlossen wird, hält *Langhein*

152 *Ders.*, a. a. O., S. 18 f.

153 Ebd.; vgl. auch unten die Darstellung von Aristoteles Epagoge (FN 197).

154 *Ders.*, a. a. O., S. 32.

nur Wahrscheinlichkeitsschlüsse für möglich – respektive nur die unvollständige Analogie für juristisch relevant.[155]

Die „unvollständige Analogie“ hat *Perelman* in Anschluss an eine vorgängige Tradition als „Ähnlichkeit von Verhältnissen“ im Gegensatz zum „Verhältnis von Ähnlichkeiten“ interpretiert. Er legt sein Augenmerk auf den relationalen Charakter der Analogie. Die mathematische Proportionalität ist nach *Perelman* nur eine spezifische Ausformung der „unvollständigen Analogie“. Grundsätzlich bestehe sie aus vier Termen. Der Term $\frac{a}{b}$ als Analogiethema bezeichne das Verhältnis, auf das geschlossen werden soll. Der Term $\frac{c}{d}$ übernehme als Analogieträger eine Stützungsfunktion. Analogieträger und Analogiethema stammten regelmäßig aus verschiedenen Bereichen.[156]

Dieses Analogieverständnisses exemplifiziert *Perelman* an einem Beispiel von *Aristoteles*:[157]

> „Wie die Augen der Nachteule sich zum Tageslicht verhalten, so verhält sich wohl auch das Auge unseres Geistes, die Vernunft, zu dem, was von Natur das Allerheiligste ist.“

Dieses Beispiel ist erkennbar eine Abwandlung des platonischen Höhlengleichnisses[158]: Versucht der Mensch kraft seiner Vernunft die Natur des Allerheiligsten – die Idee des Guten – zu ergründen, wird er „geblendet“ werden. Gleiches geschieht mit dem aus einer Höhle befreiten Gefangenen (oder eben der Eule), der nach seinem Aufstieg zur Sonne blickt. *Aristoteles* stellt damit zwei Weisen des Erkennens nebeneinander: das sinnlich-visuelle und das noetische Erkennen. Der visuell-sensuelle Vorgang als Analogieträger soll helfen die im Analogiethema ausgedrückte Relation zwischen der Vernunft und der Idee des Guten zu verstehen. Im Unterschied zu *Platon* ist *Aristoteles* pessimistischer, was die epistemische Zugänglichkeit der Idee des Guten betrifft: Der Gefangene in der Höhle kann sich an das Tageslicht nach seiner Befreiung gewöhnen. Einer Eule sei dies nicht möglich.

---

155 Ebd.

156 *Chaim Perelman/Lucie Olbrechs-Tyteca*, Die neue Rhetorik (Band 2), S. 529 ff.; vgl. auch *Aristoteles*, NE 1457b 16 ff.; *Hans Poser*, a. a. O., Wissenschaftstheorie, S. 276.

157 *Dies.*, a. a. O., S. 530. Die nachfolgend zitierte Stelle findet sich bei *Aristoteles*, Met. 993b.

158 *Platon*, Pol., 514a-517b.

Die Richtigkeit der Interpretation dieser Stelle bei *Aristoteles* dahingestellt, zeigt sie doch, dass sich hinter der einfachen Struktur von Analogiethema $\frac{a}{b}$ und Analogieträger $\frac{c}{d}$ offenbar Strukturen verbergen, die nur fragmentarisch – eben enthymematisch – ausgedrückt sind.

In der Literatur zur Logik und Argumentationstheorie wird – bis auf die erwähnten Ausnahmen der vollständigen Analogie – die Analogie als Weise „informellen Schließens“ verstanden.[159] Im Gegensatz zur formal streng reglementierten Deduktion ist bei informellen Schlussweisen ein Transfer von den Wahrheitswerten der Prämissen auf den Wahrheitswert der Konklusion nicht möglich; daher rührt auch die Rede von den „Wahrscheinlichkeitsschlüssen“ und die Diskussion, sie aus dem Kreis der Schlüsse herauszunehmen.[160] Aber das ist nur eine Frage der Konvention. So lange die Mängel einer Schlussweise deutlich gemacht werden, besteht nicht die Gefahr der Verwirrung.[161]

Obgleich die Analogie eine informelle Schlussweise ist, bedeutet dies nicht, dass sie einer formalen Analyse *per se* unzugänglich ist. In der vorliegenden Arbeit wird für diese Formanalyse teilweise auf eine prädikatenlogische Darstellungsweise zurückgegriffen.[162] Zur Einordnung seien ein paar Bemerkungen vorangestellt:

Die Prädikatenlogik ist eine Variante der modernen Logik, deren Entwicklung wiederum wegen gewisser Defizite der klassischen Logik veranlasst war. An der klassischen Logik wurden psychologische Residuen ausgemacht, die

159 Vgl. Etwa *Leo Groarke*, “Informal Logic”, The Stanford Encyclopedia of Philosophy (Summer 2019 Edition) m. w. N.

160 Vgl. *Arthur Kaufmann*, Das Verfahren der Rechtsgewinnung, S. 59; *Wolfgang Gast*, Juristische Rhetorik, S. 400; *Franz Reimer*, a. a. O, Rn. 555.

161 Entsprechend versteht auch Kalinowski in Anknüpfung an die antike Tradition die Begriffe „Argument“, „Schlussweise“ oder auch „Beweisführung“ synonym und knüpft erst nach dieser klassifikatorischen Vorentscheidung daran die Frage, inwieweit sie formal sind, vgl. *Georges Kalinowski*, a. a. O., S. 100. Bei der Bezeichnung „Beweisführung“ – auch wenn Kalinowski sich hier auf Aristoteles beziehen kann – möchte ich allerdings eine vorsichtigere Haltung einnehmen, weil sie zu leicht missverständliche Assoziationen weckt.

162 Vgl. die auch für Juristen gut nachvollziehbare Einführung in die Aussagen- und Prädikatenlogik bei *Ota Weinberger*, a. a. O.

dem Ziel der Entwicklung einer universellen, von humanen Denkprozessen losgelösten Darstellungsform widerstrebten.[163]

(Mit-)Begründer und wohl wichtigster Vertreter der modernen Logik war *Frege*. Er hat diese primär als eine mathematische Fach- und Formelsprache entwickelt. Sie ist nicht ohne weiteres auf außermathematische Bereiche übertragbar, wenn auch *Frege* ihre Relevanz für die Philosophie nicht verborgen geblieben ist:

> „Ich habe nun versucht die mathematische Formelsprache durch Zeichen für die logischen Verhältnisse zu ergänzen, so daß daraus zunächst für das Gebiet der Mathematik eine Begriffsschrift hervorgehe, wie ich sie als wünschenswerth dargestellt [56/114] habe. Die Verwendung meiner Zeichen auf andern Gebieten wird dadurch nicht ausgeschlossen. Die logischen Verhältnisse kehren überall wieder, und die Zeichen für die besondern Inhalte können so gewählt werden, daß sie sich in den Rahmen der Begriffsschrift einfügen. Mag dies nun geschehen oder nicht, jedenfalls hat eine anschauliche Darstellung der Denkformen eine über die Mathematik hinausreichende Bedeutung. Möchten deshalb auch Philosophen der Sache einige Beachtung schenken!“[164]

Diese Herkunft aus der Mathematik sollte bedacht werden, wenn man versucht, Varianten der modernen Logik für andere Disziplinen nutzbar zu machen, wo ganz andere disziplinäre Zwänge herrschen: In der Mathematik gibt es schlicht keine andere Schlussweise als die Deduktion. Die dort für den Bereich der natürlichen Zahlen geläufige Beweisform der „vollständigen Induktion“ – die besser als „mathematische Induktion“[165] bezeichnet werden sollte – funktioniert ausschließlich deduktiv.[166] Eine Mathematik, in der „informelles Schließen“ nicht bloß simuliert, eine Begriffsentwicklung im „beweglichen System“ zugelassen würde, wäre eine *contradictio in adiecto*, im Ergebnis also ihre Selbstauslöschung. Nur vor diesem Hintergrund wird die besondere Erschütterung der Mathematik durch *Russelsche Antinomie*[167] und die *Gödelschen Unvollständigkeitsätze*[168] verständlich.

---

163 Vgl. etwa *Wolfgang Stegmüller*, a. a. O., S. 1 ff.; vgl. auch schon *Gottlob Frege*, Die Grundlagen der Arithmetik, S. 6 ff. Vgl. hierzu *Gottfried Gabriel*, Logik und Rhetorik der Erkenntnis, S. 21 ff.

164 *Gottlob Frege*, Über die wissenschaftliche Berechtigung der Begriffsschrift, in: Begriffsschrift und andere Aufsätze, S. 113 f.

165 *Ota Weinberger*, Rechtslogik, S. 342, der sie allerdings als „mathematische vollständige Induktion“ bezeichnet.

166 *Horst Hischer*, Grundlegende Begriffe der Mathematik, S. 195.

167 Vgl. hierzu *Albert Newen/Eike von Savigny*, Einführung in die analytische Philosophie, S. 49 ff.

168 Vgl. hierzu *Dirk. W. Hoffman*, Die Grenzen der Mathematik, S. 199 ff.

Meine Arbeit widmet sich mit der Analyse der (juristischen) Analogie dagegen einem Phänomen, das nicht vollständig in eine formale Sprache („die Begriffsschrift“) eingegliedert werden kann und daher ihr gegenüber abgegrenzt werden soll. Damit sind die Reformulierungsversuche in der Prädikatenlogik nur Durchgangsstation und Hilfsmittel zu einer anschaulicheren oder zumindest übersichtlicheren Präsentation von strukturellen Zusammenhängen. Anders ausgedrückt: Die prädikatenlogischen Darstellungsversuche sind als Kontrastfolie zur Aufdeckung und Einordnung nicht-logischer, fragmentarischer oder substanzieller Anteile in analogischer und letztlich juridischer Argumentation gedacht.[169] Misslingt eine zufriedenstellende Rekonstruktion eines Arguments in irgendeiner (logischen) Darstellungsweise, wird die Frage nach dem Grund des Scheiterns und der Weise seiner Bewältigung aufgeworfen. Die moderne Logik ist damit als Darstellungsform im Vergleich zu anderen Darstellungsweisen in dieser Arbeit nicht privilegiert, sondern Werkzeug unter Werkzeugen.[170]

§ 4 Gang der Untersuchung

Im ersten Teil der Arbeit wird die Analogie – losgelöst von ihrer Einbettung in eine juristische Sondertopik – als formale Struktur auf ihre Charakteristika untersucht. Sie soll einerseits mit der Deduktion, andererseits mit Induktion und Abduktion abgeglichen werden. Im Schwerpunkt dient dieser Abschnitt

---

169 Insoweit besteht auch eine Schnittmenge zu Alexy, vgl. *Robert Alexy*, a. a. O., S. 283; *ders.*, Die logische Analyse juristischer Entscheidungen, in: Recht, Vernunft, Diskurs, S. 15; wie hier partiell zustimmend *Katharina von Schlieffen*, Subsumtion, a. a. O., S. 399.

170 Ähnlich verweist auch Neumann auf das Primat der Argumentation vor der Wahl eines logischen Standpunkts oder Darstellungsmodus. Eine Logik kann daher nicht der archimedische Punkt sein, von dem aus theoretische Aussagen über eine rechtliche Begründungspraxis getroffen bzw. Standards hergeholt werden können. Sie muss sich selbst dem Gegenstandsbereich „Recht“ als angemessen erweisen, vgl. *Ulfrid Neumann*, Rechtsontologie und juristische Argumentation; *ders.* Juristische Argumentationslehre, S. 16 ff.; *ders.*, Ex falso numquam quodlibet!, in: Recht als Struktur und Argumentation, S. 56 ff.; *ders.*, Theorie der juristischen Argumentation, S. 241 ff.; *ders.*, Juristische Logik, a. a. O,; *ders.*, Das Enthymem in der Theorie der juristischen Argumentation, a. a. O., S. 574 f.; vgl. auch *Katharina von Schlieffen*, a. a. O., S. 399 f. und *Gottfried Gabriel*, a. a. O., S. 9 ff., der – wie hier – den Konflikt zwischen Rhetorik und Logik durch das analogische Denken charakterisiert sieht und die Opponenten miteinander versöhnen möchte.

der Zusammenführung der Analogie mit dem Konzept des Enthymems. Der zweite Teil untersucht, inwieweit sich juristische Argumentation formal, entpsychologisiert und rhetorikfrei verstehen lässt. Es wird unterstellt, dass eine normativ und rational an einem universellen Auditorium ausgerichtete Argumentationstheorie bevorzugt einem Begründungsmodell anhängt, das als *deduktives Paradigma* bezeichnet werden kann. Dieses Paradigma soll auf seine Tragkraft untersucht werden. Die Untersuchung gibt auf diese Weise Auskunft über die Herstellungsbedingungen einer Rechtsrede. Der dritte Teil widmet sich Ansätzen, in denen die *Darstellung* und *Herstellung* von Recht nicht geschieden voneinander behandelt werden. Im Zentrum wird die Auseinandersetzung mit der Theorie von *Arthur Kaufmann* stehen, welcher der Analogie eine zentrale Rolle im Prozess der Rechtsgewinnung einräumt und sie im Zusammenhang mit den beiden informalen Schlussweisen der Abduktion und Induktion sowie der Deduktion bespricht. Das *Toulmin-Schema* – als ein zunächst im natur-wissenschaftlichen Kontext entwickeltes, aber von der Form juristischen Argumentierens ausgehendes Argumentations-Modell – wird im vierten Teil der Arbeit diskutiert: Als regelbasiertes Schema ist es mit dem aristotelischen Eikos-Enthymem verwandt und unter normativen Argumentationstheorien der wirkmächtigste Gegenentwurf zum Syllogismus-Modell. In diesem Kapitel wird untersucht, inwieweit sich das Modell für juristische Argumentationsweisen öffnen lässt. Abschließend soll in der Arbeit im fünften Teil das rhetorische *Schlieffen-Modell* untersucht werden, in dem die Formulierung von Übergangsregeln im Sinne *Toulmins* nicht gefordert ist und das daher Strukturen im Recht erfassen kann, die für normative Theorieansätze unsichtbar bleiben. Durch diesen Aufbau, der durch das Prinzip zunehmender Liberalisierung der herangezogenen Argumentationsschemata charakterisiert ist, soll eine differenziertere Perspektive auf die juristische Analogie als Struktur gewonnen werden. Man wird jedoch nicht hoffen dürfen, dass es gelingt, ein Universalschema zu entwickeln, in dem sich juristische Argumentation in ihrer ganzen Komplexität einfangen lässt. Nach meiner Auffassung ist bereits viel erreicht, wenn die Schemata je für sich in der eingenommenen Beobachtungsperspektive die Struktur und Eigenheit der Analogie erhellen. Das Hauptaugenmerk der Arbeit wird darauf liegen, im letzten Teil der Arbeit das rhetorische Enthymem-Modell um theoretische Einsichten zu bereichern.

Teil 1 – Die Struktur der Analogie als allgemeiner Begründungsweise

§ 1 Die Analogie als Schluss der reflektierenden Urteilskraft in der Schlusslehre von Immanuel Kant

Um die Analogie als Schlussform zu kontextualisieren und in die für das Verständnis der Arbeit bedeutsamen begrifflichen Konzepte der (klassischen) Logik einzuführen, soll vorab die Schlusslehre von *Immanuel Kant* mit Augenmerk auf die informellen Schlussweisen vorgestellt werden. Diese ist in einer nach Erscheinen seiner Kritiken im Jahr 1800 von dem Privatdozenten *G. B. Jäsche* mit *Kants* Billigung herausgegebenen Vorlesungsschrift zur Logik enthalten. In dieser Schrift wird das logische Gerüst erkennbar, das *Kant* seinen Kritiken zugrunde gelegt hat. Als informelle Schlüsse behandelt er in § 84 sowohl die Induktion als auch die Analogie.[171] *Kants* Logik ist deshalb ein exzellenter Einstieg, weil in der klassischen Logik, wie bereits angedeutet, Epistemologie (Psychologie) und Logik noch nicht in der für die moderne Logik charakteristischen Weise geschieden sind, gerade er (in Anknüpfung an *Humes* Aufdeckung des Induktionsproblems) es jedoch war, der mit seiner Kritik der reinen Vernunft in der Erkenntnistheorie die bekannte „kopernikanische Wende" eingeleitet hat, in deren Folge das Vertrauen in die Verlässlichkeit induktiven Schließens, wie sie bei den englischen Empiristen überbetont war, erheblich herabgesetzt wurde.[172] *Kant* bietet auch deshalb einen geeigneten Einstieg, weil in seiner Logik die heute mit der traditionellen Logik verbundenen Konzepte in gebündelter Form behandelt werden. Die Auseinandersetzung mit *Kant* verfolgt damit auch den Zweck, diese Konzepte in knapper und zusammenhängender Form vorzustellen.

Unter „Schließen" versteht *Kant* diejenige Funktion des Denkens, wodurch ein Urteil aus einem anderen Urteil hergeleitet wird.[173] Diese Urteile untergliedert er gemäß der hergebrachten Einteilung nach ihrer Qualität, Quantität, Modalität und Relation: Ihrer Quantität nach können Urteile allgemein (*Alle* S sind P), partikulär (*Einige* S sind P) oder singulär (*Exemplar von S* ist P)

---

171 *Immanuel Kant*, Logik, S. 146 ff.

172 Vgl. aber bereits die richtungsweisende Kritik bei Hume, der sich Kant angeschlossen hat. Mill folgt dann später allerdings wieder der traditionellen Linie, vgl. *John Stuart Mill*, A System of Logic, Ratiocinative and Inductive, S. 2?7 ff.

173 *Immanuel Kant*, a. a. O., S. 125

sein.[174] Nach ihrer Qualität können Urteile entweder bejahend oder verneinend sein – und zwar jeweils allgemein oder partikulär bzw. singulär bejahend oder verneinend: Alle S sind P (S a P), Kein S ist P (S e P), Einige S sind P (S i P) und Einige S sind nicht P (S o P).[175] In der Dimension der Modalität werden die apodiktischen Urteile erfasst. Mit ihnen wird zum Ausdruck gebracht, dass P *notwendigerweise* S zukommt. Problematisch ist ein Urteil, wenn es mit dem Bewusstsein ausgesprochen wird, dass P nur *möglicherweise* S zukommt und mit einem assertorischen Urteil wird konstatiert, dass P *tatsächlich* S zukommt. Kant macht die Qualifikation der Urteile also von der Sprechereinstellung abhängig.[176]

In der letzten Kategorie – der Einteilung von Urteilen ihrer Relation nach – wird bereits der Übergang zu den Schlüssen markiert. Sie betrifft die Verknüpfungsweisen von Urteilen: Bei hypothetischen Urteilen geht es um die logische Relation von Vordersatz (Antezedenz) und Hintersatz (Konsequenz): im *modus ponendo ponens* um die logische Pflicht zur Bejahung des Hintersatzes, wenn der Vordersatz wahr ist und im *modus tollendo tollens* um die logische Pflicht zur Verneinung des Vordersatzes, wenn der Hintersatz falsch ist.[177] Die disjunktiven Urteile betreffen Oder-Verknüpfungen, die in zwei Formationen auftreten können: Einmal als Kontravalenz (ausschließendes Oder), in der einem S *entweder* ein Prädikat A oder ein Prädikat B zukommt. Die Adjunktion (einschließendes Oder) sagt aus, dass einem S ein Prädikat A *oder auch* ein Prädikat B zukommt.[178] Ihrer Relation nach können Urteile schließlich kategorisch (bzw. assertorisch) sein, womit schlicht gemeint ist, dass das Urteil nicht komplex

---

174 *Immanuel Kant*, a. a. O., S. 111 f., 125, 134. Die Unterteilung findet sich auch in gängigen Lehrbüchern zur Logik, vgl. *Friedrich E. Schnapp*, Logik für Juristen, S. 71 ff.; vgl. auch *Arthur Kaufmann*, Das Verfahren der Rechtsgewinnung, S. 46 f. Es wird aber teilweise nicht mehr zwischen Einzel- und partikularen Urteilen unterschieden.

175 *Immanuel Kant*, a. a. O., S. 113 f., 126 f., 130, 134. Kant führt als Urteile noch die „unendlichen“ auf, die hier weggelassen wurden. Vgl. zur Notation *Arthur Kaufmann*, ebd.; *Jan Joerden*, Logik im Recht, S. 328.

176 *Immanuel Kant*, a. a. O., S. 119 f., 134.

177 Vgl. *Immanuel Kant*, a. a. O., S. 115 f., 133 ff.; *Friedrich E. Schnapp*, a. a. O., S. 77 ff.; *Arthur Kaufmann*, a. a. O., S. 48 f. Übertragung in die Aussagen- und Prädikatenlogik: Modus ponens: $((p \rightarrow q) \wedge p) \rightarrow q$ Modus tollens: $((p \rightarrow q) \wedge \neg q) \rightarrow \neg p$.

178 Vgl. *Immanuel Kant*, a. a. O., S. 116 ff., 133 ff.; *Friedrich E. Schnapp*, a. a. O., S. 79 ff.; *Arthur Kaufmann*, a. a. O., S. 49.

und Subjekt und Prädikat nur durch die Kopula *ist* (Zusprechen) oder *ist nicht* (Absprechen) ins Verhältnis zueinander gesetzt sind.[179]

Kant führt zudem eine Differenzierung ein, die näher vorgestellt werden soll: Er unterscheidet zwischen Urteilen und Sätzen, wobei Sätze niemals problematisch sein können und stets assertorisch sind.[180] Innerhalb der Sätze differenziert er – *Kant* vermengt hier jedoch Epistemologie und Logik – weiter zwischen universellen und generellen Sätzen: Universell sind nur solche Sätze, die etwas allgemein von einem Gegenstand behaupten, wohingegen generelle Sätzen keine hinreichenden Bedingungen für eine Subsumtion enthalten und nur in genereller Weise auf einen Gegenstand bezogen sind.[181] Er untergliedert die Schlüsse zudem in unmittelbare und mittelbare Schlüsse. Unmittelbar ist nur der Verstandesschluss, der ohne ein vermittelndes Glied ein Urteil aus einem anderen erschließt.[182] Zu den mittelbaren Schlüssen dagegen rechnet er einerseits die Vernunftschlüsse und andererseits die Schlüsse der Urteilskraft,[183] die er unterteilt in die bestimmende und in die reflektierende Urteilskraft.[184]

Wo die bestimmende Urteilskraft vom Allgemeinen zum Besonderen schreitet, betrifft die reflektierende Urteilskraft den Schluss vom Besonderen auf das Allgemeine. Die Schlüsse der reflektierenden Urteilskraft betreffen die Weise, in der über ein Objekt reflektiert werden kann, um über dieses Objekt Erkenntnisse zu gewinnen. Die auf diesem Wege gewonnenen Urteile können als aposteriorisch im Vergleich zur (apriorisch) „logischen Allgemeinheit" einen lediglich analogen Status und damit nur (synthetisch) „empirische Allgemeinheit" beanspruchen. Den Schlüssen fehlt – im Gegensatz zu den Vernunftschlüssen (Deduktionen) – die logische Notwendigkeit. Die danach bloß subjektiv gültigen Schlüsse der reflektierenden Urteilskraft, zu denen *Kant* sowohl die Analogie als auch die Induktion zählt, nennt er vor diesem Hintergrund logische Präsumtionen oder empirische Schlüsse, die zwar unerlässlich zur Erweiterung der Erfahrungserkenntnisse, doch nur in der Lage seien, unsichere Erkenntnisse auf der Basis „empirischer Gewissheit" zu liefern.[185]

---

179 Vgl. *Immanuel Kant*, a. a. O., S. 114., 133 ff.; *Friedrich E. Schnapp*, a. a. O., S. 76 f.; *Arthur Kaufmann*, a. a. O., S. 48.

180 Vgl. *Immanuel Kant*, a. a. O., S. 119 f.

181 *Ders.*, a. a. O., S. 111. Dieser Ausflug in die Erkenntnistheorie wird von ihm allerdings in dem Bewusstsein vorgenommen, dass es sich hierbei nicht um eine logische Frage handelt; allerdings tritt die Vermengung auch bei FN 176 auf.

182 *Ders.*, a. a. O., S. 125 ff.

183 *Ders.*, a. a. O., S. 125, 132 ff.

184 *Ders.*, a. a. O., S. 145 ff.

185 Vgl. ebd.

Zwischen Induktion und Analogie unterscheidet *Kant* wie folgt: Die Induktion sei ein Schluss vom Besonderen auf das Allgemeine nach dem Prinzip der Allgemeinmachung: Was vielen Dingen einer Gattung zukomme, das komme auch den übrigen zu. Seien S_1, S_2, S_3 derselben Gattung G zugehörig und komme diesen allesamt eine Eigenschaft P zu, so wird geschlossen, dass sämtliche Mitglieder S_1, S_2, … S_n der Gattung G die Eigenschaft P zukommt. „Induktion", so *Kant*, sei charakterisiert durch die Schlussfolge „Eines im Vielen, also in Allen". Ihrer Qualität nach seien die durch Induktion aufgefundenen Sätze „Allen S in G kommt die Eigenschaft P zu" niemals universale Sätze, sondern wegen der ihnen fehlenden Notwendigkeit lediglich generelle Sätze.[186]

Die Analogie betrifft dagegen den Schluss von partikulärer auf totale Ähnlichkeit zweier Dinge einer Gattung nach dem Prinzip der Spezifikation. Wenn S_1 und S_2 aus derselben Gattung G stammen und sowohl S_1 als auch S_2 die Eigenschaften P_1, P_2, P_3 teilen, S_1 darüber aber hinaus die bei S_2 unbekannte Eigenschaft P_4 zukommt, wird geschlossen, dass auch S_2 P_4 zukommt. Die Analogie beruhe also auf dem Schluss „Vieles in Einem (was auch in anderen ist), also auch das Uebrige in demselben"[187]. Der generelle Satz, der im Zuge der Analogie aufgestellt wird, betrifft also keine Aussage über die beiden in Vergleich stehenden Dinge, sondern über die Eigenschaften, die in ihnen verkörpert sind: In jedem Ding, in dem die Eigenschaften P_1, P_2, P_3 verkörpert sind, ist auch die Eigenschaft P_4 verkörpert.

186 Vgl. *ders.*, a. a. O., S. 146 ff.
187 Vgl. ebd.

§ 2 Das Paradeigma und Enthymem in der Schlusslehre des Aristoteles

Kant befindet sich mit dieser Klassifikation der Dinge nach Arten und Gattungen und der Prädikation von Eigenschaften noch ganz auf der Linie der zu jener Zeit noch bis zu *Peirce*, *Frege* oder *Boole* dominierenden Logik des *Aristoteles*, der die Induktion – den Aufstieg vom Einzelnen zum Allgemeinen – in seiner Topik folgendermaßen exemplifiziert: „Wenn derjenige Steuermann [Exemplar von C], der sich auskennt [B], der beste [A] Steuermann ist und so auch beim Wagenlenker [Exemplar von D], dann ist überhaupt in jedem Bereich, derjenige, der sich auskennt [B], der beste [A]".[188] Nüchtern sieht *Aristoteles* die Vorteile der Induktion in ihrer volkstümlichen Anschaulichkeit, er hält Deduktionen dagegen in Gegenreden für geeigneter, weil diese zwingender seien.[189] Die Analogie wird dagegen von *Aristoteles* nicht scharf gegen die Induktion abgegrenzt, sondern in seiner Rhetorik als rhetorische Induktion und Beispiel (Paradaeigma) bezeichnet.[190] Hiermit ist die Frage aufgeworfen, wie sich Induktion und Analogie zueinander verhalten, denn das Paradeigma nimmt in der Schlusslehre des *Aristoteles* die Rolle der Analogie ein. Im zweiten Buch der ersten Analytik befasst *Aristoteles* sich sowohl mit der Induktion als auch mit dem Beispiel eingehender, traktiert in diesem Zusammenhang neben dem Enthymem zudem eine weitere Schlussform, die viel später erst durch den amerikanischen Philosophen *Charles Sanders Peirce* wieder Berühmtheit erlangen sollte: die Umbiegung (Apagoge) oder Abduktion.[191] Der Zusammenhang dieser Schlussformen, die *Aristoteles* in Abgrenzung zu den dialektisch-beweisenden Schlüssen der Syllogistik als die rhetorischen bzw. Glauben, aber

---

188 Der Schluss lautet also entfaltet: 1. Exemplar von C (Exemplar von Steuermann) ist B (kennt sich in seinem Bereich aus) und Exemplar von C ist A (ist der Beste in seinem Bereich) 2. Exemplar von D (Exemplar von Wagenlenker) ist B und Exemplar von D ist A 3. Alle B (sich in ihrem Bereich Auskennenden) sind A (die Besten in ihrem Bereich), vgl. *Aristoteles*, Top. 105a 13 ff. Hierbei handelt es sich um die sokratische Methode, die bereits bei Quintilian Erwähnung gefunden hat (FN 128).

189 Ebd.

190 *Aristoteles*, Rhet. 1356b 1–10. Vgl. in diesem Zusammenhang auch die Einordnungsschwierigkeiten, die in der juristischen Sondertopik bei der Einordnung von Gesetzes- und Rechtsanalogie bestehen (oben Einleitung § 3 B).

191 *Ders.*, Anal. Pr. 69a.

nicht Wissen vermittelnden Überzeugungsweisen in seiner ersten Analytik diskutiert,[192] soll im Folgenden vorgestellt werden.

A. Die informalen Schlussweisen in Aristoteles' erster Analytik

Zur besseren Nachvollziehbarkeit werden die jetzt diskutierten Schluss- und Überzeugungsweisen im Schaubild auf der nächsten Seite synoptisch vorangestellt. Die im Schaubild repräsentierte syllogistische Deduktion wird als demonstrative Beweisform weder von *Aristoteles* in diesem Teil der Analytik diskutiert noch werde ich hier näher auf sie eingehen. Sie dient dem Zweck der vergleichenden Darstellung und dadurch besseren Einordnung.[193]

---

192 Vgl. *ders.*, Anal. Pr. 68b.

193 Nicht aufgegriffen wird an dieser Stelle der „Einwand" als Argumentform, die von Aristoteles nach der Apagoge diskutiert wird, vgl. *Aristoteles*, Anal. Pr. 68b. Er wurde von *Quintilian* (a. a. O., V 1 ff.) diskutiert und kann in gewisser Weise als Aktualisierung des *argumentum e contrario* und Gegenstück zum Paradeigma verstanden werden.

Syllogismus Deduktion[194]	Induktion *Epagoge*[195]	Beispiel *Paradeigma*	Umbiegung *Apagoge*
Praemissa Major: Alle B sind A. **Praemissa Minor**: Alle C sind B. **Konklusion**: Alle C sind A.	**Prämisse 1**: Jedes einzelne C ist A ↔ Alle C sind A. **Prämisse 2**: Jedes einzelne C ist B ↔ Alle C sind B. **Prämisse 3** *(Konvertibilität des Außenbegriffs)*: Alle B sind C (bzw. B und C sind äquivalent). **Konklusion**: Alle B sind A.	**Prämisse 1**: Alle C sind B. **Prämisse 2**: Alle D sind B. **Prämisse 3**: Exemplar von D war A. **Konklusion**: Alle B sind A. **Folgekonklusion**: Exemplar von C wäre A.	**Praemissa Major**: Alle B sind A. **Praemissa Minor**: Ist Exemplar von C B? **Konklusion**: Exemplar von C ist A.

194 Tatsächlich ist die hier gewählte Wiedergabe von Aristoteles Syllogismus etwas ungenau. Aristoteles formulierte den Syllogismus wie folgt:
M a P (Wenn allen M das P zukommt,)
S a M (und allen S das M zukommt,)
S a P (dann kommt allen S das P zu.)
Vgl. hierzu *Katharina Sobota*, Sachlichkeit, S. 54 mit Verweis auf *Günther Patzig*, Die aristotelische Syllogistik, S. 13 ff.

195 In der hier zugrunde gelegten Übersetzung von Rolfes manifestierte sich eine Diskrepanz zwischen seiner Übersetzung von *Aristoteles*, Anal. Pr. 68b im Haupttext und der zugehörigen Erläuterung auf S. 202 in Fußnote 77: Wörtlich heißt es in der Übersetzung: „Es sei z. B. A langlebig, B ohne Galle, C das Einzelne Langlebige, wie Mensch, Pferd, Maultier. Nun kommt dem Ganzen C das A zu, da alles, was keine Galle hat, langlebig ist. Aber auch B, keine Galle haben, kommt jedem C zu. Wenn nun C mit B konvertibel ist und nicht über den Mittelbegriff hinausreicht, so muß A dem B zukommen." An C wird in Ober- und Mittelsatz jeweils prädiziert („dem Ganzen / jedem C kommt A / B zu"), wohingegen im Schlusssatz an B prädiziert wird („muß A dem B zukommen"). Demgegenüber heißt es auf S. 202 in Fußnote 77: „Der vollkommene induktive Schluss lautet: C (jede Krähe usw.) ist A (langlebig); B (alles Gallenlose) ist C (eine Krähe usw.); B (alles Gallenlose) ist A (langlebig). Dieser Schluss setzt aber voraus, dass C mit B konvertibel ist und es kein C gibt,

Praemissa Major: Gallenloses (B) ist langlebig (A). **Praemissa Minor**: Alle Pferde (C) sind gallenlos (B). **Konklusion**: Alle Pferde (C) sind langlebig (A).	**Prämisse 1**: Jedes einzelne Pferd (C) ist langlebig (A). **Prämisse 2**: Jedes einzelne Pferd (C) ist gallenlos (B). **Prämisse 3**: Alle Gallenlosen (B) sind Pferde (C) (und alle Pferde (C) sind gallenlos (B) = bereits Prämisse 1). **Konklusion**: Alles Gallenlose (B) ist langlebig (A).	**Prämisse 1**: Kriege zwischen Athen und Theben (C) sind Nachbarkriege (B). **Prämisse 2**: Kriege zwischen Thebanern und Phokiern (D) sind Nachbarkriege (B). **Prämisse 3**: Der Krieg zwischen Thebanern und Phokiern (D) war ein Übel (A). **Konklusion**: Alle Kriege gegen Grenznachbarn (B) sind ein Übel (A). **Folgekonklusion**: Ein Krieg zwischen Athen und Theben (C) wäre ein Übel (A).	**Praemissa Major**: Jede Wissenschaft (B) ist lehrbar (A). **Praemissa Minor**: Ist die Tugend der Gerechtigkeit (C) eine Wissenschaft (B)? **Konklusion**: Die Tugend der Gerechtigkeit (C) ist lehrbar (A).

das kein B ist." Hier wird also entgegen vorheriger Stelle nicht durchgängig an C prädiziert, sondern es fungiert C seinerseits im Satz „B (alles Gallenlose) ist C (eine Krähe usw.)" als Prädikat. Wird die Übersetzung so wie in der Fußnote zugrunde gelegt, wäre die Prämissenkonversion überflüssig, denn der Schluss wäre auch ohne sie logisch gültig. Daher – und weil Rolfes in der folgenden Fußnote 78 ebenso verfährt – wird die Übersetzung im Haupttext in der Arbeit zugrunde gelegt.

Konklusion weist über Mittelbegriff (B) den Oberbegriff (A) für den Unterbegriff (C) nach.	**Konklusion** weist über den Unterbegriff (C) unter der Voraussetzung der Geltung von Prämisse 3 den Oberbegriff (A) für den Mittelbegriff (B) nach.	**Konklusion** weist wie bei der Induktion über den dem Unterbegriff (C) ähnlichen Drittbegriff (D) den Oberbegriff (A) für den Mittelbegriff (B) nach. **Folgekonklusion** weist wie bei der Deduktion über den Mittelbegriff (B) den Oberbegriff (A) für den Unterbegriff (C) nach und stützt sich dabei auf **Konklusion** als Prämisse.	**Konklusion** weist wie bei der Deduktion über den Mittelbegriff (B) den Oberbegriff (A) für den Unterbegriff (C), allerdings hängt die Bejahung der fragwürdigen Prämisse davon ab, dass sie mindestens so glaubwürdig wie die Konklusion ist.

I. Die Epagoge oder vollständige Induktion

Die *Induktion* ist nach *Aristoteles* dadurch charakterisiert, dass einer der Außenbegriffe (Unterbegriff) fest, der andere (Oberbegriff) hingegen in Frage steht und der in Frage stehende Außenbegriff (Oberbegriff) für den Mittelbegriff erschlossen wird. Die Gültigkeit des Schlusses hängt davon ab, ob Unterbegriff und Mittelbegriff miteinander konvertibel sind. Inhaltlich ist die Induktion gleichsam als Umkehrung einer Deduktion darauf gerichtet, aus dem Singulären bzw. Partikulären Prinzipien – also Prämissen für deduktive Schlüsse – zu entwickeln.[196] Im Vergleich zu *Kant* fällt auf, dass die von *Aristoteles* konzipierte Epagoge einen generellen Satz aufstellt über die Relation zweier Prädikate, die dem Subjekt C zugesprochen werden. Insofern handelt es sich logisch um dasjenige Verhältnis, das *Kant* im Rahmen seiner Analogie vorgesehen hat. Durch die in Prämisse 3 verlangte Begriffskonversion wird die

196 Vgl. *Aristoteles*, Anal. Pr. 68b.

formelle Gültigkeit der Epagoge sichergestellt.[197] *Aristoteles* dürfte sie in dieser strengen formellen Reglementierung aber kaum als eine Schlussform entwickelt haben, die er als tauglich auch für die Verifikation von Prämissen hält. Immerhin diskutiert er, obwohl die Epagoge in dieser Form ein formal gültiger Schluss ist, sie dennoch nur unter den bloß Glauben vermittelnden Überzeugungsweisen. In der zweiten Analytik stellt er auch klar, dass die Induktion die durch sie aufgefundenen Prämissen nicht durch Schluss beweisen kann.[198] Die Darstellung in dieser Form macht dann Sinn, wenn *Aristoteles* hierdurch die Schwachstellen einer Induktion und damit die Möglichkeiten ihrer Falsifikation offenlegen wollte: Die Konklusion der Epagoge kann durch Beobachtung eines Cs, das entweder nicht A oder B ist, oder durch den Nachweis fehlender Äquivalenz von C und B angegriffen werden.

II. Das Paradeigma

Beim *Paradeigma* wird der Mittelbegriff dem Oberbegriff auf die Weise zugewiesen, dass auf ein dem Unterbegriff Ähnliches (D) referiert wird. Zusätzlich wird unterstellt, dass einerseits der Mittelbegriff dem Unterbegriff und der Oberbegriff dem Ähnlichen (D) zukommt. *Aristoteles* behandelt explizit nur den Fall, in dem von einem dem Unterbegriff Ähnlichen auf den Oberbegriff geschlossen wird: In dem von ihm gebrauchten Beispiel ist es der Nachbarkrieg zwischen Phokiern und Thebaner, der herangezogen wird, um zu begründen, dass alle Nachbarkriege ein Übel sind; also auch ein potenzieller Nachbarkrieg zwischen Athen und Theben.[199]

Er weist aber darauf hin, dass auch eine unbestimmte Anzahl weiterer „Ähnlichkeitsfälle" – nach hier frei gewähltem Beispiel: etwa ein Krieg zwischen Korinth und Argos (E) – die Generalisierung stützen könnte.[200] In diesem Fall müssten jeweils zwei neue Prämissen aufgenommen werden: einmal, dass ein Krieg zwischen Korinth und Argos (E) ein Übel war (A); zum anderen, dass Kriege zwischen Korinth und Argos (E) Nachbarkriege sind (B). Die von Aristoteles gewählte logische Darstellung ist also mit dem Problem einer Wucherung der Prämissen verbunden.

Charakteristisch für das Paradeigma hält *Aristoteles*, dass vom (bekannten) Partikulären (Singulären) zum (unbekannten) Partikulären (Singulären)

197 Vgl. auch FN 153.
198 *Ders.*, Anal. Post. 91b.
199 Vgl. *Aristoteles*, a. a. O. 68b–69a.
200 Ebd.

geschlossen wird (also weder eine Teil-Ganzes- noch eine Ganzes-Teil-Relation vorliegt). In Abgrenzung zur Epagoge werde nicht aus einer vollständig überprüften Gesamtheit von Einzelexemplaren der Oberbegriff dem Mittelbegriff zugewiesen wird.[201]

Anders als die Induktion ist das Paradeigma aus zwei Schlüssen zusammengesetzt.[202] Die Komposition ist von Aristoteles jedoch nicht vollständig durchdacht: Vor allem die Zuweisung des Oberbegriffs (A) an den Unterbegriff (C) – „Ein Krieg zwischen Athen und Theben wäre ein Übel" – kann nicht aus der abstrakten Beschreibung der Struktur des Paradeigma durch *Aristoteles*, sondern erst unter Rückgriff auf seine konkrete Beispielsbeschreibung rekonstruiert werden.

Immerhin bestätigt sich der Verdacht, dass im Paradeigma mit der ersten Konklusion eine Relation zwischen den beiden Prädikaten B und A der Subjekte C und D ausgedrückt wird. Das Paradeigma weist insofern – wie bereits die Epagoge – eine strukturelle Ähnlichkeit zur Analogie bei *Kant* auf.

III. Die Apagoge oder Abduktion

Die *Abduktion* ähnelt ihrer Struktur nach einer Deduktion. Indes steht bei ihr nur eine der Prämissen fest. Die andere Prämisse wird trotz vorhandener Zweifel aber dann als erfüllt unterstellt, wenn sie sich als mindestens ebenso so überzeugend erweist wie die ebenfalls unbekannte Konklusion, auf die durch sie und die feststehende Prämisse geschlossen werden soll. *Aristoteles* begründet dies damit, dass man durch die Zulassung eines solchen Schlusses „dem Wissen näher" käme, schränkt jedoch ein, dass die Abduktion voraussetzt, dass zwischen Unterbegriff und Mittelbegriff nur wenige Zwischenglieder eingefügt werden dürfen.[203] *Sorites-Schlüsse*, wie sie hinterher in der abendländischen Geistesgeschichte kultiviert wurden,[204] schätzt *Aristoteles* demnach als abträglich für die Wissensnäherung ein und schließt sie aus dem Bereich der Abduktion aus.

Dieser von *Aristoteles* inspirierte – und auch *Vicos* Auseinandersetzung zwischen neuer und alter Studienart[205] unterliegende – Gedanke ist plausibel, wenn man sich vergegenwärtigt, dass im Bereich des

201 Vgl. *Ders.*, a. a. O. 69a.
202 Vgl. ebd.
203 Vgl. *Aristoteles*, a. a. O. 69a.
204 Vgl. hierzu *Theodor Viehweg*, Topik und Jurisprudenz, S. 17 mit Hinweis auf Vico.
205 Vgl. *ders.*, a. a. O., S. 15 ff. m. w. N.

sicheren – wahrheitserhaltenden – Schließens das Transitivitätsgesetz[206] gilt, für bloß wahrscheinliche Folgerungsbeziehungen nämliches indessen nicht. Es folgt eben nicht aus: Wenn S_1, dann wahrscheinlich S_2 ∧ wenn S_2, dann wahrscheinlich S_3 ∧ … ∧ wenn S_{n-1}, dann wahrscheinlich S_n sowie der Gegebenheit von $S_{1,}$ dass nun wahrscheinlich auch S_n gegeben sein müsste. Gilt für jeden Übergang eine Wahrscheinlichkeit von p = 99 %, beträgt die Wahrscheinlichkeit des Vorliegens von S_{501} gegeben S_1 nur ~ 0,66 %; bei 2.000 Übergängen ist das Vorliegen von S_{2001} gegeben S_1 angesichts der in der Funktion exponentiell absinkenden Wahrscheinlichkeit ein höchst seltener Zufall.[207] Wenn ein Richter zur Bearbeitung eines Falls 2.000 „Denkschritte" vornimmt und jeder „Denkschritt" von ihm regelmäßig mit einer Wahrscheinlichkeit von 99 % richtig ausgeführt wird, wäre eine fehlerfreie Fallbewältigung also nahezu unmöglich.

Sparsamkeit ist auch wegen komplexitätstheoretischer Erwägungen eine intellektuelle Tugend: Steht ein Richter vor der Entscheidung, ob er einen Tatbestand auf einen Sachverhalt anwenden möchte und wird unterstellt, er prüfe dabei, ob die jeweils in diesem Kontext relevanten Merkmale einschlägig sind (oder nicht) und im Rahmen dessen jede mögliche Kombination, die sich aus einer bestimmten einschlägigen Merkmals- oder Prämissenmenge ergibt, daraufhin, ob sie in exakt dieser Kombination im Vergleich zu anderen Kombinationsmöglichkeiten der Entscheidung angemessener ist,[208] so bestimmt sich die Anzahl der vom Richter mindestens zu erwägenden möglichen Kombinationen nach folgender Exponentialformel: Weil ein Merkmal nur einschlägig oder nicht einschlägig sein kann, ist die Basis der Formel 2 und die Anzahl der Merkmale steht im Exponenten. Die Formel lautet also 2^n. Bei 10 zu prüfenden Merkmalen sind 1.024, bei 20 bereits eine Millionen Kombinationsmöglichkeiten zu vergleichen. Bereits bei einer Merkmalsmenge von 100 müsste selbst das derzeit in der Konstruktion befindliche Großrechnersystem „Frontier" mit

206 Das Transitivitätsgesetz lautet $(A \rightarrow B) \wedge (B \rightarrow C) \rightarrow (A \rightarrow C)$: Wenn aus A B folgt und aus B C folgt, dann folgt auch C aus A, vgl. zum Transitivitätsgesetz *Dirk Hoffmann*, a. a. O., S. 159.

207 Die Ereigniswahrscheinlichkeit läge mit 1 zu etwa 535 Millionen z. B. deutlich geringer als die Wahrscheinlichkeit für das Erraten der richtigen Zahlenkombination für den Jackpot im deutschen Lotto.

208 Es soll hiermit freilich nicht behauptet werden, dass Richter auf diese Weise bei der Entscheidungsfindung oder Entscheidungsbegründung vorgehen (müssten oder könnten), sondern lediglich eine komplexitätstheoretische Konsequenz bei Unterstellung dieser Vorgehensweise verdeutlicht werden.

seiner geplanten Rechenleistung von dann 1,5 Exaflops[209] mindestens 27.000 Jahre lang rechnen.[210]

Sieht man nun den Zusammenhang der Begriffe „Operation", „Übergang", „Schluss" oder „Denkschritt" – damit zwischen wahrscheinlichkeits- und komplexitätstheoretischen Überlegungen – ist das Problem erleuchtet, das mit einer Erweiterung der Anzahl der Übergänge bei Ketten-Schlüssen und der damit verbundenen gleichzeitigen Erweiterung der Prämissenmenge einhergehen kann: Die Anzahl der kombinatorischen Möglichkeiten und damit der „Denkschritte" steigt möglicherweise exponentiell; gleichzeitig sinkt die Wahrscheinlichkeit der Richtigkeit oder Wahrheit des Endergebnisses mit jedem zur Herleitung des Ergebnisses vorgenommenen, logisch nicht erzwungenen, daher mehr oder minder unsicheren „Denkschritt" ebenfalls exponentiell; sei es nun der Übergang von S_{n-1} zu S_n (vgl. sog. interne Rechtfertigung[211]) oder sei es irgendein – etwa im Rahmen der sog. externen Rechtfertigung[212] – für die Aufbereitung von Prämisse S_{n-1} erforderlich werdender „Denkschritt".

Nicht verschwiegen werden soll, dass es *Aristoteles* im Rahmen seiner Ausführungen zur Abduktion nicht um quantitative Kriterien (*probabilitas*) ging, sondern bei dem Vergleich von Prämisse und Konklusion um ein qualitatives Kriterium (*verisimilitudo*). In diesem Zusammenhang lässt sich damit die Rolle der Endoxa im Kontext der *verisimilitudo* präziser fassen: Die Endoxa vermitteln als Meinungen zwar nie Gewissheit, sie stützen als Prämisse eine Aussage jedoch dann, wenn nicht ein noch stärker verankertes Endoxon ihr widerspricht.

B. Zeichenenthymeme in der ersten Analytik

Als Schlussstein seiner ersten Analytik behandelt *Aristoteles* in deren 27. Kapital das Enthymem und als spezifisch ausgeformten Anwendungsfall eines notwendigen Zeichenenthymems den sog. „physiognomischen Schluss", auf dessen nähere Darstellung verzichtet wird.[213] *Aristoteles* traktiert in der Analytik aber

209 1,5 * 10^{18} (Gleitkommazahl-)Operationen pro Sekunde.

210 Hier wurde vereinfachend angenommen, dass dem „Errechnen" einer Merkmalskombination und ihrem Vergleich zu anderen Kombinationen eine Gleitkommazahl-Operation (eine auf der Ebene der Maschinensprache realisierte basale Rechenoperation) entspricht. Tatsächlich wären es sicher deutlich mehr; die genaue Anzahl hinge natürlich von der Gestaltung der Software ab.

211 Vgl. *Robert Alexy*, Theorie der juristischen Argumentation, S. 273 ff.

212 Vgl. *ders.*, a. a. O., S. 283 ff.

213 Vgl. *Aristoteles*, Anal. Pr. 70a–70b.

nicht sämtliche Varianten des Enthymems, sondern befasst sich ausschließlich mit den sog. Zeichenenthymemen – in Abgrenzung zu diesen erwähnt er die Eikos-, also Wahrscheinlichkeitsenthymeme nur kurz. Er interessiert sich in seiner ersten Analytik nicht nur für die formallogische Form des Enthymems, sondern – wohl vor dem Hintergrund seines holistischen Philosophiekonzepts – vor allem für die zwangsläufig sachliche Frage nach der Qualität der zur Stützung einer Aussage herangezogenen Zeichen: Ob sie – sowohl abhängig von der Qualität der Prämissen als auch der logischen Form – zwingende, glaubhafte oder zweifelhafte Schlüsse erlauben und unter welchen Voraussetzungen ein Zeichen als Wesensmerkmal eines Dinges gelten kann.[214] Das Enthymem liefert in seinem Begründungsteil p unmittelbar die Kandidaten für diese Bewertungen, die bei einer Spreizung zum umständlichen Zwei-Prämissen-Schluss als solche aus dem Blick geraten würden. In dem Schema „Enthymem" zeigt sich in der Wahl eines geeigneten Begründungsteils p buchstäblich der „Blick fürs Wesentliche". Eine eingehendere Befassung mit dem Begriff des Enthymems wird im Folgekapitel erforderlich, wenn das Konzept des Enthymems mit dem Konzept des Paradeigma zusammengeführt werden soll. Das Paradeigma untersucht *Aristoteles* in der ersten Analytik getrennt vom Abschnitt über (Zeichen-)Enthymeme. Bevor fortgefahren wird, soll der Gegenstand der folgenden Untersuchung – das aristotelische Zeichenenthymem – synoptisch vorgestellt werden. Aristoteles orientiert sich bei dessen Präsentation an der in der ersten Analytik entwickelten Figurenlehre.

214 Ebd.; vgl. ähnlich auch *Markus Wörner*, a. a. O., S. 76.

Zeichenenthymeme		
1. Figur[215]	**3. Figur**[216]	**2. Figur**[217]
Praemissa Major: Alle B sind A. **Praemissa Minor**: Exemplar von C ist B. **Konklusion**: Exemplar von C ist A.	**Praemissa Major**: Exemplar von C ist A. **Praemissa Minor**: Exemplar von C ist B. **Konklusion**: Alle B sind A.	**Praemissa Major**: Manche A sind B. **Praemissa Minor**: Exemplar von C ist A. **Konklusion**: Exemplar von C ist B.
Praemissa Major: Alle Milchtragenden (B) sind schwanger (A). **Praemissa Minor**: Diese Frau (C) trägt Milch (B). **Konklusion**: Diese Frau (C) ist schwanger (A).	**Praemissa Major**: Pittakus (C) ist tugendhaft (A). **Praemissa Minor**: Pittakus (C) ist weise (B). **Konklusion**: Alle Weisen (B) sind tugendhaft (A).	**Praemissa Major**: Manche Blassen (A) sind schwanger (B). **Praemissa Minor**: Diese Frau (C) ist blass (A). **Konklusion**: Diese Frau (C) ist schwanger (B).
Enthymem: Diese Frau ist schwanger (q), weil sie Milch trägt (p). **Tekmerion**: **B** (trägt Milch)	**Enthymem**: Alle Weisen sind tugendhaft (q), weil Pittakus tugendhaft ist (p). **Semeion**: **C** (Pittakus)	**Enthymem**: Diese Frau ist schwanger (q), weil sie blass ist (p). **Semeion**: **A** (ist blass)

215 Hierbei handelt es sich um die Gruppe der nach Aristoteles „vollkommenen Syllogismen", zu der auch der Modus Barbara zählt, vgl. *Aristoteles*, Anal. Pr. 25b–26b.

216 *Aristoteles* hatte die dritte Figur eingangs der Analytik (vor allem) als Schluss vom Allgemeinen auf das Partikulare vorgestellt: Wenn jedes C A und jedes C B ist, dann gibt es wenigstens ein A (oder B) das auch B (oder A) ist. Der Schluss bildet das Gerüst der Epagoge, verläuft aber – wie gesehen – vom Allgemeinen zum Partikulären, vgl. *ders.*, Anal. Pr., 28a–29a.

217 Vgl. *ders.*, Anal. Pr., 26b–27b.

Zeichenenthymeme		
Konklusion weist über den Mittelbegriff (B) als Tekmerion des notwendigen Zeichenenthymens den Oberbegriff (A) für den Unterbegriff (C) nach.	**Konklusion** weist über den Unterbegriff (C) als Semeion des nicht-notwendigen Zeichenenthymens den Oberbegriff (A) für den Mittelbegriff (B) nach. Nichtnotwendigkeit des Zeichenenthymems ergibt sich daraus, dass von einer ungenügenden Probe des Einzelnen auf das Allgemeine geschlossen wird, keine Begriffskonversion vorgenommen wird und zwischen Prämissen und Konklusion keine (kausale) Abhängigkeit besteht.	**Konklusion** weist über den Oberbegriff (A) als Semeion des nicht-notwendigen Zeichenenthymens den Mittelbegriff (B) für den Unterbegriff (C) nach. Nichtnotwendigkeit des Zeichenenthymems ergibt sich aus formalen Gründen: Praemissa Minor ist kein Allsatz und erzwingt die Konklusion auch bei Bejahung der Praemissa Major nicht.

I. Tekmerion-Enthymem

Allein das der ersten Figur nachgebildete notwendige-Zeichenenthymem ist mit einer Einschränkung gültig: Die Verknüpfung von Vorder- und Hintersatz durch „weil“ drückt eine sachliche Beziehung zwischen diesen beiden Sätzen aus, die weder in klassischer noch in der modernen, extensionalen Logik wiedergegeben werden kann. Bei streng formaler Betrachtung ist der Schluss also nicht logisch zwingend.[218] Zudem verzichtet *Aristoteles* bei der Exemplifikation vollkommener Syllogismen auf die Formulierung singulärer Existenzurteile.[219] Nach *Aristoteles* ist das Enthymem gemäß der 1. Figur in seiner zu einem Zweiprämissen-Schluss gespreizten Form unwiderlegbar, wenn als Mittelbegriff ein zwingender Beleg (*Tekmerion*) eingesetzt werden kann. Hier gesteht er zu, dass sich der Schluss „Diese Frau ist schwanger, weil sie Milch trägt“ zu einem Syllogismus der ersten Figur (Modus Darii) erweitern lässt.

Anders ist es dagegen bei der „2. Figur“, wo das Enthymem – als ein nicht-notwendiges Zeichenenthymem – auf ein schlichtes Zeichen (*Semeion*) gestützt

218 Vgl. FN 115.

219 Vgl. auch *Katharina Sobota*, Sachlichkeit, S. 54 f. m w. N.; *Rolf Gröschner*, Jurisprudenz und Enthymem, in: Das Enthymem (Rechtstheorie 42), S. 525 ff. m. w. N.; *Lewis Johnston*, a. a. O., S. 21 f.

wird, also unterstellt wird, die Blässe sei ein valides Zeichen für eine Schwangerschaft: „Diese Frau ist schwanger, weil sie blass ist". *Aristoteles* leugnet hier die Erweiterungsfähigkeit zu einem gültigen Schluss. Bei der Deutung dieser Passage sind zwei Perspektiven denkbar: Einmal, dass die Prämisse „Alle Blassen sind schwanger" eine inhaltlich falsche Prämisse sei (weil etwa Männer blass, doch niemals schwanger sein können), wohingegen der Schluss dann rein formal betrachtet gültig wäre. Andererseits kann – was unterstellt wird – bei Wahl einer formalen Perspektive der Schluss so verstanden werden, dass *Aristoteles* implizit die Praemissa Minor als partikulären und nicht als Allsatz versteht; richtig umformuliert hieße sie dann: „Einige Blasse sind schwanger". Hier zeigt sich die von *Aristoteles* zuvor diskutierte Unvollkommenheit der zweiten Figur, denn so verstanden läge keine formal gültige Deduktion mehr vor.

II. Semeion-Enthymem als unvollkommene Epagoge

Das Enthymem in der dritten Figur schließlich ähnelt in seiner gespreizten Form frappant an die Epagoge. Allerdings ohne die idealistischen Übersteigerungen, welche die logisch zwingende Kraft der Epagoge garantieren. Eine Epagoge im obigen Sinne würde beispielsweise in der Physik voraussetzen, dass jedes Atom (im Universum) auf seine spezifische Qualität hin einzeln geprüft wird, damit irgendeine verallgemeinerbare Aussage über Atome als Klasse bzw. Gattung getroffen werden kann. Das nicht-notwendige Zeichenenthymem (Semeion) verzichtet dagegen sowohl auf die Begriffskonversion der Epagoge als auch auf dieses Vollständigkeitskriterium. Als Beispiel des Semeion-Enthymems diskutiert *Aristoteles* die Aussage „Alle Weisen sind tugendhaft, weil Pittakus tugendhaft ist". Das philosophische Individuum Pittakus – ein Exemplar von C, der Klasse der Philosophen – von dem sowohl Tugendhaftigkeit (A) als auch die Weisheit (B) fraglos sind – steht in diesem Enthymem als Zeichen für die vermeintlich notwendige Verbindung dieser beiden Eigenschaften. *Aristoteles* hält diesen Schluss selbst dann für widerlegbar, wenn die Konklusion wahr ist – also tatsächlich alle Weisen tugendhaft sind –, weil der Schluss weder allgemein noch – schließlich fehlt es an einem materialem Zusammenhang zwischen der Tugendhaftigkeit von Pittakus und derjenigen der anderen Weisen – sachentsprechend sei.[220] Formallogisch garantieren die Prämissen in der dritten Figur neben der Konklusion „Alle Weisen (B) sind tugendhaft (A)" auch noch nicht die partikulär formulierte Konklusion „Einige Weisen (B) sind tugendhaft (A)".

220 *Aristoteles*, Anal. Pr. 70a.

Eingedenk dieser Einschränkung kann das Zeichen-Enthymem in der dritten Figur so verstanden werden, als bringe es induktiv eine Verallgemeinerung hervor, die als Praemissa Major in einem Schluss in der Form der beiden ersten Figuren Verwendung finden kann. Sie unterscheidet sich damit konzeptionell von den beiden Schlussweisen, die jeweils von einem Partikulären (Singulären) über ein präetabliert Allgemeineres auf ein Partikuläres (Singuläres) schließen und insofern eine gewisse – wenn auch verschieden stringente – Orientierung an einem deduktiven Schlussschema aufweisen.

C. Das Paradeigma als Enthymem

Uns interessiert jetzt zunächst, in welchem Verhältnis das Paradeigma und die anderen Schluss- und Überzeugungsweisen bei *Aristoteles* stehen. Dass es sich beim Paradeigma um ein komplexes Argument (in dem Sinne, dass es sich wenigstens zum Teil aus anderen Überzeugungsweisen zusammensetzt) handelt, wird durch den Umstand nahegelegt, dass in ihm mindestens zwei Konklusionen gezogen werden. In der Literatur rekonstruiert man das Paradeigma demnach als ein deduktiv-induktives Argument, das von einem bekannten Besonderen erst zum Allgemeinen aufsteigt, um hinterher auf ein unbekanntes Besonderes zu schließen.[221] Und in der Tat fußt – wie oben bereits erwähnt – die erste Konklusion auf einer der induktiven Epagoge ähnlichen, die zweite Konklusion auf einer der syllogistischen Deduktion ähnlichen Schlussweise: *Nur* ähnlich sind sie deshalb, weil – anders als sonst bei der syllogistischen Deduktion – in der „deduktiven Phase" auf ein Einzelnes und nicht auf ein Allgemeines geschlossen wird und in der „induktiven Phase" die Restriktionen (Begriffskonversion und Prüfung jeder Einzelheit) der Epagoge nicht beachtet werden. Ein Zusammenhang zwischen Paradeigma und Enthymem drängt sich vor diesem Hintergrund auf und es lohnt sich, dieser Frage weiter nachzugehen.

I. Schwankungen und Widersprüche in der aristotelischen Terminologie zum Enthymem-Begriff

Hierbei ergibt sich das Problem, dass die Terminologie in *Aristoteles*' Organon schwankend, manchmal auch widersprüchlich ist. Sowohl in der Topik[222] als

221 Es wurde allerdings darauf hingewiesen, dass Aristoteles besonders den induktiven Anteil des Paradeigma im Blick hatte, der deduktive Anteil dagegen eher vernachlässigt worden ist, vgl. *Jürgen Sprute*, S. 85 f. *Martin P. Schittko*, a. a. O., S. 27 f.

222 Vgl. *Aristoteles*, Top. 105a 13 ff.

auch in der Rhetorik[223] differenziert *Aristoteles* zwischen Induktion (Epagoge) und Deduktion (Syllogismus). Ihnen entsprechen in der Rhetorik das Paradeigma als rhetorische Induktion und das Enthymem als rhetorische Deduktion.[224] Dieser Unterscheidung folgt er auch in der zweiten Analytik, aus der sich ergibt, dass er Induktion und Deduktion als formal nicht scharf geschieden von Paradeigma und Enthymem verstanden wissen möchte.[225] Er trennt sie mehr nach der Qualität ihrer Prämissen. Kennzeichen der Wissenschaften ist die wahrheitsverbürgende Kraft von Prämissen.[226] Paradeigma und Enthymem betreffen den Bereich des Situativen und damit Rhetorischen, in dem sich die Dinge „auch anders verhalten können"[227]. In diesem Bereich werden Enthymeme primär aus Endoxa gebildet.[228] Man wird *Aristoteles* meines Erachtens daher am ehesten gerecht, wenn die Begriffe „Induktion" und „Deduktionen" zunächst nicht verengt auf eine spezifische logische Formation verstanden werden. Daher sollte man sie von den in der ersten Analytik explizit formal reglementierten Schlussformen der Epagoge und des Syllogismus ablösen und ganz im Sinne von *Kant* auf die unterschiedliche Beweis- oder Argumentationsrichtung abstellen: Die „Induktion" geht vom Besonderen oder Einzelnen zum Allgemeineren (reflektierende Urteilskraft), die „Deduktion" schließt dagegen vom Allgemeinen auf das Allgemeine oder vom Allgemeinen auf das Besondere (bestimmende Urteilskraft).[229] Nur bei der „Deduktion" – nicht auch bei der

223 Vgl. *ders.*, Rhet. 1356b 1–10; 1357a.

224 Vgl. ebd.

225 Vgl. *ders.*, Anal. Post. 71a.

226 Vgl. auch *Horst Seidl*, Einleitung zu Aristoteles Zweiten Analytiken, S. 25 ff.; *Christof Rapp*, Aristotelische Grundbegriffe, a. a. O. S. 399.

227 Vgl. *Aristoteles*, Rhet. 1357a 14–16; *ders.* NE 1141b 8 ff., der dort für solche Bereiche die *phronesis* (Klugheit) als operativen Modus vorsieht.

228 Vgl. *ders.*, Rhet. 1355a; *Christof Rapp*, Aristotelische Grundbegriffe, a. a. O. S. 399.

229 Vgl. *ders.*, Anal. Post. 71a. Vgl. auch *Christof Rapp*, Aristotelische Grundbegriffe, a. a. O. S. 391 ff., der auf die verschiedene Verwendung des Begriffs syllogismos im Werk von Aristoteles hinweist und auch *Horst Seidl*, a. a. O., S. 24, der entsprechend als Grundform der Induktion die Schlussform vom Einzelnen (Sinnlichen) zum Allgemeinen (Intelligiblen) annimmt. Ähnlich wie hier vorgeschlagen auch *Jürgen Sprute*, a. a. O., S. 86, der in Paradeigma/Epagoge und Syllogismus/Enthymem die zwei Grundtypen der aristotelischen Beweisführung sieht, wobei entgegensetzt zu Sprute in der hier vertretenen Ordnung das Enthymem als argumentationstheoretischer Oberbegriff gewählt wird, unter den die zwei Grundtypen Induktion und Deduktion gefasst werden. Auf einer hierarchisch untergeordneten Ebene wären dann Paradeigma, Syllogismus und Epagoge als spezifischere argumentative Formationen einzuordnen. Zu dieser Ordnung wird im Folgenden ausgeführt.

„Induktion" – diskutiert er offenbar noch darüberhinausgehende Anforderungen in sowohl formaler als auch materieller Hinsicht:

In der *Rhetorik* spricht *Aristoteles* von „Deduktionen" und „Enthymemen" und „scheinbaren Deduktionen" und „scheinbaren Enthymemen".[230] Scheinbar ist eine Deduktion oder ein Enthymem dann, wenn als Prämisse kein wahrer oder wahrheitsähnlicher Satz herangezogen wird.[231]

Nach dieser Rekonstruktion sollte es sich jedoch verbieten, unter den Begriff „Enthymem" auch induktive Begründungsweisen zu fassen. *Aristoteles* diskutiert das Enthymem zudem vor allem als Ausprägung der Deduktion.[232] Diese Engführung widerstrebt allerdings der soeben vorgestellten Stelle in der ersten Analytik, wo das Enthymem als Zeichenenthymem – wenigstens in der 3. Figur – als ein induktives Enthymem von *Aristoteles* behandelt worden ist. Auch an späterer Stelle seiner Rhetorik bemerkt *Aristoteles* zu den Enthymemen, dass diese aus Wahrscheinlichkeit (Eikos-Enthymem), Beispiel (paradigmatisches Enthymem), Beweis (notwendiges Zeichenenthymem) und Zeichen (nicht-notwendiges Zeichenenthymem) gebildet werden können.[233]

Unter diesen Typen von Enthymemen bieten sich als Kandidaten für Deduktionen das aus Endoxa gebildete Enthymem (Eikos-Enthymem) und das aus einem Tekmerion gebildete notwendige Zeichenenthymem an. Unsicherer ist das Verständnis als Deduktion bereits beim notwendigen Zeichenenthymem, weil dieses – in der Konzeption nach *Aristoteles* – zwangsläufig von einer singulären Beobachtung seinen Ausgang nimmt. Mit dem Tekmerion wird allerdings ebenfalls auf wahre oder zumindest wahrheitsähnliche Sätze (Endoxa) Bezug genommen, die (im Hintergrund) als Allsätze in deduktionsorientierten Argumentationsschemata fungieren und den Übergang zwischen zwei singulären Sätzen stützen.[234] Ohne Beeinträchtigung der logischen Gültigkeit des Schlusses sind

230 *Aristoteles*, Rhet. 1356b 1–3.

231 *Ders.*, Rhet. 1402a. Allerdings geht es Aristoteles dort vor allem darum, dass die Behauptungskraft einer Prämisse überzogen wird und man sie nicht hinreichend relationiert.

232 *Ders.*, 1356b 1–10; 1357a; zu in der philologischen Literatur vertretenen Ansätzen, die das Enthymem als Deduktion interpretieren möchten und die Rhetorik entsprechend vor dem Hintergrund der Topik interpretieren, vgl. *Christof Rapp*, Aristoteles. Rhetorik (Band 1), S. 329 ff. m. w. N.

233 *Aristoteles*, Rhet. 1402b.

234 Aristoteles wird den Satz „Alle Milchtragenden (B) sind schwanger (A)" für einen wahren (oder zumindest wahrheitsähnlichen) – die Möglichkeit induzierter Laktation lag jenseits seines Vorstellungsfeldes – Satz gehalten haben (allerdings spricht er in der ersten Analytik nur von dem durch ein Tekmerion gebildeten Schluss in

zudem Praemissa Major und Praemissa Minor im Schlussschema des Tekmerion-Enthymems permutierbar. Würde diese Permutation vorgenommen, ließe sich auch an der logischen Form zwischen Eikos- und Tekmerion-Enthymem kein Unterschied mehr ablesen.

Wo wenigstens diskussionsfähig bleibt, ob obiges nicht-notwendiges Zeichenenthymem in der 2. Figur – angesichts der Qualität der Praemissa Minor – als bloß „scheinbares" Enthymem[235] nicht überhaupt aus dem Kreis der Enthymemkandidaten auszuscheiden ist (wobei sich dann die Frage stellt, warum *Aristoteles* es in der Analytik als Enthymem und nicht als scheinbares Enthymem diskutiert), sind die Anerkennung von Semeion-Enthymemen und paradeigmatischen Enthymemen als zumindest phasenweise induktive Schlussformen nicht vereinbar mit der Engführung des Enthymembegriffs als eine „Deduktion im rhetorischen Gebrauch";[236] zumindest falls man mit „Deduktion" das heute geläufige Begriffsverständnis verbinden möchte.[237]

---

der ersten Figur als einen „am meisten wahren" Schluss). Der Allsatz im Zusammenhang mit einem Tekmerion zeichnet sich nach Aristoteles schließlich gerade durch seine Notwendigkeit – sprich Unwiderlegbarkeit – aus, so dass Aristoteles diesem im Vergleich zu Endoxa (die durch das Anerkenntnis der Möglichkeit von Ausnahmen von der Regel gekennzeichnet sind) eine gesteigerte modallogische Qualität zuspricht, vgl. hierzu auch *Jürgen Sprute*, a. a. O. S. 88. Das Beispiel der „induzierten Laktation" soll in diesem Zusammenhang demonstrieren, dass ein solcher Allsatz sich bei genauerer Prüfung als doch nur ein Endoxon erweisen kann. Solche Allsätze sind dann lediglich generelle und nicht universelle Sätze im Sinne von Immanuel Kant (vgl. FN 186). Sieht man demnach die Problematik auch vor dem Hintergrund der Erkenntnisse der modernen Wissenschaftstheorie, die statt der Verifikation (durch Induktion eingeführter) allgemeiner empirischer Aussagen das Falsifikationsprinzip vertritt (vgl. hierzu FN 66), wird deutlich, dass es relativ wenige Kandidaten für ein „echtes" Tekmerion (und entsprechend damit in Verbindung stehender Allsätze) gibt. Als Folge dieser Einsicht gewinnen Endoxa bzw. die sie letztlich erzeugenden nicht-notwendigen Zeichenenthymeme (außerhalb von Mathematik) erheblich an Relevanz.

235 Für diese Qualifikation plädiert in der Tat *Jürgen Sprute*, a. a. O., S. 90 ff., der darüber hinaus nur das Tekmerion-Enthymem als ein „echtes Enthymem" gelten lassen möchte, also neben dem Zeichenenthymem in der zweiten Figur offenbar auch dasjenige in der dritten Figur als ein bloß „scheinbares Enthymem" qualifiziert.

236 Vgl. insoweit auch *Christof Rapp*, a. a. O., S. 330 (Band 1); S. 232 f. (Band 2), der allerdings letztlich zu einer deduktiven Interpretation des Enthymems tendiert, weil er die Rhetorik von der Dialektik (Topik) her interpretiert und die Trennung zwischen zwingenden und nicht-zwingenden Argumenten nicht aufgeben möchte, vgl. zur Begründung *ders.*, a. a. O., S. 233 ff. (Band 2).

237 Vgl. auch *Katharina von Schlieffen*, Das Enthymem, a. a. O., S. 506.

II. Das Enthymem als argumentationstheoretischer Dachbegriff

All dies legt es nahe, den Begriff des Enthymems weiter als potentiell mehrteiliges – also komplexes – Stützungsverhältnis zwischen einer Behauptung und einer Begründung zu fassen. Mit dieser Interpretation des aristotelischen Enthymembegriffs soll in erster Linie zur cartesianischen – axiomatisch-demonstrativ vorgehenden – Methode abgegrenzt, also eine Argumentation im Bereich von Begründungszusammenhängen aus (vorwiegend) wahrheitsähnlichen, durch formal aufgelockerte, fragmentarische Schlussweisen verbundenen Sätzen signifiziert werden.[238] „Enthymem" fungiert damit als argumentationstheoretischer Dachbegriff, unter den zwanglos neben dem (induktiven) Semeion-Enthymem das aristotelische Paradeigma gefasst werden kann. Ob die induktive Phase eine Zuordnung des Paradeigma zu einer Induktion bzw. „scheinbaren Deduktion" oder im Gegensatz hierzu die deduktive Phase seine Qualifikation als Enthymem, als „Deduktion im rhetorischen Gebrauch" nahelegt, erübrigt sich dann, weil induktive Schemata nur zu deduktiven Schemata, nicht aber zum Enthymembegriff abgegrenzt und beide gleichermaßen von diesem eingeschlossen werden.

Entsprechend diskutiert *Aristoteles* das Enthymem an bereits erwähnter Stelle in der Rhetorik und charakterisiert es wie folgt:

> „Weil Enthymeme aus vielerlei Quellen gebildet werden, diese vier aber das Wahrscheinliche, das Beispiel, das zwingende Indiz und das Zeichen sind – Enthymeme, die aus dem gebildet sind, was in der Regel eintritt, und zwar entweder wirklich oder nur scheinbar, sind die aus dem Wahrscheinlichen, Enthymeme, die [durch Induktion] durch das Ähnliche, entweder durch eines oder mehrere (gebildet sind), wann immer das Allgemeine nur angenommen und dann das Besondere deduziert wird, die aus dem Beispiel, (Enthymeme), die aus dem Notwendigen und dem, was (immer) der Fall ist, sind die durch das zwingende Indiz, (Enthymeme), die durch eine allgemeine oder besondere (Annahme), die einmal wahr ist und einmal nicht, gebildet sind, sind die durch Zeichen – und weil das Wahrscheinliche nicht das ist, was immer, sondern das ist, was nur in der Regel eintritt, ist es offensichtlich, dass man diese Art von Enthymem immer widerlegen kann, indem man einen Einwand vorbringt; die Widerlegung erfolgt jedoch nur scheinbar, aber nicht [immer] in Wirklichkeit; denn

238 Vgl. *Aristoteles*, Rhet. 1396a 34–1396b 1. Vgl. auch die ähnliche Interpretation bei *Myles Burnyeat*, Enthymeme: Aristotle on the Logic of Persuasion, S. 15 ff. sowie die Diskussion dieser Auffassung bei *Christof Rapp*, a. a. O., S. 771 (Band 1: Anmerkung zu 1396a 34–b1). Vgl. auch *Markus Wörner*, a. a. O., S. 76; *Katharina von Schlieffen*, Das Enthymem – Ein Modell juristischen Begründens, a. a. O., S. 605 ff.

wenn man einen Einwand vorbringt, widerlegt man nicht, dass es wahrscheinlich, sondern nur dass es notwendig ist.“[239]

III. Das Paradeigma als Semeion-Enthymem

Augenscheinlich bringt *Aristoteles* hier – was nach allem nicht überraschen sollte – das Beispiel (Paradeigma) mit der Induktion in Verbindung: Durch einen oder mehrere ähnliche Fälle soll ein allgemeiner Satz erschlossen werden, von dem aus wiederum auf den Einzelfall geschlossen wird.[240] Strukturell vollzieht sich diese Aufstellung eines allgemeinen Satzes durch Induktion über Einzelfälle. Es folgt also der Weise des oben unter der dritten Figur vorgestellten Zeichenenthymems, in dem Pittakus (Exemplar von C) als Zeichen für die Tugendhaftigkeit (A) der Weisen (B) fungierte. Die durch die Person Pittakus repräsentierte Verbindung von Tugendhaftigkeit und Weisheit wird verallgemeinert und dann als Prämisse für die Beurteilung der Tugendhaftigkeit anderer Subjekte übernommen; nämlich solcher Subjekte, die mit Pittakus in der Eigenschaft übereinstimmen, weise zu sein. Ganz ebenso wird im obigen Paradeigma die durch den Nachbarkrieg zwischen Phokiern repräsentierte Verknüpfung der Eigenschaften „Übel“ und „Nachbarkrieg“ generalisiert. Der generalisierte Satz wird dann herangezogen, um einen potenziellen Nachbarkrieg zwischen Athen und Theben als Übel auszuweisen. Die induktive Phase des aristotelischen Paradeigma kann vor diesem Hintergrund näher als in der logischen Form eines nicht-notwendigen

---

239 *Aristoteles*, Rhet. 1402b. Aus dieser Stelle ergibt sich, dass Aristoteles zwar im Kontext von Enthymemen durchaus von nur „scheinbaren“ Belegen durch ein Endoxon für eine Regelhaftigkeit spricht, daraus aber nicht die Folgerung zieht, dass auch diese Enthymeme als „scheinbare Enthymeme“ aus dem Enthymembegriff auszuschließen seien. Er befasst sich stattdessen mit der Frage der Reichweite der Widerlegbarkeit von Endoxa bzw. Eikos-Enthymemen. Nur im Zusammenhang mit diesen Eikos-Enthymemen diskutiert Aristoteles die Frage der Scheinbarkeit; für die anderen Arten des Enthymems wirft er diese Fragestellung nicht auf.

240 Wörner dagegen rückt das Paradeigma in die Nähe des Eikos-Enthymems, unterscheidet zwei verschiedene Folgerungsweisen und spricht nur von einem „induktiven Aussehen“, vgl. *Markus Wörner*, a. a. O., S. 86 ff. Als Eikos-Enthymem wird man es allerdings wohl nur dann auffassen können, wenn eine generelle Regel bereits soziale Zustimmung gefunden hat und sie auf eine neue Sachlage bezogen werden soll. Fehlt es an einer sozialen Anerkenntnis, bewegen wir uns also in einem das Allgemeinere erst konstituierenden Kontext. Hier wird man eine Nähe zum Semeion-Enthymem annehmen können. Dazu im Folgenden.

Zeichenenthymems in der dritten Figur (Semeion-Enthymem) charakterisiert werden.[241]

Im Hintergrund steht – sowohl beim Semeion-Enthymem als auch bei dem Paradeigma – noch eine Hilfsregel. Man wird sie dann für notwendig befinden, wenn man eine formallogisch gültige Rekonstruktion dieser Überzeugungsweisen anstrebt. Um von Prämisse 1 („Exemplar von C ist A") und Prämisse 2 („Exemplar von C ist B") zur generalisierenden Konklusion („Alle B sind A") auf logisch gültige Weise zu gelangen, ist die Fiktion einer Prämisse 3 (P_3) oder Hilfsregel erforderlich, die erst die Überleitung zu dieser Konklusion logisch garantiert: Wenn Prämisse 1 und Prämisse 2 erfüllt sind, dann ist die Konklusion im Zeichenenthymem erlaubt – Wenn Pittakus weise und tugendhaft ist, dann sind alle Weisen tugendhaft. Angenähert[242] an die Prädikatenlogik kann man diese Hilfsregel etwa so formulieren: Für jedes x aus Klasse C gilt: Wenn x ein A ist $\wedge$ x ein B ist, dann gilt: alle B sind A.[243] Eine solchermaßen abstrahierte Formulierung des Überleitungssatzes würde jedoch nicht zum Ausdruck

---

241 Die Deduktion qualifiziert trotz ihrer insofern zwingenden logischen Form das Paradeigma natürlich nicht als notwendiges Zeichenenthymem. Entscheidend ist vielmehr die Begründung des generellen Allsatzes, der auf einem nicht-notwendigen Zeichenenthymem basiert und nicht die Qualität eines Tekmerion haben kann. Vgl. in diesem Zusammenhang auch FN 234. Die Auffassung, dass das Paradeigma sich aus nicht-notwendigem Zeichenenthymem und Deduktion zusammensetzt, wird mittelbar dadurch gestützt, dass Aristoteles das *Paradeigma* als der *Epagoge* ähnlich qualifiziert, vgl. *Aristoteles*, Rhet. 1393a. Das nicht-notwendige Zeichenenthymem entspricht aber – wie oben herausgearbeitet – strukturell bis auf Vollständigkeitskriterium und Begriffskonversion der Epagoge.

242 Diese Verfahrensweise ist zweifelhaft, weil die als Prämisse 3 eingeführte Hilfsregel eine Metaaussage über die Prämissen 1 und 2 der Objektebene ist. Bei einem Verständnis gleichermaßen als „Prämisse" wird das nicht deutlich. Durch die Bezeichnung „Hilfsregel" soll hier und im Folgenden auf den zweifelhaften Status („Krückenfunktion") dieser Vorgehensweise referiert werden.

243 Etwas präziser könnte die Hilfsregel wie folgt gefasst werden: Für jedes x aus der Klasse C der Pittakurianer und für jedes y aus der Klasse der Lebewesen D gilt: Wenn x ein A ist $\wedge$ x ein B ist, dann: alle y, die B sind, sind y, die A sind. Übertragen in ein prädikatenlogisches Schema könnte das Paradigma wie folgt rekonstruiert werden, wobei Prämisse (P3) die Hilfsregel ausdrückt. Bei den Prämissen (P1) und (P2) bringt der Großbuchstabe nach der kleingeschriebenen Individuenkonstante deren Klassenzugehörigkeit zum Ausdruck: $\forall$x aus C, $\forall$y aus D: **(P3)**: $((\exists x)\ Ax \wedge Bx) \rightarrow (By \rightarrow Ay))$ | **(P1)** $(\exists x)$ AaC | **(P2)** $(\exists x)$ BaC | **(K)** $By \rightarrow Ay$. In den Folgekapiteln der Arbeit wird aber weiter ausgeführt und eine noch etwas differenziertere Form erarbeitet, vgl. hierzu S. 107 ff.

bringen, dass das Auftreten weiterer Exemplare von C, in denen die zwei Prädikate A und B miteinander verknüpft sind, den Schluss des Zeichenenthymems möglicherweise verstärkt. Lediglich auf der technischen Seite würde die bereits oben beim Nachbarkriegsparadeigma angedeutete Wucherung der Prämissen, die mit jedem bestätigenden Ereignis einherginge, – übrigens allzu notdürftig – eingehegt.

IV. Verbindung von Paradeigma und Topos a simili

Mit dieser Rekonstruktion bleibt das Paradeigma in einer wichtigen Hinsicht unvollständig: Nach *Aristoteles* ist ein Paradeigma nur dann gültig, wenn die Ähnlichkeit mehrerer Fälle über einen Drittbegriff – über ein Tertium Comparationis – ausgewiesen werden kann.[244] Der Begriff „Ähnlichkeit" weist in die Topik. In ihr fungiert die Betrachtung der Ähnlichkeit von Dingen als eines der vier Werkzeuge *(Organa)* sowohl bei der Induktions- als auch der Deduktionsbildung.[245] Mit Ähnlichkeit ist eine Form des relationalen Reflektierens über Dinge verschiedener Gattungen angesprochen: „Wie sich das eine zum einen, so verhält sich das andere zum anderen", die auf die Übereinstimmung in bestimmten Merkmalen, auf Identisches zielt: „Denn in dem Maße, in dem etwas Identisches auf sie zutrifft, sind sie ähnlich."[246] Die Betrachtung dieser hier eher vage umschriebenen „Ähnlichkeit" hält *Aristoteles* für wichtig bei der Induktionsbildung, weil aus der Betrachtung des an Einzelfällen Ähnlichen etwas Allgemeines induziert wird. Sie hat nach *Aristoteles* jedoch auch Relevanz für die Deduktion. Auch diese sei dadurch charakterisiert, dass es „so, wie es sich bei einem der ähnlichen Dinge verhält, auch bei den übrigen verhalte."[247] Damit wird ein erkennbarer Bezug zwischen Deduktion und Paradeigma hergestellt.

---

244 *Aristoteles*, Anal. Pr. 68b.

245 *Ders.*, Top. 105a, 108b (FN 95).

246 *Ders.*, a. a. O. 108a, 14 ff. Vgl. auch die Konzeption der Analogie bei *Perelman* (FN 156 f.). Hier wurde die Übersetzung von Rapp zugrunde gelegt. Bei der von Zekl heißt es zur ersten Stelle: „Wie ein Verschiedenes zu einem von ihm Verschiedenen sich verhält, so entsprechend auch ein Anderes zu einem wieder Anderen") und zur zweiten Stelle: „Insoweit nämlich ihnen ein bestimmtes gleiches (Merkmal) zukommt, insoweit sind sie ähnlich."

247 Vgl. *ders.*, a. a. O. 108b 12–14. Auch hier wurde die Übersetzung von Rapp angegeben. Bei Zekl heißt es: „Wie es sich einmal bei einem unter ähnlichen (Fällen) verhält, so auch dann bei den übrigen."

Ähnlichkeit spielt nach *Aristoteles* auch eine wichtige Rolle bei Begriffsbildungen, genauer: bei der Aufstellung von Definitionen. Durch Ähnlichkeitsbetrachtung soll das den Dingen Gemeinsame aufgespürt werden und auf diese Weise ihre Ordnung in Gattungen ermöglicht werden. *Aristoteles* verweist im Speziellen auf die Prädikabilien, in diesem Rahmen auf die Washeit – die gattungskonstituierende Quidditas[248] – und auf die Kategorien, welche der Ähnlichkeitsbetrachtung ihre kategorialen Vergleichspunkte verleihen.[249]

Durch die Verbindung der Schlüsse und Enthymeme mit den Organa wie der Ähnlichkeit erhalten die aristotelischen Argumentationsweisen – unter ihnen das Paradeigma – eine topische Tiefendimension, die mit den bislang entwickelten logischen Mitteln nicht dargestellt werden kann. Eine volle Entfaltung der logischen Struktur des Paradeigma soll an dieser Stelle vorerst zurückgestellt bleiben. In der für Enthymeme gebräuchlichen Kurzform lautet das obige Paradeigma von *Aristoteles* in etwa so: Ein Krieg zwischen Athen und Theben (C) wäre ein Übel (A), weil uns der Krieg zwischen Theben und den Phokiern (D) gezeigt hat, dass Nachbarkriege (B) ein Übel (A) sind und noch kürzer: Ein Krieg zwischen Athen und Theben wäre ein Übel, weil der Krieg zwischen Theben und den Phokiern auch ein Übel war. Durch diese Umschreibung wird der Zusammenhang zwischen Paradeigma und Zeichenenthymem deutlich. Die Rede von einem paradeigmatischen Zeichenenthymem ist daher gerechtfertigt.

---

248 Der Begriff „Quidditas" wurde erst später durch Duns Scotus eingeführt. Er hängt zusammen mit dem in Aristoteles' Kategorienschrift entwickelten Substanz- oder Wesensbegriff („ousia"), der von Aristoteles aber in erste und zweite Substanzen differenziert wird. Nur die zweiten Substanzen sind für die Konstitution von Gattungs- und Artbegriffen relevant, die ersten Substanzen betreffen die Einzeldinge, vgl. *Aristoteles*, Kat. 2a 11 ff. Dieses Konzept war geistesgeschichtlich außerordentlich wirkmächtig, insbesondere in der Rezeption, die es in der Isagoge durch Porphyrios und dessen Porphyrianischer Baum (Arbor porphyriana) gefunden hat, vgl. *Porphyrius*, Isagoge, in: Aristoteles Kategorien, S. 155 ff., vgl. hierzu *Hans Günter Zekl*, in: Aristoteles Kategorien, S. LIII ff.

249 Vgl. *Aristoteles*, Top. 108b.

§ 3 Die rhetorischen Schlussformen bei Peirce

Charles Sanders Peirce – Anhänger des kantischen Philosophiestils mit einem Faible für Dreiheiten[250] – hat die aristotelische Schlusslehre aufgegriffen und ihnen ein bis in die Gegenwart hinein wirkmächtiges Gepräge verliehen. Er darf heute als Gründungsvater der Semiotik und Bindeglied zwischen klassischer und moderner Logik gelten.[251] Für die „neue Rhetorik" *Perelmans* war er mit seinem Konzept einer „spekulativen Rhetorik"[252] wohl wichtiger Stichwortgeber. Es würde zu weit führen, die „spekulative Rhetorik" in die weit verzweigte und in erster Linie auf die Naturwissenschaften zugeschnittene Philosophie von *Peirce* einzuordnen. Als Begründer des Pragmatismus wollte *Peirce* mit dieser Bezeichnung auf den „highest and most living branch of logic" verweisen, in dem die Schlussformen „termed rhetorical by the old logicians" behandelt werden.[253] Hiermit bezieht sich *Peirce* auf die von *Aristoteles* nach der Syllogistik im zweiten Buch der ersten Analytik behandelten Schlussformen, die – zur Erinnerung – nur Glauben und kein Wissen vermitteln können. Eine solche Unterteilung liegt auch der neuen Rhetorik bei *Perelman* zugrunde. Dieser unterscheidet zwischen einer beweisenden Darstellungsform durch strenge Deduktionen und einer begründenden oder argumentativen Darstellungsform,

---

250 Vgl. hierzu *Joachim Lege*, Pragmatismus und Jurisprudenz, S. 21 f. Besonders charakteristisch ist die im Anschluss an Hegel entwickelte Kategorienlehre, in der er zwischen Erstheit (Gegenwärtigkeit), Zweitheit (Element des Kampfes: Überraschung) und Drittheit (allgemeine Prinzipien als Universalien) unterscheidet, vgl. hierzu *Joachim Lege*, a. a. O., S. 250 ff. m. w. N.

251 Neben den im Folgenden näher besprochenen informalen Schlussformen setzt sich Peirce nicht nur ausgiebig mit der aristotelischen Syllogistik auseinander. Bei ihm finden sich zudem Vorarbeiten für die moderne Logik. Vgl. *C. S. Peirce*, CP 2.445 ff.; *ders.*, Die Logik der Relative (1897), in: Gesammelte Werke I, S. 269 ff.

252 *C. S. Peirce*, CP 2.93, 105 ff., 229 f., 2.332 ff.; *ders.*, Über die Einheit hypothetischer und kategorischer Propositionen, in: *ders.*, Gesammelte Schriften I, S. 237 ff.; *ders.*, Minutiöse Logik, a. a. O., S. 376 ff. Er verbindet damit die Vorstellung methodologischer Forschung im Gegensatz zur Methodenlehre, in der der Einfluss von Zeichen auf Interpretanten bzw. in der „pure rhetoric" die Genese von Zeichen und Gedanken untersucht wird.

253 *Ders.*, CP 2.333. Vgl. zur Verschränktheit nicht-deduktiver und deduktiver Schlussformen, die nach Peirce ineinander überführbar sind, *Joachim Lege*, a. a. O., S. 81 ff.

die nur Plausibilitäten vermitteln kann und sich auf Wahrscheinlichkeiten stützen muss.[254]

A. Verisimilitudo und Abduktion

Peirce versteht in diesem Zusammenhang „Wahrscheinlichkeit" nicht verengt auf die statistische Wahrscheinlichkeit - auf die „probabilitas" –, sondern bezieht ganz im Stile der alten Rhetorik die „verisimilitudo" - die der Wahrheit ähnliche Wahrscheinlichkeit, bei der keine quantitative Stützung einer Behauptung möglich ist – mit in sein Konzept ein: Planetenforscher wie *Kopernikus* mussten sich auf die Epizykeltheorie, für die lediglich die „verisimilitudo" sprechen konnte, als Hilfshypothese (die erst *Kepler* überflüssig machte) stützen, um auf diese Weise die Hypothese vom heliozentrischen Weltbild zu begründen.[255] Unter anderem für Fälle wie diese wollte *Peirce* die „Beeinflussung eines Denkens durch ein anderes"[256] erforschen und welche Rolle hierbei die Erzeugung „rhetorischer Evidenzen"[257] spielt.[258]

---

254 *Chaim Perelman*, Neue Rhetorik (Band 1), S. 17 ff. Bei Peirce findet sich die entsprechende Differenzierung zwischen „explicative reasoning" und „ampliative reasoning", vgl. *C. S. Peirce*, CP 2.445 ff., 2.619 ff.

255 Die Epizykeltheorie von Kopernikus wurde von Peirce nicht ausdrücklich erwähnt und ist in diesem Zusammenhang bei genauer Betrachtung kein ideales Beispiel, da mit Recht in Zweifel gezogen werden kann, dass für sie die *verisimilitudo* gestritten hat. Sie wurde lediglich der leichteren Anschaulichkeit halber anstelle der Hilfshypothesen in den Theorien von Tycho Brahe und Kepler vorgestellt, die Peirce diskutiert: Kepler musste Hilfshypothesen einführen, um die Breitenpositionen bei Annahme einer elliptischen Marsumlaufbahn zu begründen, vgl. *ders.*, Minutiöse Logik, S. 395.

256 *Ders.*, Über die Einheit hypothetischer und kategorischer Propositionen, in: *ders.*, Gesammelte Schriften I, S. 237.

257 *Ders.*, a. a. O, in: *ders.*, Gesammelte Schriften I, S. 243; *ders.*, CP 2.333.

258 Peirce betont in diesem Zusammenhang den Situationscharakter („hic et nunc") und den „anti-allgemeinen" Charakter dieser Form von Beeinflussung, dennoch geht es ihm nicht um eine beliebige individuelle Zustimmung, sondern um eine rational motivierte, vgl. *C. S. Peirce*, a. a. O., S. 237 ff. Vgl. zur rhetorischen Wahrscheinlichkeit auch *Immanuel Kant*, Logik, a. a. O., S. 90 ff., der bemerkenswerterweise philosophische Erkenntnissen nur Scheinbarkeit (*verisimilitudo*), also ein Fürwahrhalten aus unzureichendem Grunde, genauer: ein subjektives und praktisch hinreichendes Fürwahrhalten, zugesteht und die „Größe der Überredung" hierbei für maßgeblich hält.

Die Auseinandersetzung mit *Peirce* wird sich im Folgenden in erster Linie auf einen Ausschnitt von dessen Schlusslehre – insbesondere die sogenannte „Abduktion" – beschränken. Die Abduktion (Apagoge[259]) ist nach *Aristoteles* dadurch ausgezeichnet, dass eine Konklusion dann gezogen werden darf, wenn einerseits eine unbezweifelte Aussage, andererseits eine zweifelbehaftete Aussage als Prämissen herangezogen werden, wobei die zweifelhafte Prämisse – gleichsam als eine „Hilfshypothese" – besser oder gleich gut wie die Konklusion begründet ist:

Es darf angenommen werden, dass die Erde um die Sonne kreist, wenn die Epizykeltheorie als zulässige Prämisse herangezogen werden kann und sie darf herangezogen werden, wenn sie nicht schlechter belegt ist, als die Konklusion „Die Erde dreht sich um die Sonne". Das Problem ist dabei, dass ohne die Bindung an das Kriterium der Wahrheitsähnlichkeit eine absurde Prämisse zur Stützung einer Konklusion herangezogen werden könnte, die ebenso oder noch absurder ist als sie selbst. Durch Bindung an die „verisimilitudo" wird die Auswahl von Prämisse und Konklusion dahin gesteuert, dass jeweils nur plausible Kandidaten herangezogen werden. Hierdurch kann die Abduktion als Schluss auf die derzeit „beste"[260] oder zumindest „plausibelste"[261] Erklärung eines Phänomens verstanden werden: Nur plausibel deshalb, weil nicht immer garantiert ist, dass eine „beste" Erklärung bestimmbar ist und gerade die Wahl von Hypothesen in Situationen, in denen es um die Bestätigung oder Umwerfung eines Weltbildes, also um einen Paradigmenwechsel geht, auch durch ethische und pathetische Momente gesteuert wird.

---

259 Peirce hatte sich in der Entwicklung seines Konzepts der Abduktion explizit auf Aristoteles bezogen, vgl. *Ansgar Richter*, a. a. O., S. 102 ff. m. w. N.

260 Vgl. die kritische Auseinandersetzung bei *Bas van Fraassen*, Laws and Symmetry, S. 131 ff.; vgl. auch *Gerhard Schurz*, in: Handbuch Metaphysik, S. 416 ff. m. w. N.

261 Das entspricht auch der Auffassung von Peirce, die mit seinem Verweis auf die rhetorische Wahrscheinlichkeit einhergeht, vgl. *C. S. Peirce* CP 8.223, wo er auf ein instinkthaftes Überzeugtsein ohne zureichenden Beweisgrund verweist. Vgl. auch *Ansgar Richter*, Der Begriff der Abduktion bei C. S. Peirce, S. 161 ff., 169. Allerdings vollzieht sich diese instinkthafte Überzeugung – legt man einen rhetorischen Ansatz zugrunde – vor einem bestimmten Kultur- und Erfahrungshintergrund. Vgl. in diesem Kontext auch die Arbeit von *Lorenz Schulz*, Recht und Pragmatismus, in: Rechtsphilosophie im 21. Jahrhundert, S. 309 ff.

B. Das Zusammenspiel von Abduktion, Induktion, Analogie und Deduktion bei Peirce

Mit der „Abduktion“ oder – so benannte sie *Peirce* in seinem Frühwerk[262] – „Hypothese“ stehen die anderen Schlussformen „Induktion“ und „Deduktion“ in Verbindung. Als eine „Mischform“ zwischen „Induktion“, „Deduktion“ und „Abduktion“ behandelte Peirce die Analogie nur am Rande. Er wollte ihr aber beim Entwurf einer dann doch ungeschrieben gebliebenen „minutiösen Logik“ ein gesondertes Kapitel widmen.[263] Induktion und Abduktion zählt er in seiner „dynamischen Syllogistik“[264] zu den synthetischen Schlussformen, die ganz im Sinne der reflektierenden Urteilskraft von *Kant* eine wissenserweiternde und damit dynamische Funktion übernehmen. Statisch ist für ihn dagegen die Deduktion, die den Wissensbestand unverändert lässt.[265] Die Induktion hat bei *Peirce* einen relativ geringen Anwendungsbereich und setzt die Beobachtung eines empirischen Phänomens nach vorheriger Theoriebildung über dessen Verhalten voraus, das anschließend verifiziert wird.[266] In diesem Rahmen fungiert die Abduktion (oder Hypothese) als Lieferant für die Prämissen einer Induktion: Sie leitet theoretisch den induktiven Prozess der Beobachtung.[267] Aber auch das Beobachten selbst – ganz unprätentiös als das Haben von beliebigen affektiv-sensuellen Eindrücken gemeint – etwas spüren, sehen, riechen,

---

262 Neben dem geläufigeren Begriff der Abduktion verwendet er in seinem Spätwerk auch den Begriff der Retroduktion, vgl. *Ansgar Richter*, a. a. O, S. 167. Richter macht in seiner Untersuchung zwei Phasen der Konzeption bei Peirce aus: Nachdem Peirce die Abduktion zunächst in einem mathematisch-logischen Kontext entwickelt hat, tritt ab 1891 eine psychologisch-forschungslogische Interpretation in den Vordergrund, vgl. *ders.*, a. a. O., S. 170 ff. m. w. N.

263 Vgl. *C. S. Peirce*, Minutiöse Logik, in: ders. Gesammelte Schriften I, S. 376 ff. Daneben rekonstruiert er sie sehr knapp in formaler Weise und verweist auf ihren Doppelcharakter aus Induktion und Abduktion, vgl. C. *S. Peirce*, CP 2.512: **(1)** I. t is P’, P“, P“‘ | S‘, S“, and S“‘ are q | t is q. II. S‘, S“, S“‘ are taken as being P‘, P“, P“‘ | S‘, S“, S“‘ are q | (By induction) P‘, P“, P“‘ are q. III. t is P‘, P“, P“‘ | (Deductively) t is q. **(2)** I. S‘, S“, S“‘ are, for instance, P‘, P“, P“‘ | t is P‘, P“, P“‘ | (By hypothesis) t has the common characters of S‘, S“, S“‘ | S‘, S“, S“‘ | (Deductively) t is q. Nach Peirce kann die Analogie also sowohl auf hypothetische (abduktive) als auch auf induktive Weise begründet werden.

264 So *Joachim Lege*, a. a. O, S. 32.

265 *C. S. Peirce*, CP 2.623; vgl. hierzu *Joachim Lege*, a. a. O., S. 81 ff. 111 ff. m. w. N.

266 *C. S. Peirce*, CP 2.624, 2.642; *ders.*, Minutiöse Logik, S. 394.

267 Vgl. *Karl Popper*, Logik der Forschung, S. 36 Fn. 1.

fühlen – ist bei *Peirce* ein logisches Geschehen, das sich in der Form von Schlüssen vollzieht.[268]

Wie die Abduktion in ihrer logischen Struktur erfasst werden kann, illustriert *Peirce* – jedoch noch in seinem Frühwerk zur Hypothese – anhand des Bohnenbeispiels, das sinngemäß vorgestellt sei. Das Setting des Szenarios gestaltet sich wie folgt: Jemand betritt einen Raum, der bis auf einen Tisch unmöbliert ist, und wird gewahr, dass sich auf dem Tisch ein Sack befindet. Neben diesem Sack liegt eine weiße Bohne. Er mutmaßt: „Diese weiße Bohne ist aus diesem Sack auf dem Tisch". Damit schließt er von einem bekannten, doch „überraschenden" Datum – dem „Resultat", „Ergebnis" oder einer „Wirkung" – einerseits auf eine unbekannte „Regel" bzw. ein „Gesetz" („Alle Bohnen in diesem Sack sind weiße Bohne") und auf einen ebenfalls unbekannten „Fall" bzw. eine „Ursache" („Diese Bohne stammt aus diesem Sack"). Damit vollzieht er eine „Abduktion" oder anders ausgedrückt: Er stellt die „Hypothese" oder „Regel" auf, dass „alle Bohnen in diesem Sack weiß sind" auf Basis der Hilfshypothese oder dem „Fall" „Diese Bohne ist aus diesem Sack".[269] „Überraschend" ist das Datum insofern, als dass die beobachtete Tatsache nicht vorhersehbar war und die Hypothesenbildung dann „blitzartig"[270] erfolgt.

Wie bei *Aristoteles*' Apagoge (allerdings steht hier die Hypothese bzw. „Regel" im Schlusssatz und die Hilfshypothese bzw. der „Fall" im Obersatz[271])

268 Vgl. hierzu *Joachim Lege*, a. a. O., S. 76, 101 f. m. w. N.

269 *C. S. Peirce*, CP 2.623 ff.

270 Vgl. *Joachim Lege*, a. a. O., S. 128 mit Verweis auf *C. S. Peirce*, CP 5.181.

271 Vgl. aber *C. P. Peirce*, Minutiöse Logik, a. a. O., S. 393 ff., wo Peirce sagt, dass die Konklusion unwahr sein kann, obwohl die Tatsachen wahr sind. Als Tatsache behandelt er – in Auseinandersetzung mit Keplers Begründung der elliptischen Umlaufbahn der Erde um die Sonne – einerseits die feststehenden „Längenpositionen" und geht dann auf die „Breitenpositionen" ein, für die er kurz später „Zusatzhypothesen" diskutiert, die von geringerer Wahrheitsähnlichkeit seien. Gleich dem aristotelischen Schema stünde hier also die „Hypothese" in der Konklusion und die „Hilfshypothese: Prognose über Breitenposition" fungierte als Prämisse (Tatsache), die weniger wahrscheinlich im Sinne der *verisimilitudo* als die Konklusion („Hypothese") wäre. Das entspräche im Wesentlichen der Apagoge, so wie Aristoteles sie konzipiert hat. Vgl. auch *Lorenz Schulz*, a. a. O., S. 308 ff., der entsprechend die „Konklusion" der „Abduktion" als „Hypothese" apostrophiert. Hiermit verbunden wäre eine alternative Schematisierung, die allerdings für das Bohnenbeispiel deshalb keinen Sinn ergäbe, weil laut Peirce durch Induktion die Hypothese bestätigt werden soll. Die Entleerung des Sackes und Überprüfung der Bohnen (Induktion) stützt aber die Regel „Alle Bohnen in diesem Sack sind weiß" (die folglich als „Hypothese" zu qualifizieren wäre) und jedenfalls nicht direkt den „Fall" (Hilfshypothese).

stützen sich die Plausibilität sowohl von Hypothese als auch Hilfshypothese wechselseitig. Allerdings leitet – selbst in dem eben geschilderten restringierten Szenario aus einem semiotischen Laboratorium – üblicherweise eine kaum bestimmbare Vielzahl weiterer Unterstellungen ganz verschiedener Qualität den Beobachter bei der Hypothesenbildung: „Regelmäßig passiert es, dass ein Gegenstand eines Sackes ganz in dessen Nähe aus diesem herausgelangt", die durch weitere Unterstellungen – „Manche Säcke haben Löcher, so dass deren Inhalt herausfällt", „Dagegen spricht nicht, dass ich das Loch nicht sehen kann, denn bei kleinteiligen Gegenständen wie Bohnen genügen kleine, kaum sichtbare Löcher" – gestützt werden kann. Schließlich wird ein Abgleich zu Alternativszenarien angestellt: „Es ist wahrscheinlicher, dass diese Bohne aus dem Sack gelangt ist". Weil: „Warum sollte jemand in einen fast leeren Raum gehen und dort eine vereinzelte Bohne auf einen Tisch neben einen Sack legen?". Diese Präsuppositionen[272] können – wie es hier angerissen wurde – teilweise explizit gemacht werden. Vollständig kann die Praxis der Abduktionsbildung aber nicht auf die implizite Anwendung von Regeln zurückgeführt werden. Eine dahin zielende retrospektive Rekonstruktion nimmt zwangsläufig spekulative Züge an.[273]

Der Beobachter – ausgestattet mit einer Theorie über die Bohnen – nähert sich nun dem Sack und will seine theoretische Vorstellung erhärten. Er öffnet

---

272 Zum Begriff der Präsupposition, der allerdings in einem textsemiotischen Theorienumfeld entwickelt worden ist und implizite Informationen betrifft, die als kontextueller Hintergrund mit der in durch eine Aussage übermittelten Vordergrundinformation verbunden sind, vgl. *Umberto Eco*, Die Grenzen der Interpretation, S. 360 ff. Berühmt dürfte folgendes Beispiel von Russell sein: „The present king of France is bald", vgl. *Bertrand Russell*, On Denoting, S. 490. Wer eine solche Aussage tätigt, sagt damit zugleich aus, dass es einen gegenwärtigen König von Frankreich gibt, der kahl ist. Eco spricht hier von der Variante der Existenz-Präsuppositionen. Mit der Aussage „Hans raucht nicht mehr" drückt man zugleich aus, dass Hans zuvor geraucht hat. Schließlich – angewandt auf das Bohnenbeispiel – ist mit der Aussage „Diese Bohne ist aus diesem Sack" die Präsupposition verbunden, dass die Bohne auf irgendeine Weise aus ihm herausgelangt sein muss. Fasst man diese Präsupposition in eine explizierte Aussage, sind an eine solche wiederum Präsuppositionen gebunden (usw.).

273 Wie man – nach einem Beispiel von Searle – dem Hund „Ludwig", der einem von einer Wand zurückgeprallten Tennisball nachspringt und diesen auffängt, auch nicht unterstellen kann, er hätte die Flugkurve des Balles berechnet, vgl. *John Searle*, Consciousness and Language, S. 128; vgl. auch die amüsante Dekonstruktion des vermeintlichen Meisterdenkers Sherlock Holmes bei *Umberto Eco*, a. a. O., S. 326.

ihn und entnimmt eine, zwei, drei, gerade so viele weiße Bohnen, bis dass er meint, seine Theorie sei in genügender Weise durch die Beobachtungsereignisse gestützt. Hier nun geht der Beobachter induktiv vor, indem er versucht, seine entwickelte Theorie empirisch zu erhärten. Dabei kann er – unter vollständiger Entleerung des Sacks (vgl. die aristotelische Epagoge) – nur klären, dass vom Zeitpunkt t_1 „sein Betreten des Raums“ bis zum Zeitpunkt t_2 „vollständiges Entleeren des Sacks“ die Aussage „Alle Bohnen in diesem Sack sind weiße Bohnen“ zutreffend war und nicht beweisen, dass die Bohne auf dem Tisch tatsächlich aus dem Sack stammt.

Legt der Beobachter nun alle Bohnen zurück in den Sack, nachdem er ihn vorher vollständig entleert und die Farbe der Bohnen überprüft hat, greift dann in ihn hinein und sagt sich „Die Bohne, die ich jetzt ergriffen habe, wird eine weiße Bohne sein“, dann handelt es sich dabei um eine „Deduktion“.

Deduktion	Induktion	Abduktion
Regel: Alle Bohnen (C) in diesem Sack (B) sind weiß (A).	**Fall**: Diese Bohne (C) ist aus diesem Sack (B).	**Regel**: Vermutlich sind alle Bohnen (C) in diesem Sack (B) weiß (A).
Fall: Diese Bohne (C) ist aus diesem Sack (B).	**Ergebnis**: Diese Bohne (C) ist weiß (A).	**Ergebnis**: Diese Bohne (neben dem Sack) (C) ist weiß (A)
Ergebnis: Diese Bohne (C) ist weiß (A).	**Regel**: Vermutlich sind alle Bohnen (C) in diesem Sack (B) weiß (A).	**Fall**: Vermutlich ist diese Bohne (neben dem Sack) (C) aus diesem Sack (B).

C. „Paper logic“ versus „Working logic“: Eine formale Untersuchung der Darstellung der Schlüsse bei Peirce

I. Die problematische Deutungsbedürftigkeit deiktischer Begriffe in formalen Darstellungen

Die Einklammerung „(neben dem Sack)“ soll auf ein Problem der Abduktion aufmerksam machen. Die Abduktion funktioniert nur dann, wenn zwischen dem Ergebnis „Diese Bohne ist weiß“ und dem „Fall“ „Diese Bohne ist aus dem Sack“ die Information aufgenommen wird, dass „diese Bohne“ *neben* „diesem Sack“ liegt. Die Eigenschaft der Bohne, „neben dem Sack zu liegen“, ist nicht weniger bedeutsam für die Aufstellung der „Regel“ „Vermutlich sind alle Bohnen in diesem Sack weiß“ als das „Ergebnis“ „Diese Bohne ist weiß“. Sonst müsste man – was nicht direkt fehlerhaft,[274] doch der Absicht von *Peirce* zuwiderlaufen dürfte – gelten lassen, dass ein gerade weiß gewordener Samen in der Hülse irgendeiner beliebigen Stangenbohne die Aussage „Vermutlich sind alle Bohnen in diesem Sack weiß“ stützt, sobald man deiktisch – mit „*dieser* Samen“ oder „*diese* Bohne“ – auf ihn verweist. Es ist also erforderlich, sich darüber zu verständigen, wie viel Information in den Index „dieser/diese/dieses“ einbezogen werden soll, bevor man ihn in einer Darstellung als Schluss benutzt. Die „Regel“ „Alle Bohnen in dem Sack sind weiß“ könnte anders formuliert auch durch das „Ergebnis“ „Neben dem Sack liegt eine Bohne“ gestützt werden, wenn man in den Index einbezieht, dass diese Bohne weiß ist. Im Schaubild oben ist die im Ergebnis explizierte „Weißheit“ der Bohne vermittelt über den „Fall“ auf die Regelbildung bezogen, wohingegen „Nachbarschaft von Sack und Bohne“ als impliziter Stützungsaspekt im Hintergrund die Konklusion im Fall stützt. Vermittelt hierüber wird sie – in Gemeinschaft mit weiteren impliziten Hintergrundstützen – für die Regelbildung konstitutiv.

II. Klassenübergreifende Induktion (Aristoteles) versus die enumerative Induktion (Peirce)

Die Induktion bei *Aristoteles* unterscheidet sich von der Induktion wie *Peirce* sie konzipiert hat. Bei *Aristoteles* war Pittakus als Einzelheit und nicht in seiner Eigenschaft als Zugehöriger zur Klasse der Philosophen (C) Bindeglied für eine klassenübergreifende Generalisierung der Eigenschaften Tugendhaftigkeit (A) und Weisheit (B): Ein Exemplar der Weisen (B) ist dann weise und tugendhaft zugleich, nicht weil er zur Klasse der weisen (B) Philosophen (C) zählt – er muss nicht Philosoph, könnte auch Staatsmann (D) sein –, sondern weil er zur Klasse der „Weisen“ (B) zählt, die nach der induktiven Verallgemeinerung („Alle B sind A“) allesamt tugendhaft sind. Bei der Induktion von *Peirce*

274 Vgl. das „Rabenparadoxon“ bei Hempel: Die Aussage „Alle Raben sind schwarz“ (äquivalent zur Kontraposition: „Ist etwas nicht-schwarz, so ist es kein Rabe“) wird nach Hempels Auffassung durchaus durch die Beobachtung nicht-schwarzer Objekte, die keine Raben sind, gestützt. Ich halte Hempels Einschätzung für richtig; es gibt kein Paradoxon, das aufgelöst werden müsste. Es handelt sich hier um die inhaltliche Frage nach der Zweckmäßigkeit, wie weit die Probe angelegt wird, vgl. *Carl Gustav Hempel*, The Philosophy of Carl Gustav Hempel, S. 35 ff.

handelt es sich dagegen um die sog. enumerative Induktion, bei der *pars pro toto* eine Eigenschaftsverbindung innerhalb einer Klasse generalisiert wird.[275] Diese Induktion hatte oben auch *Immanuel Kant* im Auge. Sie kennzeichnet den wesentlichen Unterschied zur Analogie und – worauf *Peirce* hinweist[276] – zur Abduktion. Beide – sowohl Analogie als auch Abduktion – beruhen maßgeblich auf einer klassen- oder gattungsübergreifenden Induktion und nicht (nur) auf einer enumerativen Induktion. In der Formulierung als enumerative Induktion würde Pittakus als Zugehöriger der Klasse der Weisen (C) Zeichen für die Eigenschaftsverbindung von Tugendhaftigkeit (A) und Ansehen (B) sein. Die Generalisierung dieser Eigenschaftsverbindung würde aber nur beschränkt auf diese Klasse der Weisen vorgenommen. Es wäre damit klar, dass jedes Exemplar der Weisen (C) sowohl tugendhaft (A) wäre als auch Ansehen (B) hätte, aber einem angesehenen (B) Staatsmann (D) könnte es trotzdem an Tugend (A) fehlen. Weil bei der enumerativen Induktion – wie im Beispiel von *Peirce* – keine klassenübergreifende Aussage über die Relation zwischen B (Sack/Ansehen) und A (der Eigenschaft, weiß oder tugendhaft zu sein) getroffen wird, sondern klassenintern *pars pro toto* geschlossen wird, benötigt man die aristotelische Begriffskonversion nicht.

III. Zur formal-logischen Präsentation dreistelliger Relationen

Ein weiteres Problem betrifft den Umstand, dass mit der Regel („Alle C in B sind A") eine dreistellige Relation zwischen A weiß, B Sack und C Bohnen betroffen ist; im „Fall" und „Ergebnis" dagegen nur jeweils zweistellige Relationen. Einmal, dass ein Exemplar von C aus B stammt, andererseits, dass ein Exemplar von C das Prädikat A zukommt. Die Präposition „in" (als synkategorematischer Term) der „Regel" ist in der (klassischen) Logik nicht definiert und kann dort nicht verarbeitet werden. Rekonstruiert man diese Verbindungen mit „in" als „Alle C sind B" und „Alle B sind A", dann würde mehr ausgesagt, als die Regel

275 Zur „enumerativen Induktion" vgl. *Wesley Salmon*, Logik, S. 67 ff.

276 *C. S. Peirce*, CP 2.642: Nach Peirce unterscheiden sich Induktion und Abduktion wie folgt: "But essence of an induction is that it infers from one set of facts another set of similar facts, whereas the hypotheses in facts of one kind of facts to another kind of facts". So formuliert ("similar facts to similar facts") wird freilich die Induktion bereits in die Nähe zur Analogie gerückt. In dem Entwurf zu einer minutiösen Logik sieht er die Abduktion ebenfalls durch den Ähnlichkeitsbegriff charakterisiert: nämlich den Ähnlichkeiten der in einer Prämisse beschriebenen Tatsachen mit denjenigen in der Konklusion, vgl. *ders.*, a. a. O., S. 393 f.

ausdrücken möchte. Rekonstruiert man sie als „Einige C sind B“ und „Einige B sind A“ wäre die Konklusion „C ist A“ nicht mehr logisch gültig. Daher wird „Alle C in B“ als Beschränkung des Beobachtungs- und Aussagebereichs interpretiert. Auf folgendem Schaubild ist das umgesetzt:

Deduktion	**(enumerative) Induktion**	**Abduktion**	**Logische Form Paradeigma nach Aristoteles**
Für alle C aus B gilt:	Für alle C aus B gilt:	Für alle C aus B gilt:	
Regel: Alle C sind A.	**Fall**: Exemplar von C ist aus B.	**Regel**: Alle C sind A?	**Prämisse 1 (Regel)**: Alle C sind B. **Generalisierung 1 (Regel)**: Alle D sind A? **Prämisse 2 (Regel)**: Alle D sind B. **Generalisierung 2 (Regel)**: Alle B sind A?
Fall: Exemplar von C ist aus B.	**Ergebnis**: Exemplar von C ist A.	**Ergebnis 1**: Exemplar von C ist A. **Ergebnis 2**: Exemplar von C ist D. **Ergebnis 3**: B ist D.	**Prämisse 3 (Fall)**: Exemplar von D ist A.
Ergebnis: Exemplar von C ist A.	**Regel**: Alle C sind A?	**Fall**: Exemplar von C ist aus B?	**Folgekonklusion (Ergebnis)**: Exemplar von C ist A?

IV. Verschleifung durch klassenübergreifende Induktion: Zur formalen Struktur von Abduktion und Paradeigma

Zur Darstellung der Abduktion wurde das Prädikat D aufgenommen, durch das die Nachbarschaftsrelation (ziemlich unelegant) zwischen Exemplar von C und B angezeigt werden soll. Sie ist notwendig, damit angesichts der Beschränkung des Beobachtungsbereichs („Fü-r alle C aus B gilt“) überhaupt Aussagen über das Exemplar von C getroffen werden dürfen. Es steht ja ganz in Frage, ob dieses tatsächlich aus B stammt. Diese Relation zwischen dem Exemplar einer

Bohne (C) und dem Sack (B), „Nachbarn voneinander zu sein“ (D)[277], erlaubt es das Exemplar von C in einer Schwebelage (Unentschiedenheit, ob es Exemplar aus B oder nicht Exemplar aus B ist) so zu behandeln, *als ob* es – und das lässt nicht bloß zufällig an *Vaihinger*[278], aber auch (angesichts der Verschlungenheit verschiedener Ebenen) an ein Möbiusband oder den Kalkül von *Spencer-Brown*[279] erinnern – ein Exemplar aus B sei.

Wenngleich noch etwas grob, spiegelt das Schaubild bereits die logische Grundstruktur der Abduktion. Es zeigt sich in ihm insbesondere die nahe Verwandtschaft zwischen der Abduktion und dem aristotelischen Paradeigma: „Ergebnis 1“ weist wie bei der enumerativen Induktion auf die „Regel“, „Ergebnis 2“ und „Ergebnis 3“ verweisen – wie bei der klassenübergreifenden Induktion – auf den „Fall“. Weil sowohl Exemplar von C als auch B das Prädikat D zukommt, wird angenommen, dass dem Exemplar von C das Prädikat B zukommt.

Im aristotelischen Paradeigma wird gestützt durch die Prämissen „Alle D sind B“ und „Exemplar von D ist A“ die Generalisierung „Alle B sind A“ vorgenommen und wegen der Prämisse „Alle C sind B“ auf „Exemplar von C ist A“ deduktiv geschlossen. Für sich genommen ist die Generalisierung zu „Alle B sind A“ ebenfalls eine Kombination aus enumerativer und klassenübergreifender Induktion: Zunächst wird enumerativ von „Exemplar von D ist A“ die „Generalisierung 1“ „Alle D sind A“ induziert. Vermittelt über „Prämisse 2“ „Alle D sind B“ wird dann klassenübergreifend die „Generalisierung 2“ „Alle B sind A“ induziert. Eine solche – auch die enumerative Induktion

---

277 Auf eine relationenlogische Rekonstruktion wird an dieser Stelle aber verzichtet und die Relation logisch wie ein einfaches Prädikat behandelt.

278 Vaihinger selbst hat die Verbindung seiner Konzeption der Fiktion sowohl mit der Analogie als auch der (wissenschaftlichen) Hypothese gesehen. Fiktion und Hypothese unterscheidet er allerdings kategorial dadurch voneinander, dass die Fiktion eine unmögliche Proposition ausdrückt („bewusster Irrtum“), wohingegen durch die Hypothese eine mögliche Proposition aufgestellt wird, vgl. *Hans Vaihinger*, Philosophie des Als-ob, S. 123 ff., 143 ff. Im Recht betont auch Strauch den Als-ob-Charakter der Abduktion, vgl. *Hans-Joachim Strauch*, a. a. O., S. 630.

279 Die Bohne war einerseits potenziell „innerhalb des markierten Bereichs“ – also in der Vergangenheit möglicherweise in dem Sack – auf der anderen Seite zum jetzigen Zeitpunkt definitiv „außerhalb des markierten Bereichs“; also auf dem Tisch. Für solche Konstellationen reserviert Spencer-Brown das Konzept des „imaginary state“ vgl. *George Spencer-Brown*, Laws of Form, insbes. S. ix ff., S. 54 ff.; vgl. hierzu *Katrin Wille*, Kommentar zu den Laws of Form, in: Einführung in die Law of Form, S. 178 ff., insbes. S. 181; *Niklas Luhmann*, Einführung in die Systemtheorie, S. 70 ff.

implizierende – Rekonstruktion basiert auf der Erwägung, dass der singuläre Satz „Dieser Krieg zwischen Phokiern und Thebanern ist ein Übel" zu „Alle Kriege zwischen Phokiern und Thebanern sind ein Übel" generalisiert wird. Allerdings hat *Aristoteles* diese enumerative Induktion gerade nicht vorgesehen und von der Einzelheit gleich klassenübergreifend generalisiert.[280]

Eine vorgängige enumerative Induktion setzt voraus, dass eine geeignete Klasse C bereits etabliert ist, innerhalb derer mit Blick auf die zu erschließende Konklusion eine klasseninterne Generalisierung Sinn macht. Notfalls kann freilich die Einzelheit, das Exemplar C (z. B. Pittakus), selbst Begründer (und einziges Element) der Klasse C – zum Beispiel der Pittakurianer – sein.

Nur für die Deduktion und enumerative Induktion kann die obige Tabelle in der prädikatenlogischen Form wie folgt rekonstruiert werden:

280 Aristoteles gesteht natürlich zu, dass auch von mehreren Vergleichsfällen aus induziert werden kann (vgl. FN 200, 239).

Deduktion		**(enumerative) Induktion**	
∀x aus B gilt:	**∀x aus Welt Z gilt:**	**∀x aus B gilt:**	**∀x aus Welt Z gilt:**
Regel: $Cx \rightarrow Ax$	**Regel**: $Cx \wedge Bx \rightarrow Ax$	**Hilfsregel**: $((\exists x)\, Cx \wedge Ax) \rightarrow (Cx \rightarrow Ax)$	**Hilfsregel**: $((\exists x)\, Cx \wedge Bx \wedge Ax) \rightarrow ((Cx \wedge Bx) \rightarrow Ax)$
Fall: $(\exists x)$ Ca	**Fall 1**: $(\exists x)$ Ca	**Fall**: $(\exists x)$ Ca	**Fall 1**: $(\exists x)$ Ca
	Fall 2: $(\exists x)$ Ba	**Ergebnis**: $(\exists x)$ Aa	**Fall 2**: $(\exists x)$ Ba
			Ergebnis: $(\exists x)$ Aa
Ergebnis: $(\exists x)$ Aa	**Ergebnis**: $(\exists x)$ Aa	**Regel**: $Cx \rightarrow Ax$	**Regel**: $Cx \wedge Bx \rightarrow Ax$
Für jedes Objekt x aus Sack B gilt: Wenn x eine Bohne ist, dann ist x weiß. Objekt a ist eine Bohne, also ist Objekt a weiß.	Für jedes Objekt x aus Welt Z gilt: Wenn x eine Bohne ist und x aus dem Sack ist, dann ist x weiß. Objekt a ist eine Bohne und Objekt a ist aus dem Sack, also ist Objekt a weiß.	Für jedes Objekt x aus Sack B gilt: Wenn es ein Objekt x gibt, das eine weiße Bohne ist, dann sind alle Objekte x, die Bohnen sind, weiß. Nun ist hier aber ein Objekt a, das eine weiße Bohne ist, also sind alle Objekte x, die Bohnen sind, weiß.	Für jedes Objekt x aus Welt Z gilt: Wenn es ein Objekt x gibt, das weiß, eine Bohne und in dem Sack ist, dann sind alle Objekte x weiß, wenn sie Bohnen und in dem Sack sind Nun ist hier aber ein Objekt a, das eine weiße Bohne in dem Sack ist, also sind alle Objekte x, die Bohnen im Sack sind, weiß.

Bei Abduktion und Paradeigma muss wegen des Bestandsteils „klassenübergreifende Induktion“ eine Schleifenstruktur abgebildet werden, was in der hier gewählten prädikatenlogisch unterstützten Darstellungsform noch nicht möglich ist.[281] Ihre Abbildung bleibt daher zurückgestellt.

V. Typologie der Enthymeme und Neubesetzung des Terms „Semeion-Enthymem“

Über den Vergleich mit dem Paradeigma lässt sich die Abduktion nun besser in Relation zum Enthymem setzen. Beide sind gleichermaßen durch Fragmentarität geprägt. Zur Erinnerung: Wir hatten oben bei *Aristoteles* herausgearbeitet, dass sich das Paradeigma zusammensetzt aus einem nicht-notwendigen Zeichenenthymem (klassenübergreifende Induktion) und einer Deduktion. Dieses nicht-notwendige Zeichenenthymem hatten wir Semeion-Enthymem genannt. Es stand gleichsam für die (unvollständige) Induktion bei *Aristoteles*. Nunmehr haben wir herausgefunden, dass es zwei Weisen der Induktion gibt: die enumerative und die klassenübergreifende Induktion, die gleichermaßen die induktive Struktur des Paradeigma und der Abduktion charakterisieren.

Damit stellt sich *erstens* die Frage, ob neben dem paradeigmatischen Enthymem Bedarf nach einem weiteren Enthymemtyp besteht, der abduktives Zeichenenthymem genannt werden kann. *Zweitens* entsteht ein Bezeichnungsproblem, weil uns ein Terminus für denjenigen Enthymem-Typ fehlt, der allein auf einer enumerativen Induktion beruht. Ich schlage vor, mit diesem Problem wie folgt umzugehen:

Zunächst ist eine Differenzierung zwischen abduktivem Zeichenenthymem und paradeigmatischem Enthymem überflüssig: Das Semeion-Enthymem – hier zunächst als Fall der klassenübergreifenden Induktion verstanden – ermöglicht bei der gleichfalls komplexen Schlussweisen Abduktion den Schluss darauf, dass die vorgefundene Bohne auf dem Tisch (das Exemplar von C aus B) womöglich aus dem Sack stammt (B) – und zwar vermittelt über ein Tertium (D): die Nachbarschaft von C und B. In anderer Richtung weist eine enumerative Induktion darauf hin, dass sämtliche Bohnen (C) in dem Sack (B) von der Farbe Weiß (A) sein könnten. In der üblichen Kurzform ausgeschrieben lautete das „abduktive Zeichenenthymem“ wie folgt: Sämtliche Bohnen (C) in diesem Sack (B) könnten weiß sein (A), weil neben (D) dem Sack (B) eine weiße (A) Bohne (Exemplar von C) liegt. Beziehungsweise in assertorischer Formulierung: Sämtliche Bohnen

281 Auf S. 107 ff. wird aber eine andere prädikatenlogisch unterstützte Darstellungsform der Analogie gewählt, in der eine weitergehende Formalisierung versucht wird.

in diesem Sack sind weiß, weil neben dem Sack eine weiße Bohne liegt. Als Kontrast soll die Formulierung in Form eines *paradeigmatischen Zeichenenthymems* entgegengesetzt werden: Eine Bohne (Exemplar von C) aus diesem Sack (B) wird weiß (A) sein, weil mir die weiße (A) Bohne (Exemplar von C) neben (D) dem Sack (B) gezeigt hat, dass alle Bohnen (C) im Sack weiß (A) sind oder noch kürzer: Eine Bohne aus diesem Sack wird weiß sein, weil die Bohne neben dem Sack weiß ist. In dieser Rückführung auf die enthymematische Standardform wird die isomorphe Struktur von paradeigmatischem *und* abduktivem Zeichenenthymem anschaulich. Sie unterscheiden sich nur durch das Schlussziel: Die Abduktion zielt auf die Aufstellung oder Findung einer generellen Regel, das Paradeigma (Analogie) dagegen nutzt diese Regel, um auf ein Besonderes bzw. Singuläres zu schließen.[282] Damit stellen sich das paradeigmatische und das abduktive Zeichenenthymem zunächst als zwei Seiten der gleichen Medaille dar: Das abduktive Zeichenenthymem kennzeichnet die inventive Seite – den Findeprozess –, wohingegen das paradeigmatische Enthymem auf die argumentative Funktion verweist. Weil durch den Begriff „Enthymem“ auf die argumentative Funktion referiert wird, ist die Bezeichnung abduktives Zeichenenthymem überflüssig: Im Begriff des paradeigmatischen Enthymems steckt bereits der Verweis auf die Herkunft durch eine Abduktion.

Weil zudem das prägende Merkmal des paradeigmatischen Enthymems die klassenübergreifende Induktion ist und Enthymeme ohnehin angesichts ihrer fragmentarischen Struktur nicht auf letzte Teilchen zurückgeführt werden können und in diesem Sinne zwangsläufig komplex sind, können paradeigmatisches Enthymem und das vorhin Semeion-Enthymem genannte Enthymem miteinander identifiziert werden. Der Terminus „Semeion-Enthymem“ wird dadurch wieder frei und kann neu besetzt werden: Er soll nunmehr solche nicht-notwendigen Zeichenenthymeme bezeichnen, die durch die enumerative Induktion als Grundprinzip charakterisiert sind.

Damit werden die Enthymeme nach abnehmender Zwingkraft unterteilt:[283] Das Tekmerion-Enthymem repräsentiert einen nahezu zwingenden – oder

282 *Arthur Kaufmann*, Das Verfahren der Rechtsgewinnung, S. 5, vgl. auch FN 263 ff.

283 Das entspricht auch der Auffassung von Peirce, der mit der Deduktion Sicherheit, der Induktion Wahrscheinlichkeit und der Abduktion Möglichkeit verbindet, vgl. nach *Gerhard Schurz*, Die Bedeutung des abduktiven Schließens in Erkenntnis- und Wissenschaftstheorie, S. 93. Entsprechend versteht auch Alexy in seiner Besprechung von Kaufmanns Ansatz die Abduktion als Möglichkeitsschluss und rekonstruiert sie in modallogischer Form, vgl. *Robert Alexy*, Arthur Kaufmanns Theorie der Rechtsgewinnung, in: ARSP Beiheft Nr. 100, S. 55 ff. Damit wird m. E. aber das spekulative

sogar analytischen – Schluss,[284] der mithin einer Deduktion nahe- oder gleichkommt. Zusammen mit dem Eikos-Enthymem, das auf ein Endoxon (rhetorische Wahrscheinlichkeit) gestützt ist und prinzipiell widerlegt werden kann, stehen diese beiden Enthymeme für deduktionsorientierte (einen präformierten Pfad nachvollziehende) Argumenttypen. Die beiden anderen Enthymem-Typen zählen zu den induktionsorientierten Argumenten. Im Vergleich zum Tekmerion-Enthymem sind sie durch verschiedene Typen von Wahrscheinlichkeit charakterisiert: Das Semeion-Enthymem, das auf dem Prinzip der enumerativen Induktion (*pars pro toto*) beruht, ist prinzipiell für die probabilistische Wahrscheinlichkeit offen,[285] wohingegen der „Wahrheitsmodus" des paradeigmatischen Enthymems aufgrund seiner Verbundenheit mit dem Prinzip der klassenübergreifenden Induktion die rhetorische Wahrscheinlichkeit – die *verisimilitudo* – ist, die einem quantitativen Verständnis per se verschlossen ist.

Moment der Abduktion überbetont. Man stellt so anlasslose Hypothesen wie „Morgen geht die Welt unter" oder „Morgen schenkt mir ein Milliardär eine 1 Mrd. Euro" mit durchaus triftigen Hypothesen, die vor einem bestimmten Erfahrungshintergrund getroffen werden, gleich (vgl. auch FN 261). Vor diesem Hintergrund ist es wünschenswert, die Abduktion auf eine differenziertere Weise zu erfassen. Schurz weist bereits auf die Unterscheidung von kreativen und nicht-kreativen Abduktionen hin, vgl. *Gerhard Schurz*, a. a. O., S. 91 ff. Im dritten Teil dieser Arbeit, wo die Abduktion vor einem juristischen Erfahrungshintergrund gewürdigt werden wird, wird dieser Vorschlag in Adaption von Umberto Ecos Konzept der Codierung aufgenommen werden.

284 Ich zögere, was eigentlich die Konsequenz meiner Uminterpretation des Tekmerion-Enthymems wäre, es mit „echten" analytischen und die Übertragung von Wahrheit verbürgenden deduktiven Schlüssen zu identifizieren. Zum Grund und den Konsequenzen meiner Konzeption wird in FN 640 und FN 722 näher ausgeführt. Zudem gibt es aber auch einen praktisch unwiderlegbaren Zwang der eher im affektiv-sensuellen Bereich gründet und mit „analytisch" folglich falsch beschrieben wäre.

285 Die Einschränkung „prinzipiell" ist an dieser Stelle ernst zu nehmen, weil einerseits für die empirischen Wissenschaften die Konzeption des Wahrscheinlichkeitsbegriffs hoch umstritten ist und erst recht, inwieweit er quantitativ eine allgemeine Aussage bestätigen kann, vgl. hierzu *Immanuel Kant*, a. a. O., S. 90; *Hans Reichenbach*, a. a. O., S. 297 ff.; *Rudolf Carnap/Wolfgang Stegmüller*, Induktive Logik und Wahrscheinlichkeit, S. 39 ff.; *Hillary Putnam*, Degree of Confirmation and Inductive Logic, S. 671 ff.; *Karl Popper*, Grundprobleme der Erkenntnistheorie S. 167 ff. *ders.*, Logik der Forschung, S. 126 ff.; *Bernhard Lauth*, Wahrscheinlichkeit, in: Neues Handwörterbuch philosophischer Grundbegriffe, S. 2429 ff. m. w. N. Andererseits gibt es – und darauf liegt in dieser Arbeit das Augenmerk – rechtliche Strukturen, die im Schema der enumerativen Induktion repräsentierbar sind, aber – wie später demonstriert werden wird – ganz sicher nicht mit einem statistischen oder quantitativen Wahrscheinlichkeitsverständnis verbunden werden können, vgl. etwa in dieser Arbeit S. 299 f.

§ 4 Das Verfahren der Analogie und deren Formalisierung

A. Die Auswahl des Tertiums für den Ähnlichkeitsvergleich und das notwendig kreative Moment der klassenübergreifenden Induktion

Im Bohnenbeispiel war es kein Zufall, dass Bindeglied zwischen der Bohne auf dem Tisch und den vermuteten Bohnen im Sack die „Nachbarschaft" genannte Relation zwischen dieser und jenem war. Der Umstand, dass die Bohne und der Sack die Eigenschaft, „aus Südamerika zu stammen", miteinander teilen, erlaubt zwar beide Entitäten einer gemeinsamen Klasse zuzuordnen. Für die Frage nach dem Inhalt des Sacks ist diese geteilte Eigenschaft aber vergleichsweise unergiebig. Aber was charakterisiert ein geeignetes Tertium, wie wird es aufgespürt und wie lässt sich das Analogieverfahren operationalisieren?

Die Erkenntnisse aus der Informatik sind – auch soweit der derzeitige Aufstieg der K.I.-Forschung herangezogen wird – für das Verständnis der Auswahl jener Vergleichsparameter wenig ergiebig. Das dort thematisierte „analogical reasoning" basiert auf einem quantitativen Ansatz, bei dem das Tertium in standardisierten Szenarien vorgegeben wird, aber nicht selbständig durch einen Algorithmus ermittelt werden kann: Die Gleichbehandlung wird über Abweichungstoleranzen („degree of similarity") von einer Normalform (zum Beispiel im Bereich des Visuellen eine Anordnung von Rechtecken) und in diesem Zusammenhang von probabilistischen Kalkülen bestimmt.[286]

Das heißt, eine künstliche Intelligenz würde in dem Bohnenbeispiel bei der Vorgabe des Tertiums „Entfernung der Bohne (Exemplar von C) vom Sack (B)" kalkulieren, wie hoch die Wahrscheinlichkeit ist, dass Objekt 1 (Bohne) bei einer Entfernung von x Metern aus dem Objekt 2 (Sack) stammt. Wenn das Konzept des induktiv vorgehenden „machine learning" von mir richtig verstanden ist, würde eine künstliche Intelligenz durch Überprüfung dieses Grundmusters – das heißt (stark vergröbert): Messen der Entfernung einzelner Bohnen von Säcken sowie nachgängige Kontrolle der Inhalte dieser Säcke – ihre Vorhersagefähigkeit vielleicht optimieren können, wäre aber niemals zu jener „blitzartigen" Eingebung imstande, aus allgemeiner Lebenserfahrung oder theoretischen Hintergrundvorstellungen heraus in einer aus überabzählbar vielen

286 Vgl. *Stuart Russell/Peter Norvig*, Artificial Intelligence, S. 799, 959.

Zeichen und den Relationen zwischen diesen Zeichen bestehenden Situation gerade dasjenige Zeichen oder denjenigen Umstand herauszugreifen, das oder der für die Beantwortung einer sich ebenfalls spontan stellenden Problemfrage relevant ist. Das ist viel mehr, als die berühmte goldene Nadel im Heuhaufen zu finden und setzt die Fähigkeit zur spontanen Bildung klassenübergreifender und nicht bloß enumerativer Induktionen voraus.

Unter der Vorgabe von Parametern kann eine künstliche Intelligenz Bilder von *Vermeer* auf ihre Charakteristika hin untersuchen, vielleicht selbst in Imitation des Stiles von *Vermeer* malen oder moderne Bilder daraufhin prüfen, ob sich in diesem Stilelemente von *Vermeer* befinden, aber sie bliebe in letzterem Fall blind für weitere, etwa auf *Picasso* zurückgehende, Stilelemente und erst recht dafür, dass *Picasso* in „Guernica“ einen Bezug zum spanischen Bürgerkrieg herstellen wollte und was er dabei empfunden haben mag.[287]

Die künstliche Intelligenz orientiert sich an Mustern, auf deren Erkennen sie vorab „geeicht“ wurde, der Mensch (oder eine sog. „starke künstliche Intelligenz“[288]) erschafft sich – in mehr oder minder origineller Weise – seine Muster als Orientierungspunkte weiteren Handelns selbst und wird erst dadurch im Sinne von *Gehlen* zum „Mängel-“ bzw. „Überschusswesen“: zum nicht auf eine restringierte Umwelt festgelegtem Lebewesen, das sich durch die Plastizität seiner Reaktionsmöglichkeiten auf die Plastizität der Lebenslagen auszeichnet.[289] Ein „Überschusswesen“ ist er insofern, als ihn semantische Einschränkungen nicht hindern, etwa bei einem beabsichtigten Waschgang hellgraue oder

---

287 Was nicht heißen will, dass die Parameter nicht so angelegt werden können bzw. die künstliche Intelligenz vorab so mit ausreichenden Daten versorgt werden kann, dass sie – eingeschränkt durch gewisse komplexitätstheoretische und wahrscheinlichkeitstheoretische Grenzen (vgl. die Skizze oben) – auch hierzu imstande wäre.

288 In der K.I.-Forschung wird die Möglichkeit einer starken K. I. derzeit praktisch einhellig verneint, vgl. *Stuart Russell/Peter Norvig, a. a. O., S. 1020 ff.* m. w. N. mitsamt guter Übersicht zur philosophischen Debatte; zur Frage „Can machines think?“ dort auch das anschauliche Zitat des Pioniers der Informatik *Edsger Dijkstra* (1984): “The question of whether Machines can think . . . is about as relevant as the question of whether Submarines can swim.” Also: Programmierung nur funktionales Äquivalent zum „Denken“ bzw. künstliches Instrument zur Verfolgung menschgesetzter Zwecke, damit ein Fall von „Kategorienverwechslung“ – aber dennoch nicht ohne rechtsphilosophische Folgeprobleme.

289 Vgl. *Arnold Gehlen*, Der Mensch, S. 20 ff., insbes. S. 212 ff.; *Hans Ryffel*, Rechts- und Staatsphilosophie, S. 117 ff.; zur Mustererkennung in der Jurisprudenz *Hans-Joachim Strauch*, Methoden des richterlichen Erkenntnisverfahrens, S. 561 ff., insbes. S. 574 ff.

nicht-abfärbende schwarze Wäsche als „Weißwäsche“ zu verstehen oder er befähigt ist, Hypothesen wie diejenige über die aus dem Sack stammende Bohnen zu bilden. Ein „Mängelwesen“ ist er dagegen, wenn man darauf sieht, welche Früchte das Spiel der „unendlichen Semiose“ oder „hermetischen Abdrift“ zuweilen treibt.[290]

B. Wittgensteins Familienähnlichkeiten und das Problem der hermetischen Abdrift

Die bekannte Erörterung von *Wittgenstein* zu den begrifflichen *Familienähnlichkeiten* sei kurz und mehr exemplarisch herausgegriffen und vorgestellt. *Wittgenstein* erörtert sie im Zusammenhang mit den Begriffen „Spiel“ und „Zahl“. Unter „Spiel“ können ganz disparate Dinge gefasst werden: „Solitär“, „Schach“, „Tennis“, „Theater“, eine machiavellistische Politikpraxis („Machtspiel“) und – als Ausprägung des „Machtspiels“ und damit ebenfalls ein „Spiel“ – „Krieg“. Zwischen diesen Unterfällen des Begriffs „Spiel“ besteht nach *Wittgenstein* nicht deshalb eine „indirekte Verwandtschaft“, weil sie in einem oder mehr Merkmalen übereinstimmen, sondern weil sie durchgängig miteinander gleich den ineinandergreifenden Fasern eines Fadens verbunden sind. Die Begriffe „Spiel“ oder „Zahl“ haben dabei keine festen Grenzen. Was dem Begriff „Spiel“ zugeordnet werden kann, bestimmt sich nach dem abstrakt nicht beschreibbaren Wechselspiel von Differenzen und Ähnlichkeiten mit situativ bestimmten Hinsichten. Entscheidend sind hierbei die Rezeptionsakte in einer humanen Sprach- und Lebenspraxis,[291] die aber nicht als Resultate der Anwendung exakt bestimmbarer Wortgebrauchsregeln gedacht werden

---

290 Vgl. *Umberto Eco*, a. a. O., S. 59 ff., 425 ff.; *Michel Foucault*, Die Ordnung der Dinge, S. 46 ff. Vgl. auch die Charakterisierung der menschlichen Sprache als „bewegliches Heer von Metaphern“ bzw. den menschlichen Fundamentaltrieb zur Metaphernbildung, *Friedrich Nietzsche*, Über Wahrheit und Lüge im außermoralischen Sinn, in: Nachgelassene Werke X, S. 193 ff.

291 Der Protest gegen z. B. das Verständnis von „Krieg“ als „Spiel“ wäre gestützt auf das komplexe moralische Kalkül, dass der Begriff „Spiel“ Harmlosigkeit suggeriert. Man muss hier aber weiter differenzieren: Die verbittert vorgetragene Aussage „Für politische Machiavellisten ist (selbst) Krieg nur ein Spiel“ würde anders gewertet, als wenn ein vor dem Internationalen Strafgerichtshof wegen Kriegsverbrechen angeklagter General in der Verhandlung verteidigend aussagt: „Krieg ist doch nur ein Spiel“. Dies verdeutlicht die ethisch-pathetische sowie situative Dimension der angeblich rein semantischen Zuordnungen.

können.[292] Die Verbindung der Elemente dieser „Familien" von Begriffen durch eine Kette von Ähnlichkeitsmerkmalen soll durch die folgende, bei *Umberto Eco* entlehnte Illustration veranschaulicht werden:[293]

A				B				C				D				E			
a	b	c	d	b	c	d	e	c	d	e	f	d	e	f	g	e	f	g	h

Wie man hier sieht, besteht zwischen Begriff A und Begriff E eine vollständige Divergenz sämtlicher Eigenschaften (wenn auch eine solche totale Divergenz sämtlicher Eigenschaften sich selbst theoretisch nicht vorstellen lässt). Ihre Zuordnung zu einer gemeinsamen Begriffsfamilie wird dadurch gewährleistet, dass sowohl A als auch E Merkmale der Zwischenglieder B bis D miteinander teilen. Die Gleichsetzung von A und E wird zwar nicht wie im direkten Modus des Paradeigma über die Aussagen „A ist ein d" und die Aussage „E ist ein d" –also über das geteilte Merkmal d – vermittelt, doch lassen sich sowohl A als auch E jeweils mit B gleichgesetzt werden. Denn A teilt mit B die Merkmale b, c, und d und E mit B das Merkmal e. B kann also seinerseits als Tertium die Gleichsetzung von A und E begründen. Dieses Beispiel zeigt, dass durch zwei hintereinandergeschaltete Analogien theoretisch – praktisch schließt die Rückbindung der Analogie an eine bestimmte Sprach- und Lebenspraxis, insbesondere im Sinne von weithin etablierten Gepflogenheiten und ihr Prozessieren im Modus der *verisimilitudo* dies bis zu einem gewissen Grad aus – buchstäblich alles Mögliche und Unmögliche miteinander in eine Ähnlichkeitsrelation gesetzt werden kann.[294]

---

292 Vgl. *Ludwig Wittgenstein*, Philosophische Untersuchungen §§ 67 ff.

293 *Umberto Eco*, a. a. O., S. 429; vgl. zur Analogik von Wittgensteins Familienähnlichkeiten auch *Gottfried Gabriel*, a. a. O., S. 42 ff., der Wittgenstein dahin deutet, dass es ihm um die gebietsinternen Ähnlichkeiten, innerhalb derer Nuancen aufgedeckt werden, geht, aber nicht um die gebietsexternen Ähnlichkeiten, nach denen alles mit allem zusammenhängt.

294 Aufgrund des Wahrscheinlichkeitscharakters der Analogie wird die Anwendbarkeit des Transitivitätsgesetzes in der Literatur (vgl. etwa *Ulrich Klug*, a. a. O., S. 79) verneint. Wenn x in einer Ähnlichkeitsrelation zu y steht und y in einer Ähnlichkeitsrelation zu z steht, folgt daraus nicht, dass x auch in einer Ähnlichkeitsrelation zu z steht. $(ÄRxy \wedge ÄRyz) \rightarrow ÄRxz$ gilt also nicht. Das ist richtig, jedoch hängt es mit der qualitativen Dimension des Ähnlichkeitsbegriffs zusammen und nicht dem Verhalten im Bereich quantitativer Wahrscheinlichkeitsaussagen wie oben in der Arbeit auf S. 67 f. Nach Gabriel (*Gottfried Gabriel*, a. a. O., S. 43) gilt bei Familienähnlichkeiten allerdings das Transitivitätsgesetz. Mir dagegen scheint es dagegen

C. Die Unvermeidbarkeit der Analogie

Wenn damit feststeht, dass Ähnlichkeitsvergleiche höchst problematisch sind, ist damit noch nicht gesagt, dass es eine Alternative zu ihnen gäbe: Alle seienden Objekte sind miteinander nicht-identisch. Sie können einander nur mehr oder minder „ähnlich" sein. Mit dem Begriff „Identität" kann streng genommen nur auf ein und dieselbe singuläre Entität referiert werden, die mit sich selbst identisch sein soll[295] – kein Sandkorn ist aber „identisch" mit einem anderen, von dem es sich in Lage, Gestalt, Gewicht, Material (Quarz? Basalt?) zu unterscheiden pflegt. Die Zuordnung einer Entität zu einem Begriff sowie die Konstitution von Klassen, Gattungen und Begriffen vollzieht sich – und das hat bemerkenswerterweise *Aristoteles* bereits erkannt[296] – immer analogisch; also über einen Ähnlichkeitsabgleich.[297] Daraus folgt die etwas paradoxe Konstellation, dass die Analogie einerseits die Bildung von Klassen oder Gattungen voraussetzt, andererseits sie selbst jene Klassen sowohl hervorbringt als auch einzelne Entitäten ihnen zuordnet.[298] Der Eindruck stabiler, situationsentrückter Zuordnungen von Entität, Begriff und Zeichen[299] ist vor diesem Hintergrund

---

hier logisch stark zu sein, da – wie das Beispiel „Krieg als Spiel" zeigt – berechtigte Einwände gegen eine begriffliche Zuordnung vorgebracht werden können, obwohl eine gewisse Tendenz zur Einbeziehung durchaus ausgemacht werden kann.

295 Den „nutzlosen Satz", dass etwas mit sich selbst identisch sein soll, behandelt *Ludwig Wittgenstein*, Philosophische Untersuchungen § 217; vgl. zum Identitätsbegriff auch *W.V.O. Quine*, Grundzüge der Logik, S. 268 ff.

296 Vgl. oben in der Arbeit S. 81 f.

297 Differenzierend allerdings Gabriel, der den logischen Vergleich im Gegensatz zum analogischen Vergleich durch das Moment der Abstraktion, also dem generalisierenden Absehen von Differenzen im Besonderen charakterisiert sieht, wohingegen beim analogischen Vergleich diese Differenzen akzentuiert werden, vgl. *Gottfried Gabriel*, a. a. O., S. 40 ff. Ein solcher logischer Vergleich setzt m. E. auf vorgelagerter Stufe ein in Gabriels Sinne analogisches Vergleichen voraus, vgl. auch *Douglas Hofstadter/Emmanuel Sander*, Die Analogie, S. 25 ff. Uneingeschränkt zustimmungsfähig ist aber sein Hinweis auf die Perspektivität beim Vorgang von „Unterscheidungen treffen" und „Ähnlichkeiten hervorheben".

298 *Douglas Hofstadter/Emmanuel Sander*, ebd.

299 Zum semiotischen Dreieck: Bereits bei Aristoteles, der Zeichen („der zur Sprache gekommene Ausdruck" bzw. „das Geschriebene"), Begriff („Vorgänge im inneren Bewußtsein") und Referenzobjekt („Tatsachen, deren [die Vorgänge im inneren Bewußtsein] Abbilder sie sind") unterscheidet, vgl. *Aristoteles*, Hermeneutik 16a; *Charles Ogden/Ivor Richards*, The meaning of meaning, New York 1923, S. 11.; kritisch zu den verschiedenen Konzeptionen des semiotischen Dreieck vgl. *Umberto Eco*, Semiotik, S. 89 ff. m. w. N.

eine Illusion, die auch dadurch aufrechterhalten wird, dass Verständigung als eine interaktive Praxis selbst dann meist mehr oder minder gelingt, wenn die verwendeten Begriffe nicht durchweg klar definiert sind (semantischer Mangel) und die Zeichen nicht durchgängig richtig verknüpft werden (syntaktischer Mangel). Anders als regelmäßig bei Computersoftware bricht in solchen Fällen eine Programmsequenz nicht ergebnislos ab und wirft eine Fehlermeldung aus. Die Alltagssprache hat aufgrund ihrer (auf Analogie bzw. Abduktion rückführbaren) Eigenschaft der „Fehlertoleranz" die bewundernswerte Eigenschaft zu funktionieren, obwohl sie scheinbar – in Wirklichkeit erweist sie sich in diesem Scheitern gerade als funktionstüchtig – nur höchst unzulänglich funktioniert.[300]

D. Das Tertium als Vertretungselement einer komplexeren Struktur und der Wahrscheinlichkeitscharakter der Analogie

Zum Bohnenbeispiel sei mit Blick auf das Tertium noch ergänzt: Es wurde bereits erwähnt, dass Abduktionen von einer Fülle von Präsuppositionen – etwa noch der Relation der Größe des Sacks und der Größe des sichtbaren Vergleichsobjekts, in diesem Fall der „weißen Bohne" – abhängig sind. Das Tertium ist als Merkmal nur die *pars pro toto* explizierte Spitze des Eisbergs einer ganzen Formation von Merkmalen, die für den Vergleich entscheidend sind und die in der Regel auch gegenläufige Wertungsimpulse[301] senden.

Es ist gleichwohl nicht so, wie gelegentlich angenommen wird, dass der Ähnlichkeitsvergleich mit der (zwangsläufig immer überabzählbar hohen) Anzahl übereinstimmender Merkmale zweier Objekte an Tragkraft gewinnt:[302] Ein Auto mit Motorschaden hat eine Fülle von Merkmalen mit einem funktionskräftigen Auto gemein, ist auf einem entlegenen Feldweg aber nicht besser als ein Fahrrad geeignet, um in die 10 km entfernte Stadt zu gelangen und für die Frage der „Bewohnbarkeit" eines Exoplaneten kann ein andersartiges Zentralgestirn als einziger erkennbarer Divergenzfaktor entscheidender sein, als ob in sonst allen relevanten und bekannten Eigenschaften (Entfernung zum Stern, Masse, Rotationsverhalten) Übereinstimmung mit der Erde besteht.

300 Vgl. in diesem Zusammenhang auch *Katharina Sobota*, Identity and Representation; Rhetorical Construction of Laws, a. a. O., S. 47.

301 Zum Wertungs- bzw. metalogischem Charakter der Analogie vgl. auch *Theodor Heller*, a. a. O., S. 52 ff., 89 ff.; auch oben schon FN 146.

302 So etwa oben *A. W. Langhein* FN 149.

Tatsächlich hebt – wenn mir diese Personifikation gestattet sei – das jeweils gestellte Problem die relevante Merkmalsformation für den Vergleich aus einer Fülle potenzieller Merkmale empor und gewichtet sie; abstrakt – losgelöst von diesem Problem – lässt sich über das genaue Vonstattengehen dieses Auswahl- und Bewertungsprozesses nicht viel mehr berichten, als dass die Gegenläufigkeit von Ähnlichkeit und Differenz, Übereinstimmung und Abweichung innerhalb der für relevant befunden Merkmalsformation Räume für Spekulation einerseits, für die Entwicklung rhetorischer Strategien andererseits öffnet (zum Beispiel Überwältigungsstrategie: Amplifikation durch eine kaskadenhafte Aufzählung von für eine Analogie sprechenden Gesichtspunkten unter Unterdrückung oder „verkleinernder" Darstellung des vielleicht entscheidenden Gesichtspunkts, der gegen sie spricht; in die Gegenrichtung: „Vergrößerung" eines an sich nebensächlichen Gesichtspunkts, zum Beispiel Darstellung als „System- oder Tabubruch"[303]).

Die häufig in der Literatur nachzulesende pauschale Qualifikation von Abduktion oder Analogie als Wahrscheinlichkeitsschlüsse wird vor diesem Hintergrund insofern zurückgewiesen, als dass man unter Wahrscheinlichkeit in der Literatur undifferenziert die probabilistische und nicht die rhetorische Wahrscheinlichkeit – die *verisimilitudo* – versteht.

E. Fallstricke bei der Formalisierung der Analogie

Abzulehnen ist der Versuch der Rekonstruktion der Analogie als Deduktion in der folgenden Weise:[304]

Alle M sind P.
S ist M ähnlich.
Also ist S (wahrscheinlich) P

Wie *Klug* zutreffend bemerkt, handelt es sich um eine *quaternio terminorum*.[305] Leicht einzusehen ist das, wenn man sich klarmacht, dass „M ähnlich" logisch

303 Vgl. hierzu bei Perelman insbesondere das Argument der Richtung („slippery slope"), *Chaim Perelman*, Die neue Rhetorik, S. 398 ff. (Band II).

304 Die Formalisierung ist nach Klug gewählt, der auf die damit verbundene *quaternio terminorum* aufmerksam macht, vgl. *Ulrich Klug*, Rechtslogik, S. 108.

305 Eigentlich sind es nicht nur vier, sondern fünf Terme, denn „(wahrscheinlich) P" ist streng genommen verschieden von P wie „M ähnlich" verschieden von M

als Prädikat (D) der Praemissa Minor fungiert und der Mittelbegriff daher den Schlusssatz „S ist P“ logisch nicht erzwingen kann.[306] Nun lässt sich die logische Stringenz dieses Schluss zwar einfach dadurch herstellen, indem man das Darstellungsschema um zusätzliche Prämissen (etwa: „Alles „M-ähnliche“ ist (wahrscheinlich) P“ und „alles, was wahrscheinlich P ist, ist P“) ergänzt. Das nicht-notwendige Zeichenenthymem in *Aristoteles*' Paradeigma wird in einer solchen Formalisierung aber nicht beseitigt, sondern nur unsichtbar gemacht.[307] Unklar bleibt, was genau die Qualifikation als (hinreichend) „ähnlich“ oder „wahrscheinlich“ legitimiert.

F. „Ähnlichkeit“ als mit einem Problem verkoppelter Relationsbegriff

Der Begriff „ähnlich“ wäre – würde man ihn abstrakt definieren als Übereinstimmung einer oder mehr Eigenschaften – einerseits eine Metabezeichnung für diese Relation der Übereinstimmung. Andererseits wäre er bis an die Grenze zur Trivialität nichtssagend, weil sich ohne weitere Einschränkungen alle denkbaren Objekte zugleich „ähnlich“ und „unähnlich“ sind. „Ähnlichkeit“ bezeichnet zudem keine abstrakte Strukturgleichheit im Sinne einer Relation mehrerer Objekte zueinander: Die Frage danach, ob „eine Person A“ und „eine Photographie von Person A“ miteinander ähnlich sind oder ob eine „Person A“ der „Photographie von Person A“ ähnlicher als „Person B“ ist, ist so gestellt sinnlos oder zumindest unvollständig, weil die adäquate Antwort auf

---

ist. Es werden jeweils Metabemerkungen in die Objektebene hineingezogen, so eine zweiwertige logische Darstellungsform mit einer dreiwertigen auf eine relativ undurchsichtige Weise verbunden: Bei „M ähnlich“ ist das allerdings klarer, denn in der Behauptung „M ähnlich“ wird die Verschiedenheit von M auf der Objektebene explizit ausgedrückt, wohingegen bei „wahrscheinlich P“ auf der Objektebene unbestimmt bleibt, ob nun P oder Nicht-P vorliegt. Bei M führt die Qualifikation als „ähnlich“ auf der Metaebene (diese ist also dreiwertig organisiert) zur Gleichsetzung von D und M, bei P die Metaqualifikation „wahrscheinlich“ zur Bejahung von P. Die logische Darstellungsform ist aber auch deshalb unglücklich, weil das Transitivitätsgesetz bei wahrscheinlichen Folgerungsbeziehungen nicht gilt, vgl. bereits oben in der Arbeit S. 67 f.

306 *Ulrich Klug*, ebd.

307 Gleiches gilt für Klugs Konzept des Ähnlichkeitskreises und andere Versuche, die Analogie zu formalisieren. Vgl. auch die Kritik von *Ulfrid Neumann*, Juristische Argumentationslehre, S. 34 f.

eine so gestellte Frage „Ähnlich in welcher Hinsicht denn?“ wäre: Photographien von Personen lassen sich anschauen, wohingegen Gespräche mit ihnen nicht geführt werden können.

Vergegenwärtigt man sich den Analogieschluss noch einmal als Schluss von bekannten, übereinstimmenden Merkmalen (vom Partikulären) auf ein unbekanntes Merkmal (auf das Partikuläre), so gewinnt der Begriff ‚Ähnlichkeit“ an Kontur aber dadurch, dass er relativ zu dieser unbekannten Eigenschaft (auf die geschlossen werden soll) verstanden wird.[308] Andererseits wird so auf den zirkulären Charakter aufmerksam gemacht, der bereits im vorherigen Abschnitt zur Abduktion angesprochen war: Durch den Analogieschluss soll nach einer geläufigen Definition von bekannten Merkmalen eines Objekts auf ein unbekanntes Merkmal geschlossen werden, aber dieses unbekannte Merkmal selektiert die für den Analogieschluss herangezogenen Objekte oder deren Merkmale offenbar wie von selbst (abduktive Dimension der Analogie).

G. Ein formales Schema der Analogie und Abduktion

Dieses Verständnis von Ähnlichkeit beschreibt abstrakt, dass nur vom jeweils gestellten Problem – vom Partikulären (Singulären) – ausgehend einsichtig wird, was die Vergleichsparameter beim Analogieschluss sein können. In der Prädikatenlogik erster Stufe kann das durch die folgende Formalisierung veranschaulicht werden:

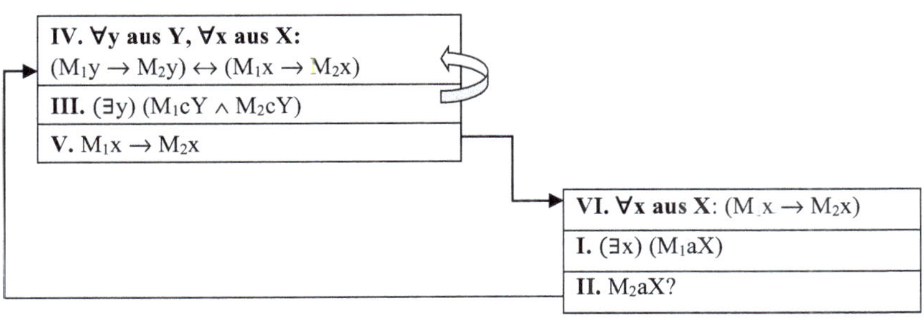

308 Für das Recht insofern ähnlich *Wolfgang Gast*, a. a. O., S. 401, der im Recht zur Bestimmung der relevanten „Ähnlichkeit“ auf die Rechtsfolgenseite abstellt.

Bekannt ist einerseits I. und andererseits III. Unbekannt dagegen, ob a aus der Klasse X auch M_2 zukommt. Von dieser Frage ausgehend stellt man abduktiv inspiriert – also klassenübergreifend – einen Vergleich zu c aus der Klasse Y an. Von diesem c ist bekannt, dass es mit a aus X die Eigenschaft M_1 teilt und ihm außerdem die Eigenschaft M_2 zukommt. In der induktiven Phase wird *erstens* (enumerative Induktion) dahin generalisiert, dass jedem y aus Y mit M_1 auch M_2 zukommen soll und *zweitens* (klassenübergreifende Induktion), dass wenn, sich dies bei y so verhält, auch jedem x aus X mit der Eigenschaft M_1 ebenfalls die Eigenschaft M_2 zukommen soll. Da – und hier beginnt die deduktive Phase – dem a aus X M_1 zukommt, muss ihm auch M_2 zukommen. Die vorherige Deduktion auf V. ist trivial und die Generalisierung von III. zu IV. selbstverständlich ebenso wenig formal gültig wie die Abduktion von I./II. zu III. Dargestellt werden soll außerdem eine möglichst basale logische Form, will heißen: Sie ist beliebig erweiterbar um andere Elemente (M_1, M_2, … M_n) sowie – unter der Beachtung gewisser Restriktionen[309] – deren Kombination durch Junktoren.

Um die Formalisierung greifbarer zu machen – folgendes Beispiel: Y markiert die Klasse der Planeten unseres Sonnensystems und X die Klasse von extrasolaren Planeten. Ein Exemplar a dieser Klasse X wird im Jahr 2022 durch das Twinkle-Teleskop aufgespürt und es wird festgestellt, dass es keine „erdähnliche Atmosphäre“ hat (M_1). Ein Bioastronom stellt sich die Frage, ob dieser Planet „leblos“ ist (M_2).[310] Vom Mars weiß er, dass ihm ebenfalls eine “erdähnliche Atmosphäre“ fehlt (M_1) und bislang Leben dort nicht nachgewiesen wurde (M_2). Von dieser Beobachtung ausgehend generalisiert er nun, dass alle Planeten unseres Sonnensystems, die über keine „erdähnliche Atmosphäre“ verfügen, auch „leblos“ sind und falls diese Generalisierung zutrifft, auch für alle extrasolaren Planeten gilt, dass die Eigenschaft, keine „erdähnliche Atmosphäre“ zu besitzen, zur Folge haben muss, dass sie „leblos“ sind. Die Beobachtung des Mars (oder anderer solarer Planeten) begründet und bestätigt zugleich die generalisierte Regel. Da der von Twinkle beobachtete Planet keine „erdähnliche Atmosphäre“ hat, muss nach der aufgestellten Regel angenommen werden, dass er „leblos“ ist.

Wird auf dem Mars irgendwann eine Bakterienkultur entdeckt, ist die Generalisierung – wie der Modus tollendo tollens zeigt – falsifiziert und der Grund für die Gleichsetzung der Klassen extrasolarer und solarer Planeten in Betreff

309 Vgl. FN 115.

310 Zur Klarstellung: Wenn ein Planet also eine erdähnliche Atmosphäre hätte oder wenn er belebt wäre, dann wäre der Wahrheitswert jeweils „falsch“ und nicht „wahr“.

der Verbindung der Prädikate „Fehlen erdähnlicher Atmosphäre" (M_1) und „Leblosigkeit" (M_2) entfällt. Entwickelt der Mars dagegen eine „erdähnliche Atmosphäre" und wird hierdurch das Vorderglied des ersten Konditionals in der Äquivalenzrelation unwahr, ist dieses Konditional stets wahr, weil aus einer logischen Falschheit Beliebiges folgt (*ex falso quod libet*)[311]. Diese Beobachtung würde dann die ganze Äquivalenzrelation bestätigen.

Hierin zeigt sich nochmals das bereits erwähnte nur scheinbare Raben-Paradoxon[312]: Ein Satz über die Beobachtung eines Phänomens, das sich offenbar indifferent zu einem generellen Satz verhält, wird als ihn bestätigend gewertet. Allerdings hat er tatsächlich – wenngleich geringen – Bestätigungswert, weil auf diese Weise ausdrückt wird, dass trotz der Beobachtung eines beliebigen empirischen Phänomens die Falsifikation einer generellen Regel nicht gelungen ist.[313]

Wissenschaftstheoretisch verfehlt wäre es, wenn unter Berufung auf das *ex-falso-quod-libet*-Theorem generelle Regeln aufgestellt oder begründet würden.[314] Können solche Regeln oder Allsätze nicht anderweitig durch in sog. Basissätzen[315] ausgedrückte empirische Beobachtungen wie in den Naturwissenschaften begründet und falsifiziert oder in einem axiomatischen System mit einer vollständig formalisierten Sprache wie in der Mathematik (wo diese Interpretation des *ex-falso-quod-libet*-Theorems wiederum durch die Zulässigkeit des indirekten Beweises derogiert wird[316]) abgeleitet werden, fehlt ihnen

311 Vgl. zu den argumentationstheoretischen Implikationen dieses Theorems, *Ulfrid Neumann*, Ex falso numquam quodlibet!, a. a. O., S. 56 ff.

312 Vgl. FN 274.

313 Ebd.

314 Um dies kenntlich zu machen, wurde III. hier als Konjunktion der singulären Sätze $M_1c \wedge M_2c$ eingeführt. Die Einführung als Disjunktion $\neg M_1c \vee M_2c$ liefe zwar mit den Wahrheitswerten des durch enumerative Induktion erschlossenen, generalisierten Konditionals $M_1y \rightarrow M_2y$ gleich, würde diesen Zusammenhang aber verunklaren.

315 Vgl. zu diesem Begriff *Karl Popper*, Logik der Forschung, S. 80 ff.

316 Es soll allerdings nicht verschwiegen werden, dass in der mathematischen Logik ein Grundsatzstreit zwischen klassischer und intuitionistischer Logik herrscht und nach letzterer auch für die Mathematik der indirekte Beweis aufzugeben wäre, vgl. *Dirk Hoffmann*, Die Grenzen der Mathematik, S. 44 ff. m. w. N. Dieser Grundsatzstreit in der Mathematik berührt die Frage, inwiefern den Postulaten des Intuitionismus außerhalb ihrer gefolgt werden kann, grundsätzlich nicht. Die Wahl der Logik muss dem Gegenstandsbereich angemessen sein. Diese Angemessenheit ist jeweils zu begründen. Die Wahl der „richtigen" Logik ist also Gegenstand und nicht Maßstab einer argumentativen Auseinandersetzung, vgl. *Ulfrid Neumann* (FN 170).

der (potenzielle) Wahrheitscharakter, der (als notwendige Bedingung) für ihre Qualifikation als szientifische Aussagen erforderlich ist.[317]

---

317 Vgl. zum wissenschaftstheoretischen Charakter der Jurisprudenz und zur Geltungsreichweite des Falsifikationsprinzips im Recht *Ulfrid Neumann*, Juristische Argumentationslehre, S. 37 ff.; *ders.*, Wissenschaftstheorie der Rechtswissenschaften, in: Einführung in die Rechtsphilosophie, S. 385 ff.

Teil 2 – Das deduktive Paradigma

Die Begründung juristischer Entscheidungen ist historisch gesehen keine Selbstverständlichkeit.[318] Bezweckten Gesetze in absolutistischer Tradition zunächst nur die Kontrolle der Verwaltung durch die Regierung (an deren Spitze der Monarch stand),[319] sichert die gesetzesorientierte Begründung heute die rechtsstaatliche Forderung nach Rechts- und Gesetzesbindung in Art. 20 Abs. 3 GG, allgemeiner noch: nach einer neutralen und rationalen Rechtsfindungspraxis ab.[320] Spätestens seit der Aufklärung wird der Syllogismus als Zentralkonzept zur Förderung einer nach modernen Vorstellungen gleichförmigen und damit rechtsförmigen Entscheidungspraxis verstanden. Nach *Beccaria* sollten Richter in Strafsachen zur Einhegung von Entscheidungswillkür an ein syllogistisches Entscheidungsverfahren gebunden sein: Der Obersatz wird aus dem Straftatbestand eines Strafgesetzes gebildet, der Untersatz ist eine durch den Richter zu erarbeitende Handlungsbeschreibung und im Schlusssatz schließlich findet

---

318 Abgesehen davon, dass in der attischen Polis durch Abstimmung ohnehin (nach den vorherigen Reden der betroffenen Parteien) begründungslos durch Abstimmung von Volksgerichten entschieden wurde (Entscheidungszuständigkeit und Begründungsverantwortlichkeit fallen damit auseinander), hat bereits Platon den elitistischen Vorschlag gemacht, die Kenntnis über die Gesetze (*nomoi*) nur einem kleinen Kreis der Bürger vorzubehalten; die übrigen Bürger der Polis sollten bewusst über Gesetzesangelegenheiten in Unkenntnis gehalten werden, vgl. *Platon*, Nomoi 952a.

319 Vgl. *Michael Stolleis*, Das Auge des Gesetzes, S. 46 ff.

320 Vgl. bereits oben die Einleitung dieser Arbeit und der Hinweis auf Max Weber. Wie unterschiedlich das Verständnis von Rechtlichkeit bzw. das Verhältnis von Gerichten und Regierung (König) noch zu Zeiten des aufgeklärten Absolutismus war, zeigt institutionell die Einrichtung einer sog. Kabinettsjustiz, aber auch das Phänomen der sog. Machtsprüche. Als exemplarisch kann hier der Fall des Müllers Arnold gelten. Eine vom Monarchen unabhängige Justiz setzte sich erst im Laufe des 19. Jahrhunderts durch, vgl. *Ulrich Eisenhardt*, Deutsche Rechtsgeschichte, Rn. 489, insbes. S. 523 ff. m. w. N.; *Werner Frotscher/Bodo Pieroth*, Verfassungsgeschichte, Rn. 137 ff.

sich die Entscheidung.[321] Sowohl die Herstellung als auch die Darstellung von Recht sollten mithin dem deduktiven Paradigma unterliegen. Die heutigen Vertreter des deduktiven Paradigmas[322] gestehen zu, dass der Prozess der Herstellung einer Rechtsbegründung oder Findung einer Entscheidung nicht dem Muster des Syllogismus unterliegen kann und trennen zwischen Entdeckungs- und Rechtfertigungszusammenhang. Als Begründungsideal fordern sie eine möglichst durchgehende deduktive Begründungsstruktur ein, blenden dagegen den „Entdeckungszusammenhang" aus.[323] Nach Auffassung der rhetorischen Rechtstheorie sind diese beiden Seiten miteinander verschränkt (vgl. S. 31 ff.). Die Untersuchung der Darstellbarkeit von Recht gemäß dem deduktiven Paradigma gibt damit Aufschluss über die Herstellungsbedingungen von Recht.[324] Diese seien im Folgenden untersucht.

---

321 *Cesare Beccaria*, a. a. O., S. 9, nahezu identisch formulierte ein halbes Jahrhundert später Schopenhauer: „Hingegen liefert den förmlichsten und großartigsten Syllogismus, und zwar in der ersten Figur, jeder gerichtliche Proceß. Die Civil- oder Kriminal-Übertretung, wegen welcher angeklagt wird, ist die Minor: sie wird vom Kläger festgestellt. Das Gesetz für einen solchen Fall ist die Major. Das Urtheil ist die Konklusion, welche daher, als ein Nothwendiges, vom Richter „bloß" erkannt wird.", vgl. *Arthur Schopenhauer*, Die Welt als Wille und Vorstellung, 2.Band. Ergänzungen zum 1. Buch, 2. Hälfte Kapitel 10, „Zur Syllogistik", S. 649. Bereits vor *Beccaria* (und auch Montesquieu) folgten die rationalistischen Naturrechtsentwürfe ab dem 17. Jh. einem deduktiven Aufbau „more geometrico", dem freilich die Gesetzesorientierung fehlte, vgl. hierzu *Theodor Viehweg*, Zur Geisteswissenschaftlichkeit der Rechtsdisziplin, S. 26 ff.; speziell zu Christian Wolff vgl. *Alexander Aichele*, Enthymematik und Wahrscheinlichkeit, in: Das Enthymem (Rechtstheorie 42), S. 498 ff.; *Katharina von Schlieffen*, Subsumtion, in: Subsumtion, a. a. O., S. 408 m. w. N.

322 Als Hauptvertreter im deutschsprachigen Raum können heute *Jochen Bung*, Subsumtion und Interpretation; *Hans-Joachim Koch/Helmut Rüßmann*, a. a. O.; *Robert Alexy*, Theorie der juristischen Argumentation und seine Schüler *Carsten Bäcker*, Begründen und Entscheiden sowie *Matthias Klatt*, Theorie der Wortlautgrenze gelten, wobei das deduktive Moment durchaus in verschiedener Weise akzentuiert wird: Bung und Koch/Rüßmann gehen – soweit es die „externe Rechtfertigung" bzw. die Stellung der „semantischen Argumentation" betrifft – durchaus über das insofern weniger optimistische Theorienlager um Alexy hinaus.

323 Vgl. etwa *Jochen Bung*, Subsumtion und Interpretation, a. a. O., S. 1 ff.; *Hans-Joachim Koch/Helmut Rüßmann*, a. a. O., S. 329; *Robert Alexy*, a. a. O., S. 282.

324 Ein Anliegen, das insofern durchaus von den Vertretern des „deduktiven Paradigmas" geteilt wird, vgl. *Robert Alexy*, Theorie der juristischen Argumentation, S. 282; *Jochen Bung*, Der juristische Syllogismus in der Methodenlehre von Karl Larenz, in: Subsumtion, S. 223.

§ 1 Der Justizsyllogismus in seinen Abwandlungen

	Modus Barbara *Aristoteles*[325]	**Modus Barbara** *Scholastik*	**Modus Barbara** *Scholastik*	**Mischung Modus Ponendo Ponens und Modus Barbara** *Scholastik*
Obersatz	Wenn allen C A zukommt	Alle Menschen (C) sind sterblich (A).	Alle Straftäter (C) sind zu bestrafen (A).	Wer einen gesetzlichen Straftatbestand erfüllt (C), ist zu bestrafen (A).
Untersatz	und allen B C zukommt,	Sokrates (Exemplar von B) ist ein Mensch (C).	Sokrates (B) ist ein Straftäter (C).	Sokrates (B) hat (durch sein Handeln X) einen gesetzlichen Straftatbestand erfüllt (C).
Schlusssatz	dann kommt allen B A zu.	Sokrates (B) ist sterblich (A).	Sokrates (B) ist zu bestrafen (A).	Sokrates (B) ist zu bestrafen (A).

Der Justizsyllogismus folgt, wie in der Übersicht hervorgehoben werden sollte, nicht exakt der logischen Form, die der Syllogismus nach seinem Schöpfer gefunden hat. *Aristoteles* verzichtet in seiner für die Apodeixis (dem demonstrativen Beweis von Aussagen[326]) entwickelten Syllogistik auf eine Existenzaussage mit der Kopula „ist“ und lässt nur Allsätze zu. Im Unterschied hierzu besteht der scholastische Syllogismus aus Existenzaussagen und im Unter- wie im Schlusssatz aus singulären Sätzen.[327] In letzterer Hinsicht gleicht er sowohl dem aristotelischen Eikos- als auch dem Tekmerion-Enthymem. Dass der Allsatz in der zu einem Zweiprämissenschluss gespreizten Rekonstruktion des Tekmerion-Enthymems – im Gegensatz zum scholastischen Modus Barbara und zum Eikos-Enthymem – im Untersatz steht, bedeutet bei formal-logischer

325 Vgl. *Aristoteles*, Anal. Pr. 25b–26a.
326 *Ders.*, a. a. O. 24a.
327 Vgl. FN 219.

Betrachtung keinen Unterschied. Ober- und Untersatz sind – anders als mit dem Schlusssatz – frei permutierbar, ohne dass die Gültigkeit des Schlusses beeinträchtigt würde. Zwischen den zwei erwähnten ausgespreizten Formen des Enthymems und dem scholastischen (Justiz-)Syllogismus lässt sich nur mit Blick auf die Qualität seiner Prämissen unterscheiden; formal sind sie miteinander identisch. Nun wird von *Johnston* aufgrund dieser Beschaffenheit des sogenannten Justizsyllogismus ein logischer Mangel geltend gemacht: Die Terme im Untersatz seien als singuläre Terme von den generellen Termen im Obersatz zu unterscheiden. Wegen einer *quaternio terminorum* sei der Schluss logisch ungültig.[328] Dies gilt jedoch nur mit Einschränkungen: Besagte *quaternio terminorum* ist nicht zwingend mit dieser logischen Form verbunden. Aufgrund der suggestiven Wirkung der Formulierung durch singuläre Terme und die Kopula „ist" wird aber leicht der Bereich einer logischen Betrachtung verlassen und ein (außerlogischer) Weltbezug hergestellt. Eine solche substanzielle Interpretation führt erst zur Fehlerhaftigkeit in einem logischen Sinne.[329]

Unterstellt man, dass im scholastischen Syllogismus nur rein logische Aussagen über die abstrakten Zusammenhänge zwischen – wie man sagen kann[330] – Mengen oder Klassen und den in ihnen enthaltenen Elementen gemacht werden, ist die Schlussverbindung für sich gesehen logisch nicht

328 Vgl. *Lewis Johnston*, a. a. O., S. 21 f.

329 Vgl. aber die weiterführende Kritik am scholastischen Syllogismus bei *Rolf Gröschner*, a. a. O., S. 525 ff.

330 Letztlich basiert jeder formallogisch gültige Schluss auf der Übertragung von Wahrheitswerten. Die folgende Rede von „Klassen" oder „Mengen" als Abstrakta könnte von daher bereits zu konkret sein. Allerdings fällt es mir schwer, den Syllogismus (und auch irgendeine Operation in etwa einem (prädikatenlogischen) Kalkül) ganz losgelöst von „mengentheoretischen" Implikationen als Konzept zu begreifen, weil m. E. etwa das Konzept des Quantors bzw. einer Quantifikation die Begriffe der „Menge" bzw. der „Klasse" voraussetzen. Die Formalisierung $\forall x$ aus X: TxX $\rightarrow$ RxX kann wie folgt beschrieben werden. Für alle Elemente x aus Klasse X gilt: Wenn es wahr ist, dass ein Element x aus Klasse X das Prädikat T zukommt, dann ist es auch wahr, dass diesem Element x aus Klasse X das Prädikat R zukommt. Die "Wahrheitswerte" flottieren also nicht frei und lediglich verbunden durch einen Junktor im logischen Raum umher, sondern sind in dem Sinne an andere abstrakte Konzepte gebunden, dass – wenn diese weggedacht werden – auch keine Wahrheit mehr übertragen werden kann und schlicht logisch nichts mehr ausgesagt wird. In der Aussagenlogik würde A $\rightarrow$ B ausgeschrieben bedeuten: Wenn es wahr ist, dass A, dann ist es auch wahr, dass B. Nur in diesem basalen Kalkül kann man A und B möglicherweise als „bloße" Platzhalter für Wahrheitswerte verstehen, die – vorab definiert – durch das Konditional übertragen werden. Um

zwingend verdächtig: Aus dem Obersatz *Alle C („Ganzen Zahlen") sind A („Zahlen mit Nachfolger")* und dem Untersatz *Alle A („Alle Zahlen mit Nachfolger") sind B („kleiner als eine andere Zahl")* lässt sich die Konklusion *Exemplar von C („Zwei") ist B („kleiner als eine andere Zahl")* erschließen. Die Gefahr des Syllogismus in der scholastischen Variante liegt folglich weniger in seiner unvollkommenen logischen Form als in seiner Suggestionswirkung, die zur fälschlichen Annahme einer Beweiskraft verleitet, die so nicht gegeben ist. Insbesondere in den praktischen Disziplinen, wo zwangsläufig substanziell argumentiert werden muss, entfaltet der scholastische Syllogismus seine verführerische Kraft.

Mit dem scholastischen dreigliedrigen Syllogismus ist zudem ein weiteres Problem verbunden: seine Sperrigkeit. Vor diesem Hintergrund wurde im letzten Kasten bereits eine darstellerische Annäherung vom scholastischen Syllogismus an den Modus Ponens vorgenommen. Dort wird durch Paraphrase des Obersatzes hin zu „Wer […], ist zu bestrafen […]" die Konditionalstruktur des Modus Ponendo Ponens gewählt. Tatsächlich lässt sich ein Syllogismus mehr oder minder problemlos im Modus Ponens, genauer gesagt: als ein Kompositum aus drei *modi ponentes* (sog. hypothetischer Syllogismus) darstellen: Aus (OS) $C \rightarrow A$ und (US) $B \rightarrow C$ folgt (SS) $B \rightarrow A$. Wenn nun B gegeben ist, ist (die Permutation von OS und US lässt dies klarer werden) auch A gegeben. Inhaltlich betrachtet ist es freilich etwas bizarr, wenn quasi aus der Existenz von Sokrates folgen soll, dass er einen Straftatbestand erfüllt hat und folglich zu bestrafen ist. Aber eine formalgültige Logik kann Zusammenhänge eben

---

einen „Platzhalter" aber als „Platzhalter", der Wahrheitswerte hat, zu verstehen, setzt man den Begriff einer mit den Elementen „wahr/1" und „falsch/0" befüllten Menge bzw. Klasse voraus. Andererseits benötigt man zumindest den Satz vom Widerspruch, der Identität und das Bivalenzprinzip, um „wahr" als „wahr", ‚falsch" als „falsch", „Klasse" als „Klasse", „Element" als „Element", „0" als „0" usw. festsetzen zu können. Hierfür scheint man wiederum den Wahrheitsbegriff zu benötigen; zudem setzt die Formulierung eines logischen Gesetzes Begriffe voraus, durch die es bedeutet werden kann. Die präziseste Formulierung z. B. des Satzes vom Widerspruch lautete $\neg(A \wedge \neg A)$. Auf der Ebene dieser hochabstrakten Konzepte scheinen sich also paradoxale Schleifenstrukturen auszubilden, in denen sich die Konzepte wechselseitig voraussetzen. Wegen des Regressproblems entgeht man ihnen auch durch Hierarchisierung in Meta- und Objektsprachen nicht. In nur unwesentlich komplexeren logischen Konzepten als dem Aussagekalkül – wie dem scholastischen oder aristotelischen Syllogismus – trägt die Idee von einem bloßen Container für Wahrheitswerte aber ohnehin nicht weiter. Dem Gedanken soll also nicht weiter nachgegangen werden.

nur in statischer Weise präsentieren: Wenn Sokrates existiert, dann existiert er in dieser rein logischen (oder intelligiblen) Welt quasi als irgendwer, der ein Strafgesetz erfüllt hat und der deshalb zu bestrafen ist. Doch ist bereits diese Beschreibung missverständlich: In der Logik kommt es nicht darauf an, dass mit „Sokrates" auf die historische Figur „Sokrates" referiert wird und „ist zu bestrafen" auf eine bestimmte Handlungspraxis. In der logischen Welt geht es nur um die Zusammenhänge zwischen logischen Größen (Symbolzusammenhänge). Interpretiert man sie semantisch unter Rückgriff auf vermeinte Bedeutungen, wird der Zwang der logischen Form gelockert.[331]

---

331 Von den Vertretern des deduktiven Paradigmas wird das Problem in der Weise versucht zu bewältigen, dass zwischen interner und externer Rechtfertigung bzw. Haupt- und Nebenschema differenziert wird, vgl. *Robert Alexy*, Theorie der juristischen Argumentation, S. 273 ff.; *Hans-Joachim Koch/Helmut Rüßmann*, a. a. O., S. 48 ff. Bung versucht in Adaption eines Ansatzes von Davidson auch das „Nebenschema" deduktiv zu konzipieren. Vgl. *Jochen Bung*, Subsumtion und Interpretation, S. 43 ff. M. E. spricht allerdings bereits Tarski, auf den Davidson sich bezieht, das Problem des semantischen Wahrheitsbegriffs an: Er setzt eine vollständige Neugestaltung und Reglementierung der Umgangssprache voraus, der sie – zudem unter Aufspaltung in verschiedene Sprachschichten – den Charakter einer formalisierten Sprache annehmen ließe, vgl. *Alfred Tarksi*, Der Wahrheitsbegriff in der formalisierten Sprache, in: Studia Philosophica 1, S. 267 ff., 392 ff.

§ 2 Rekonstruktion einer syllogistischen Begründungsstruktur nach dem Rechtsanwendungsmodell von Larenz

Die Deduktion im Modus Ponens (der hypothetische Syllogismus) stellt das Grundschema dar, das den in der Methodenlehre vertretenen deduktiven Begründungsansätzen zugrunde liegt. Um es in formaler Hinsicht weiterzuentwickeln, soll exemplarisch das „Schema der Rechtsanwendung" von *Larenz* herangezogen werden. Dass gerade *Larenz* herangezogen wird, mag Einwänden unterliegen: *Larenz* beansprucht – gemessen am Maßstab der modernen Logik – für die Präsentation seines Schemas keine Perfektion. Er weist selbst darauf hin, dass die Bedeutung seines Schemas für den Prozess der Rechtsanwendung als „logisches Gerüst" nicht überschätzt werden dürfe.[332] Als Hermeneutiker lässt er sich auch nur schwer oder allenfalls gebrochener Weise als Repräsentant eines deduktiven Paradigmas begreifen; zumal er die von ihren Vertretern durchweg betonte Trennung von Rechtsfindung und Rechtsbegründung nicht ausarbeitet. Gleichwohl ist seine Methodenlehre in der Begründungspraxis der Rechtsprechung als eines der wenigen Methodenbücher in stärkerem Umfang präsent,[333] dürfte – gerade für die Rechtsprechung – also eine gewisse Vorbild- oder zumindest Orientierungsfunktion übernehmen. Freilich ist das Modell von *Larenz* in Rechtstheorie und in Methodenlehre kein unangefochtenes oder konsensfähiges Schema.[334] Als Bezugspunkt soll es lediglich einen geteilten Horizont zum Verständnis einer an der Syllogistik ausgerichteten juristischen Begründungsstruktur ermöglichen; eine Vorgehensweise, wie sie auch in ambitionierten Entwürfen gewählt worden ist.[335] Nur um die Vorstellung dieser Struktur und deren logischer Rekonstruktion (und nicht

---

332 *Karl Larenz*, Methodenlehre der Rechtswissenschaften, S. 271.

333 Vgl. *Katharina von Schlieffen*, Subsumtion, a. a. O., S. 403 f. Nach Juris finden sich in 1.332 Entscheidungen Referenzen auf seine sowie die von seinem Schüler Canaris fortgeführte Methodenlehre (Stand: 31.10.2019).

334 Vgl. *Jürgen Rödig*, Die Theorie des gerichtlichen Erkenntnisverfahrens, S. 130; *Katharina Sobota*, Sachlichkeit, S. 109 ff.; *Katharina von Schlieffen*, Subsumtion, a. a. O., S. 403 ff. m. w. N.

335 *Jürgen Rödig*, a. a. O., S. 130 ff.; *Hans-Joachim Koch/Helmut Rüßmann*, a. a. O., S. 16 ff.

um Kritik an *Larenz* aus sprach-, norm-, wissenschaftstheoretischer oder epistemologischer Sicht) soll es hier gehen.[336]

A. Die logische Grundstruktur der Rechtsanwendung nach Larenz

Um *Larenz*' Modell nachvollziehen zu können, sind einige diese Disziplinen streifende Erläuterungen notwendig. Leitend bei der Entwicklung seines Schemas war für *Larenz* die Frage, wie sich die Anwendung von Rechtssätzen – als „in eine sprachliche Form gebrachte Verhaltens- oder Entscheidungsregeln" – vollzieht.[337] Solche Rechtssätze können unvollständig oder vollständig sein, sind für ihn – im Gegensatz zu *Kelsen* – gleichbedeutend mit dem Begriff „Rechtsnorm" und als präskriptive bzw. normative Sätze von Aussagesätzen zu unterscheiden. Als solche sind sie – wie bei *Weinberger*[338] – zwar selbst nicht wahrheitsfähig, doch Gegenstand von weitgehend wahrheitsanalogen Geltungsbehauptungen.[339] Rechtssätze sind als Sätze verbindungsfähig mit anderen Sätzen. In einem vollständigen Rechtssatz wird ein generell umschriebener Sachverhalt als „Tatbestand" einer gleichfalls generell umschriebenen „Rechtsfolge" zugeordnet.[340] Die Unvollständigkeit eines Rechtssatzes zeigt sich nach *Larenz* dadurch, dass er als bloßer Teil einer Gesamtregelung eine Rechtsfolge nicht selbständig bestimmen kann. Er unterscheidet zwischen

- definitorisch-erläuternden (z. B. § 90 BGB: „Sachen im Sinne dieses Gesetzes sind nur körperliche Gegenstände"),
- den als Ausnahmen eine Regel einschränkenden Rechtssätzen (z. B. § 281 Abs. 1 S. 2 BGB: „Verletzt der Schuldner eine Pflicht aus dem Schuldverhältnis, so kann der Gläubiger Ersatz [...] des Schadens verlangen. *Dies gilt nicht, wenn der Schuldner die Pflichtverletzung nicht zu vertreten hat.*"),
- auf andere Rechtssätze verweisende Rechtssätze (z. B. § 823 Abs. 2 BGB: „Die gleiche Verpflichtung trifft denjenigen, welcher gegen ein den Schutz eines anderen bezweckendes Gesetz verstößt.")

---

336 Diese bezieht Larenz in seine „Lehre vom Rechtssatz", in dessen Rahmen er sein Schema bespricht, mit ein, vgl. *Karl Larenz*, a. a. O., S. 250 ff.

337 *Karl Larenz*, a. a. O., S. 250, 271.

338 *Ota Weinberger*, a. a. O., S. 259 ff.

339 *Karl Larenz*, a. a. O., S. 250 ff.

340 Ebd.

- sowie Fiktionen „§ 119 Abs. 2 BGB: „Als Irrtum über den Inhalt der Erklärung gilt auch der Irrtum über solche Eigenschaften einer Person oder Sache, die im Verkehr als wesentlich angesehen werden."

als Varianten unvollständiger Rechtssätze.[341] Gleichwohl identifiziert er Rechtssätze nicht exklusiv mit Gesetzesnormen, sondern anerkennt, dass Rechtsregeln daneben aus Gewohnheitsrecht, aus „zutreffenden Folgerungen aus dem geltenden Recht" und aus der Konkretisierung von Prinzipien stammen können.[342] Diese auf die Auslösung von Rechtsfolgen (Begründung und Untergang von Rechtspflichten, Zuweisungen eines rechtlichen Status oder von Rechtsmacht[343]) gerichteten vollständigen Rechtssätze bilden ein aus Tatbeständen bestehendes Regelungsgefüge aus, das sich wechselseitig bestimmt („Daß die Reichweite der einzelnen Rechtssätze nur aus ihrem Zusammenhang mit der gesamten Regelung, der sie zugehören, darüber hinaus oft aber auch nur mit anderen Regelungen und dem Verhältnis, in dem diese Regelungen zueinander stehen, verstanden werden kann, zeigt sich besonders dann, wenn mehrere Rechtssätze oder Regelungen miteinander kollidieren"). Solche Kollisionen von Rechtssätzen oder deren Tatbeständen werden durch Metaregulierungen (Kollisions- und Konkurrenzregeln: Spezialitätsgrundsatz, Lex priori derogat legi generali usw.) aufgelöst.[344]

I. Der Syllogismus der Rechtsanwendung

Die Anwendung vollständiger Rechtssätze vollzieht sich nach *Larenz* in der logischen Form des von ihm so genannten „Syllogismus der Rechtsanwendung", in dem eine Rechtsfolge durch Unterordnung des konkreten Sachverhalts als ein „Fall" des „Tatbestands" ausgelöst wird. In seiner formalen Darstellung orientiert sich *Larenz* locker an der Aussagenlogik:[345]

---

341 *Ders.*, a. a. O., S. 257 ff.

342 *Ders.*, a. a. O., S. 250, 273.

343 Larenz setzt sich mit der sog. Imperativentheorie auseinander und lehnt sie mit der Begründung ab, dass sie einerseits der Rechtsfolgenvielfalt nicht gerecht werde, andererseits sei sie zu stark auf die faktische Befolgung von Befehlen bezogen und verfehle den normativen Sinn von Rechtssätzen als Geltungsanordnungen, vgl. *ders.*, a. a. O. S. 253 ff.

344 *Ders.*, a. a. O., S. 264 ff.

345 Vgl. *ders.*, a. a. O., S. 271. Rechtsfolge_a soll hier die abstrakte Rechtsfolge, Rechtsfolge_k die konkrete Rechtsfolge bedeuten. Sachverhalt S_g sind Aussagen über Sachverhalt S_r, der den tatsächlichen Lebensvorgang meint. Larenz macht dies in seinen

I. Syllogismus der Rechtsanwendung		
Obersatz	Tatbestand → Rechtsfolge_a	Für jeden Fall von T gilt R_a.
Untersatz	Fall = Tatbestand	S_g ist ein Fall von T.
Schlusssatz	Fall → Rechtsfolge_k	Für S_g gilt R_k.

II. Das Schema der Subsumtion

Larenz weist darauf hin, dass dieses Schema für sich genommen noch nicht anwendungsfähig ist. Besondere Aufmerksamkeit widmet er dem Untersatz. Hierbei spielt die Gleichsetzung von Fall und Tatbestand durch einen Subsumtionsschluss eine Rolle: Ein Unterbegriff geringeren Umfangs (z. B. Schildkröte) wird einem Oberbegriff (z. B. Reptilien) dadurch untergeordnet, dass der Unterbegriff sämtliche auch den Oberbegriff definierenden Merkmale aufweist. *Larenz* rekonstruiert – ausgerichtet an diesem Verständnis – die Gewinnung des Untersatzes des Syllogismus der Rechtsanwendung aus dem Schema der Subsumtion wie folgt:[346]

II. Schema der „Subsumtion"	
Obersatz	T ist vollständig gekennzeichnet durch die Merkmale M_1, M_2, M_3.
Untersatz	S_g weist die Merkmale M_1, M_2, M_3 auf.
Schlusssatz	Also ist S_g ein Fall von T.

Gleichzeitig wendet er sich dagegen, die Gewinnung dieses Untersatzes auf den Vorgang der Subsumtion zu reduzieren und bevorzugt stattdessen die Wendung von einer „Zuordnung" eines Sachverhalts zum Tatbestand eines Rechtssatzes. Eine solche Zuordnung sei anders als eine logische Subsumtion durch wertende Beurteilung geprägt.[347] Zum Beleg verfolgt er im Wesentlichen zwei Argumentationslinien:

(1) *Larenz* hält es für logisch unmöglich, dass ein Lebensvorgang vermittelt über die Sprache unter die Merkmale eines Tatbestands gefasst werden

Schemata nicht deutlich. Es ergibt sich allerdings aus seinen Ausführungen. Dazu im Folgenden.

346 Vgl. *ders.*, a. a. O., S. 273.

347 *Ders.*, a. a. O., S. 275.

kann. Zur Begründung differenziert er zunächst den Begriff vom „Sachverhalt". Der in den obigen Schemata enthaltene Begriff Sachverhalt S_g sei verschieden vom Sachverhalt S_r, der den Lebensvorgang im Sinne eines tatsächlichen Geschehens (die *brute facts*) meine. Dieser Sachverhalt S_r sei Gegenstand oder Referenzobjekt von Aussagen, durch die der Sachverhalt S_g konstituiert werde. Sachverhalt S_r werde darauf geprüft, ob in ihm die Merkmale des Tatbestands M_1–M_n verwirklicht sind. Dies könne nur in der Form von Aussagesätzen über Sachverhalt S_r, also durch die den Sachverhalt S_g konstituierenden Sätze geschehen. Durch diese werde ausdrückt, dass in S_r etwa das Merkmal M_1 („Sache") erfüllt sei.[348]

Larenz setzt in seinem Modell die Möglichkeit weiterer Verschachtelungen im Vorgang der Subsumtion durch die Definition tatbestandlicher Merkmale (zum Beispiel des Merkmals M_1 „Sache" als „körperlichen Gegenstand" ($M_1 = N_1 + N_2$)) voraus. Durch diese Differenzierung auf der Ebene des Tatbestands sind spiegelbildlich differenziertere Aussagen über S_r möglich. Dieser Vorgang der definitorischen Vermittlung oder sprachlichen Differenzierung finde spätestens dann sein Ende, wenn über Sachverhalt S_r nur noch in Form von Elementarurteilen („Wahrnehmungs- und Erfahrungsurteilen") wie „Dieser Ball ist rot" ausgesagt werden kann. Diese Elementarurteile könnten nicht weiter durch definitorische Aufbereitungsschritte zerlegt werden. Sie seien daher logisch nicht erschließbar. Vielmehr beruhe die Gleichsetzung von Sachverhalt S_g und den Tatbestandsmerkmalen M_1–M_n eines Tatbestands auf dieser Stufe der begrifflichen Entfaltung auf einer nicht-logischen Zuordnung.[349]

(2) Die zweite Argumentationslinie befasst sich mit Tatbestandsmerkmalen und der Problematik ihrer Definierbarkeit. Bereits vor Anwendung eines Tatbestands müssten solche Merkmale vollständig (ggf. bis in tiefere begriffliche Entfaltungsschichten) definiert sein. Dann erst könne unter sie subsumiert werden.

(a) Einerseits sei deren definitorische Aufbereitung (auf welche die Justiz im Rahmen des Vorgangs der „Subsumtion" zurückgreifen kann) aber durch Gesetzgebung und Jurisprudenz in ganz verschiedenem Grade ausgeprägt. Gegebenenfalls müsse ein Richter – was *Larenz* offenbar

348 *Ders.*, a. a. O., S. 273 ff.
349 Ebd.

als logisch nicht determiniert versteht – durch Bildung eigener Definitionen die Tatbestände begrifflich entwickeln.

(b) Andererseits wendet er ein, dass sich manche Elemente in Tatbeständen – *Larenz* nennt ausfüllungsbedürftige Wertungsmaßstäbe und Typenbegriffe[350] – einer vollständigen definitorischen Festlegung und damit der Möglichkeit zur Subsumtion entzögen. Hier vollziehe sich die Rechtsanwendung nicht durch logische Subsumtion, sondern durch die wertende Zuordnung eines Lebensvorgangs zu diesen Konzepten. Eine solche [analogische, J. F.] Zuordnung geschehe durch das Urteil, dass S_g anderen bereits entschiedenen Sachverhalten S_e in den durch die Konzepte vorgegebenen maßgeblichen Hinsichten gleiche.[351]

III. Der Syllogismus der Rechtsfolgenbestimmung

Zuletzt wendet er sich in seiner Beschreibung der logischen Struktur der Rechtsanwendung dem Schlusssatz des „Syllogismus der Rechtsanwendung“ zu. Diesen ergänzt er durch einen „Syllogismus der Rechtsfolgenbestimmung“. Hintergrund ist die Diskrepanz zwischen der durch Rechtssätze nur generell-abstrakt beschreibbaren Rechtsfolge R_a und der im Schlusssatz vorausgesetzten, konkret auf den Sachverhalt zugeschnittenen Rechtsfolgenbestimmung R_k.

Die Beispiele, die *Larenz* anführt, sind relativ disparat und lassen sich nur schwer auf eine vereinigende Formel bringen. Er versteht sie als Konkretisierungen im Rahmen dieser abstrakt-generell umschriebenen Rechtsfolge. Orientiert am Schema des Syllogismus gibt er ein Beispiel, das an den in der Handlungstheorie diskutierten sog. praktischen Syllogismus[352] erinnern lässt:[353]

---

350 Zum Typenbegriff *ders.*, a. a. O., S. 460 ff.; *Detlef Leenen*, Typus und Rechtfertigung, S. 25 ff.; auch *Arthur Kaufmann*, Analogie und „Natur der Sache“, S. 44 ff.

351 *Karl Larenz*, a. a. O., S. 273 ff.

352 *Aristoteles*, Nikomachische Ethik, 1147a; *Henrik von Wright*, Erklären und Verstehen, S. 93 ff.

353 *Karl Larenz*, a. a. O., S. 276 f.; zur Gegenüberstellung wurde eine eher lose an *Aristoteles* und *von Wright* angelehnte Rekonstruktion von deren praktischen Syllogismus vorgenommen. Mein Rekonstruktionsvorschlag orientiert sich mehr an dem Vorschlag von Wright, der ihn wie folgt vorstellt: **(OS)** A beabsichtigt p herbeizuführen **(US)** A glaubt, dass er p nur dann herbeiführen kann, wenn er a tut. **(SS)** Folglich macht sich A daran, p zu tun. Was bei mir fehlt ist die Ausarbeitung und Betonung der intentionalen Komponente, die für von Wright wichtig ist. Wrights Charakterisierung als „auf den Kopf gestellte teleologische Erklärung“ ist hier unter der Maßgabe zu verstehen, dass es um eine Erklärung für die Vornahme

III. Syllogismus der Rechtsfolgenbestimmung		**Praktischer Syllogismus**
Obersatz	V hat die Mietsache in dem zu dem vertragsgemäßen Gebrauch geeigneten Zustand zu belassen.	(Subjekt X vertritt die (allgemeine) Handlungsregel): Jede Handlung Y ist genau dann vorzunehmen, wenn durch sie ein Zustand Z erreicht werden kann.
Untersatz	Zur Erhaltung der Mietsache in diesem Zustand ist die Maßnahme M erforderlich.	Durch die konkrete Handlung Y_k kann der konkrete Zustand Z_k erreicht werden.
Schlusssatz	V ist zur Vornahme der Maßnahme M verpflichtet.	Die konkrete Handlung Y_k ist (von Subjekt X) vorzunehmen.

B. Überführung von Larenz' Modell in eine deduktiv-logisch geschlossene Modellvorstellung

Das Modell von *Larenz* wurde von Seiten der deduktiven Begründungstheoretiker kritisiert.[354] Man warf ihm vor, Fragen der Prämissengewinnung (Rechtsfindung) mit Fragen der deduktiven Begründung einer Rechtsentscheidung (Rechtsbegründung) zu vermengen und erst aufgrund dieser Vermengung zu einer skeptischen Einschätzung deduktiv-logischer Begründungsmuster zu gelangen.[355] Aber auch die Weise, in welcher er sich der Darstellungsmittel der modernen Logik bedient hatte, ist auf Kritik gestoßen.[356]

Gegen diese Kritik muss *Larenz* vorab bis zu einem gewissen Grad in Schutz genommen werden: Freilich vermengt Larenz mit seinem Modell Aspekte einer

einer Handlung geht. Die Qualifikation als „teleologisch" passt entsprechend modifiziert auf die Begründung einer konkreten Pflicht aus der abstrakt eine Zielbestimmung umschreibenden Regel. Die logische Gültigkeit setzt voraus, dass die konkrete Handlung Y_k und der konkrete Zustand Z_k tatsächlich auch von ihren generell-abstrakten Entsprechungen Y und Z impliziert werden. Aber das muss hier genügen: Die Gegenüberstellung ist auch mehr als Hinweis denn als These zu lesen. Es hätte in dieser Arbeit zu weit geführt, in eine vertiefte Diskussion einzusteigen und weitergehende Entsprechungen des praktischen Syllogismus mit Larenz Beispiel vom Syllogismus der Rechtsfolgenbestimmung behaupten zu können.

354 Vgl. FN 334.

355 Vgl. *Jochen Bung*, Der juristische Syllogismus in der Methodenlehre von Larenz, a. a. O., S. 222 ff.

356 *Jürgen Rödig*, a. a. O., S. 130.

möglichst realistischen Präsentation des Rechtsherstellungsvorgangs (Entscheidungsfindung) mit einer idealisierenden Präsentation der Rechtsdarstellung (Entscheidungsbegründung).[357] Sein Modell befindet sich indes in einer Methoden- und nicht in einer Begründungslehre. Mit dieser Einordnung ist in erster Linie der Anspruch verbunden, eine Anleitung für die „Herstellung" oder „Gewinnung" von Recht und dessen Anwendung auf den Einzelfall zu liefern. Von *Larenz*' Zielsetzung her betrachtet, ist es damit verständlich, dass er versucht, die Durchbrüche von Alogizität in ein logisches Grundschema (und damit die Verbindung von logisch-statischen und kreativ-dynamischen Aspekten in der Rechtsherstellung) aufzuweisen. Das Problem mit *Larenz* ist weniger die Betonung des Alogischen. Es ist mehr die Verklärung jenes kreativ-dynamischen Anteils („wertorientiertes Denkens") durch paradoxe Begriffe wie dem „schöpferischen Erkennen"[358]. Eben diese kreativen Anteile sollen in der jetzt folgenden Rekonstruktion von *Larenz*' Schema abgeschnitten und damit die von seinen Kritikern eingeforderte Trennung von „Rechtsfindung" und „Rechtsbegründung" eingelöst werden. Ziel ist es, ein logisch möglichst geschlossenes Schema vorzustellen, in dem das Grundgerüst von *Larenz* möglichst erhalten bleibt.

Zweckmäßig erscheint es in mehreren Entwicklungsetappen vorzugehen.

I. Grundfall: Syllogismus der Rechtsanwendung und Schema der Subsumtion

Zunächst soll als Grundfall der Syllogismus der Rechtsanwendung mitsamt der Aufbereitung seines Untersatzes durch das Schema der Subsumtion rekonstruiert werden. Ausgespart bleibt dabei zunächst die von *Larenz* für notwendig befundene begriffliche Entfaltung der Tatbestandsmerkmale. Es wird in diesem Schema vorausgesetzt, dass eine Aussage über ein bestimmtes Geschehnis (S_1) – etwa „Opfer O wurde eine Schnittwunde am Oberarm zugefügt" – unmittelbar unter ein Merkmal M_1 eines Tatbestands – etwa unter das Merkmal

357 Vgl. *Katharina von Schlieffen*, Subsumtion, a. a. O., S. 387.

358 Das in der Erstauflage seiner Methodenlehre auf S. 236 explizit als „schöpferische Erkenntnis" beschriebene Auslegungsverfahren umschreibt er in den späteren Auflagen unter Verweis auf eine Stelle bei Savigny als „freie Geistestätigkeit" schöpferischen Charakters, durch die das Gesetz in seiner Wahrheit erkannt werde. Dabei gesteht Larenz durchaus zu, dass Auslegung mehr der Verfahrensweise des „Künstlers" denn des „Wissenschaftlers" im Sinne der *scientia* gleicht. Den „scientistischen Wissenschaftsbegriff" hält Larenz aber für zu eng, vgl. *Karl Larenz*, a. a. O., S. 315.

„Gesundheitsschädigung" des Tatbestands der Körperverletzung – subsumiert werden kann.

Ausgeblendet bleiben Anstrengungen, die logische Kluft zwischen deskriptiven und präskriptiven Sätzen zu überbrücken. Auf der Seite der Rechtsfolgen bleibt unerörtert, wie man von einer abstrakt-generellen Rechtsfolge zu einer konkretisierten Rechtsfolge gelangt. Die Strategie wird sein, den Begriff „Tatbestand" in präskriptive Aussagen über die ihn ausmachenden Tatbestandsmerkmale M_1–M_n aufzulösen und entsprechend den Begriff Fall in passende deskriptive Aussagen über die Sachverhaltsmerkmale S_1–S_n zu differenzieren, die in ihrer Gesamtheit Sachverhalt S_g im Modell von *Larenz* ausmachen. Die Rekonstruktion könnte die folgende Gestalt annehmen:

III. Schema der Subsumtion (2)
Fall:= $S_1 \wedge S_2 \wedge \ldots \wedge S_n$
$S_1 \wedge S_2 \wedge \ldots \wedge S_n \rightarrow M_1 \wedge M_2 \wedge \ldots \wedge M_n$
Fall $\rightarrow M_1 \wedge M_2 \wedge \ldots \wedge M_n$

II. Schema der Subsumtion (1)
$M_1 \wedge M_2 \wedge \ldots \wedge M_n \rightarrow$ Tatbestand
Fall $\rightarrow M_1 \wedge M_2 \wedge \ldots \wedge M_n$
Fall $\rightarrow$ Tatbestand

I. Syllogismus der Rechtsanwendung	
Obersatz	Tatbestand $\rightarrow$ Rechtsfolge$_a$
Untersatz	Fall $\rightarrow$ Tatbestand
Schlusssatz	Fall $\rightarrow$ Rechtsfolge$_k$

Abweichend von *Larenz'* Syllogismus der Rechtsanwendung wurde in der obigen Rekonstruktion das Gleichheitszeichen durch ein Konditional ersetzt. Auf diese Weise wird nicht länger missverständlich ausgesagt, dass Fall und Tatbestand miteinander äquivalent seien, damit ein Tatbestand nur von diesem Fall erfüllt werden könnte[359]. Das Konditional ist schwächer in seiner logischen Behauptungskraft und meint nur eine Implikation von Fall und Tatbestand; also relativ genau das, was *Larenz* meint, wenn er sagt, der Fall bzw. Sachverhalt S_g sei ein Fall von Tatbestand T.

359 Larenz stellte ursprünglich die Struktur des Syllogismus wie folgt dar: (OS) T → R (US) | S = T | (SS) S → R. An der Notation von Larenz wurde geübt, weil das Gleichheitszeichen logisch nicht definiert sei, vgl. insbesondere *Jürgen Rödig*, a. a. O., S. 130.

Larenz' Schema der Subsumtion wurde zudem in zwei Schlussetappen aufgespalten. So konnte eine Unklarheit beseitigt werden: Problematisch war die Relationierung von „Fall" und „Sachverhalt S_g". *Larenz* schrieb, dass „S_g […] ein Fall von T" sei. Drei Terme in einem Satz können im Schema des Syllogismus jedoch nicht formgültig verarbeitet werden.[360] Durch die Aufspaltung in zwei Schlussetappen kann auch schärfer zwischen präskriptiven Sätzen und Sachverhaltsaussagen unterschieden werden.

Im Obersatz vom „Schema der Subsumtion (1)" wird zunächst vorausgesetzt, dass der Tatbestand stets dann vorliegt, falls eine bestimmte Kombination von Begriffsmerkmalen M_1–M_n gegeben ist. Der Untersatz behauptet, dass der „Fall" das Vorliegen dieser Merkmale bedingt. Aus Obersatz und Untersatz kann vom Vorliegen eines entsprechenden Falles auf das Vorliegen des Tatbestands geschlossen werden. Allerdings ist bislang noch unklar, wodurch die Variable „Fall" charakterisiert ist, warum der „Fall" also das Vorliegen jener Merkmale bedingen soll.

Für diese Bestimmung sorgt das zweite Schema der Subsumtion. Hier wird derjenige Vorgang repräsentiert, der nach einer verbreiteten Auffassung am ehesten als Subsumtion im eigentliche Sinne verstanden werden kann:[361] Das Symbol „:=" im Obersatz soll zunächst als eine Art an den Rechtsanwender gerichteter Eingabebefehl verstanden werden. Man kann es als „wird hier definiert als" lesen. Der Richter (Rechtsanwender) wird damit aufgefordert, eine bestimmte Menge an Aussagesätzen zur Beschreibung des Sachverhalts S_r „einzugeben" und so den Sachverhalt S_g (= Fall) festzulegen.

Durch Angabe dieser Eingangsgrößen wird ein „Algorithmus" in Gang gesetzt, an dessen Ende die Bewahrheitung des Untersatzes im Syllogismus der Rechtsanwendung steht. Das Schema der Subsumtion (2) setzt für den Ablauf dieses „Algorithmus" im Untersatz voraus, dass das Vorliegen der eingegebenen Sachverhaltsmerkmale S_1–S_n das Vorliegen der im vorherigen „Schema der Subsumtion (1)" angegebenen Merkmale M_1–M_n des Tatbestands bedingt. Der aus Obersatz und Untersatz folgende Schlusssatz fungiert dann als Untersatz des zweiten Schemas der Subsumtion: Weil das Vorliegen der Sachverhaltsmerkmale das Vorliegen der Tatbestandsmerkmale bedingt, bedingt der „Fall" diese Tatbestandsmerkmale (Untersatz im ersten Schema der Subsumtion) und (Untersatz im Syllogismus der Rechtsanwendung) folglich außerdem das Vorliegen des Tatbestands.

---

360 Vgl. oben S. 91 f.

361 Zum Subsumtionsbegriff in der Jurisprudenz, vgl. *Katharina von Schlieffen*, Subsumtion, in: Subsumtion, a. a. O., S. 379 ff.

Folgendes muss beachtet werden: Die Festlegung des Obersatzes im ersten Schema der Subsumtion (1) und des Untersatzes im Schema der Subsumtion (2) setzen zwingend vorausgehende alogische Bearbeitungsschritte voraus. Erst dann kann das Schema ins Verhältnis zu reellen Rechtsbegründungsvorgängen gesetzt werden.

II. Die begriffliche Entfaltung von Tatbestandsmerkmalen

Nachdem bislang eine Art Grundschema der Subsumtion entwickelt worden ist, soll jetzt versucht werden, die Abbildung um den Vorgang der begrifflichen Entfaltung der Tatbestandsmerkmale zu ergänzen. Dabei stellt sich die Frage, wo im Schema der richtige Anschluss für diese Ergänzung ist. *Larenz* selbst hat keine Anstrengungen unternommen, diesen Vorgang schematisch zu erfassen. Der Sache nach geht es darum, dass ein Merkmal M_n auf der ersten Stufe der begrifflichen Entfaltung durch Untermerkmale $M_{n.1} - M_{n.m}$ näher charakterisiert wird: Etwa die Definition des Merkmals M_1 „Wegnahme" als „($M_{1.1}$) Bruch fremden und ($M_{1.2}$) Begründung neuen (nicht notwendigerweise tätereigenen Gewahrsams)". Ein Merkmal wird also durch Angabe dieser Kombination von begrifflich untergeordneten Merkmalen ersetzt. Im Schema wird dies in gleicher Weise repräsentiert wie zuvor die Ersetzung des Begriffs „Tatbestand" durch eine Reihung von „Tatbestandsmerkmalen". Ein Teil des Schemas kann entsprechend als $M_{n.1} \wedge M_{n.2} \wedge \ldots \wedge M_{n.m} \rightarrow M_n$ rekonstruiert werden. Das vollständige Schema der ersten Stufe begrifflicher Entfaltung der Tatbestandsmerkmale sieht wie folgt aus:[362]

362 Vgl. auch die ähnliche Rekonstruktion bei *Jürgen Rödig*, a. a. O., S. 163 ff., der zu Darstellungszwecken allerdings auf Disjunktionen zurückgreift und eine verschobene Notation verwendet. Die Differenzierung zwischen „Subordination" und „Subsumtion" wird hier nicht aufgegriffen; vgl. zu dieser Differenzierung – allerdings mit einem anderen Verständnis – auch *Karl Engisch*, Logische Studien zur Gesetzesanwendung, S. 17: Engisch versteht unter „Subordination" die Unterstellung von Fallgruppen unter einen gesetzlichen Tatbestand, bei der „Subsumtion" dagegen gehe es um die Unterordnung eines konkreten Einzelfalles.

	IV. Schema der Subsumtion (3)
Obersatz	$(M_{1.1} \wedge M_{1.2} \wedge \ldots \wedge M_{1.m} \rightarrow M_1) \wedge (M_{2.1} \wedge M_{2.2} \wedge \ldots \wedge M_{2.m} \rightarrow M_2) \wedge \ldots \wedge (M_{n.1} \wedge M_{n.2} \wedge \ldots \wedge M_{n.m} \rightarrow M_n)$
Untersatz	$S_1 \wedge S_2 \wedge \ldots \wedge S_n \rightarrow (M_{1.1} \wedge M_{1.2} \wedge \ldots \wedge M_{1.m}) \wedge (M_{2.1} \wedge M_{2.2} \wedge \ldots \wedge M_{2.m}) \wedge \ldots \wedge (M_{n.1} \wedge M_{n.2} \wedge \ldots \wedge M_{n.m})$
Schlusssatz	$S_1 \wedge S_2 \wedge \ldots \wedge S_n \rightarrow M_1 \wedge M_2 \wedge \ldots \wedge M_n$

Prinzipiell lässt sich der Prozess der begrifflichen Entfaltung in endlos vielen Entfaltungsstufen *ad infinitum* weiterführen. Bereits auf der nächsten Entfaltungsstufe würde deren Repräsentation jedoch eine verwirrende Länge und eine Unzahl an Symbolen beanspruchen. Darauf wird verzichtet.

Das Prinzip bliebe jedoch dasselbe: Der Untersatz im Schema der „Subsumtion (n-1)" wird zum Schlusssatz im Schema der „Subsumtion (n)". Im Obersatz dieses Schemas steht eine Konditionalbeziehung mit der begrifflich auf der nächsten Stufe weiter entwickelten Merkmalskette im Vordersatz und der Merkmalskette der vorherigen Entwicklungsstufe im Hintersatz. Der Untersatz beinhaltet eine Aussagenkette über die Merkmale von Sachverhalt S_r im Vordersatz. Im Hintersatz des Konditionals steht die zur nächsten begrifflichen Stufe entfaltete Merkmalskette der Tatbestandselemente.

Daraus ergibt sich die charakteristische Treppenstufenform. Je höher man diese Treppe emporsteigt, desto feiner werden die Tatbestandsmerkmale ausdifferenziert. Irgendwann wird die Ausdifferenzierung der Tatbestandsmerkmale – so die Annahme von Larenz – derart fein, dass die auf sie beziehbaren Aussagen S_1–S_n über S_r die Qualität von Elementaraussagen annehmen und präskriptive Sätze und Aussagesätze über den Sachverhalt miteinander (nahezu) gleichlauten.

Was das Schema jedoch nicht darstellen kann, ist der Umstand, dass die Entfaltung der Begriffsmerkmale je nach Merkmal möglicherweise unterschiedlich weit geht. Zudem wird in der Begründungspraxis die Trennung zwischen Rechts- und Sachverhaltsaussagen nicht strikt gehandhabt: Man unterstellt zum Beispiel bei der Prüfung des Diebstahls einer gestohlenen Sache (etwa eines Regenschirms) das Eigentum des Opfers, steigt aber nicht in eine Prüfung oder Begründung der Eigentumserwerbstatbestände (oder der Eigentumsvermutung in § 1006 BGB) ein. Der Rechtsbegriff „Eigentum" wird Bestandteil einer

Aussage über den Sachverhalt.[363] Zur Illustration könnte es in einer Urteilsbegründung so lauten: „T hat, indem er den auf der Fensterbank liegenden Regenschirm an sich nahm und damit das Haus von O verließ, eine fremde – nämlich dem O gehörende – und bewegliche Sache weggenommen."[364]

III. Der Syllogismus der Rechtsfolgenbestimmung

Abschließend soll noch *Larenz'* „Syllogismus der Rechtfolgenbestimmung" in ein deduktives Begründungsschema überführt werden.

(a) Da *Larenz* selbst die Uneinheitlichkeit möglicher Rechtsfolgen betont, bietet es sich wiederum an, zwischen einem Grundschema und seinen Erweiterungsschemata zu differenzieren. Weil es darauf gerichtet ist, eine konkrete Rechtsfolge zu begründen, soll es als Grundschema der Rechtsfolgenkonkretisierung bezeichnet werden. Sein Zusammenhang mit dem Syllogismus der Rechtsanwendung kann wie folgt dargestellt werden:[365]

II. (Grund-)Schema der Rechtsfolgenkonkretisierung (1)
O(Rechtsfolge$_a$) $\rightarrow$ O(Rechtsfolge$_k$)
Fall $\rightarrow$ O(Rechtsfolge$_a$)
Fall $\rightarrow$ O(Rechtsfolge$_k$)

I. Syllogismus der Rechtsanwendung	
Obersatz	Tatbestand $\rightarrow$ O(Rechtsfolge$_a$)
Untersatz	Fall $\rightarrow$ Tatbestand
Schlusssatz	Fall $\rightarrow$ O(Rechtsfolge$_k$)

Zwischen beiden Schemata besteht folgender Zusammenhang: Aus Ober- und Untersatz des Syllogismus der Rechtsanwendung kann zwar nicht unmittelbar

363 In solchen Passagen zeigt sich im Übrigen ein ontologisches Rechtsverständnis besonders deutlich: Das Eigentum von O an dem Regenschirm wird hier sprachlich wie die Farbe oder das Gewicht (also wie eine dingliche Eigenschaft) des Regenschirms behandelt. Zur Rechtsontologie vgl. *Ulfrid Neumann*, Rechtsontologie, insbes. S. 52 ff.; *Katharina Sobota*, Sachlichkeit, insbes. S. 91 ff., 123 ff.

364 Vgl. die ähnliche Formulierung in *LG Düsseldorf*, Urt. v. 17.11.2006 – VII 50/06 –, juris Rn. 154; häufig wird, wenn ein Tatbestandsmerkmal als unproblematisch angesehen wird, zu diesem gar nicht weiter ausgeführt und es stillschweigend vorausgesetzt.

365 Es wurde das Schema um dem aus der deontischen Logik stammenden Gebotsoperator O (es ist geboten, dass) ergänzt, vgl. die knappe Einführung in die deontische Logik *Hans-Joachim Koch/Helmut Rüßmann,* a. a. O., S. 43 ff.

auf die konkrete Rechtsfolge$_k$ im Schlusssatz geschlossen werden. Die beiden Sätze garantieren dennoch den Schluss vom Fall auf die abstrakte Rechtsfolge$_a$. Dieser Schluss fungiert im Grundschema der Rechtsfolgenkonkretisierung als Prämisse im Untersatz. Zusammen mit der im Obersatz vorausgesetzten Schlussregel – O(Rechtsfolge$_a$) → O(Rechtsfolge$_k$) – ermöglicht dieser Untersatz den Schluss vom Fall auf die konkrete Rechtsfolge$_k$. Das Grundschema begründet also nicht den Schluss von Rechtsfolge$_a$ auf Rechtsfolge$_k$. In diesem Sinne passt er trivialerweise auf jede Rechtsfolgenkonkretisierung, setzt andererseits eine Begründung der Schlussregel O(Rechtsfolge$_a$) → O(Rechtsfolge$_k$) voraus.

(b) Die weitere Begründung soll für das Mietsachen-Beispiel von *Larenz* versucht werden. Hier hatte *Larenz* – allerdings in logisch ungültiger Weise – den Übergang von Rechtsfolge$_a$ auf Rechtsfolge$_k$ in einem syllogistischen Schema vorgestellt. Wie oben kann auch hier meine Modifizierung des Schemas vom praktischen Syllogismus Orientierung bieten. Sie unterliegt der Ausarbeitung der Schemata der Rechtsfolgenkonkretisierung. Dieses (wiederum unvollständige) Schema besteht aus vier weiteren hypothetischen Syllogismen und nimmt die folgende Gestalt an:

VI. Schema der Rechtsfolgen-konkretisierung (5)
O(Handlung Y_a) → O(Handlung Y_k)
O(Handlung Y_k) → O(Rechtsfolge$_k$)
O(Handlung Y_a) → O(Rechtsfolge$_k$)

V. Schema der Rechtsfolgen-konkretisierung (4)
O(Zustand $\neg Z_k$) → O(Handlung Y_a)
O(Handlung Y_a) → O(Rechtsfolge$_k$)
O(Zustand $\neg Z_k$) → O(Rechtsfolge$_k$)

IV. Schema der Rechtsfolgen-konkretisierung (3)
O(Zustand $\neg Z_a$) → O(Zustand $\neg Z_k$)
O(Zustand $\neg Z_k$) → O(Rechtsfolge$_k$)
O(Zustand $\neg Z_a$) → O(Rechtsfolge$_k$)

III. Schema der Rechtsfolgen-konkretisierung (2)
O(Rechtsfolge$_a$) → O(Zustand $\neg Z_a$)
O(Zustand $\neg Z_a$) → O(Rechtsfolge$_k$)
O(Rechtsfolge$_a$) → O(Rechtsfolge$_k$)

Der Obersatz in Schema (2) ist wie folgt zu lesen: „Wenn die abstrakte Rechtsfolge$_a$ geboten ist, ist es auch geboten, dass der abstrakte Zustand nicht-Z_a sein soll“. Im Untersatz wird dieser abstrakte Zustand mit der konkreten Rechtsfolge$_k$ verbunden: „Wenn es geboten ist, dass der abstrakte Zustand Z_a nicht sein soll, ist die konkrete Rechtsfolge$_k$ geboten.“ Das Gebotensein dieses abstrakten Zustands vermittelt zwischen dem Gebotensein der abstrakten Rechtsfolge$_a$ und der konkreten Rechtsfolge$_k$.

Das Gebotensein der Vornahme von Y_k (der konkreten Handlung) wird in Schema (5) als hinreichende Bedingung für Rechtsfolge$_k$ postuliert. Das heißt: Es wird in den Schemata nicht ausgedrückt, dass Inhalt von Rechtsfolge$_k$ die Gebotenheit von Y_k ist.

Der in den Schemata behauptete Zusammenhang zwischen Y_k und Rechtsfolge$_k$ heißt in eine verständliche Sprache übersetzt ungefähr: „Wenn es richtig ist, dass die Vornahme einer Handlung Y_k geboten ist, dann ist es auch richtig, dass die Festlegung einer [zu dieser Handlung verpflichtenden] konkreten Rechtsfolge geboten sein soll“. Die Wendung in den Eckklammern ist eine externe, alogische Ergänzung der Schemata.

Hin zu diesem Bedingungszusammenhang in Schema (5) führt eine Kette mehrerer Schlüsse mit folgenden für das Verständnis wichtigen Einzelgliedern. Der Obersatz in Schema (3) lautet: Das Gebotensein des abstrakten Zustands nicht-Z_a bedingt das Gebotensein eines konkreten Zustands nicht-Z_k, vulgo: „Wenn Mietsachen während der Mietzeit nicht in einem vertragswidrigen Zustand sein sollen, dann soll auch in der Mietwohnung von M die Dusche nicht kaputt sein“.

Im Obersatz von Schema (4) bedingt das Gebotensein, dass dieser konkrete Zustand nicht-Z_k sein soll, das Bestehen einer abstrakten Handlungspflicht Y_a: „Wenn in der Mietwohnung von M die Dusche nicht funktionsuntüchtig sein soll, dann soll der Vermieter von Ms Wohnung durch sein Handeln für das Funktionieren der Dusche sorgen“.

Schließlich verengt sich im Obersatz von Schema (5) die abstrakte Handlungspflicht auf das Gebot einer konkreten Handlung: „Wenn der Vermieter der Wohnung von M für das Funktionieren der Dusche sorgen soll, so soll er bis zum 01.05.2019 die Dusche in der Wohnung des M reparieren“.

Bei der Festlegung der konkreten Handlungspflicht Y_k kann je nach Konstellation mit verschiedenen Konkretisierungsgraden gespielt werden. Dieses Spiel mit Konkretisierungsgraden ist eine Frage inhaltlicher Ausgestaltung und nicht der Rekonstruktion in logischen Modellen.

Folgender Pferdefuß ist dagegen wichtiger, auch wenn er nur die Angemessenheit, nicht aber die Gültigkeit der Schematisierung anficht: Beim Obersatz in Schema (4) wird vom Gebotensein der Beseitigung eines Zustands auf eine abstrakte Handlungspflicht geschlossen; zusätzlich zu unterstellen wäre, dass zum Entscheidungszeitpunkt ein Zustand besteht, der jene Handlungspflicht auslöst. Zudem besteht eine Kluft zwischen abstraktem und konkretem Zustand, deren Überbrückung im Obersatz von Schema (3) argumentativ nicht überbrückt, sondern behauptet wird.

Jene Kluft zwischen Abstraktem ($Rechtsfolge_a$, $\neg Z_a$, Y_a) und Konkretem ($Rechtsfolge_k$, $\neg Z_k$, $Y_{k,}$) kann in einem logischen Kalkül durch logische Behauptungen (Hilfsregeln) invisibilisiert werden oder (auch in anderen Kontexten) paraphrasiert werden. Im Falle einer Paraphrase taucht sie in anderer Gestalt wieder auf.[366] Ganz verschwinden kann sie nicht.[367]

Gerade soweit es das Schema der Rechtsfolgenkonkretisierung betrifft, ist der hier unternommene Versuch, das Modell von *Larenz* in ein Modell deduktiver Begründung umzuwandeln, Einwänden ausgesetzt. Gezeigt wurde, dass es gelingen kann, den „Vorgang der Rechtsanwendung" zumindest partiell als eine deduktive Struktur zu repräsentieren. Die Frage bleibt, inwieweit es als angemessene Darstellung der juristischen Begründung gelten darf und auf

---

366 Zum Beispiel habe ich kurzzeitig erwogen, ob ich die Gebotenheit des abstrakten Zustands als Bedingung für die abstrakte Handlungspflicht konzipiere oder auf den Negator verzichte, aber auch hierdurch hätte sich in der Sache nichts geändert bzw. andere Darstellungsprobleme hätten sich gezeigt. Die hier gewählte Darstellung schien mir i. E. die passendste zu sein.

367 Man könnte natürlich noch folgende Entfaltungsschritte vornehmen: **Schema (6)**: **(OS)** O(Handlung Y_k) → Zustand $\neg Z_k$ | **(US)** Zustand $\neg Z_k$ → O($Rechtsfolge_k$) | **(SS)** O(Handlung Y_k) → O($Rechtsfolge_k$) und den Obersatz in Schema 6 aus **Schema (7)** wie folgt herleiten: **(OS)** O(Handlung Y_k) → Handlung Y_k | **(US)** Handlung Y_k → $\neg Z_k$ | **(SS)** O(Handlung Y_k) → Zustand $\neg Z_k$. Hierdurch würde die deontische Ebene mit der Ebene von Aussagen über Handlungen und Zuständen verbunden: Wenn eine Handlung Y_k geboten ist, wird sie ausgeführt und wenn sie ausgeführt wird, beseitigt sie den Zustand Z_k. Dagegen bestünde folgender Einwand: In dieser Repräsentation werden die Dinge etwas auf den Kopf gestellt. Allenfalls trifft die Aussage zu, dass ein Gebot befolgt wird, weil es als Rechtsfolge angeordnet wurde; hier wird demgegenüber behauptet, dass umgekehrt ein Gebot zur Vornahme einer Handlung führt (die wiederum einen Zustand herstellt bzw. beseitigt) und damit das Gebotensein einer konkreten Handlung das Gebotensein einer konkreten Rechtsfolge bedingt. Der Versuch, durch modallogische Ergänzungen (etwa dem Modalbegriff „notwendig" oder Analoges) und der Verarbeitung des Zwangsmoments im Recht das Schema zu komplettieren, würde auf eine Zirkelstruktur hinauslaufen und hier den Rahmen sprengen.

welche Weise die im Fokus stehende empirische Analyse reeller Rechtsargumentation davon profitiert.

Die bislang deutlich gewordene deduktiv-logische Struktur zeigt sich als eine Vielzahl ineinander verschachtelter hypothetischer Syllogismen. Um der Gefahr einer verfälschenden Präsentation des deduktiven Paradigmas zu entgehen, soll im folgenden Abschnitt die Argumentationslehre von *Alexy* vorgestellt und analysiert werden. Er steht in der zeitgenössischen Rechtstheorie (auch in einem internationalen Maßstab) für das wohl wirkmächtigste und auch elaborierteste Modell deduktiver Rechtsbegründung und darf damit als valider Repräsentant für das gelten, was als das „deduktive Paradigma" bezeichnet worden ist.[368] Bevor sein Modell vorgestellt wird, soll noch kurz ein Einwand gegen die obige Art der Formalisierung aufgegriffen und entkräftet (oder zumindest abgeschwächt) werden. Als Junktoren fungierte fast ausnahmslos das Konditional, durch das materiale Implikationen nicht dargestellt werden können. Einher geht hiermit die mit dem *ex-falso-quod-libet*-Theorem verbundene Problematik: Wenn die Vordersätze „falsch" sind, ist der Wahrheitswert des Konditionals unabhängig vom Wahrheitswert der Hintersätze stets „wahr". Diesem Einwand des *ex-falso-quod-libet* kann man – wie bereits am Ende des ersten Teils der Arbeit ausgeführt – entgegenhalten, dass die in den Schemata verwandten Konditionalsätze in juristischen Begründungszusammenhängen Verwendung finden und Schlüssen aus logischen Falschheiten dort die Begründungskraft fehlt.

368 Noch entschiedener in diese Richtungen ist allerdings die Umsetzung des deduktiven Ansatzes durch *Jochen Bung*, Subsumtion und *Hans-Joachim Koch/Helmut Rüssmann*, Juristische Begründungslehre.

§ 3 Das deduktive Begründungsmodell nach Alexy

Zum Verständnis des Modells von *Alexy* sollen ein paar einordnende Sätze vorangeschickt werden: Die Theorie der juristischen Argumentation folgt bekanntlich der Sonderfallthese, die den juristischen Diskurs als Sonderfall des allgemeinen praktischen Diskurses kennzeichnet.[369] Das bedeutet nun nicht, dass der juristische Diskurs – sei es der fachgerichtliche oder akademische Diskurs – uneingeschränkt durch moralphilosophische Direktiven bestimmt würde.

Der Ansatz von *Alexy* ist zwar in erster Linie normativ und damit zwangsläufig ideell. Seine Theorie der juristischen Argumentation gründet sich also nicht auf einer empirischen Analyse der Rechtspraxis. Sie fragt vielmehr danach, welchen Anforderungen die juristische Argumentation genügen muss, um als rational gelten zu können.[370] Dabei ist die Theorie allerdings realistisch eingefärbt: Angestrebt wird keine Maximierung von Rationalität gemessen an den Standards des allgemeinen praktischen Diskurses, der zumindest in dem Belang als defizitär zu gelten hat, Entscheidbarkeit zu garantieren. Rationalität wird relativ zu bestimmten Einschränkungen des Rechtsdiskurses verstanden: Anerkannt wird, dass Gesetze Prämissen zuliefern können, die – beurteilt nach moralphilosophischen Standards – unvernünftig und zugleich dennoch als „Determinanten" juristischer Entscheidungsprozesse verbindlich sind.[371] *Alexy* berücksichtigt neben Gesetzen auch die Rolle von dogmatischen Sätzen und Präjudizien als Speicherungen vergangener Rechtslösungen.[372]

Hier scheint mir im Theoriedesign zwangsläufig eine Spannungslage zwischen den moralphilosophisch-idealistischen und juristisch-realistischen Aspekten seiner Theorie angelegt zu sein.[373] Diese führt zwangsläufig zu der Frage, wieviel an Realismus zugelassen werden kann, ohne dass die Theorie ihre normativ-analytische Grundanlage verlässt.[374] Jene Spannung unterliegt nun auch der Sonderfallthese. Die Sonderfallthese besagt, dass die partielle Verschränkung der

---

369 *Robert Alexy*, Theorie der juristischen Argumentation, S. 31 ff., 263 ff., 349 ff., 426 ff.

370 *Ders.*, a. a. O., S. 32 ff.

371 *Ders.*, a. a. O., S. 351 ff.; *Carsten Bäcker*, Begründen und Entscheiden, S. 162 ff.

372 *Robert Alexy*, a. a. O., S. 329 f., 333 ff., 353 ff.

373 Wenn auch Alexy mit dem Realisierbarkeitsprinzip auch für den allgemeinen praktischen Diskurs faktische Zwänge anerkennt, vgl. *ders.*, a. a. O., S. 254.

374 Vgl. hierzu auch *Katharina von Schlieffen*, Argumentationstheoretisches und rhetorisches Rechtsdenken, in: FS-Neumann, S. 394 f.

Formen und Regeln des allgemeinen praktischen Diskurses mit dem juristischen Diskurs sowie der beide Diskurse gleichermaßen prägende „Anspruch auf Richtigkeit“ der darin getroffenen Aussagen und Entscheidungen es gestatteten, den juristischen Diskurs als eine funktional spezifizierte Form des allgemeinen praktischen Diskurses und in diesem Sinne als dessen Sonderfall zu qualifizieren. Wo keine Eigenart des juristischen Diskurses entgegenstehe – dieser keine eigenen Entscheidungsstandards liefert –, müssten die Spielräume in Orientierung an den Standards des allgemeinen praktischen Diskurses ausgefüllt werden.[375] Die Regeln des allgemeinen praktischen Diskurses sind damit praktisch der AT, die des juristischen Diskurses der BT in der Theorie der juristischen Argumentation.

A. Der Begriff des Arguments im allgemeinen praktischen Diskurs

Die Subsumtion – als Grundoperation der Rechtsanwendung – ist eines der den allgemeinen praktischen Diskurs mit dem juristischen Diskurs verschränkenden Elemente. *Alexy* diskutiert sie im Zusammenhang mit *Hares* Prinzip der Universalisierbarkeit:[376] In einer rationalen moralischen Argumentation, die den besagten Anspruch auf Richtigkeit erheben könne, setze die Anführung eines Grundes für jedwede singuläre normative Aussage die Formulierung und Anwendung einer universellen Regel voraus. Diese Stützung auf eine universelle Regel garantiere, dass ein Grund für sämtliche Situationen gelte, die mit derjenigen, für die die normative Aussage (z. B. ein Werturteil oder Handlungsgebot) begründet worden ist, in den relevanten Hinsichten gleichlaufen.[377] Als Grundregel für jedwedes Sprachspiel gilt nach *Alexy* der allgemeine Satz, dass „jeder Sprecher, der ein Prädikat F auf einen Gegenstand a anwendet, [bereit sein muss], F auch auf jeden anderen Gegenstand, der a in allen relevanten Hinsichten gleicht, anzuwenden.“[378] Hieraus wiederum folge die speziell für praktische Diskurse entwickelte Regel: „Jeder Sprecher darf nur solche Wert- und Verpflichtungsurteile behaupten, die er in allen Situationen, die der, in der er sie behauptet, in allen relevanten Hinsichten gleich sind, ebenfalls behaupten würde.“[379]

Sowohl *Alexy* als auch *Hare* gehen davon aus, dass normative auf deskriptiven Aussagen aufsetzen. Zur Illustration dieses Zusammenhangs bedient sich

375 *Robert Alexy*, a. a. O., S. 354 f.

376 *Ders.*, a. a. O., S. 91 ff., 234 ff., 245 ff., 274 f.

377 *Ders.*, a. a. O., S. 93, 107, 234 f., 237.

378 *Ders.*, a. a. O., S. 234 f.

379 *Ders.*, a. a. O., S. 237.

Alexy der Aussagen- und Prädikatenlogik: Werde über irgendeinen beliebigen Gegenstand das Werturteil geäußert, dass er gut sei, dann ließe sich dieses Werturteil im Hintersatz eines Konditionals darstellen, dessen Vordersatz aus einer kombinierten Menge an Aussagesätze über Eigenschaften dieses Gegenstandes bestehe. In prädikatenlogische Form gebracht, sieht das Schema für Werturteile wie folgt aus:[380]

Obersatz	Universelle Regel (R)	.$\forall x: F_1x \wedge F_2x \wedge \ldots \wedge F_nx \rightarrow \text{gut } x$	Für alle x (z. B. Autos) gilt: Wenn x die Eigenschaft F_1 („hat eine Höchstgeschwindigkeit von mehr als 250 km/h“) und F_2 („hat 8 Zylinder“) hat, dann ist x („ein Auto“) gut.
Untersatz	Sachverhaltsbeschreibung / Grund (G)	. $F_1a \wedge F_2a \wedge \ldots \wedge F_na$	Dieses x – das konkrete Objekt a – („der dort stehende schwarze Mercedes mit dem Kennzeichen [...]“) hat die Eigenschaft F_1 („[...] hat eine Höchstgeschwindigkeit von mehr als 250 km/h“) und hat auch die Eigenschaft F_2 („[...] hat 8 Zylinder“).
Schlusssatz	Werturteil (N)	gut a	a („der dort stehende schwarze Mercedes mit dem Kennzeichen [...]“) ist also gut.

380 *Ders.*, a. a. O., S. 93 f. Das Beispiel in der vierten Spalte der Tabelle habe ich zu illustrativen Zwecken gebildet.

Alexy präsentiert noch ein analoges Schema zu Verpflichtungsurteilen, in dem der Hintersatz des obigen Schemas um den deontischen Operator ("O") erweitert wird. Zentraler als diese Ergänzung ist für das Konzept von *Alexy* aber, dass obiges Schema die „allgemeine Argumentform" für die Begründung singulärer normativer Urteile repräsentiert.[381]

Der Begriff der „Argumentform" ist in Abgrenzung zum Begriff des „Arguments" beschreibungsbedürftig: Als Argumentform bezeichnet *Alexy* den Zusammenhang zwischen der Behauptung einer Aussage (zum Beispiel oben von N) und der diese Behauptung stützenden Aussagen (Regel R und Grund G). Eine Argumentform werde dabei nicht bloß durch die logische Form (hier derjenigen als Deduktion oder Syllogismus), sondern auch den „Charakter" der Aussagenverbindung (als empirisch oder normativ bzw. akzeptiert oder bezweifelt) bestimmt. Deshalb sei es angemessen – wie oben – von „allgemeiner Argumentform für die Begründung singulärer normativer Aussagen" zu sprechen.[382] Jedoch entziehen sich der Charakter als „bezweifelt" oder „akzeptiert" wie auch die Prämissenherkunft zumindest teilweise einer schematisierten Darstellung und müssen mitgedacht werden.

Alexy sieht in der Deduktion nur die sicherste Variante der Begründung.[383] Weder sein Begriff der Argumentform noch der des Arguments ist auf Deduktionen beschränkt. Entsprechend definiert er den Begriff „Argument" offener als zur „Stützung einer Aussage angeführte Aussage, die zu einer Argumentform" gehöre. Die durch das Universalisierbarkeitsprinzip geforderte Stützung auf eine „universelle Regel"[384] bleibt jedoch *conditio sine qua non* für die Qualifikation als Argument.[385] Allerdings ist die logische Qualität des Stützungsverhältnisses zwischen Aussagen ein bereits die Argumentform qualifizierender Aspekt. Der Begriff „Argument" setzt daher wohl eine Wegabstraktion des „Charakters" der Aussagenverbindung voraus.

Mehrere Argumente – verstanden als Stützungsverhältnisse zwischen Aussagen – könnten zueinander nun in komplexeren „Argumentstrukturen" stehen, in denen einerseits „die zu begründende Aussage des einen Arguments

381 *Ders.*, a. a. O., S. 246 ff.

382 *Ders.*, a. a. O., S. 123.

383 *Ders.*, Logische Analyse juristischer Entscheidungen, in: Logik und Vernunft, S. 16 f.

384 Hiermit meint Alexy unter Berufung auf eine Stelle bei Hare zunächst nur, dass in der Regelformulierung kein singulärer Term vorkommen darf, vgl. *ders.*, Theorie der juristischen Argumentation, S. 93.

385 *Ders.*, a. a. O., S. 19 f.

eine zur Begründung benutzte Aussage des anderen Arguments" sei.[386] Damit wird auf eine Struktur referiert, wie sie etwa oben in der Weise der „Treppenstufenverhältnisse" (Verschachtelungen von hypothetischen Syllogismen) präsentiert wurde.

Andererseits gebe es „Argumentstrukturen", die keine Entfaltung in verschiedene Stufen der Argumentation betreffen. Mehrere Argumente könnten dabei – in verschiedener Form – „dieselbe Aussage" stützen.[387] Hiermit wird offenbar auf die konjunktive (oder disjunktive) Verbindungsfähigkeit von Einzelgliedern im Vordersatz einer universellen Regel angespielt. Jeweils für sich können sie als Argumente aufgefasst werden und sind gleichrangig für den Schluss auf die Aussage „x ist gut" bedeutsam:[388] Es gibt also die Möglichkeit, Argumente „horizontal" oder „vertikal" anzuordnen.

Schließlich nennt *Alexy* mit dem Begriff der „Argumentationsstruktur" noch das logische Verhältnis, in dem Aussagen verschiedener Sprecher zueinanderstehen können.[389] Damit meint er wohl die Frage, ob die Aussagen in einem zum Beispiel kontradiktorischen oder konträren Verhältnis zueinander stehen.[390] Die logischen Verhältnisse der „Argumentationsstruktur" bestimmen zugleich die Qualität einer „Argumentform", weil sie Auskunft darüber geben, ob eine Aussage als akzeptiert oder bezweifelt gelten darf.

B. Die interne und externe Rechtfertigung im juristischen Diskurs

Das juristische Urteil ist eine solche singuläre normative Aussage, die – um als rational zu gelten – im Einklang mit dem Prinzip der Universalisierbarkeit nach *Alexy* aus mindestens einer universellen Norm logisch folgen müsse. Er stützt sich bei der Formulierung dieser Anforderung nicht allein auf *Hare*, sondern zieht zu deren Begründung den allgemeinen Gleichbehandlungsgrundsatz und die Gerechtigkeitsregel von *Perelman* („Alle Wesen einer bestimmten Wesenskategorie sind gleich zu behandeln"[391]) heran.[392] Dieser Forderung soll in der

386 *Ders.*, Theorie der juristischen Argumentation, S. 123.

387 *Ders.*, a. a. O., S. 123 f.

388 *Ders.*, a. a. O., S. 123.

389 *Ders.*, a. a. O., S. 124.

390 Vgl. zum sog. „logischen Quadrat" *Jan Joerden*, Logik im Recht, S. 5 ff.

391 *Chaim Perelman*, Über Gerechtigkeit, S. 42; auch *ders.* /*Lucie Olbrechts-Tyteca*, a. a. O., S. 308.

392 *Robert Alexy*, Theorie der juristischen Argumentation, S. 217, 274; *ders.*, Logische Analyse juristischer Entscheidungen, S. 19.

sog. internen Rechtfertigung in der Form des deduktiven Schemas der Subsumtion, also in der Form des „Juristischen Syllogismus" entsprochen werden. Mit der Berufung auf das Universalisierbarkeitsprinzip und der Präsentation eines Urteils in der logischen Form eines Syllogismus möchte *Alexy* weder eine gesetzes- oder rechtspositivistische Position einnehmen noch sich vernunftrechtlich einer „single right answer thesis"[393] anschließen:[394]

Einerseits betrifft die interne Rechtfertigung nur das Grundgerüst der Begründung einer Entscheidung. Die in dieser „Argumentstruktur" verwendeten Prämissen müssten anderweitig in der „externen Rechtfertigung" begründet werden. Andererseits seien „universelle Normen" nicht in dem Sinne „universell", dass sie zwingend überzeitlich und unmodifiziert fortbestehen müssten: Jeder (auch unstrittige) Lehr-, jeder gerichtliche Leit- und jeder gesetzliche Normsatz – allesamt Kandidaten „universeller Normen" – könne – in Auseinandersetzung mit einem Lebenssachverhalt zur Gewinnung der Prämissen für eine konkrete Fallentscheidung – prinzipiell aufgegeben, durch Interpretationsakte abgeändert oder – durch Einfügen einer Ausnahmebedingung – eingeschränkt werden. Eine solche Einschränkung oder Abänderung müsse indessen wiederum die Form einer universellen Norm annehmen und zudem begründet werden.[395]

Auch „universelle Normen" sind demnach zukunftsoffen. Hierfür sorgt das von *Perelman* aufgestellte Prinzip der Trägheit, das mit dem Prinzip der Universalisierbarkeit wechselwirkt; es sowohl unterstützt als auch durchbricht. Es besagt: „Eine Auffassung [ausgedrückt in z. B. einem Normsatz, J. F.], die einmal akzeptiert wurde, darf nicht ohne zureichenden Grund wieder aufgegeben werden"[396]. *Alexy* interpretiert das Prinzip der Trägheit als Argumentationslastregel und berücksichtigt es – wie auch das Prinzip der Universalisierbarkeit – an verschiedener Stelle bei der Aufstellung von Regeln und Formen der externen Rechtfertigung.[397]

Die externe Rechtfertigung, in der er sich mit der Rolle der Auslegungscanones, von dogmatischen Sätzen, Präjudizien und der Rolle der praktischen Vernunft bei der Entwicklung von Prämissen beschäftigt, kann in dieser Arbeit nicht

---

393 Vgl. *Ronald Dworkin*, Bürgerrechte ernstgenommen, S. 144 ff., insbes. 181 ff.

394 Vgl. *ders.*, Theorie der juristischen Argumentation, S. 306 f.

395 *Ders.*, a. a. O., S. 275; vgl. auch FN 382.

396 So die Formulierung von *Robert Alexy*, Theorie der juristischen Argumentation, S. 275 im Anschluss an *Chaim Perelman/Lucie Olbrechts-Tyteca*, a. a. O., S. 148; *dies.* zum Trägheitsprinzip, S. 145 ff. 308.

397 *Robert Alexy*, Theorie der juristischen Argumentation, S. 327, 336.

vollständig aufbereitet werden. Stattdessen sollen im Folgenden die „Grundoperationen der Rechtsanwendung" – die Subsumtion, die Abwägung und (allerdings ist ihre Einordnung im Theorielager umstritten[398]) die Analogie – besprochen werden.

C. Die Subsumtion als Struktur der internen Rechtfertigung

„Subsumtion" – *sensu stricto* – ließe sich in *Alexys* Theorie prinzipiell mit der „Argumentstruktur" der „internen Rechtfertigung" gleichsetzen, wenn unter dem Begriff eine geschlossen deduktiv angeordnete Begründungsstruktur in Abgrenzung zur liberalisierten Darstellungsweise der Prämissenbegründung in der „externen Rechtfertigung" verstanden wird. *Sensu largo* – als eine „Grundoperation"[399] – kann sie dagegen weiter und in Anknüpfung an obige Charakterisierung als jedwede deduktivlogische Argumentformation auch im Rahmen der „externen Rechtfertigung" verstanden werden. Sie ist der vom Prinzip der Universalisierung und der formalen Gerechtigkeit präferierte Begründungstyp. Die Liberalisierung der „externen Rechtfertigung" beruht darauf, dass dort jene Darstellungsweise nur partiell umsetzbar ist. Im Rahmen des Möglichen sollte sie aber realisiert werden. In diesem Sinne ist die „interne Rechtfertigung" ein auf die Operation „Subsumtion" reduziertes Gebilde, wohingegen die „externe Rechtfertigung" von ihr (nur) möglichst weitgehend geprägt werden soll.[400]

I. Das Konzept der internen Rechtfertigung

Es sei an dieser Stelle nur die „Subsumtion" im Sinne der Struktur der internen Rechtfertigung besprochen: Die interne Rechtfertigung nimmt ihren Ausgang von (zumeist) Prämissen einer Gesetzesnorm.[401] Diese verknüpft Tatbestand und Rechtsfolge konditional miteinander. In den einfachsten Sach- und Rechtslagen wird unter den Normsatz im Tatbestand eine Sachverhaltsaussage gestellt und so das Urteil erschlossen. Hierdurch werde die Forderung nach der

---

398 Dazu später S. 173 ff.

399 Ebd.

400 Die externe Rechtfertigung ist auch derjenige Ort, wo die in einer universellen Regel verwendbaren Prämissen aufgespürt werden, vgl. *ders.*, a. a. O., S. 282 f.

401 Wobei auch z. B. ein gewohnheits- oder richterrechtlich entwickeltes Rechtsinstitut wie einst die *culpa in contrahendo* in Frage kommt. Entscheidend ist die universelle Formulierung der Norm, vgl. *ders.*, a. a. O., S. 275, 281.

logischen Ableitung aus einer universellen Norm und wenigstens einer weiteren Aussage erfüllt.[402]

In komplexeren Fällen, in denen es streitig ist, ob aus diesen beiden Aussagen das Urteil logisch folgt, seien – durch in der „externen Rechtfertigung" zu begründende sog. „Wortgebrauchsregeln" – die Merkmale des Tatbestands weiter in einer vertikalen Argumentationsstruktur zu entfalten. Dieser vertikale Entfaltungsprozess solle durch die Angabe weiterer Wortgebrauchsregeln auf tieferen Entwicklungsstufen in möglichst kleinschrittiger Weise fortgesetzt werden.[403]

Gemäß diesen Regeln entwickelt *Alexy* die „allgemeine und rudimentäre Form" der „internen Rechtfertigung", die wie folgt aussieht:[404]

.(1) $\forall x$: $Tx \rightarrow ORx$	Für alle x gilt: Wenn x T erfüllt, dann ist die Anwendung von Rechtsfolge R auf x geboten.
.(2) $\forall x$: $M^1x \rightarrow Tx$	Für alle x gilt: Wenn x M^1 erfüllt, dann erfüllt x auch T.
.(3) $\forall x$: $M^2x \rightarrow M^1x$	Für alle x gilt: Wenn x M^2 erfüllt, dann erfüllt x auch M^1.
. . .	
.(n+2) $\forall x$: $Sx \rightarrow M^nx$	Für alle x gilt: Wenn x S erfüllt, dann erfüllt x auch M^n.
.(n +3) Sa	Der konkrete Sachverhalt a erfüllt S.
ORa (1)-(5)^n	Es ist geboten, auf Sachverhalt a die Rechtsfolge R anzuwenden. (aus (1)-(n+3) folgt aufgrund von Abtrennungs- und Allbeseitigungsregel[405] ORa.)

Die Formalisierung entspricht wenigstens in Teilen der oben von mir vorgenommenen Rekonstruktion von *Larenz*' Modell der Rechtsanwendung. Anstelle einer aussagenlogischen Darstellung wird von *Alexy* jedoch auf die Aussagen- und Prädikatenlogik zurückgegriffen, die innerhalb der „Theorie der juristischen Argumentation" eine besondere Bedeutung gewinnt und sich nicht darauf beschränkt, Strukturen in Argumentationen analytisch einzufangen. Der Allquantor signifiziert im Schema den Bezug auf eine „universelle

402 *Ders.*, a. a. O., S. 274 f.
403 *Ders.*, a. a. O., S. 276 ff.
404 *Ders.*, a. a. O., S. 279; *Carsten Bäcker*, a. a. O. S. 304 m. w. N.
405 *Ders.*, Logische Analyse juristischer Entscheidungen, a. a. O., S. 23.

Regel". In normativer Intention soll durch sie die Verpflichtung auf das Universalisierbarkeitsprinzip und die Gerechtigkeitsregel, aber auch die Forderung nach Widerspruchslosigkeit abgesichert werden.[406] Durch die Punkte vor den eingeklammerten Zahlen soll angedeutet werden, dass der jeweilige Satz einer weiteren Begründung in der externen Rechtfertigung bedarf.[407] Interne und externe Rechtfertigung werden auf diese Weise sowohl miteinander verbunden als auch gegeneinander abgeschichtet. Die genaue Art der Stützung der „Wortgebrauchsregeln" bleibt zunächst offen.

II. Kritik am Konzept der internen Rechtfertigung

Logisch sind die Ableitungsverhältnisse zwischen den verwendeten Symbolen allesamt in gültiger Weise dargestellt. Es fragt sich allerdings, wie inhaltliche Sätze in juristischen Begründungen mit diesen Symbolen verbunden sind. Dass Symbole miteinander in einem logisch gültigen Ableitungsverhältnis stehen, sagt noch nicht, dass selbiges für substantielle Sätze gilt, die durch die Symbole repräsentiert werden. *Alexy* strebt nicht an, jene inhaltlichen Sätze logisch zu atomisieren. Er verweist in diesem Zusammenhang auf die Problematik der Erfassbarkeit von Dispositionsprädikaten in formallogischen Darstellungen.[408] Damit hat er sicher Recht, wenn man zum Beispiel auf die unüberwindbaren Probleme sieht, begriffliche Relationen wie die „Finalität" und die „Kausalität" durch ein Konditional zu repräsentieren.[409] Er verfolgt die Strategie der

---

406 Vgl. *Ders.*, a. a. O., S. 274 ff.

407 *Ders.*, Logische Analyse juristischer Entscheidungen, S. 21; *Carsten Bäcker*, Der Syllogismus als Grundstruktur rechtlichen Begründens, in: Rechtstheorie 40 (2009), S. 416.

408 *Robert Alexy*, a. a. O., S. 39 f.; zu dieser Problematik vergleiche auch *Ulfrid Neumann*, Rechtsontologie und juristische Argumentation, S. 53 ff. und neuerdings (2014) den Band „Dispositionen" herausgegeben von Barbara Vetter und Stephan Schmid.

409 Um Finalität oder Kausalität in einem formal-logischen Schema zu repräsentieren, müssten materielle Implikationen ausgedrückt werden können; vgl. hierzu FN 115. Ein Beispiel für die Problematik bietet die Formalisierung einer Kausalitätsrelation bei *Winfried Hassemer*, a. a. O., S. 26 ff., die hier in vereinfachter Form aufgegriffen werden soll: Angenommen die Aussage „Es ist geboten (O), dass x bestraft wird (RF), wenn x durch eine Tathandlung (H) einen Taterfolg (E) bewirkt hat" wird in den Kalkül „(H(x) → E) → ORf(x)" übertragen. Das O steht hier also für den Sollensoperator, x ist der potenzielle Delinquent, H die von ihm verbrochene Handlung und E der durch die Handlung eingetretene Erfolg. Das erste Konditional soll die Kausalität zwischen Handlung und Erfolg ausdrücken, das zweite Konditional verbindet Tatbestand und Rechtsfolge. Kausalitäten lassen sich aber nicht auf eine

„Verkapselung" substanzieller Sätze als nicht weiter analysierte Einheiten und deren Kopplung an jene Symbole.[410] Auf diese Weise entsteht besagter Hiatus zwischen Repräsentation und Repräsentiertem. Zwischen beidem kann man zwar in einer Art Pendelblick hin- und herwechseln und die Repräsentation hilft bis zu einem gewissen Grad bei der „Falsifikation" des Repräsentierten. Irreführend wäre es indes, von dieser Form darauf zu schließen, dass durch die Angabe weiterer „universeller Regeln" eine „Kluft" zwischen einer Sachverhalts- und Tatbestandsbeschreibung überbrückt würde. Solche Aussagen sind nicht formeller Art, sondern betreffen materielle Satzzusammenhänge: Die Sätze zu (2) bis (n+2) können – materiell gesehen – lediglich Paraphrasen eines Tatbestandsmerkmals sein und jeweils auf derselben Stufe der Konkretisierung verharren (oder schlicht Nonsens ausdrücken). Dieser Umstand geriete logisch nicht in den Blick und zeigt wie leicht mit einer Formalisierung irrtümliche Assoziationen verbunden werden können.

Auch die Vorstellung, durch den Quantor ließe sich eine universale Normformulierung und hierdurch der moralphilosophische Universalisierbarkeitsgedanke realisieren, bereitet Probleme und ist zum Teil missverständlich:

Zunächst möchte ich einen Hinweis geben, der *Alexy* nicht trifft, weil er ihn berücksichtigt und zu Vereinfachungszwecken in seinen Schemata nicht explizit macht.[411] Es geht um die bereits im ersten Teil vorgenommene Einschränkung des Variablenbereichs bei Quantifizierungen („∀x aus X gilt:"). Grenzt man ihn nicht ein, kann sich die Variable auf jedweden beliebigen Gegenstand beziehen. Folgendes Beispiel soll das damit verbundene Problem veranschaulichen: Wenn etwa der Totschlag „Wer einen Menschen tötet, ohne Mörder zu sein, wird […] bestraft" als „$\forall x: M_1x \wedge \neg M_2x \rightarrow ORx$" formalisiert wird und man den Variablenbereich nicht weiter einschränkt, brächte man damit zum Ausdruck, dass zum Beispiel die Kuh Mathilde, die auf der Wiese ihren Eigentümer zu Tode tritt, als Exemplar von x, das M_1 und zugleich nicht M_2 erfüllt,

---

solche Weise durch ein Konditional darstellen, weil so einerseits beispielsweise zum Ausdruck gebracht würde, dass logisch zwingend x bestraft werden soll, sofern x keine Tathandlung vorgenommen hat und entweder ein Taterfolg eingetreten ist oder nicht eingetretenen ist (vgl. aber S. 109). Andererseits unterscheiden sich die beiden Relationen (Kausalitätsbehauptung und Handlungsanweisung) inhaltlich, sollen aber jeweils durch ein Konditional (also dasselbe Symbol) repräsentiert werden.

410 *Robert Alexy*, a. a. O., S. 33 ff., insbes. S. 37.

411 *Ders.*, a. a. O., S. 21, 34.

strafrechtlich zu belangen wäre – was für eine eher archaische Version von Strafrecht stünde. Vielleicht ist dieser Hinweis etwas pedantisch. Meines Erachtens ist es jedoch von Vorteil, diese Eigenschaft als Bereichseinschränkung zum Ausdruck zu bringen. Auf diese Weise wird eine strukturelle Differenzierung des Schemas möglich. Man kann jetzt bestimmte Einschränkungen wie die fehlende Geschäftsfähigkeit und Wahlberechtigung von Kindern gesondert kenntlich machen.

Wichtiger ist, dass trotz einer „universellen" Normformulierung sich diese Norm durch eine entsprechende Anordnung der Prädikate doch faktisch nur auf einen Einzelfall beziehen kann, wie es – natürlich ohne den Bezug zur Aussagen- und Prädikatenlogik (APL) – z. B. bei der Lex Rheinstahl oder neuerdings beim Finanzmarktstabilisierungsgesetz („Hypo Real Estate") der Fall war.[412] Wird in solchen Fällen noch behauptet, es sei aufgrund der Formulierung als Allsatz dem Prinzip der Universalisierbarkeit genügt, wird der moralphilosophische Hintergrund, in dem sowohl *Kant* als auch im Anschluss *Hare* den Gedanken der Universalisierbarkeit entwickelt haben,[413] trivialisiert: Oder warum – um ein gewöhnlicheres Beispiel zu nennen – sollte man einer in generell-abstrakter Weise umschriebenen Steuervergünstigung für irgendeine Interessengruppe das weihevolle Prädikat der „Universalität" verleihen? In einer geläufigeren juristischen Terminologie, die den Vorzug hat, *Kants* Epistemologie und Logik zu entsprechen, würde

412 Zur Zulässigkeit von Einzelfallgesetzen, vgl. *BVerfGE* 25, 371 (371 f., 396 ff.); vgl. auch die Kritik von *Dieter Simon*, Die Unabhängigkeit des Richters, S. 67 ff., der darauf hinweist, dass mit der Zulassung von Einzel- bzw. Maßnahmegesetzen das Modell des (Justiz-)Syllogismus leer läuft: Von der liberalen Hintergrundidee, die Stellung des Richters einerseits als unabhängig vom Zugriff der anderen Gewalten auszugestalten, ihn andererseits an ein bloß noch zu erkennendes, doch objektiv vorgegebenes Recht zu binden, wird diese Begründungstechnik entkoppelt.

413 Sowohl das von Hare entwickelte Prinzip der Universalisierbarkeit (vgl. *Richard Hare*, Moralisches Denken, S. 166 ff.) als auch der kategorische Imperativ bei Kant (*Immanuel Kant*, Metaphysik der Sitten, S. 49 ff.) sind nicht rein formal verständlich. Beide beinhalten anspruchsvollere, materielle Implikationen. Hare formuliert etwa, dass „aus der Universalisierbarkeit folgt: „Wenn ich jetzt sage, daß ich einer bestimmten Person gegenüber etwas bestimmtes tun soll, so habe ich mich damit auf die Auffassung festgelegt, daß genau das gleiche auch mir gegenüber getan werden sollte, wenn ich genau in ihrer Lage wäre, die gleichen persönlichen Merkmale hätte und mich insbesondere in den gleichen motivationalen Zustände befände" (*Ders.*, a. a. O., S. 168).

treffender anstelle von „Universalität“ von der „Generalität“ der Formulierung einer Norm gesprochen.[414]

Zuletzt bleibt das Schema Stückwerk: Es zeigt nur die begriffliche Entfaltung zu einem einzigen Tatbestandsmerkmal. Wie komplex die logische Darstellung der begrifflichen Entfaltung einschlägiger Tatbestandsmerkmale bereits dann werden kann, wenn nur die erste Entfaltungsstufe betroffen ist, zeigt die obige Rekonstruktion zum Modell von *Larenz*; genauer gesagt: das dritte Schema der Subsumtion und der Hinweis auf dessen potenzielle Fortführung in Folgeschemata.[415] Die Problematik verschärft sich noch dadurch, dass *Alexy* explizit fordert, möglichst viele Entfaltungsschritte vorzunehmen und dies so lange zu tun, bis dass nicht mehr zweifelhaft sei, ob ein Tatbestandsmerkmal einschlägig ist.[416]

Bei diesem Entfaltungsprozess ist einerseits keine hinreichend klar formulierte Abbruchbedingung vorhanden: Wenn, wie es bei *Alexy* offenbar der Fall ist, die „vernünftigen“ Zweifel auf Seiten des Richters maßgeblich sein sollen,[417] wird die Kontrolle der „internen Rechtfertigung“ zu einem Mittel zur Selbstkontrolle. Die „juristische Begründung“ dient üblicherweise aber der Fremdkontrolle. Also können nicht nur die Zweifel des Richters entscheidend sein. Maßgeblich wären auch die „vernünftigen Zweifel“ von Dritten.

Damit verlagert sich alles hin zu der Frage, wann „vernünftige Zweifel“ vorliegen und wann nicht. Aus *Alexys* argumentationstheoretischer Sicht müssten wohl solange „vernünftige Zweifel“ gegeben sein, wie noch Gründe für und gegen eine bestimmte Interpretation oder Entscheidung angeführt werden können.[418] Selbst wenn in diesem Fall die einschränkende Wirkung des

---

414 Vgl. hierzu die weiterführende Kritik am Begriff der „universellen Regel“ bei *Katharina von Schlieffen*, Argumentationstheoretisches und Rhetorisches Rechtsdenken, a. a. O., S. 387 ff. Zu Kants Terminologie und dem Zusammenhang mit der reflektierenden Urteilskraft, durch die nur generelle (gemeingültige) Sätze aufgestellt werden können, vgl. oben S. 41 ff.

415 Vgl. S. 124 ff.

416 Das besagt die Regel J.2.5, vgl. hierzu *Robert Alexy*, Theorie der juristischen Argumentation, S. 280.

417 *Robert Alexy*, a. a. O., S. 26 f. Die Diskursregel J.2.4 besagt: „Es sind so viele Entfaltungsschritte erforderlich, daß man zu solchen Ausdrücken gelangt, von denen nicht mehr streitig ist, daß sie auf den fraglichen Fall zutreffen“, *ders.*, Theorie der juristischen Argumentation, S. 280.

418 Das kann aus den Regeln 2.2–2.3 „(a) Jeder darf jede Behauptung problematisieren. (b) Jeder darf jede Behauptung in den Diskurs einführen. (2.3) „Kein Sprecher darf durch innerhalb und außerhalb des Diskurses herrschenden Zwang daran

Trägheitsprinzips und dessen Verbindung mit normativen Sätzen in Gesetzen und Präjudizien sowie der akademischen Dogmatik mitgedacht wird, ist nicht garantiert, dass der Vorgang des Erfindens und Anführens von Gründen zwangsläufig zu einem Ende kommt. Das Konzept von *Alexy* setzt zumindest implizit voraus, dass irgendwann der „zwanglose Zwang des besseren Arguments“[419]den Ausschlag für eine Rechtslösung gibt und läuft auf eine Position hinaus, die aus relativistischer Sicht unannehmbar ist: die „single-right-answer-thesis“ in abgewandelter Gestalt. Andernfalls fehlte es an einer terminierenden Bedingung für den Entfaltungsprozess.

Der Widerstreit zwischen Relativismus und dem Glauben an eine vernunftdiktierte Rechtslösung kann hier nicht ausdiskutiert werden. Man müsste sicher einen Schnitt zwischen den sog. *hard-* und den *soft cases* machen, dann allerdings berücksichtigen, dass fast jeder Fall ab zum Beispiel einer gewissen Streitsumme vieldimensional aus einer Fülle von mehr oder minder miteinander zusammenhängenden altbekannten und frisch erfundenen Sach- und Rechtsproblemen besteht und die auf hunderten, nicht selten auf mehr als 1.000 Seiten anwaltlicher Schriftsätze ausgetragene Schlacht der Argumente nicht dadurch entschieden wird, dass die entscheidende Gerichtsbarkeit zu jedem von ihnen begründend ausführt. Wie will sie das auch (zeitgerecht) leisten? Tatsächlich bildet die Entscheidungsbegründung nur einen Bruchteil der Komplexität einer Streitsache ab. Grundsätze wie „iuris novit curia“ bedeuten nicht etwa, dass die Gerichte das Recht besser kennten (auf Seiten der Anwaltschaft gibt es nicht minder exzellente Juristen), sondern den Gerichten wird – als ein Mittel der Flexibilisierung – gestattet, nur diejenigen Rechtssätze und die damit zusammenhängenden Rechtfragen diskutieren zu müssen, zu denen sie ausführen möchte. Einen prozessrechtlichen Zwang zur Befassung mit den Rechtsauffassungen der Parteien gibt es dementsprechend grundsätzlich nicht.[420] Wenn

---

gehindert werden, seine in 2.1 und 2.2 festgelegten Rechte wahrzunehmen“, 3.3 „Wer ein Argument anführt, ist nur bei einem Gegenargument zu weiteren Argumenten verpflichtet“, den Übergangsregeln 6.1–6.3, J.9 „Alle Argumente der zu den canones der Auslegung zu rechnenden Form sind zu berücksichtigen“ gefolgert werden. Vgl. die Übersicht zu diesen Regeln *ders.*, a. a. O., S. 361 ff.

419 *Jürgen Habermas*, Kommunikatives Handeln, S. 47, der sich dabei auf Toulmin bezieht.

420 Nur die „wesentlichen Tatsachenbehauptungen“ der Parteien müssen in der Entscheidungsbegründung kenntlich gemacht werden, vgl. *Hans-Joachim Musielak*, in: Münchener Kommentar zur ZPO, § 313 Rn. 15. Eine solche Freiheit zur Selektion steht freilich in einem Spannungsverhältnis zu Alexys Diskursregeln.

eine Entscheidungsbegründung besonders überzeugend ist, bedeutet es nicht zwangsläufig, dass „vernünftige Zweifel“ an der Richtigkeit der Entscheidung nicht weiterhin bestünden, vielmehr deutet dieser Eindruck auf die besondere Qualität einer vorangegangenen Selektions- und damit Konstruktionsleistung des Gerichts hin.

Der naheliegende Einwand gegen diese Kritik ist freilich, dass sie vor allem die Herstellungsebene oder Fragen der Entscheidungsfindung, nicht aber die Darstellungs- oder Begründungsebene trifft: Aber über das Problem der „terminierenden Bedingung“ werden diese Ebenen miteinander verbunden. *Bäcker* hat gute Gründe, wenn er die Regeln J.2.4 „Es sind so viele Entfaltungsschritte erforderlich, daß man zu solchen Ausdrücken gelangt, von denen nicht mehr streitig ist, daß sie auf den fraglichen Fall zutreffen“ und J.2.5 „Es sind möglichst viele Entfaltungsschritte anzugeben“ aus der „internen Rechtfertigung“ auszulagern und im weniger streng reglementierten Bereich der „externen Rechtfertigung“ unterzubringen.[421]

Selbst wenn man sie dorthin auslagert und selbst wenn zusätzlich unterstellt wird, das Fehlen „vernünftiger Zweifel“ sei eine zureichende terminierende Bedingung im Prozess begrifflicher Entfaltung, bliebe noch das Problem der Bewältigung von Komplexität und Überdifferenzierung zu diskutieren; insofern sei zunächst noch einmal auf die Ausführungen auf Seite 49 f. verwiesen. Oben wurde das komplexitätstheoretische Problem von exponentiellem Wachstum angesprochen und klargestellt, dass die bei der dortigen Berechnung unterstellten Denkschritte zwar zu einem entsprechenden Wachstum führen würden, aber gleichwohl nicht beansprucht wird, mit dieser Unterstellung, den Vorgang der Rechtsher- oder -darstellung adäquat zu repräsentieren.

Es soll nun ergänzt oder klargestellt werden, aufgrund welcher Erwägungen dieses Problem für die Theorie von *Alexy* relevant wird: Die gleichförmig durchgeführte Erweiterung um begriffliche Entfaltungsstufen führt zu exponentiellem Wachstum der miteinander in Zusammenhang stehenden Merkmale. Angenommen ein Tatbestand hätte vier Tatbestandsmerkmale und jedes Tatbestandsmerkmal hätte wiederum vier Untermerkmale, die ebenfalls je vier sie charakterisierende Merkmale hätten. Bereits auf der dritten Entfaltungsstufe der Tatbestandsbegriffe müssten dann bei der Anwendung dieses Tatbestands 4^4 (= 256) zueinander in begrifflichen Zusammenhängen stehende

421 *Christian Bäcker*, Entscheiden und Begründen, S. 315, der zudem nicht „möglichst“, sondern „hinreichend“ viele Entfaltungsschritte verlangt.

Merkmale bedacht werden, auf der nächsten 1.024 und auf der fünften Entwicklungsstufe 4.096.

Die Theorie von *Alexy* fordert mit seiner Forderung nach begrifflicher Entfaltung damit einen Grad von begrifflicher Ausdifferenzierung ein, der relativ schnell zum Problem werden kann. Richter als Entscheider sind menschliche Wesen, deren „Denkschritte" zwangsläufig mehr oder minder fehlerträchtig sind. Selbst ein Richter mit nach menschlichen Maßstäben überwältigender intellektueller Kapazität würde ab einem gewissen Grad von Komplexität notwendig auf irgendeine Weise falsch entscheiden.

Im Grunde müsste man – in einem streng auf Rationalitätsoptimierung angelegten Ansatz – vorab empirisch die durchschnittliche Fehlerwahrscheinlichkeit je Denkschritt von Richtern in den jeweiligen Gerichtsinstanzen messen und eine Modellierung finden, in der die Komplexität der Fallbearbeitung und in diesem Rahmen die Pflicht (und Erlaubnis) zur begrifflichen Differenzierung dem angepasst eingrenzt wird. Bei der Modellierung müsste dann bedacht werden, dass sich Fehler – je nach der Struktur, in der sie gemacht werden – unterschiedlich auswirken. Eine Operationalisierung vorzugsweise durch Kettenschlüsse bildet insofern Strukturen aus, in denen sich bereits ein vereinzelter Fehler fatal auswirken kann.[422] Solche Strukturen erweisen sich als besonders fehleranfällig und instabil. Sie unter Vernachlässigung fehlertoleranterer Strukturen pauschal als bevorzugt auszuzeichnen, ist zumindest riskant. Insgesamt sollte man überlegen, inwiefern die Ziele der Steigerung von Komplexität und Präzision gleichzeitig verfolgbar sind.[423]

Die Regeln J.2.4 und J.2.5 sind – weil sie in nicht näher begrenzter Weise begriffliche Ausdifferenzierung einfordern – in dieser Formulierung irrational und müssen daher im Rahmen eines normativen Theorieansatzes ergänzt oder fallengelassen werden.

---

422 Besteht der Vorder- und Hintersatz eines Konditionals aus disjunktiven Verkettungen, kann natürlich trotz fehlerhafter Verneinung eines Terms bei zutreffender Bejahung eines anderen dieser Satz als „wahr" gewertet werden. Im Falle einer konjunktiven Verkettung genügt die Verneinung eines Terms, wenn man den Satz als „unwahr" werten möchte.

423 Vgl. *Ottmar Ballweg*, Phronetik, Semiotik und Rhetorik, in: Analytische Rhetorik, S. 109 ff.

III. Erprobung der internen Rechtfertigung in Anwendungskonstellationen

Die bisherigen Ausführungen sind recht abstrakt geblieben. Abschließend werden daher noch zwei Beispiele von *Alexy* besprochen, in denen er die Funktionsweise der Formen der „internen Rechtfertigung" demonstriert.

1. Formalisierung des Tatbestands: Heimtücke-Mord

Das erste Beispiel ist der „Theorie der juristischen Argumentation" entnommen. *Alexy* weist vorab darauf hin, dass es ihm nicht um die Richtigkeit der inhaltlichen Prämissenformulierung geht,[424] die in der „externen Rechtfertigung" gesondert zu diskutieren wäre. Wenn im Folgenden Kritik geübt wird, ist zu überlegen, ob diese die Form der „internen Rechtfertigung" trifft oder nur die Formulierung der Prämissen. Beides ist nicht immer ganz leicht auseinanderzuhalten.

Inhaltlich geht es um es die formale Darstellung einer Entscheidungsbegründung zum Heimtücke-Mord an einem Schlafenden:[425] Der Angeklagte a hat den Schlafenden N getötet, der wiederum sich schlafen gelegt hatte, ohne dass er erwartet und sich dementsprechend dagegen abgesichert hätte, im Schlaf getötet zu werden. Das von *Alexy* entwickelte Schema für Entscheidungsbegründung sieht wie folgt aus:

424 *Robert Alexy*, Theorie der juristischen Argumentation, S. 278.
425 Vgl. *BGHSt* 23, 119 ff.

Prämissen und Konklusionen		**Formalisiert**
(1)	Für alle x gilt: Wenn x ein Mörder ist, soll x mit lebenslanger Freiheitsstrafe bestraft werden.	$\forall x : (Tx \rightarrow ORx)$
(1a)	Für alle x gilt: Immer und nur dann, wenn x aus Mordlust oder zur Befriedigung des Geschlechtstriebs [...] oder um eine Straftat zu verdecken einen anderen tötet, dann ist x ein Mörder.	$\forall x : \left(M\frac{1}{1}x \vee M\frac{1}{2}x \vee \ldots \vee M\frac{1}{9} \leftrightarrow Tx \right)$
(1b)	Für alle x gilt: Wenn x aus Mordlust [...] oder um eine Straftat zu ermöglichen einen anderen tötet, dann soll x mit lebenslanger Freiheitsstrafe bestraft werden.	$\forall x : \left(M\frac{1}{1}x \vee M\frac{1}{2}x \vee \ldots \vee M\frac{1}{9} \rightarrow ORx \right)$
(1c)	Für alle x gilt: Wenn x heimtückisch einen Menschen tötet, dann soll x mit lebenslanger Freiheitsstrafe bestraft werden.	$\forall x : \left(M\frac{1}{5}x \rightarrow ORx \right)$
(1d)	Für alle x gilt: Immer und nur dann, wenn x die Arg- und Wehrlosigkeit seines Opfers [in feindseliger Willensrichtung, Anm. J. F.] bewusst ausnutzt, dann tötet x heimtückisch einen anderen Menschen.	$\forall x : \left(M\frac{2}{5}x \leftrightarrow M\frac{1}{5}x \right)$
(1e)	Für alle x gilt: Immer und nur dann, wenn x das Opfer tötet und sich dieses keines Angriffs versieht und [infolgedessen, J. F.] nur eine reduzierte Möglichkeit zur Abwehr besitzt, dann nutzt x die Arg- und Wehrlosigkeit seines Opfers aus.	$\forall x : \left(M\frac{3}{5}x \leftrightarrow M\frac{2}{5}x \right)$
(1f)	Für alle x gilt: Wenn x eine(n) Schlafende(n) tötet, ohne daß besondere Umstände wie Sicherheitsmaßnahmen vorliegen, dann tötet x ein Opfer, das sich keines Angriffs versieht und [infolgedessen, J. F.] nur eine reduzierte Möglichkeit zur Abwehr besitzt.	$\forall x : \left(Sx \rightarrow M\frac{3}{5}x \right)$
(2)	Individuum a tötet den Schlafenden N, ohne dass besondere Umstände wie Sicherheitsmaßnahmen vorgelegen haben.	Sa
(3)	Individuum a soll mit lebenslanger Freiheitsstrafe bestraft werden.	ORa

Die bei *Alexy* in natürlichen Zahlen durchlaufende Nummerierung habe ich abgeändert, um hervorzuheben, dass Obersatz (1), Untersatz (2) und Schlusssatz (3) gewissermaßen für das syllogistische Grundschema stehen, wie es eingangs vorgestellt war und dessen Obersatz (1) nun in Form hypothetischer Syllogismen (1a-1f) weiter differenziert worden ist. $M\frac{n}{m}$ steht für die jeweiligen den Tatbestand charakterisierenden Merkmale, wobei n in der Vertikalen auf die begriffliche Entwicklungsstufe im Prozess der Begriffsentfaltung referiert und m in der horizontalen Dimension auf die Stelle eines Tatbestandsmerkmals in einer disjunktiven oder konjunktiven Verkettung eines Tatbestands.[426] Hier ist mit m = 5 das an fünfter Stelle in § 211 Abs. 1 StGB stehende Merkmal der Heimtücke betroffen, das bis n = 3 – also bis hinab zur dritten Entfaltungsstufe – entwickelt wird.

Was gleich gezeigt werden kann, ist die Verkapselung der Sätze (1d) bis (1f) in den jeweiligen Symbolen: Diese Sätze werden nicht wiederum in weitere Merkmalsgefüge zergliedert und je für sich entwickelt. Würde man zur Arg- und Wehrlosigkeit noch das Merkmal der „feindseligen Willensrichtung“ hinzunehmen, würde sich die Entfaltung als problematisch erweisen: „In feindseliger Willensrichtung ausnutzen“ bezieht sich inhaltlich auf die „Arg- und Wehrlosigkeit“ (Finalität), die in der Aussagen- und Prädikatenlogik (APL) durch eine Konjunktion oder ein Konditional nicht adäquat repräsentiert werden kann. Dasselbe gilt für die mit „infolgedessen“ angesprochene Kausalität. Die von *Alexy* gewählte Verkapselung ist bei diesem Beispiel unumgänglich, dadurch können aber wichtige Argumentationsphasen nicht deutlich gemacht werden.

Was bei diesem Beispiel außerdem auffällt, ist der Umstand, dass die Verringerung des Abstands von Norm und Sachverhalt nicht adäquat gelingt und die Äquivalenzrelation zu stark ist: In (1d) findet sich noch das Merkmal „bewusstes Ausnutzen“, das in (1e) fehlt. Durch (1e) würde wegen der behaupteten Äquivalenzrelation praktisch jenes Merkmal „bewusstes Ausnutzen“ überschrieben, da dort nur auf die Opfer- und nicht die Täterperspektive abgestellt wird. Auf der anderen Seite kann daran gezweifelt werden, ob die „Wehrlosigkeit“ durch die „reduzierte Möglichkeit zur Abwehr“ wirklich (nur) „konkretisiert“ oder nicht doch überschrieben wird, weil die „reduzierte Möglichkeit zur Abwehr“ eine – wenngleich nicht vollwertige – Wehrfähigkeit impliziert.

426 *Ders.*, a. a. O., S. 277 f.

Schließlich sind in der gewählten Formalisierung die Falllagen bei Kleinkindern problematisch, wo die sog. Abwehrbereitschaft eines „schutzbereiten Dritten" umgangen wird.[427] Solche Sachverhalte lassen sich einerseits nicht unter „besondere Umstände wie Sicherheitsmaßnahmen" fassen; vor allem wäre hier die Interpretation, die Arg- und daraus folgende Wehrlosigkeit des schlafenden Kleinkinds müsse ausgenutzt worden sein, nicht möglich. Mit Blick auf diese Fälle ist die Äquivalenzrelation in (1d) zu stark.

Gegen diese Einwände kann *Alexy* erwidern, dass sie sein Modell nicht treffen, sondern – im Gegenteil – es bestätigen: Schließlich hätten sie auf die Notwendigkeit einer abweichenden inhaltlichen Fassung der Prämissen oder Wahl der Schlussstärke aufmerksam gemacht, die dann in der externen Rechtfertigung zu begründen wäre.[428] Jedoch bereiten die in Einzelsätzen verkapselten Merkmalkomplexe Schwierigkeiten. Ihre sonst übliche Auffächerung und Entwicklung in einer flexibleren (Baum-)Struktur ist in der Struktur von *Alexy* nicht möglich. In restringierten Präsentationen wie oben mag noch eine gewisse Übersichtlichkeit bewahrt sein, in einem komplexeren Fall muss sich – wenn ich recht sehe – ein Untersatz dagegen auf eine unbestimmte Vielzahl von relevanten und in einem einzigen komplexen Satz verkapselte Merkmale beziehen können, die allesamt zugleich über mehrere Entfaltungsstufen miteinander entwickelt werden. Zudem ist die „Angstklausel" der „besonderen Umstände" problematisch. Doch das soll bei der Diskussion zum Lebach-Urteil näher entfaltet werden.

2. *Formalisierung des Lebach-Urteils*

Das zweite Beispiel ist der logischen Analyse eines Teils des Lebach-Urteils gewidmet. *Alexy* bespricht in dieser Analyse auch die „externe Rechtfertigung". Diese soll hier ausgespart bleiben. Weil es sich um die Formalisierung einer Entscheidung handelt, ist die Auskunft über die Leistungskraft der „internen Rechtfertigung" aussagekräftiger als in dem Beispiel oben. Auch *Alexy* sieht in dem Versuch einer Formalisierung einen Test für das auf S. 142 vorgestellte Schema.[429]

427 *BGHSt* 8, 216 ff.

428 Es stellt sich aber die unbeantwortet gebliebene Frage, ob die Interpretation als Äquivalenz oder Konditional zur „internen" oder zur „externen Rechtfertigung" zählt, weil keine Prämisse, sondern ein Junktor betroffen ist.

429 *Robert Alexy*, Die logische Analyse juristischer Entscheidungen, S. 30.

Um das Beispiel besser einzuordnen, sei zunächst der Sachverhalt des Urteils knapp rekapituliert. Es geht um die Lebach-Entscheidung des Bundesverfassungsgerichts: Der Beschwerdeführer war wegen Beihilfe zum Mord verurteilt und stand relativ kurz vor seiner Entlassung. Der Vorfall, über den bereits zuvor vielfach in Rundfunk, Fernsehen und Presse berichtet worden war, wurde in einem Fernsehspiel („Der Soldatenmord von Lebach") verfilmt und dieses sollte nun ausgestrahlt werden. In der Verfilmung wird der Beschwerdeführer im Bild gezeigt und sein Name mehrfach genannt. Die Instanzgerichtsbarkeit hatte in Abwägung mit dem allgemeinen Persönlichkeitsrecht des Beschwerdeführers der Rundfunkfreiheit („Recht auf Freiheit der Berichterstattung") den Vorzug gewährt und den Antrag auf Erlass einer gegen das ZDF gerichteten einstweiligen Verfügung abgelehnt. Das Bundesverfassungsgericht hielt die Verfassungsbeschwerde für begründet. Es sah durch die Ausstrahlung das durch das allgemeine Persönlichkeitsrecht geschützte Recht auf Resozialisierung des Beschwerdeführers verletzt, hob das Urteil des OLG auf und untersagte per einstweiliger Verfügung bis zur Entscheidung in der Hauptsache die Ausstrahlung der Sendung.[430]

Als Herausforderung sieht *Alexy* es, dass das Bundesverfassungsgericht die Entscheidung nicht explizit auf eine universelle Norm stützte, sondern sie als Folge einer Güterabwägung ausgewiesen hat. Eingangs diskutiert er zwei komplexere Darstellungsweisen: Nach der ersten wäre auf die prozessualen Entscheidungsvoraussetzungen abzustellen. Nach der anderen würde von den Grundrechtsartikeln ausgegangen. Eine bündige und seinem Schema gemäße Darstellung wäre bei diesem Ansatz allerdings nicht möglich. Er geht daher einen dritten Weg. Er nimmt an, dass die Entscheidung auf einer universellen Entscheidungsnorm beruhe, die vom Verfassungsgericht aus der Güterabwägung gewonnen werde und unter die der Sachverhalt dann subsumiert werden könne.[431] Diese Entscheidungsnorm oder Ausgangsprämisse entspricht einer Passage in der Urteilsbegründung des Bundesverfassungsgerichts, die vom Gericht in leicht modifizierter Form als Leitsatz ausgewiesen worden ist. Sie lautet: „Insgesamt ist somit eine wiederholte, nicht mehr durch das aktuelle Informationsinteresse gedeckte Fernsehberichterstattung über eine schwere Straftat jedenfalls dann unzulässig, wenn sie die Resozialisierung des

430 *BVerfGE* 35, 202 (202 ff.)
431 *Robert Alexy*, Die logische Analyse juristischer Entscheidungen, S. 32 f.

Täters gefährdet"[432]. Als weiteren, die Ausgangsprämisse konkretisierenden und gleichfalls universell formulierten Normsatz versteht *Alexy* den Folgesatz der Entscheidungsbegründung: „Eine Gefährdung der Resozialisierung ist regelmäßig dann anzunehmen, wenn eine den Täter identifizierende Sendung nach seiner Entlassung oder in zeitlicher Nähe zu ihr, ausgestrahlt werden soll"[433,434]

Um diese Sätze für die Überführung in sein Schema vorzubereiten, verkapselt er die Elemente der Sätze in den folgenden Prädikatsymbolen:

„Rg: ... ist einer, dessen Resozialisierung durch eine Fernsehberichterstattung gefährdet wird,

W: ... ist einer, über dessen schwere Straftat bereits im Fernsehen berichtet wurde (d. h. von dem jede Fernsehberichterstattung eine wiederholte wäre),

A: ... ist einer, bei dem eine Fernsehberichterstattung über dessen schwere Straftat einem aktuellen Informationsinteresse entspricht,

Fs: ... ist einer, dessen schwere Straftat Gegenstand einer Fernsehberichterstattung ist,

Fn: ... ist einer, dessen Person durch einen Schauspieler im Rahmen eines Fernsehspiels nach einer Namensnennung und Wiedergabe seines Bildes dargestellt wird,

Es: ... ist einer, über den eine ihn als Täter identifizierende Sendung nach seiner Entlassung ausgestrahlt wird,

Ns: ... ist einer, über den eine ihn als Täter identifizierende Sendung in zeitlicher Nähe zu seiner bevorstehenden Entlassung ausgestrahlt worden ist,

Cr: ... ist keiner im Hinblick auf dessen Situation besondere Umstände vorliegen."[435]

Die folgende Tabelle zeigt das Ergebnis der Überführung dieser Prädikate als Allsätze in das Schema der „internen Rechtfertigung". Links stehen sie in formalisierter Form und rechts zur besseren Nachvollziehbarkeit rückübertragen in eine verständlichere Sprache.[436]

---

432 *BVerfGE* 35, 202 (237).
433 *BVerfGE* 35, 202 (238).
434 *Ders.*, a. a. O., S. 33 f.
435 *Ders.*, a. a. O., S. 35, 39 f.
436 Vgl. *Ders.*, a. a. O., S. 35 ff.

(1a)	**∀x aus X = natürliche Personen:** (Rgx → (Wx ∧ ¬Ax → O¬Fsx)	**Für alle x aus der Klasse der natürlichen Personen gilt:** Wenn x ist einer ist, dessen Resozialisierung durch eine Fernsehberichterstattung gefährdet wird, dann ist x einer, über dessen schwere Straftat bereits im Fernsehen berichtet wurde und x ist nicht einer, bei dem eine Fernsehberichterstattung über dessen schwere Straftat einem aktuellen Informationsinteresse entspricht und wenn das der Fall ist, dann ist es geboten, dass x nicht einer ist, der Gegenstand einer Fernsehberichterstattung ist.
(1b)	**∀x aus X = natürliche Personen:** Rgx ∧ Wx ∧ ¬Ax → O¬Fsx	**Für alle x aus der Klasse der natürlichen Personen gilt:** Wenn x ist einer ist, dessen Resozialisierung durch eine Fernsehberichterstattung gefährdet wird und über dessen schwere Straftat bereits im Fernsehen berichtet wurde und x keiner ist, bei dem eine Fernsehberichterstattung über dessen schwere Straftat einem aktuellen Informationsinteresse entspricht, dann ist es geboten, dass x keiner ist, der Gegenstand einer Fernsehberichterstattung ist.
(1c)	**∀x aus X = natürliche Personen:** 1. O ¬Fsx ↔ Fp 2. (Rgx ∧ Wx ∧ ¬ Ax) → F Fsx	**Für alle x aus der Klasse der natürlichen Personen gilt:** 1. [Umwandlung von Gebots- in Verbotsnorm] 2. Wenn x einer ist … [1b], dann ist es verboten, dass x Gegenstand einer Fernsehberichterstattung ist.
(1d)	**∀x aus X = natürliche Personen:** (Rgx ∧ Wx ∧ ¬ Ax) → F FNx	**Für alle x aus der Klasse der natürlichen Personen gilt:** Wenn x einer ist … [1b], dann ist es verboten, dessen Person durch einen Schauspieler im Rahmen eines Fernsehspiels nach einer Namensnennung und Wiedergabe seines Bildes darzustellen.

(2a)	**∀x aus X = natürliche Personen:** $Esx \vee Nsx \rightarrow Rgx$	**Für alle x aus der Klasse der natürlichen Personen gilt:** Wenn x jemand ist, über den eine ihn als Täter identifizierende Sendung nach seiner Entlassung ausgestrahlt wird oder x jemand ist, über den eine ihn als Täter identifizierende Sendung in zeitlicher Nähe zu seiner bevorstehenden Entlassung ausgestrahlt worden ist, dann ist er einer, dessen Resozialisierung durch eine Fernsehberichterstattung gefährdet wird.
(2b)	**∀x aus X = natürliche Personen:** $(Esx \vee Nsx) \wedge Crx \rightarrow Rgx$	**Für alle x aus der Klasse der natürlichen Personen gilt:** Wenn x jemand ist, über den **a.** eine ihn als Täter identifizierende Sendung nach seiner Entlassung ausgestrahlt wird oder **b.** x jemand ist, über den eine ihn als Täter identifizierende Sendung in zeitlicher Nähe zu seiner bevorstehenden Entlassung ausgestrahlt worden ist und außerdem im Falle von **a.** oder **b.** keine besonderen Umstände vorliegen, dann ist er einer, dessen Resozialisierung durch eine Fernsehberichterstattung gefährdet wird.
.(3a)	Nsa	a ist jemand, über den eine ihn als Täter identifizierende Sendung nach seiner Entlassung ausgestrahlt wird.
.(3b)	Cra	a ist jemand, bei dem keine besonderen Umstände vorliegen.
.(4a)	Wa	a ist jemand, dessen Resozialisierung durch eine Fernsehberichterstattung gefährdet wird.
.(4b)	$\neg$Aa	a ist niemand, bei dem eine Fernsehberichterstattung über dessen schwere Straftat einem aktuellen Informationsinteresse entspricht.
(5)	F FNa	Es ist verboten, die Person a durch einen Schauspieler im Rahmen eines Fernsehspiels nach einer Namensnennung und Wiedergabe seines Bildes darzustellen.

Problematisch ist an der Formalisierung zunächst, dass *Alexy* die Sätze des Bundesverfassungsgerichts als universelle Regeln interpretiert. Das betrifft zunächst die Regeln (1a) bis (1d), denn das Verfassungsgericht hat das Sendeverbot gerade nicht unter den dort benannten Voraussetzungen als kategorisch konzipiert, sondern ausgeführt: „Ob und wieweit hier Ausnahmen denkbar sind, etwa bei einem überragenden historischen Interesse, bei wissenschaftlichen oder anderen Sendungen, die sich nur an einen begrenzten Zuschauerkreis wenden, bedarf keiner Prüfung, weil diese Voraussetzungen hier fehlen."[437] Auch bei fehlendem aktuellem Interesse der Allgemeinheit schließt das Gericht es nicht aus, dass in Sonderfälle eine Ausstrahlung zulässig sein kann. Die Formulierung als Allsatz ist vor diesem Hintergrund eindeutig fehlerhaft, weil die oben erwähnte Einschränkung in ihm nicht deutlich gemacht wird.

Auch im zweiten herangezogenen Satz sagt das Bundesverfassungsgericht nur aus, unter welchen Umständen eine Resozialisierung „regelmäßig" gefährdet ist. Es geht davon aus, dass unter „besonderen Umständen" anderes gelten kann. Die Strategie, mit der *Alexy* den bei ihm mit dem Allquantor verbundenen Gedanken der Universalisierbarkeit retten möchte, wird mit der Aufnahme der Ausnahmebedingung Crx in (2b) deutlich: Die Folgerung auf den Hintersatz des Konditionals wird im dortigen Allsatzes unter die zusätzliche Bedingung des „Nichtvorliegens besonderer Umstände" gestellt. (3b) betrifft den korrespondierenden Subsumtionsakt, in dem festgestellt wird, dass a jemand ist, bei dem „keine besonderen Umstände vorliegen".

Bereits die Vorstellung, unter den Begriff „keine besonderen Umstände" könne subsumiert werden, wirft schwerwiegende theoretische Probleme auf. Sie betreffen die Formulierung von Allsatz (2b): Ist es wirklich eine Sachverhaltsaussage, ein deskriptiver Satz, wenn ausgesagt wird, dass a jemand ist, bei dem „keine besonderen Umstände" vorliegen? Ist es also eine Aussage, die der Form nach etwa dem entsprechen würde, dass ein Pkw „keinen Lackschaden" hat? Sind „besondere Umstände" als Prädikate in einem Allsatz überhaupt interpretierbar? Ist a oder irgendein x wirklich das Referenzobjekt, dem die „besonderen Umstände" zugesprochen werden (können)? *Neumann* macht gegen solche „Angstklauseln" zu Recht geltend, dass auf diese Weise eine metasprachliche Aussage in die Formalisierung gezogen wird.[438]

---

437 *BVerfGE* 35, 202 (237 f.).

438 Vgl. *Ulfrid Neumann*, Juristische Argumentationslehre, S. 26.

Angesichts dieser Kritik vielleicht überflüssig, versuche ich im Folgenden dennoch, gegen die Aufnahme „keine besonderen Umstände" (Crx) als Prädikat in eine logische Formel zusätzlich noch einen indirekten Beweis zu führen. Dahinter steht der folgende Grundgedanke: In Allsatz (2b) übernimmt Crx die Funktion einer einschränkenden Bedingung, die sie meiner Meinung nach als Blankett nicht übernehmen kann. Es wird damit eine logische Unrichtigkeit behauptet.

Um den Beweis zu führen, ist als Vorüberlegung zunächst eine adäquatere logische Beschreibung von Crx erforderlich. Als Ausgangspunkt für diese adäquatere Beschreibung dient die folgende Auffälligkeit: Logisch gesehen ist es falsch, die Formalisierung „$(Esx \vee Nsx) \wedge Crx \rightarrow Rgx$" mit der Formalisierung „$(Esx \vee Nsx) \wedge \neg Crx \rightarrow Rgx$" gleichzusetzen. Was voneinander verschieden ist, kann nicht miteinander identisch sein. Daraus folgt, dass ein Kriterium vorhanden sein muss, das Crx und Crx voneinander unterscheidet. Wonach bestimmt sich aber der Unterschied zwischen dem Prädikat „besondere Umstände liegen vor" und dem Prädikat „keine besonderen Umstände liegen vor"? Meines Erachtens führt kein Weg daran vorbei, dieses differenzierende Kriterium von der Folgenseite her zu nehmen: Etwas ist folglich stets und genau dann nicht als „kein besonderer Umstand" – also als das Bestehen eines „besonderen Umstand" (= $\neg Crx$) – zu qualifizieren, wenn trotz der Bejahung von Esx oder Nsx gleichzeitig keine Gefährdung der Resozialisierung gegeben ist (= $\neg Rgx$). Anders gesprochen: „Kein besonderer Umstand" (Crx) ist stets und genau dann gegeben, wenn mit der Bejahung von Esx oder Nsx gleichzeitig eine Gefährdung der Resozialisierung (Rgx) gegeben ist.

Um den folgenden Beweis in seinen Einzelschritten nachvollziehbar zu machen, seien sie tabellarisch vorangeschickt:

I.	$(Esx \vee Nsx) \wedge Crx \rightarrow Rgx$	Formel (2b) von *Alexy*
II.	$((Esx \vee Nsx) \wedge Rgx) \leftrightarrow Crx$	Umschreibung von Crx („keine besonderen Umstände")
III.	$(Esx \vee Nsx) \wedge (Esx \vee Nsx) \wedge Rgx \rightarrow Rgx$	II. in Substitution von Crx eingesetzt in I.
IV.	$(Esx \vee Nsx) \wedge Rgx \rightarrow Rgx$	Elimination der Dopplung von $(Esx \vee Nsx)$

In der Tabelle wird unter I. schlicht die Formel von *Alexy* aus (2b) wiederholt und II. betrifft in formalisierter Weise die obige Überlegung, dass Crx („keine besonderen Umstände") stets und genau dann vorliegt, wenn bei gleichzeitiger Bejahung von Esx oder Nsx zugleich eine Gefährdung der Resozialisierung vorliegt. Wegen dieser Äquivalenz wurde anstelle von Crx der Vordersatz von II. in *Alexys* Formel eingesetzt und daraus die Formel in III. gewonnen. Durch Streichen einer der zwei Disjunktionen (Esx ∨ Nsx) konnte die Formel in IV. weiter vereinfacht werden. Sie war in dieser Struktur wegen gedoppeltem Auftreten logisch gesehen überflüssig. In dieser vereinfachten Form wird sichtbar, dass der Einsatz von II. in I. dazu geführt hat, eine Formel zu erzeugen, in der das Konditional immer wahr ist. Damit ist gezeigt, dass Crx die einschränkende Funktion, die *Alexy* mit seiner Formalisierung behauptet, nicht leistet, sondern – im Gegenteil – durch die Einfügung dieses Prädikats eine verdeckte Tautologie erzeugt wird. Der indirekte Beweis ist damit geführt.[439]

Damit dürfen „besondere Umstände" nicht die Rolle von Prädikaten in allquantifizierten Sätzen einnehmen, sondern müssen durch eine Einschränkung des Quantors kenntlich gemacht werden. Ohne eine grundlegende Reformierung der juristischen Sprache in Entscheidungen, durch die Wendungen wie „besondere Umstände", „regelmäßig" oder „grundsätzlich" tabuiert werden, ist das von *Alexy* verfolgte Konzept, „universelle Normen" durch „Allquantifikation" in der Aussagen- und Prädikatenlogik darzustellen, nicht haltbar.

D. Die Abwägung von Prinzipien nach der Gewichtsformel

Neben der Subsumtion wird die Abwägung im Theorienlager von *Alexy* unstreitig als „Grundoperation" der juristischen Argumentation verstanden. Da sie in ihrem Herzstück auf einer arithmetischen Operation beruht, begreift man sie als der Subsumtion analog.[440] Die „Abwägung" wird allein deshalb etwas

439 In Formel I. kann (wenn die Interpretation von Crx durch II. ausgeblendet wird) das Konditional bei Verneinung von Rgx und Bejahung von einerseits Crx und andererseits entweder Esx oder Nsx den Wahrheitswert „falsch" annehmen. In Formel III./IV. ist der Wahrheitswert des Konditionals immer „wahr". Hierin liegt der Widerspruch, der die Rede von einem „indirekten Beweis" legitimiert.

440 *Robert Alexy*, Die Gewichtsformel, in: GS-Sonnenschein, S. 771; *Matthias Klatt/ Johannes Schmidt*, Abwägung unter Unsicherheit, in: AöR 137 (2012), S. 553.

umfassender besprochen, weil sie später für das Verständnis der Analogie im Modell von *Alexy* wichtig werden wird. Eine umfassende Auseinandersetzung mit der Thematik ist dagegen nicht möglich: Die Abwägung steht in engem Zusammenhang mit *Alexys* Prinzipientheorie[441], zu der er es einen mittlerweile weit verzweigten und kaum noch überschaubaren Diskurs gibt.[442] Dabei spielen theoretische Hintergrundannahmen – etwa zum Charakter der Prinzipien[443] – eine Rolle, die von mir zwar oft nicht geteilt werden, deren vollständige Diskussion jedoch den Rahmen sprengen würde. Hier kann es daher nur darum gehen, die Abwägung als Grundoperation grob in *Alexys* theoretischer Umgebung zu kontextualisieren und ihre wesentliche Funktionsweise zu erläutern, abweichende Wertungen deutlich zu machen und seine Konzeption soweit zu kritisieren, dass meine Folgewertungen nachvollziehbar werden. In diesem Sinne ist die Auseinandersetzung mit der „Grundoperation: Abwägung" ihrem Charakter nach in wesentlicher Weise „technisch" und ihrem Anspruch nach unvollständig.

I. Die Konzeption der Abwägung als Kollisionsbewältigungsverfahren auf Basis der Gewichtsformel

Die Abwägung fungiert in *Alexys* Theorie als Kollisionsbewältigungsverfahren. Sie ist darauf gerichtet, „universelle Norm" zu erzeugen. Diese „universellen Normen" stehen dann als subsumtionsfähige Entscheidungsregeln für die Falllösung bereit. Das Verfahren wird nur vor dem Hintergrund von *Alexys* Verständnis von Grundrechten oder Verfassungsprinzipien als Optimierungsgeboten verständlich. Jene Prinzipien schweben gleichsam als Ideale in einem Wertehimmel über der (regelbasierten) Rechtsordnung, die konkrete Konfliktsituationen regelt. Relativ zu den Prinzipien ist ein Zustand der aus

---

441 *Robert Alexy*, Theorie der Grundrechte, S. 71 ff.

442 Neben den grundlegenden Arbeiten von *Robert Alexy*, Theorie der Grundrechte und *Ronald Dworkin*, Bürgerrechte ernstgenommen. Vgl. die neueren Arbeiten von *Martin Borowski*, Grundrechte als Prinzipien und *Jan-Reinhard Sieckmann*, Die Prinzipientheorie der Grundrechte.

443 Vgl. hierzu kritisch *Ralf Poscher*, Theorie eines Phantoms – Die erfolglose Suche der Prinzipientheorie nach ihrem Gegenstand, RW 4/2010, S. 349 ff.; *Ralph Christensen/Friedemann Vogel*, Korpusgestützte Analyse der Verfassungsrechtsprechung: Eine Abwägung von Prinzipien findet nicht statt, in: Rechtstheorie 44 (2013), S. 29 ff.

der Ökonomie geläufigen Pareto-Optimalität anzustreben: Kann der Realisationsgrad eines Prinzips heraufgesetzt werden, ohne dass derjenige eines anderen Prinzips herabgesetzt werden muss, ist eine Optimierung vorzunehmen. Als Ideale enthalten Prinzipien keine definitiven Gebote. Alle sind gleichermaßen miteinander verträglich. Nur mit Blick auf die Bewältigung einer konkreten Konflikt- und Regelungssituation muss zwischen ihnen entschieden werden.[444]

Alexy exemplifiziert diese Zusammenhänge anhand der TITANIC-Entscheidung des Bundesverfassungsgerichts, die kurz vorgestellt sei: Der Beschwerdeführer in der TITANIC-Entscheidung war nach einem Unfall querschnittsgelähmt und wollte sich gegen den Widerstand der Bundeswehrführung als Reserve-Offizier zu Wehrübungen einberufen lassen. Zu dieser Zeit wurde in der Öffentlichkeit die „Soldaten sind Mörder-"Debatte ausgetragen. Das Satiremagazin TITANIC vertrat darin eine Anti-Bundeswehr-Haltung und veröffentlichte einen satirischen Beitrag, in dem der Beschwerdeführer mit Vor- und Zunamen und mit dem Klammerzusatz "geb. Mörder" genannt wurde. Hiergegen wehrte er sich und wollte eine Entschädigung wegen Verletzung seines allgemeinen Persönlichkeitsrechts erstreiten. TITANIC veröffentlichte daraufhin einen zweiten, im Jargon der bissigen Satire verfassten Beitrag über den Kläger, in dem dieser – wiederum unter Nennung seines Namens – als „[…] Krüppel, [dessen] Zweck [in der Bundeswehr] es ist, Menschen zu Krüppeln oder gar totzuschießen" bezeichnet wurde. Es geht also um den Konflikt zwischen „Pressefreiheit" und „Allgemeinem Persönlichkeitsrecht", den das Bundesverfassungsgericht hinsichtlich des ersten Vorfalls zugunsten der Pressefreiheit des Magazins und hinsichtlich des zweiten Vorfalls zugunsten des Allgemeinen Persönlichkeitsrechts des Beschwerdeführers entschieden hat.[445]

In der Sphäre „idealen Sollens" sind nach *Alexy* der Schutz des allgemeinen Persönlichkeitsrechts und die Garantie der Pressefreiheit miteinander verträglich. Erst in der hierzu vom Bundesverfassungsgericht erörterten Entscheidungssituation führten sie zu gegenläufigen Geboten: Die Pressefreiheit verbietet die Zusprechung von Schmerzensgeld, das Allgemeine Persönlichkeitsrecht verlangt sie. *Alexy* schließt daraus, dass zur Entscheidung einer

---

444 *Robert Alexy*, Theorie der Grundrechte, S. 71 ff.; *ders.*, Die Gewichtsformel, S. 771 f.; *ders.*, Ideales Sollen und Optimierung, in: FS-Neumann, S. 17 ff.

445 Vgl. *BVerfGE* 86, 1 ff.

konkreten Rechtssache eine Vorrangrelation begründet werden müsse, die folgende Grundform annimmt: (P_1 **P** P_2)C: Unter den Bedingungen von Fall C geht Prinzip P_1 dem Prinzip P_2 vor. Ist diese Vorrangrelation erst einmal begründet, könne daraus die Entscheidungsregel C → R gebildet werden: Wenn die C charakterisierenden Merkmale erfüllt sind, wird die Rechtsfolge R (Schmerzensgeld wird zu- oder abgesprochen) ausgelöst.[446]

Hier wird zunächst sichtbar, wie bei *Alexy* die Subsumtion mit dem Vorgang der Abwägung verschaltet wird, denn gerade dieser ist es, der darüber entscheidet, welches Prinzip in Anbetracht von C Vorrang genießt. *Alexy* sieht jene Abwägung (die der Prüfung der Proportionalität oder Verhältnismäßigkeit (im engeren Sinne) gemäß der tradierten Grundrechtsdogmatik entsprechen soll[447]) entgegen von Stimmen in der Literatur[448] nicht als in erster Linie durch Dezision oder eingelebte Wertungsgepflogenheiten geprägt, sondern hält sie für rational darstellbar.

Er verfolgt die Strategie, Abwägung – ausgehend von qualitativen Beschreibungen – in ein arithmetisches Schema – die sog. Gewichtsformel – zu überführen.

Qualitativ umschrieben liegen ihr zwei „Abwägungsgesetze" zugrunde: Das erste – „materielle" – Abwägungsgesetz lautet: „Je höher der Grad der Nichterfüllung oder der Beeinträchtigung des einen Prinzips ist, desto größer muß die Wichtigkeit des anderen Prinzips sein".[449]

Für die Bestimmung dieser „Grade der Beeinträchtigung oder Nichterfüllung" setzt er an einer Formulierung des Gerichts an: In der TITANIC-Entscheidung sprach es von einer „schweren" Persönlichkeitsverletzung durch die Verwendung des Begriffs „Krüppel". In einer triadischen Gliederung unterscheidet er folglich zwischen „leichten", „mittleren" und „schweren" Beeinträchtigungen von Prinzipien, bildet eine Ordinalskala und ordnet den qualitativen Begriffen die Zahlenwerte „1 (leicht)", „2 (mittel)" und „3 (schwer)" zu.[450]

---

446 *Robert Alexy*, a. a. O., S. 19 f.; *ders.*, Theorie der Grundrechte, S. 83; *ders.*, Zwei oder drei?, in FS-Rüßmann, S. 5 f.

447 *Ders.* Die Gewichtsformel, S. 772.

448 Vgl. *ders.*, a. a. O., S. 773 mit Verweis auf Schlink und Habermas.

449 *Ders.*, a. a. O., S. 772.

450 *Ders.*, a. a. O., S. 783.

In analoger Weise ordnet er dem abstrakten Gewicht der Prinzipien Skalenwerte zu, die jedoch zumeist gleich sind.[451] Ein wichtigerer Faktor sind die Grade der Unsicherheit von empirischen und normativen Hintergrundannahmen. Um diese zu erfassen, stützt er sich auf ein zweites – das „epistemische" – Abwägungsgesetz. Es besagt, dass „je schwerer der Eingriff wiegt, desto größer muß die Gewissheit der den Eingriff tragenden Prämissen sein." Auch hier verfolgt *Alexy* eine triadische Gliederung, die sich an der Kontrolldichte durch das Bundesverfassungsgericht ausrichtet:[452]

- Stufe 1 „intensivierte inhaltliche Kontrolle"
- Stufe 2: „Vertretbarkeitskontrolle"
- Stufe 3: „Evidenzkontrolle"[453]

Die entsprechenden Grade der Gewissheit sind „nicht evident falsch", „vertretbar oder plausibel" und „gewiss oder sicher".[454]

Hieraus bildet er die folgende Gewichtsformel: $\frac{Ii * Gi * Si}{Ij * Gj * Sj} = EW$.

I steht für die Intensität der Nichterfüllung eines Prinzips, G für das abstrakte Gewicht des betroffenen Prinzips und S für die Sicherheit von empirischen oder rechtlichen Annahmen. Die Indizes i und j bezeichnen das jeweilige Prinzip. Ist der Entscheidungswert (EW) kleiner 1 obsiegt Prinzip j, ist er größer 1 obsiegt Prinzip i und ist er gleich 1 besteht für die jeweilige Entscheidungsinstanz ein Entscheidungsspielraum. Dieser „strukturelle Spielraum", steht in Abgrenzung zum „epistemischen Spielraum", der bei der Zuweisung der Skalenwerte eingeräumt wird.[455] Die Zuweisung der Werte ist – wie bei der „externen Rechtfertigung" – zu begründen.[456]

451 *Ders.*, a. a. O., S. 778.

452 *Ders.*, a. a. O., S. 789 f.

453 Etwa *BVerfGE* 126, 170 (199); *BVerfG*, Beschl. vom 03.05.2012 – 2 BvL 17/08 –, juris.

454 *Robert Alexy*, Die Gewichtsformel, a. a. O., S. 789 f.; modifizierend: *Matthias Klatt*, Abwägung unter Unsicherheit, in: AöR 137 (2002), S. 545 ff.

455 *Robert Alexy*, Ideales Sollen, a. a. O., S. 23 f.; *ders.*, Gewichtsformel, S. 783 ff.; *Matthias Klatt*, a. a. O., S. 545 ff.

456 *Ders.*, a. a. O., S. 553.

II. Kritik an der Konzeption der Gewichtsformel

Die umfängliche Diskussion zur Gewichtsformel kann nicht in allen Einzelheiten aufgenommen werden. Es seien einige Punkte benannt, die meine Zweifel an der Gewichtsformel begründen sollen.

1. *Die Skalenwerte als relative Größen*

Zunächst hat *Alexy* sicher Recht, wenn er das „abstrakte Gewicht“ der Prinzipien als meist gleich einschätzt. Das hat zur Folge, dass es dann in der Formel nur auf die Faktoren I und S ankommt.[457] *Alexy* ist aber zu optimistisch, was die Ausdrückbarkeit von Beeinträchtigungsintensitäten (Faktor I) durch Zahlenwerte betrifft. Einerseits gesteht er zwar epistemische Spielräume bei der Zuweisung der Werte zu. *Alexy* hegt jedoch keinen Zweifel daran, dass etwa in der Entscheidung TITANIC mit der öffentlichen Verwendung des Begriffs „Krüppel“ eine „sehr schwere oder außerordentlich schwere Persönlichkeitsverletzung“ verbunden sei. Diese sei sogar so schwer, dass sie kaum noch gerechtfertigt werden könne und damit ein Beispiel dafür, „daß in den Grundrechten als Prinzipien Kräfte stecken, welche im Wege der Abwägung Grenzen setzen, die zwar nicht starr und abwägungsfrei erkennbar, wohl aber fest und klar sind.“[458]

Ich zweifle nun an der Festigkeit und Klarheit dieser Grenzen und begründe diese Zweifel zunächst mit der Relativität der Begriffe „leicht“, „mittel“ und „schwer“. *Alexy* sieht zunächst, dass das konkrete Gewicht eines betroffenen Prinzips eine relative Größe ist. Um diese Relativität zu erfassen, bestimmt er das konkrete Gewicht $G_{,j}$ als „Differenz der Intensität des Eingriffs in dieses Prinzip (P_i) und der konkreten Wichtigkeit des Prinzips (P_j)“.[459] Später entscheidet er sich anstelle der Darstellung als Differenz für die analoge Darstellung als Quotient.[460] Der Relationierung von P_i und P_j zur Erfassung des konkreten Gewichts geht aber ein absolutes Größenverständnis bei der Zuweisung von Intensitäts- und Wichtigkeitswerten voraus. Das ist nicht richtig. Was „leicht“ ist, bestimmt sich erst im konkreten Vergleich zu Vergleichsobjekten: Im Vergleich zu einem Tischtennisball ist die Sonne ausgesprochen schwer, im Vergleich zu Saggitarius A* ist sie extrem leicht. Entsprechend lässt sich fragen,

457 *Robert Alexy*, Die Gewichtsformel, S. 788.

458 *Ders.*, a. a. O., S. 776.

459 *Ders.*, a. a. O., S. 784; *ders.*, Theorie der Grundrechte, S. 146.

460 *Ders.*, a. a. O., S. 786 ff.

wie „schwer" die Intensität der Beeinträchtigung durch die Bezeichnung als „Krüppel" in einem bekannten Satiremagazin mit relativ hoher Auflage etwa im Vergleich zur staatlich verordneten Kennzeichnung einer Minderheit mit einem „Stern" auf der Kleidung oder mit deren Martyrium in unter staatlicher Aufsicht geführten menschenverachtenden („medizinischen") Testverfahren ist. Würde man den Fall der Bezeichnung als „Krüppel" durch das Magazin mit solchen Fällen in Vergleich stellen, kann die Beeinträchtigungsintensität von Ersterem nur mit der Bewertung „(sehr) leicht" in die Gewichtsformel eingehen.

Im Fall TITANIC hätte zudem argumentiert werden können, dass mit dem Begriff „Krüppel" weniger die Abqualifizierung von Behinderten intendiert war, sondern in besonders drastischer Weise auf das durch Krieg verursachte Leid gezeigt werden sollte. Insbesondere bei einem solchen Verständnis würde – in Ansehung der Leitentscheidungen des Supreme Courts in Sachen Hustler Magazine & Flint Inc. versus Jerry Falwell[461] und der Sache Snyder versus Phelps et. al.[462] – in den Vereinigten Staaten eine *tort action* wegen

---

461 Die Rechtssache behandelte eine Klage des bekannten Predigers Falwell, mit dem das verklagte Hustler-Magazin in einem ersichtlich satirisch angelegten Beitrag ein fingiertes Interview führte. In diesem fingierten Interview ließ das Hustler-Magazin Reverend Falwell u. a. aussagen: "[…] that his "first time" was during a drunken incestuous rendezvous with his mother in an outhouse." Das Gericht führt weiter aus: "The Hustler parody portrays respondent and his mother as drunk and immoral, and suggests that respondent is a hypocrite who preaches only when he is drunk." Für den Supreme-Court war entscheidend, dass der fehlende Wahrheitsgehalt des Interviews offengelegt wurde und mit Falwell eine Person des öffentlichen Lebens betroffen war, vgl. *United States Supreme Court*, Hustler Magazine & Flint Inc. v. Jerry Falwell, 485 U. S. 46 (1988) 108 S. Ct. 876.

462 In dieser Entscheidung wandten sich die Hinterbliebenen des gefallenen, homosexuellen Soldaten Snyder gegen eine Demonstration des Herrn Phelbs und der Anhänger der Westboro Baptist Church, die auf Begräbnissen von gefallenen, homosexuellen Soldaten gegen die Tolerierung von Homosexualität – so auch auf derjenigen von Herrn Snyder – im U.S. Millitär protestierten. Dabei trugen sie 30 Minuten vor der Beerdigung von Herrn Snyder Schilder u. a. mit den Aufschriften „Thank God for Dead Soldiers", „Fags Doom Nations" und „You're going to Hell" vor sich her. Für die Senatsmehrheit in einer 8:1-Entscheidung (nur der übrigens konservative Richter Ailto votierte abweichend) war entscheidend, dass „a matter of public concern" bzw. „public issue" behandelt wurde und es sich nicht lediglich um eine persönliche Attacke auf den Verstorbenen handle, vgl. *United States Supreme Court*, Snyder vs. Phelbs et al., 562 U.S. 443 (2011) 131 S. Ct. 1207.

intentional infliction of emotional distress wahrscheinlich wegen Höherwertung der *freedom of speech* abgewiesen werden.

Dies verdeutlicht den Einfluss, den unterschiedliche Wertungstraditionen – eben mehr oder minder unreflektierte Wertungsgepflogenheiten – *prima facie* auf den Prozess des Abwägens von Verfassungsgütern haben. Diese Unterschiede müssen ernst und beide Traditionen jeweils für sich als „präsumtiv vernünftig“ hingenommen werden. Für oder gegen eine Interpretation von ähnlichen Verfassungswerten durch eine andere Verfassungskultur können nicht einfach Gewichtungsfehler angeführt werden. Wenn zugestanden wird, dass das Gewicht von Verfassungswerten – wie oben festgestellt – eine relative Größe ist, dann ist diese Relativität in dem Sinne zu verstehen, dass die Richtigkeit einer Interpretation nur relativ zu einer vergangenen Interpretationspraxis innerhalb eines Rechts- und Kulturkreises bestimmt werden kann.[463] Zwischen den Kulturkreisen muss dagegen in einem erheblichen Grad Inkommensurabilität zugestanden werden.[464] Nur für Extremfälle (Genozid, Mord, Vergewaltigung etc.) kann man auf den faktischen Gleichlauf moralischen Urteilens auf breiter, empirisch feststellbarer Basis verweisen. Er ist indes mehr die Folge eines evolutionären Selektionsprozesses und weder rein rational begründbar noch weiter begründungsbedürftig.[465] Ausdiskutiert werden kann – was sich

---

463 Alexy ist hier wohl anderer Auffassung, denn er unterstellt Richtigkeit unabhängig von „einer Linie von Präjudizien“. „Schwer“, „mittel“ und „leicht“ versteht er damit offenbar als „absolute Größen“, vgl. *Robert Alexy*, Die Gewichtsformel, a. a. O., S. 777.

464 A. A. *Robert Alexy*, a. a. O., S. 781; Alexy schwankt hier allerdings und weist an anderen Stellen auf die Problematik fehlender intersubjektiver Übereinstimmung hin, vgl. *ders.*, Theorie der Grundrechte, S. 149; *ders.*, Die Gewichtsformel, a. a. O., S. 783. Ich interpretiere *Alexy* so, dass er wohl annimmt, das Intersubjektivitätsproblem verschärfe sich mit der Feinheit der Skalierung. Bei relativ groben Skalierungen dagegen sei die Wahrscheinlichkeit intersubjektiver Übereinstimmung erhöht.

465 Vgl. *Willard Orman van Quine/Joseph Ullian*, Web of Belief, S. 138: “On the whole theories purporting to offer ultimate grounds for moral appraisal have had their troubles; surely non has commanded anything approaching universal asset. In trying to adjudicate ultimate moral values we are indeed way out on a limb, but we do what we can. There is consolation in our more cheerful previous reflection: *that agreement on basic moral issues is widespread, thanks to natural selection.* Utter depravity is rather the exception than the rule.” Vgl. weiter gegen ein objektivistisches Verständnis moralischer Werte *John Leslie Mackie*, Die Erfindung des moralisch Richtigen und Falschen, S. 11 ff.; *Hans Kelsen*, Was ist Gerechtigkeit?, inbes. S. 49 ff. Selbstverständlich soll damit nicht für ein Forschungsverbot plädiert werden. Wenn sich eine rationalistische Begründung doch finden ließe, wäre das umso besser.

von selbst verstehen sollte – dieses zentrale Problem der Begründbarkeit oberster Gerechtigkeits- und Moralprinzipien nicht.

Wird aber zugestanden, dass die Intensität der Beeinträchtigung von Verfassungswerten nur relativ zu einer vorangegangenen Verfassungspraxis bestimmt werden kann, stellt sich verschärft die Frage, wie diese Praxis in einer triadischen Gliederung einzufangen wäre. Gelingt dies nicht – interpretiert man diese Intensitäten als absolute, von Präjudizien losgelöste, doch begründungsbedürftige Größen –, dann führt kein Weg daran vorbei, auch innerhalb einer Rechtskultur Inkommensurabilität bei der Einschätzung durch Argumentationsteilnehmer anzunehmen. Praktisch jede Wertzuweisung wäre, mit Ausnahme der Überschreitung der oben angedeuteten Grenze in Extremfällen, so in irgendeiner Weise begründbar.

2. *Unklarheit über Rationalitätsgewinn durch den Mechanismus der arithmetischen Abwägung*

Es fragt sich dann allerdings, worin der Rationalitätsgewinn von *Alexys* Konzeption des Abwägungsvorgangs liegt. Warum sollte gerade die Gewichtsformel eine Werteverarbeitung garantieren, aus der nachvollziehbare Entscheidungsvorschläge resultieren und an die man sich daher gebunden fühlen müsste? Im günstigsten Fall scheint mir die Ergebnisfindung und -begründung auf diese Weise nur ein wenig umständlich. Kann es aber der Sinn eines Begründungselements wie der Gewichtsformel sein, dass der Entscheidungsbegründer vor der Zuweisung der Werte so lange herumprobiert, bis schließlich der Ergebniswert zum Fall passt?

Selbst vergleichsweise einfache oder übersichtliche verfassungsrechtlichen Probleme – wie dasjenige des finalen Rettungsschusses – würden mit der Verpflichtung auf *Alexys* Gewichtsformel zum Problem: Ordnet man sowohl die drohende Tötung einer Geisel durch einen Geiselnehmer wie auch den tödlichen Schuss durch einen Polizeibeamten auf diesen Geiselnehmer als gleichermaßen intensive Beeinträchtigung des Grundrechts auf Leben und körperliche Unversehrtheit ein, dann handelte der Polizeibeamte stets verfassungswidrig: Der drohende Tod der Geisel bei Nichthandeln kann vom Polizisten in der Entscheidungssituation immer nur in *vertretbarer* Weise antizipiert werden, wohingegen der Tod des Geiselnehmers – zumindest in bestimmten Konstellationen – *gewiss* wäre. Die Aufspaltung von Art. 2 Abs. 2 S. 1 GG in zwei separate Grundrechte und Deutung des Rettungsschusses als „leichte“ oder „mittlere Beeinträchtigung des Grundrechts auf Leben“ als vermeintliche Lösung gehörte bereits rein sprachlich ins rhetorische Reich dystopischer Romane.

Es drängt danach alles nach einer Differenzierung, die *Alexy* auch diskutiert. Dabei weist er – in ebenfalls nachvollziehbarer Weise – darauf hin, dass diese Differenzierung Grenzen haben muss. Er bevorzugt daher (aus teilweise noch zu erörternden Gründe) eine triadische Gliederung. Ausdrücklich offen lässt er allerdings die Möglichkeit weiterer – offenbar fallweiser – Differenzierung; etwa durch eine Doppeltriade, bei der die Zone „leicht" nochmals in eine „obere", „mittlere" oder „untere" Zone eingeteilt wird und auf diese Weise neun Zuordnungswerte konstituiert würden.[466] Durch Anpassung der Gewichtsformel an eine je nach Lage des Falles (zum Ergebnis?) passende Gliederungsordnung würde die Verfassungspraxis indessen nicht in standardisierter Weise in ein Projektionsschema überführt: Die Ergebniswerte würden – je nach Feinheit der Gliederungsordnung – differieren. Man muss der Gewichtsformel damit die Eignung absprechen, als projektives Verfahren eine vergangene in eine zukünftige Entscheidungspraxis abzubilden. Die Präsentation solcher Berechnungen als Entscheidungsbegründung wäre, weil die Anschauung und ein mitdenkender Geist als Korrektive ausfielen, etwas Schlimmeres als „leere Rhetorik"[467], nämlich „leere Zahlenakrobatik".

3. *Über- und Unterdifferenzierung: Zwischen Skylla und Charybdis*

Der Gedanke der Feindifferenzierung soll aufgegriffen und weiterentwickelt werden. Ziel soll zunächst sein, herauszufinden, wie weit man eine Gliederungsordnung differenzieren kann und wie in ihr möglichst viele „Speicherstellen" geschaffen werden. Diese „Speicherstellen" werden benötigt, um Wertungen vergangener Verfassungsentscheidungen in eine Ordinalskala einzuordnen. Wie man dabei verfahren kann, soll in der Tabelle unten veranschaulicht werden. Hier werden eine triadische und eine quintische Ordnung repräsentiert. Auf eine mehrfache Gliederung wird verzichtet:

Intensität der Beeinträchtigung	**I.**	**II.**	**III.**
sehr leicht	1	1	1 bis $1*10^n$
leicht		2	$(1*10^n)+1$ bis $2*10^n$
mittel	2	3	$(2*10^n)+1$ bis $3*10^n$
schwer		4	$(3*10^n)+1$ bis $4*10^n$
sehr schwer	3	5	$(4*10^n)+1$ bis $5*10^n$

466 *Robert Alexy*, Die Gewichtsformel, a. a. O., S. 783 ff.; *ders.*, Theorie der Grundrechte, S. 138 ff., 145 ff.

467 *Ders.*, Die Gewichtsformel, a. a. O., S. 781.

Ganz links steht in qualitativer Begrifflichkeit die Beeinträchtigungsintensität, rechts daneben verschiedene quantitative Wertzuweisungen für die Gewichtsformel. Zunächst eine Wertzuweisung in einer Triade, in der die Differenzierung „leichter" in „sehr leichte" und „leichte" Beeinträchtigungen (und entsprechend für „schwere" Beeinträchtigungen) nicht nachvollzogen wird, daneben zwei weitere quintische Gliederungen, die diese berücksichtigen. Die dritte Gliederung kann – was im Ergebnis keinen Unterschied macht – bei negativem Exponenten sowohl unendlich viele kleine Zahlen zwischen den durch II. vorgegebenen natürlichen Zahlen annehmen oder abgeleitet von II. bei positivem Exponenten unendlich große Zahlen. Auf diese Weise gewinnt man für den Bereich der jeweiligen Beeinträchtigungsintensität potenziell unendlich viele Speicherstellen, wo innerhalb „sehr leichter" Beeinträchtigungsintensität bereichsintern noch einmal eine zusätzliche Möglichkeit zur Binnendifferenzierung gegeben wird.

Entscheidend ist, dass immer eine Bereichsfestlegung durch die Kopplung an einen qualitativen Begriff besteht. Als Konsequenz unterscheiden sich bei Einstellung von Werten aus II. und III. in die Gewichtsformel die Ergebnisse weniger, als wenn sie aus I. entnommen werden. Das ist kaum verwunderlich, denn II. ist als Basis in III. enthalten und beide sind damit gleichermaßen Repräsentanten von quintischen Gliederungsordnungen. Jener quintischen Gliederung in III. kann man möglicherweise eine triadische Gliederung hinterherschalten. Spätestens dann wird meines Erachtens eine absolute Grenze noch entfernt nachvollziehbarer Differenzierung erreicht: Über die quintisch-triadische Ordnung hinaus lässt sich die Gliederung nicht mehr sinnvoll erweitern. Wie die quintische Ordnung III. zeigt, ließen sich dennoch unbegrenzt viele „Speicherstellen" für die Einordnung der Vergleichsfälle schaffen. Diese Speicherstellen können bei quintisch-triadischer Gliederung 15 Zonen zugeordnet werden.

Verfährt man auf diese Weise, bleiben dennoch einige Schwierigkeiten unüberwindbar: Wird eine Differenzierung in je 15 Zonen versucht, dann wird der *non-liquet*-Fall (also die Eröffnung des Entscheidungsspielraums für die kontrollierte Instanz) zum zunehmend unwahrscheinlichen Ereignis, da die Eröffnung eines solchen Spielraums durch den Ergebniswert 1 der Gewichtsformel bedeutet wird. *Alexy* scheint das Problem zu erkennen. Weil feinere Skalierungen zunehmend unpraktikabel werden, bevorzugt er eine einfache triadische Gliederung.[468]

---

468 *Robert Alexy*, Verfassungsrecht und einfaches Recht, in: VVDStR 61 (2002), S. 25 ff.; *ders.*, Die Gewichtsformel, a. a. O., S. 783 ff.; *ders.*, Theorie der Grundrechte, S. 138 ff., 145 ff.

Abgemildert werden kann das Problem vielleicht noch dadurch, dass auf der Ergebnisseite – zum Beispiel durch die Verpflichtung auf Abrundung – die Zone des *non-liquet* erweitert wird. Aber solche Zonenverlängerungen können nur auf eine mehr oder minder willkürliche Weise durchgeführt werden. Man wüsste nicht um die Ergebnisse, die am Ende daraus resultierten. Dass die Triade wegen ihrer Unterkomplexität nicht durchweg zu stimmigen Ergebnissen führt, wurde am einfachen Probierstein des finalen Rettungsschusses bereits nachgewiesen. Dass annehmbarere Ergebnisse aus einer differenzierteren Gliederung kombiniert mit besagter Manipulation der *non-liquet*-Zone auf der Ergebnisseite resultieren, ist bis auf weiteren Nachweis reine Spekulation.

Mir scheint das Problem mit *Alexys* Formel grundlegender Natur zu sein: Es stellt sich *erstens* die Frage der Gewichtung dieser Determinanten: Warum gehen in die Formel jene drei Determinanten ungeachtet der Besonderheiten des Einzelfalles stets als gleichwertige Faktoren ein, warum soll keine anderweitige Gewichtung unter ihnen in Frage kommen? *Zweitens* wird in diesen Determinanten zu viel an Komplexität miteinander verschmolzen. Mit den Faktoren der Beeinträchtigungsintensität, dem abstrakten Gewicht eines Verfassungswerts und dem Grad der rechtlichen und empirischen (Un-)Sicherheit werden nur drei Determinanten im Produkt der Gewichtsformel benannt, auf denen die Entscheidung eines komplexen Falles beruhen soll. *Drittens* gesteht *Alexy* selbst zu, dass die Kollision von mehreren Verfassungsprinzipien und die Berücksichtigung von Konkurrenzregeln problematisch sind.[469] Diese Probleme führen dazu, dass bei der Anwendung von *Alexys* Gewichtsformel unklar bleibt, welche Ergebnisse am Ende aus dem arithmetischen Automatismus folgen.

4. *Fehlende Verkopplung mit der Verfassungsjudikatur*

Es wurde oben bereits angedeutet, dass die Gewichtsformel eine umfassende Auswertung der Verfassungsjudikatur voraussetzt: Ziel müsste sein, Gewichtsformel, Wertzuordnungen und Gliederungsordnung so zu kalibrieren, justieren und skalieren, dass sämtliche vergangenen Entscheidungsprozesse in standardisierter Weise durch ein quantitatives Verfahren nachvollzogen werden können. Für zukünftige Entscheidungen stünde dann mit der Gewichtsformel möglicherweise (vorbehaltlich der Praktikabilität) ein projektives Verfahren bereit. Dabei besteht – neben der Suche nach einem angemessenen Transformationsverfahren – das Problem, dass sich diese Werte nicht schlicht aus der Semantik

469 *Ders.*, Die Gewichtsformel, a. a. O., S. 791 f.

der Entscheidungen „ablesen“ lassen. *Alexy* überzieht bei der Auswertung der TITANIC-Entscheidung den Aussagegehalt von Passagen in Verfassungsjudikaten, wenn er daran anknüpft, dass dort von einer „schweren“ Persönlichkeitsverletzung die Rede ist und er daran ausgerichtet seine triadische Einteilung in verschiedene „Beeinträchtigungsintensitäten“ entwickelt. In der Verfassungsdogmatik gibt es – im Rahmen der Berufsfreiheit mit der 3-Stufen-Theorie[470] und – wie in dem Lebach-Urteil – dem allgemeinen Persönlichkeitsrecht mit der Sphärentheorie[471] – zugegeben gewisse Anhaltspunkte hierfür. Allerdings ist es bereits fraglich, ob etwa im Rahmen der Berufsfreiheit jeder Eingriff in die Berufsausübungsfreiheit pauschal als „leichte Beeinträchtigung“ gewertet werden kann. Auch hier scheint das Problem zu weitgehender Verschmelzung von Komplexität in einem Begriff aufzutauchen. Die Bezeichnung als „schwere Persönlichkeitsverletzung“ oder „unzumutbare Beeinträchtigung der Berufsausübungsfreiheit“ erfüllt in Entscheidungen des Bundesverfassungsgerichts eine rhetorische Funktion. Durch die Bezeichnung soll nicht in erster Linie ein Fall in eine Ordinalskala gemäß der jeweiligen Beeinträchtigungsintensität eingeordnet werden: Es wäre rhetorisch schlicht ungeschickt seitens des Gerichts, eine Verletzung eines Grundrechts wegen seiner „leichten Beeinträchtigung“ zu behaupten. Die typische Umschreibung als „schwere“ oder „unzumutbare“ Beeinträchtigung ist daher eher einzelfall-bezogene rhetorische Amplifikation als das reflektierte Einhängen in eine Serie von Vergleichsfällen. Solche rhetorischen, genauer: ethisch-pathetischen Prägungen müssen berücksichtigt werden, damit die oben angesprochene Auswertung der (überdies auch Wandel unterliegenden) Verfassungsjudikatur gelingen kann.

Bis eine solche Auswertung durchgeführt und anhand einer ausreichend mächtigen empirischen Probe nachgewiesen ist, dass die (modifizierte) Gewichtsformel als weithin stimmig empfundene Ergebnisse garantiert, wäre es fahrlässig von der nur scheinbar irrationalen, auf dem Regime der Klugheit[472] basierenden Praxis des *judicial self restraint* bei der Proportionalitätsprüfung zugunsten einer arithmetischen Berechnung abzurücken.

---

470 *BVerfGE* 7, 377 (377 f., 405 ff.).

471 *BVerfGE* 35, 202 (220 ff).

472 Vgl. zum Konzept der Rechtsklugheit *Christian Nierhauve*, Rechtsklugheit, insbes. S. 147 ff.

E. Die Analogie als Grundoperation

Die Analogie hat *Alexy* erst seit vergleichsweise jüngerer Zeit als „Grundoperation" herausgearbeitet. In seiner Theorie ist sie als „Fallvergleich" das strukturelle Bindeglied, das Regel (Subsumtion), Prinzip (Abwägung) und Fall (Dialektik) zusammenführt.[473] Mit dem Zugeständnis dieser Funktion kann *Alexy* innerhalb des Spektrums der Vertreter des deduktiven Paradigmas insofern als „gemäßigter Deduktivist" verstanden werden. Der Diskurs zum Status der Analogie, der mit der Neupositionierung von *Alexy* verbunden ist, ist vergleichsweise neuer Natur und weist über den kontinentaleuropäischen Rechtsraum Verbindungen zum angelsächsischen Rechtskreis auf.[474] Um ihn aufzubereiten und *Alexys* Konzeption der Analogie vorzustellen und einzuordnen, werde ich in drei Schritten vorgehen: (1) Zunächst werde ich kurz erläutern, was *Alexy* meint, wenn er von einer „Grundoperation" spricht, dann (2) werde ich die alte Konzeption der Analogie untersuchen, die *Alexy* noch in seiner „Theorie der Juristischen Argumentation" entwickelt hat und schließlich (3) etwas ausführlicher die neueren Entwürfe zur Analogie diskutieren.

I. Der Begriff „Grundoperation"

Der Begriff „Grundoperation" wurde von *Alexy* in einer Auseinandersetzung mit der im Folgekapitel besprochenen Rechtsgewinnungstheorie von *Kaufmann* ad hoc eingeführt.[475] Dort hatte er die Analogie als eine der „Grundoperationen" neben „Subsumtion" und „Abwägung" bezeichnet. Das brachte ihm die Kritik einerseits von *Bäcker* und andererseits von *Brozek* ein, welche die Analogie als Begründungstechnik (weitestgehend) auf Subsumtion und Abwägung rückführbar sehen und gegen ihre Anerkennung als weiteres Zentralelement juristischer Begründung neben diesen beiden Elementen argumentieren.[476]

Eine Grundoperation ist nach *Alexy* eine Operation, die die Eigenschaften der „Formalität", der „Spezifität" und der „Notwendigkeit" besitzt. Formal heißt

---

473 *Robert Alexy*, Zwei oder drei?, a. a. O., S. 10.

474 Vgl. die sehr gute Übersicht über den angelsächsischen Diskurs bei *Scott Brewer*, Exemplary reasoning: Semantics, Pragmatics and the rational force of legal argument by analogy, in: Harvard Law Review, Vol. 109, No. 5 (Mar., 1996), S. 923 ff.

475 Vgl. *Robert Alexy*, Arthur Kaufmanns Theorie der Rechtsgewinnung, a. a. O., S. 64.

476 *Christian Bäcker*, Entscheiden und Begründen, S. 318 ff.; *Bartosz Brozek*, Analogy in Legal Discourse, in: ARSP Vol. 94, No. 2 (2008), S. 188 ff.; *ders.*, Is Analogy a Form of Legal Reasoning?, in: Rechtsphilosophie und Grundrechtstheorie, S. 291 ff.

in diesem Zusammenhang „sättigungsbedürftig". Damit wird auf die Erforderlichkeit externer Rechtfertigung durch substantielle Argumente angespielt. Mit „Spezifität" meint *Alexy*, dass die jeweilige Operation nach spezifischen Regeln funktioniert: Im Rahmen der „Subsumtion" unter Entscheidungsregeln seien es diejenigen der Logik, im Rahmen der „Abwägung" von Prinzipien die Regeln der Arithmetik und bei der Analogie die Dialektik des Fallvergleichs. „Notwendigkeit" schließlich bedeutet, dass die Schemata der Operation „in der ein oder anderen Version in allen Fällen [gelten], in denen Rechtsnormen angewandt werden."[477]

Hier muss zunächst klargestellt werden, dass das Subsumtionsschema – wie aufgezeigt – ein ideelles Symbolschema ist und zwischen diesem und rechtlicher Argumentation ein Hiatus besteht. In rechtlicher Argumentation kann sich allenfalls – etwa in der Form eines Eikos-Enthymems – an einem solchen Deduktionsschema *orientiert*, es aber kaum jemals in formgültiger Weise realisiert werden.

Widersprochen werden muss der Einschätzung zur Prinzipienabwägung: Mag man die Trennung von Regeln der Logik und der Arithmetik (auch wenn die Arithmetik „logisch" funktioniert) noch nachvollziehen können, ist die Abwägung von Prinzipien nach arithmetischen Regeln wie der Gewichtsregel ein Phantom. Nur wenn man „Arithmetik" auf die Operation des „Vergleichs" reduziert, könnte man der Arithmetik für die Abwägung Relevanz beimessen. Der „Vergleich" würde dann indessen Analogie und Abwägung gleichermaßen funktional beherrschen und beide wären durch das Kriterium der Spezifität nicht länger trennbar. Doch auch wenn man an der generellen Zielvorstellung von *Alexys* Konzept festhält, die Abwägung könne in der Gewichtsformel eingefangen werden, bestünden Zweifel an ihrer Qualität als „notwendig" im Sinne von *Alexy*: Wer sagt, dass es in der Funktionenanalysis nicht irgendeine Transformationsformel gibt, die besser als *Alexys* Gewichtsformel diese Zielvorstellung umsetzt?

II. Analogie und Umkehrschluss als Argumentformen der externen Rechtfertigung

In seiner Theorie der juristischen Argumentation hat *Alexy* die Analogie als Ausfluss des Universalisierbarkeitsprinzips und der Gerechtigkeitsregel

477 *Robert Alexy*, Zwei oder drei?, a. a. O., S. 4 ff.; vgl. zur begrifflichen Kritik an dem Konzept der „Grundoperation" bei Alexy *Bartosz Brozek*, Is Analogy a Form of Legal Reasoning?, a. a. O., S. 293 ff.

gedeutet und ihr dort als spezielle juristische Argumentform – neben dem *argumentum e contrario* und dem Untragbarkeitsargument einen Platz unter den sog. Formen der externen Rechtfertigung zugewiesen. Besondere juristische Argumentformen zeichnen sich nach *Alexy* durch ihre Sättigungsbedürftigkeit aus. Es wird eine formale Struktur vorgegeben, die durch substanzielle Argumente angereichert werden muss.[478]

Sein Schema der Analogie ist eine Modifikation eines Vorschlags von *Klug*, die formale Struktur der Analogie durch einen sog. Ähnlichkeitskreis einzufangen: Das Konzept des Ähnlichkeitskreises hatte *Klug* am Beispiel des entgeltlichen Erwerbs von Handelsgewerben exemplifiziert.[479] Er bildet hierzu exemplarisch aus den disjunktiv verbundenen Teilklassen der Kaufverträge und der kaufvertragsähnlichen Verträge (wie dem entgeltlichen Erwerb eines Handelsgewerbes) eine Gesamtklasse, auf die dann das kaufrechtliche Rechtsfolgenregime angewendet wird. *Alexy* formalisiert – von *Klug* in der Notation etwas abweichend – die Struktur der Analogie wie folgt:

	Analogie[480]	**argumentum e contrario**	**argumentum e contrario (von mir modifiziert)**
Obersatz	.∀x: Fx ∨ F sim x → ORx	.∀x: OGx → Fx	.∀x: ¬Fx ∨ F insim x → ¬ORx
Untersatz	.∀x: Hx → F sim x	.∀x: ¬Fx → ¬OGx	.∀x: L_M x → F insim x
Konklusion	∀x: Hx → ORx		∀x: L_M x → ¬ORx

478 *Robert Alexy*, Theorie der juristischen Argumentation, S. 293; *ders*., Zwei oder drei?, a. a. O., S. 5.

479 *Ulrich Klug*, a. a. O., S. 120 ff.; vgl. auch *Rudolf Carnap*, Der logische Aufbau der Welt, S. 152.

480 In der Literatur wird die Analogie teilweise noch unterschiedlich dargestellt: Heyder stellt sie in seiner Rekonstruktion des Analogieverfahrens in einer aussagen- und prädikatenlogisch unterstützten Form vor, wählt aber den Existenzquantor. Er beansprucht damit kein formgültiges Schema zu entwickeln, sondern präsentiert – zwar in formallogischer Verkleidung, doch gleichsam topisch – einzelne Schritte im Analogieverfahren, vgl. *Ulrich Heyder*, Gültigkeit und Nutzen der besondere juristische Schlussformen in der Rechtsfortbildung, S. 105. Herberger/Simon (*Maximilian Herberger/Dieter Simon*, Wissenschaftstheorie für Juristen, S. 170 ff.) und Koch/Rüßmann (*Dies*., a. a. O., S. 259 f.) rekonstruieren in Weiterführung eines Ansatzes von Alchourrón gleichermaßen die Analogie in relationenlogischer Form. Sie verstehen das *argumentum a fortiori* dabei als einen Spezialfall der Analogie: **1.** ORx **2.** Sxy **3.** (ORx ∧*Sxy*) → *ORy* **4.** ORy: Wenn also (1) die Rechtsfolge R bei Einschlägigkeit von Tatbestand x geboten ist und (2) Tatbestand x zu Tatbestand y in einem Verhältnis der Gleichheit („gleiche Schutzbedürftigkeit") steht und (3) die

F steht für Kaufverträge, die Abkürzung F sim für Kaufverträgen ähnliche Verträge. Ist der zur Beurteilung stehende Vertrag x entweder ein Exemplar der Kaufverträge F oder der kaufvertragsähnlichen Verträge F sim, ist auf x die Anwendung der Rechtsfolge R geboten. Der Untersatz bestimmt, dass jeder Vertrag x des Typs H (entgeltlicher Erwerb eines Handelsgewerbes) zugleich ein Vertrag des Typs F sim ist. Aus dem Schlusssatz folgt deshalb, dass die Anwendung der Rechtsfolge R auf einen Vertrag x, der dem Typ H angehört, geboten ist.

Die Struktur der besonderen Argumentform des *argumentum e contrario* hat *Alexy* in Form des *modus tollendo tollens* rekonstruiert: Wenn die (kaufvertragliche) Rechtsfolge R auf den Vertrag x geboten ist, ist x ein F (ein Kaufvertrag). Nun ist x aber kein Kaufvertrag, also ist es nicht geboten, auf x die kaufvertragliche Rechtsfolge G anzuwenden (wobei implizit „nicht geboten" mit „nicht erlaubt" gleichgesetzt wird).[481]

Im dritten Schema habe ich das *argumentum e contrario* selbst in der zur Analogie passenden Form rekonstruiert und dazu das Konzept des „Unähnlichkeitskreises" F insim x entwickelt, in den der Vertrag x als ein

---

Regel gilt: Wenn die Anwendung von Rechtsfolge R auf x geboten ist und Tatbestand x zu Tatbestand y in einem Verhältnis der Gleichheit steht, dann ist die Anwendung von Rechtsfolge R auf y geboten, also (4) ist die Anwendung von Rechtsfolge R auf y geboten, vgl. *Koch/Rüßmann*, Juristische Begründungslehre, S. 260. *Simon/Herberger* differenzieren noch zwischen *argumentum a pari*, wo die reflexive, transitive und symmetrische Gleichheitsrelation gelte und *argumentum a simili*, wo nur die nicht-transitive Ähnlichkeitsrelation gelte, vgl. *dies.*, a. a. O., S. 271. Die Schlüsse (der Übersicht halber wurde hier nur die Formalisierung von Koch/Rüßmann vorgestellt) sind logisch gültig, führen aber nicht über die Darstellung von Klug und Alexy hinaus, vgl. *Ulfrid Neumann*, Juristische Argumentationslehre, S. 34 ff. Soweit es die Trennung zwischen „Ähnlichkeit" und „Gleichheit" betrifft, ist diese Trennung in einem juristischen Kontext nicht unproblematisch: Beide Begriffe zeichnen sich durch partielle Übereinstimmung und Differenz in bestimmten Hinsichten aus (sonst fielen „identisch" und „gleich" ineins) und man mag daher sowohl an der Transitivität als auch der Reflexivität zweifeln. Wird der juristische Analogieschluss als eine transitive Relation interpretiert, tritt das Problem auf, wie weit man zwei Tatbestände auf der Rechtsfolgenseite miteinander gleichstellen möchte. Das ist eine nur wertungsmäßig zu beantwortende Frage und keine Frage der Logik mehr (vgl. auch FN 294/305). Daher differenziere ich nicht zwischen *argumentum a simili* und *argumentum a pari*, verstehe die Analogie als auf einer Ähnlichkeitsrelation basierend und halte das Transitivitätsprinzip hier nicht für anwendbar (vgl. zur fehlenden Reflexivität der Ähnlichkeitsrelation im Folgenden FN 483).

481 Vgl. *Robert Alexy*, a. a. O., S. 342.

Operating-Leasing L_M eingeordnet wird. Er funktioniert analog dem Ähnlichkeitskreis, nur ist hier die Anwendung von Rechtsfolge R nicht geboten (= es ist geboten, R nicht auf x anzuwenden). Es sollte so die vielfach in der Literatur bemerkte Strukturgleichheit zwischen *argumentum a simili* und *argumentum e contrario* hervorgehoben werden.[482] In der von *Alexys* gewählten Präsentation im *modus tollendo tollens* wird dieser strukturelle Gleichlauf nicht ganz deutlich.

Differenzen sind logisch betrachtet negative Ähnlichkeiten[483]. Das *argumentum e contrario* ist demnach als negative Analogie formal gesehen selbst eine Analogie. ¬ORx bedeutet schließlich nicht, dass gar keine Rechtsfolge ausgesprochen wird. Die Kehrseite von $\neg OR_p x$ ist $OR_n x$: das Gebotensein einer negativen Rechtsfolge, die implizit bleiben kann, wenn das Operating-Leasing als mietvertragsähnlicher Vertrag in einen Ähnlichkeitskreis zu den Mietverträgen gestellt und entsprechend auf ihn mietvertragliches Gewährleistungsrecht angewendet wird.

Die Kehrseite der Zuordnung in einen Ähnlichkeitskreis zu Vertragstyp A ist zugleich eine Zuordnung in einen Unähnlichkeitskreis zu Vertragstyp B, die Kehrseite der Entscheidung für eine Rechtsfolge ist die Entscheidung gegen eine andere. Auch wenn die Rechtsfolgen mitunter – z. B. wenn sowohl die vertragliche als auch die deliktische Schadensersatzleistung auf die identische Geldsumme lauten – identisch scheinen, sind mit ihnen nicht selten Unterschiede – wie etwa materiell-rechtlich ein Aufrechnungsverbot (vgl. § 393 BGB) – verknüpft. Wird der positive Entscheid einer Schadensersatzklage in der Begründung nur auf *culpa in contrahendo* (§ 280 Abs. 1, 2 BGB) gestützt, liegt darin zugleich eine negative Entscheidung über das Bestehen eines deliktischen Schadensersatzanspruchs: Gegen den Anspruch kann dann aufgerechnet

482 Etwa *Wolfgang Gast*, a. a. O., S. 402 f.

483 *Klug* weist allerdings darauf hin, dass Ähnlichkeiten zueinander in einer reflexiven Relation stehen, wohingegen für Unähnlichkeiten dies nicht gelte, vgl. *Ulrich Klug*, a. a. O., S. 79. Unproblematisch ist das allerdings nicht, denn durch den Begriff der Ähnlichkeit wird zugleich Nichtidentität bedeutet. Jedes Element im Ähnlichkeitskreis ist mit sich selbst identisch (hier besteht tatsächlich eine reflexive Relation zwischen diesem Element und sich selbst) und nicht lediglich „ähnlich" im Sinne von „auch partiell verschieden". Es ist also das „Identische" und nicht das „Ähnliche", das die Rede von einer reflexiven Relation legitimiert. Bei der „Ähnlichkeit" dagegen kommt es darauf an, ob Momente der Identität oder Differenz betont werden. Mit dieser Begründung könnte die Auffassung der Ähnlichkeit als einer reflexiven Relation angefochten werden.

werden. Bei Rechtskraft der Entscheidung über den nämlichen Streitgegenstand ist dem Anspruchsgegner der Einwand abgeschnitten („ne bis in idem“), dass sein Anspruch – angesichts des klägerischen Vortrags zum Sachverhalt – auch deliktisch hätte begründet werden können.[484] Damit ist zugleich verdeutlicht, dass die Rechtsfolgen trotz identischer Bezeichnung (z. B. “Schadensersatz”) im Hinblick auf einen bestimmten Vergleichspunkt (z. B. des jeweiligen “Anspruchsziels”) einander nur ähneln, trotz gleicher Oberfläche sich in bestimmten Konstellationen aber unterscheiden können.

Mit seinem Strukturschema beansprucht *Alexy* nicht die Analogie vollständig darzustellen. Sie wird – wie er in Anschluss an *Klug* deutlich macht – nur als das „Analogieverfahren beendender Schluss“ verstanden und soll die begründungsbedürftigen Prämissen explizieren. Das heißt: Was die Kriterien für die Zugehörigkeit zu einem Ähnlichkeitskreis sind und weshalb für Ähnlichkeitsfälle die Anwendung der selbigen Rechtsfolge gerechtfertigt ist. Diese Aspekte sind zwar wertend zu begründen. *Alexy* weist allerdings darauf hin, dass das Schema den jene Wertungen stützenden Argumenten eine formale Struktur gebe, innerhalb derer sie ihre Wirkung entfalten können.[485]

Es wurde bereits im ersten Teil auf die Probleme hingewiesen, die ich mit dem Begriff der „Ähnlichkeit“ habe. Mit der „negativen Ähnlichkeit“ und dem Hinweis auf die Strukturgleichheit von *argumentum e contrario* und *argumentum a simili* habe ich diese Kritik noch einmal zugeschärft: Formalisierungen, in denen der Relationsbegriff „ähnlich“ vorkommt, sind zu strukturarm, um die Funktionsweise der Analogie als Begründungsform adäquat zu repräsentieren.[486] *Klug*, der wie *Alexy* sieht, dass das Schema die Analogie nur unvollkommen charakterisiert, stellt zur Ähnlichkeitsrelation dennoch fest, dass die Elemente eines Ähnlichkeitskreises „annähernd die gleiche Struktur haben wie“ ein anderes Element.[487] Eine abstrakt bleibende rechtliche Ähnlichkeit struktureller Natur zwischen verschiedenen Verträgen ist jedoch nicht die

484 Nach ganz herrschender Meinung gilt der zweigliedrige – also sich aus Antrag und Begründung (Vortrag des Lebenssachverhalts) ergebende – Streitgegenstandsbegriff. Zur Frage, was zum relevanten Lebenssachverhalt zu rechnen ist, besteht eine Entsprechung zur strafrechtlichen Gliederung in verschiedene Tatkomplexe; eine Abgrenzung, die nicht immer ganz problemlos ist, vgl. *Ekkehart Becker-Eberhard*, in: Münchener Kommentar zur ZPO, Vorbem. zu § 253 Rn. 32 ff.

485 *Robert Alexy*, Theorie der juristischen Argumentation, S. 344.

486 *Ders.*, a. a. O., S. 344 f.

487 *Ulrich Klug*, a. a. O., S. 121.

entscheidende Determinante, wenn für die konkrete Rechtsfrage in einem Entscheidungsfall gerade das unterscheidende Merkmal relevant wird.

III. Das neue Schema der Analogie

Der Fallbezug wird von *Alexy* gegenüber einer abstrakt und mystisch bleibenden normativen Strukturähnlichkeit in seiner Neubewertung der Stellung der Analogie jetzt zu Recht betont. Dennoch überschätzt er – wie sich erweisen wird – den rationalisierenden Einfluss von Prinzipien im Analogieverfahren. Sein neues Schema der Analogie wurde von ihm in einer argumentativen Auseinandersetzung mit *Brozek* entwickelt. Beide stützen sich auf einen Beispielsfall, den *Brozek* in Anlehnung an *Hart* entwickelt hat. *Hart* hat in dieser Passage zwar nicht unmittelbar die juristische Analogie thematisiert, dennoch besteht eine deutliche Schnittmenge. Sie soll daher vorgeschaltet dargestellt werden.

1. „Fahrzeuge im Park" und die „open texture of law" bei Hart

In der Passage aus *Harts* Concept of Law (dt. Begriff des Rechts) versucht dieser seine These von der „open texture of law" zu illustrieren. Nach *Hart* ist die Vermittlung von Verhaltensstandards durch Gesetzesnormen nicht *per se* bestimmter als eine Vermittlung durch Fallbespiele. Auch die Formulierung einer generellen Regel umschreibe nur ein Beispiel, das durch einen einfachen Fall gebildet worden sei. Zwar könne durch Formulierung einer Regel und Angabe der sie enthaltenen Merkmale für künftige Fälle die Zahl der „relevanten Hinsichten" reduziert werden. Zukünftige Anwendungsfälle könne der Gesetzgeber aber nicht vorhersehen. So mag die Norm auf einen mehr oder minder festen Kern von paradigmatischen Fällen referieren, der für diese Fälle ihre Anwendung im Wege der Subsumtion gestatte. In den Randzonen der Regel sei dies dagegen nicht möglich. Im Wechselspiel zwischen Ähnlichkeit und Unähnlichkeit orientiert an sozialen Zielen, die mit der Regelung verfolgt werden, sowie der im Fall widerstreitenden Interessen sei die Entscheidung von Fall zu Fall wesentlich durch das Moment der Wahl geprägt. Die Gerichte müssten daher selbst als Erzeuger von Entscheidungsregeln auftreten. Dabei bestünde eine Spannungslage zwischen Formalität und Offenheit, Rigidität und Reversibilität, Rechtssicherheit und Zweckorientierung.[488]

488 *H.L.A. Hart*, Begriff des Rechts, S. 148 ff.

„Angesichts der Frage, ob die Regel, die den Gebrauch von Fahrzeugen im Park verbietet, auf eine bestimmte nicht eindeutige Kombination von Umständen anwendbar ist, kann die Person, die diese Frage beantworten muß, nichts weiter tun, als in Erwägung zu ziehen (wie das jeder tut, der einen Präzedenzfall benützt), ob der vorliegende Fall dem einfachen Fall in den „relevanten" Hinsichten „genügend" ähnelt [...] Wenn wir uns genügend stark fühlen, eine allgemeine Verhaltensregel zu entwerfen (z. B. die Regel, daß kein Fahrzeug in den Park mitgenommen werden darf), fixiert die Sprache, die in diesem Zusammenhang verwendet wird, notwendige Bedingungen, denen entsprechen muß, was innerhalb der Reichweite dieser Regel liegen soll, und einige Beispiele, was gewiß innerhalb ihrer Reichweite liegt, werden unserem Bewußtsein vorschweben. Sie sind das Paradigma, klare Fälle (das Auto, der Bus, das Motorrad); und unser Gesetzgebungsziel ist so weit bestimmt, weil wir eine gewisse Wahl getroffen haben. Zu Anfang haben wir das Prinzip aufgestellt, daß Ruhe und Friede im Park aufrechterhalten werden müssen, auf jeden Fall um den Preis der Ausschließung jener Dinge. Jedoch ist andererseits unser Ziel so lange noch unbestimmt, bis wir das allgemeine Ziel des Friedens im Park in Verbindung gebracht haben mit jenen Fällen, die wir ursprünglich nicht ins Auge gefaßt haben oder ins Auge fassen konnten (z. B. ein Spielzeugauto, das elektrisch betrieben wird). Wir haben dieses Problem noch nicht gelöst, weil wir es nicht antizipierten, und nun stellt es sich dadurch, daß ein unvorhergesehener Fall auftritt: ob ein gewisser Grad des Friedens im Park für solche Kinder geopfert werden soll oder gegen sie verteidigt werden muß, deren Vergnügen und Interesse darin besteht, diese Gegenstände zu benützen. Wenn der unvorhergesehene Fall eintritt, konfrontieren wir die verschiedenen Standpunkte und können dann die Frage entscheiden, indem wir zwischen den einander widerstreitenden Interessen wählen, und zwar so, wie es uns am meisten befriedigt."[489]

2. Die Analogie im Spannungsfeld von regel-, prinzipien- und fallbasierten Theorieansätzen

Im Rahmen seiner Auseinandersetzung mit *Alexy* knüpft *Brozek* an dieses Beispiel von *Hart* in modifizierter Weise an und bildet einen eigenen Fall: den Fall „Motorräder in öffentlichen Parks". *Alexy* hatte zuvor bei seiner Rezeption der Rechtsgewinnungstheorie von *Kaufmann* die Analogie als Grundoperation in folgender Form dargestellt:

„A_1: In jedem Fall f_i kann jeder Fall f_j mit dem Argument angeführt werden, dass f_i und f_j in den Merkmalen $M\frac{j}{1}, \ldots M\frac{j}{n}$ übereinstimmen und dass f_i deshalb und weil die Regel $M\frac{j}{1}, \ldots M\frac{j}{n} \rightarrow R$ gelte, wie f_j zu behandeln sei.

489 *Ders.*, a. a. O., S. 151, 153.

A_2: In jedem Fall f_i kann jeder Fall f_j mit dem Argument angeführt werden, dass f_i und f_j sich in den Merkmalen $M\frac{j}{1}, \ldots M\frac{j}{n}$ unterscheiden und dass f_i deshalb und weil die Regel $M\frac{i}{1}, \ldots M\frac{i}{n} \rightarrow \neg R$ gelte, wie f_j zu behandeln sei."[490]

Diese Formel wurde sowohl von *Bäcker* als auch von *Brozek* kritisiert. In A_1 und A_2 seien Regeln formuliert, unter die Fall f_i unmittelbar subsumiert werden könne. Die Analogie sei überflüssig und der Regelungskonflikt müsse in einer konkreten Entscheidungssituation durch Abwägung der hinter den konkurrierenden Regeln stehenden Prinzipien gelöst werden.[491]

Brozek beschränkt sich in seiner Besprechung von *Alexy* nicht auf die Kritik von dessen Ansatz, sondern entwickelt in Auseinandersetzung mit ihm einen eigenen theoretischen Vorschlag. Zur Begründung setzt er für seinen Fall der „Motorräder in öffentlichen Parks" voraus, dass es bereits drei etablierte Normen gibt:

„(R_1) Bicycles are allowed into the public park.
(R_2) Cars are not allowed into the public park.
(R_3) People are allowed to walk into the public park."[492]

Nun tritt der Fall auf, dass ein Motorradfahrer ebenfalls den öffentlichen Park befahren möchte. Ausgangspunkt und damit Voraussetzung für die Eröffnung des analogischen Begründungsverfahrens ist für *Brozek* die Feststellung, dass der Motorradfahrerfall unmittelbar unter keine der Regeln (R_1) bis (R_3) subsumiert werden könne; dass für seine Lösung also keine geltende Rechtsregel etabliert sei. Mit (R_1) und (R_2) gebe es aber zwei Regeln, die auf ein ähnliches Rechtsproblem antworteten – sie referierten auf sog. „similar$_1$-cases". Zwischen diesen similar$_1$-cases sei dann der similar$_2$-case – der zur Lösung der Entscheidung relevante Fall – durch Abwägung der hinter den Regeln zur Auswahl stehenden Prinzipien zu bestimmen.[493]

Die Regel (R_1) wird nach *Brozek* durch das Prinzip (P_1) „People are entitled to rest actively", die Regel (R_2) durch das Prinzip (P_2) „The environment should be protected by law" gestützt.[494] *Brozek* diskutiert die „Abwägung" in Anlehnung an Alexys Gewichtsformel,[495] präferiert aber deren Ersetzung durch

490 Vgl. *Robert Alexy*, Arthur Kaufmanns Theorie der Rechtsgewinnung, a. a. O., S. 64.
491 Vgl. FN 477.
492 *Bartosz Brozek*, Analogy in Legal Discourse, a. a. O., S. 189 f., 193 f.
493 *Ders.*, a. a. O., S. 190 f.
494 *Ders.*, a. a. O., S. 194.
495 *Ders.*, a. a. O., S. 195.

funktions-äquivalente „principle-based-mechanisms“ aus der *rational choice theory*.[496] Die Gewichtsformel lehnt er in Entgegensetzung zur Subsumtion als informal und für die Rechtsanwendung unerheblich ab, weil bei einer algebraischen Formel im Gegensatz zur Aussagen- und Prädikatenlogik erster Stufe (*first-order-logic*) bestimmte Theoreme (*soundness* und *completeness*) nicht erfüllt seien.[497]

Für *Brozek* ist die Analogie also partiell auf die Prinzipienabwägung reduzierbar. Damit ist gemeint, dass im sog. *context of discovery* die Analogie eine heuristische Funktion erfülle und darüber hinaus im *context of justification* auf der Abwägung von Prinzipien beruhe.[498]

Er argumentiert damit einerseits gegen ein regelbasiertes Verständnis der Analogie: Ein solches vertritt etwa *Posner*, der der Analogie eine

---

496 *Bartosz Brozek*, Rationality and Discourse, S. 158 ff.; *ders.*, Is Analogy a Form of Legal Reasoning?, a. a. O., S. 297 ff.

497 *Ders.*, a. a. O., S. 295 f.: "Now, the Weight Formula – when considered without its Interpretations is purely formal. However such an algebraic formula has nothing to do with reasoning, and hence nothing to do with the operations performed in the process of applying law. The reason of that is very simple: the algebraic formula is not part of a formal system that aims at capturing the relations of the validity of inference. When one considers the subsumption scheme, it is identified as valid on the basis of a system (of the first-order-classical logic). The system itself has a number of formal properties (e. g., there exist soundness and completeness theorems for the first order logic) that warrant the validity of such inference schemes as *modus ponens*. At the same time, the sole algebraic formula which features in Alexy's Weight Formula is not part of such a system. Furthermore, when 'interpreted' through the identification of the symbols I_i, W_i, etc. with some parameters of legal principles, the Weight Formula is no longer in any reasonable sense of 'formal' (see below) […] In the strictest sense, a formal scheme of reasoning is such that it is identified as validity-preserving within some particular formal systems (e. g., first order logic) or a class of systems (e. g. in those for which there exists soundness and completeness theorems, such as the classical logic, intuitionistic logic, some paraconsistent logics) […] Now, from Alexy's basic operations of the process of applying law, only subsumption is formal in the strictest sense. Balancing and Analogy are not valid in the first two senses indicated (they are not valid inference schemes in any recognized formal system; also they do not represent argument structures in which validity depends on form only – in the case of the Weight Formula validity hangs together with material or substantive features, while the analogy scheme does not address the problem of validity at all."

498 *Ders.*, Analogy in Legal Discourse, S. 189, 193 ff., 198 ff.; *ders.*, Is Analogy a Form of Legal Reasoning?, S. 302 ff.

Begründungsfunktion im *context of justification* abspricht und sie in diesem Zusammenhang auf Regelanwendung reduziert.[499] Andererseits argumentiert *Brozek* aber auch gegen ein fallbasiertes Verständnis der Analogie („factual analogy"), in dem die Tatsachen- oder Fallebene den Prozess der Analogisierung dirigiert.[500] Als Vertreter eines solchen Verständnisses der Analogie, in dem einerseits der intuitionistische (in anderen Ansätzen: der prudentielle), andererseits der *sui-generis* Charakter der Analogie betont wird, kann *Fried* gelten:

> „So what is it that lawyers and judges know that philosophers and economists do not? The answer is simple: the law. They are the masters of „the artificial Reason of the law." There really is a distinct and special subject matter for our profession. And there is a distinct method [...] It is the method of analogy and precedent Analogy and precedent are the stuff of the law because they are the only form of reasoning left to the law when general philosophical structures and deductive reasoning give out, overwhelmed by the mass of particular details. Analogy is the application of a trained, disciplined intuition where the manifold of particulars is too extensive to allow our minds to work on it deductively. This is not a denial of reason; on the contrary, it is a civilized attempt to stretch reason as far as it will go."[501]

Allerdings geht mit einem regelbasierten oder prinzipienorientierten Ansatz im Gegensatz zu einem fallorientierten Ansatz nicht zwangsläufig ein stärkerer Optimismus in die Rationalität des Analogieverfahrens einher: *Fried* ist sichtlich mit einem Urvertrauen in das implizite Wissen der Juristen gesegnet, wohingegen *Posner* die Analogie zwar nicht für eine rationale Rechtsbegründungsweise hält, dennoch für in einem theoretisch unzureichend durchformten Gebiet wie dem Recht für unvermeidbar.[502]

Sunstein dagegen verfolgt mit der Referenz auf *Dworkins* Prinzipientheorie und *Rawls* Konzept des „reflective equilibrium"[503] in gewisser Weise einen

---

499 *Richard Posner*, How judges think, S. 180 ff., insbes. S. 183 f.

500 Vgl. FN 498.

501 *Charles Fried*, The Artificial Reason of Law or: What Lawyers know, S. 60 Tex L. Rev. 35, 57 (1981) zitiert nach *Scott Brewer*, a. a. O. S. 952 f. m. w. N.; vgl. auch *Lloyd Weinreb*, Legal reason, S. 12: "In law as in life, analogical argument is a valid, albeit undemonstrable, form of reasoning that stands on its own and has its own credentials, which are not derived from abstract reason but are rooted in experience and knowledge of the lawyers and judges who employ it."

502 *Richard Posner*, The Problems of Jurisprudence, S. 86 ff.

503 *John Rawls*, Theorie der Gerechtigkeit, S. 37 f. Mit diesem Konzept ist freilich ein strikter Top-Down-Mechanismus durchbrochen, weil Allgemeines und Partikuläres zu gleichberechtigten Partnern in einem Abwägungsprozess werden. Sunstein

prinzipienorientierten Ansatz (Orientierung an „bottom-up“ in Fallnähe entwickelten „low-level-principles“), bestreitet aber, dass „top-down“ über Prinzipien auf eine wissenschaftlichen Ansprüchen genügende – in diesem Sinne rationale Weise – ein konkreter Fall entschieden werden kann. In der Analogie sieht er eine Technik, durch die für praktische Zwecke und unter der Beachtung praktischer Zwänge ein Fall in relativ kohärenter Weise in ein Netz aus Präjudizien eingeordnet werden kann:

> „Analogical reasoning is the conventional method of the lawyer; it plays a large role in everyday thinking as well. Its distinctive properties are a requirement of principled consistency, a focus on concrete particulars, incompletely theorized judgments, and the creation and testing of principles having a low or intermediate level of generality. Because of its comparative lack of ambition, this form of reasoning has some important disadvantages. Compared with the search for reflective equilibrium, it is insufficiently theoretical; it does not account for its own low-level principles in sufficient depth or detail. Compared with economics and empirical social science, it is at best primitive on the important issue of likely social consequences. Law should be more attuned to facts, and on this score analogical thinking may be an obstacle to progress. But in a world with limited time and capacities, and with sharp disagreements on first principles, analogical reasoning has some beneficial features as well. Most important, this form of reasoning does not require people to develop full theories to account for their convictions; it promotes moral evolution over time; it fits uniquely well with a system based on principles of stare decisis; and it allows people who diverge on abstract principles to converge on particular outcomes. In any case it is unsurprising that analogical reasoning continues to have enormous importance in legal and political discussion [...] In this light, it seems most unfortunate that analogical reasoning has fallen into ill repute. To abandon this method of reasoning may be to give up, far too quickly, on some of the most useful methods we have for evaluating our practices, and for deciding whether to change them through law [...] It might be objected that a more differentiated approach, one that insists on the plurality and diversity of goods, is fatally unscientific. To this objection we should respond that this conception of science is ill-suited to good thinking about a certain range of legal problems. What is required is not science, but practical reason.“[504]

---

hegt für diese wechselseitige Vermittlung von Idee und Wirklichkeit auch Sympathie, sieht seine Entscheidung für die Analogie als juristische Technik aber selbst durch das Reflexionsgleichgewicht gestützt: „If this is correct, a system in which judges reason by analogy, and do not seek reflective equilibrium, might itself be justified as part of the reflective equilibrium reached by informed observers who take institutional issues into account.“ Vgl. *Cass Sunstein,* On Analogical Reasoning, Harvard Law Review, Vol. 106, No. 3 (Jan., 1993), S. 787.

504 *Cass Sunstein*, a. a. O., S. 788, 790 f.

Neben der von *Brozek* aufgestellten Trias (fall-orientiert, prinzipien-orientiert und regel-orientiert) können die Vertreter der Theorienlager noch weiter in skeptische und optimistische Vertreter sowie Vertreter eines reduktiven und eines *sui generis*-Ansatzes eingeteilt werden (wobei diese Einteilung ideeller Natur ist und Mischformen die Regel sind) aufgeteilt werden.[505]

Brozek ist in diesem Sinne der Vertreter eines tendenziell reduktionistischen, optimistischen und prinzipien-orientierten Ansatzes.[506] In diesem Ansatz besteht „a peculiar hierarchy of the forms of legal reasoning: balancing presupposes (in a sense) subsumption (or, in other words), subsumption is an element of balancing) and analogy presupposes (in the same sense) both balancing and subsumption."[507]

Hiervon unterscheidet sich der Ansatz von *Alexy*: Er ist in diesem Sinne Vertreter eines integrativen *sui-generis*-Ansatzes, der optimistisch ist, weil die Verbindung der Analogie mit Subsumtion (Regel) und Abwägung (Prinzipien) die Analogie rationalisiert, aber in dem der Fallvergleich als dialektische Operation gegenüber Regeln und Prinzipien ein gewisses Eigenleben entwickeln kann.[508] Allerdings führte es zu weit, sie strikt gegensätzlichen Lagern zuzuordnen: Auch bei *Alexy* beherrschen Prinzipien das Analogieverfahren. Mit dieser starken Betonung der rationalen Begründungskraft durch Prinzipienabwägung unterscheiden sie sich von den meisten Analogie-Theoretikern im angelsächsischen Diskurs.

Praktisch alle Ansätze sehen jedoch das Grundproblem der Analogie, das nur verschieden beantwortet wird: Die juristische Analogie setzt als Stützung eine „relevante Ähnlichkeit" voraus. Für die Qualifikation eines Umstands als relevante Ähnlichkeit oder Verschiedenheit benötigt man aber ein qualifizierendes Kriterium[509]: Bei *Alexy* und *Brozek* wird dieses Relevanzkriterium aus der Abwägung von Prinzipien abgeleitet. Dieser Zusammenhang soll im Folgenden herausgearbeitet und beide Ansätze dann abschließend kritisiert werden.

505 Vgl. zu einer weiter differenzierten Taxonomie, *Scott Brewer*, a. a. O., S. 949 ff.
506 *Bartosz Brozek*, Is Analogy a Form of Legal Reasoning?, a. a. O., S. 302 ff.
507 Vgl. *Bartosz Brozek*, Analogy in Legal Discourse, a. a. O., S. 200.
508 *Robert Alexy*, Zwei oder drei?, a. a. O., S. 10 f., 14 f.
509 Vgl. die Übersicht zum amerikanischen Diskurs, Cass *Sunstein*, a. a. O., S. 773 ff.

3. Das integrative Analogie-Modell von Alexy

Zur besseren Einordnung soll das Arbeitsergebnis von *Alexy* – das modifizierte Schema der Analogie – vorangeschickt werden:[510]

> „A_1: In jedem Fall f_i kann jeder Fall f_j mit dem Argument angeführt werden, dass f_i und f_j in den Merkmalen $M\frac{j}{1}$, … $M\frac{j}{n}$ übereinstimmen und dass f_i deshalb und weil es Gründe für die Regel [$R_{1'}$] $M\frac{j}{1}$, … $M\frac{j}{n} \rightarrow R$ gibt, wie f_j als R zu behandeln sei.
>
> A_2: In jedem Fall, in dem ein Argument der Form A_1 angeführt wird, können zwei Gegenargumente angeführt werden.
>
> $A_{2.1}$: Es kann geltend gemacht werden, dass f_i sich von f_j durch die Merkmale $M\frac{i}{1}$, … $M\frac{i}{n}$ unterscheidet und dass f_i deshalb und weil es Gründe für die Regel [$R_{1''}$] $M\frac{i}{1}$, … $M\frac{i}{n} \rightarrow \neg R$ gibt, anders als f_j als $\neg R$ zu behandeln sei.
>
> $A_{2.2}$: Es kann geltend gemacht werden, dass f_i und f_k in den Merkmalen $M\frac{k}{1}$, … $M\frac{k}{n}$ übereinstimmen und dass f_i deshalb und weil es Gründe für die Regel [$R_{2'}$] $M\frac{k}{1}$, … $M\frac{k}{n} \rightarrow \neg R$ gibt, wie f_k als $\neg R$ zu behandeln sei.“

Man sieht gleich, dass *Alexy* den Hinweis von *Brozek* aufgenommen hat. Er spricht jetzt nicht mehr von präetabliert „geltenden“ Regeln. In schwächerer Weise spricht er nun von „begründbaren“ Regeln. *Alexy* weist darauf hin, dass eine bestimmte Fallentscheidungsregel noch keine soziale Anerkenntnis gefunden haben muss: Durch ein Präjudiz zum Fall f_j kann zum Beispiel die Regel (R_1) „Fahrräder im Park sind erlaubt“ etabliert sein. Trotzdem liegt darin nicht gleichzeitig die rechtliche Anerkennung der abgeleiteten Regel ($R_{1'}$) „Fahrzeuge, die dem Zweck der Erholung dienen ($M\frac{j}{1}$) und keine größere Gefahr für die Fußgänger darstellen ($M\frac{j}{2}$), sind im Park erlaubt (R)“. Wegen des Uni versalisierbarkeitsprinzip und der Gerechtigkeitsregel ist die Relevanz dieser Merkmale nicht auf den Radfahrer-Fall beschränkt. In jedem anderen

510 *Robert Alexy*, a. a. O., S. 13 f. In eckigen Klammern habe ich die jeweils relevanten Regeln mit einem Index zur besseren Nachvollziehbarkeit der folgenden Ausführungen versehen.

Fall, der durch diese Merkmale charakterisiert ist, können sie als Antezedenz einer Regel angeführt werden. Durch Entscheidung wächst die abgeleitete Regel in Geltungskraft. Umgekehrt kann ein Fall eine Regel nicht nur etablieren, sondern auch delegitimieren: Wenn sich gehäuft in einem Park Unfälle durch Fahrräder ereignen, wird vielleicht nicht nur die Regel (R_1) „Fahrräder im Park sind erlaubt“ aufgehoben, sondern mit dem Verbot von Fahrrädern die hinter ihr stehende Regel ($R_{1'}$) zur abstrakten Idee ohne reelle Basis. Es gibt dann keine konkreten Fälle mehr, auf die sie sich noch beziehen kann. In diesem Mechanismus von „Stützung und Stürzung“ durch Fälle sieht *Alexy* die wesentliche Bedeutung der Analogie als Technik des Fallvergleichs.[511]

Der Fallvergleich ist indes nur die eine Hälfte seines Ansatzes. Zur Ausweisung einer Regel als Fallentscheidungsregel hält *Alexy* eine Begründung für erforderlich. Hierzu werden Prinzipien herangezogen: Für $R_{1'}$ ist es das Prinzip P_1 der allgemeinen Handlungsfreiheit. Darauf kann sich nun der Motorradfahrer beziehen und in einem Argument (A_1) anführen, dass er den Park mit seinem Motorrad befahren darf. Gegen die Zulassung des Motorrads bestehen nach A_2 zwei Möglichkeiten der Argumentation: Einerseits können Unterscheidungsmerkmale zwischen f_i (Motorradfahrer-Fall) und f_j (Fahrradfahrer-Fall) – etwa die Lautstärke und der Grad der Umweltverschmutzung eines Motorrades im Vergleich mit einem Fahrrad – angeführt und unter Berufung auf $R_{1''}$ die Übernahme von Rechtsfolge R abgelehnt werden ($A_{2.1}$). Andererseits kann die Ablehnung von R durch Verweis auf die Übereinstimmung mit den Merkmalen eines Falles f_k (Autofahrer im Park) – z. B. den Umstand, dass Motorräder und Autos diese Eigenschaften der Lautstärke teilen – und Berufung auf $R_{2'}$ begründet werden. Für den Fall der Autofahrer ist nämlich ein Befahrungsverbot (Negation von R) bereits anerkannt ($A_{2.2}$).[512]

Sowohl hinter der Regel $R_{1''}$ aus $A_{2.1}$ als auch der Regel $R_{2'}$ aus $A_{2.2}$ stünde jeweils das Prinzip P_2 („Umweltprinzip“). Zur Lösung des Motorradfalles stehen sich auf der Regelebene die miteinander unvereinbaren Regeln $R_{1'}$ einerseits und andererseits $R_{1''}$ und $R_{2'}$ gegenüber. Auf der anderen Seite korrespondieren damit auf der Prinzipienebene die Prinzipien P_1 und P_2. Zur Lösung dieses Konflikts und Auswahl der relevanten Entscheidungsregel muss laut *Alexy* nach dem Kollisionsgesetz eine Vorrangrelation gemäß der bekannten Formel $(P_1 \mathbf{P} P_2)C$ gebildet werden. In der Gewichtsformel sind P_1 und P_2 gegeneinander

511 *Ders.*, a. a. O., S. 8 ff.
512 *Ders.*, a. a. O., S. 11 ff.

abzuwägen.[513] Daraus resultiert eine Vorrangrelation, die den Charakter einer Relevanzregel hat. Sie kann verschiedene Gestalt annehmen:

a. (P_1 **P** P_2) C_i: Als Fallregel wird damit der relevante Sachverhalt zum Antezedenz einer Regel: Motorräder (C_i) sind im Park verboten oder nicht verboten.

b. Durch (P_1 **P** P_2) $M\frac{i}{1}$ wird das relevante Merkmal ausgewiesen: Umweltverschmutzende Gegenstände ($M\frac{i}{1}$) im Park sind verboten.

c. Der relevante Merkmalskomplex (z. B. Umweltverschmutzende Gegenstände ($M\frac{i}{1}$) und laute Gegenstände ($M\frac{i}{2}$) sind im Park verboten) wird dagegen durch (P_1 **P** P_2) $M\frac{i}{1} \ldots M\frac{i}{n}$ signifiziert.[514]

Weder die Merkmale einer Regel noch die Merkmale eines Sachverhalts haben im Verfahren der analogischen Begründung eine eigenständige Bedeutung. Sie üben keine dirigierende Kraft aus. Diese erhalten sie erst vermittelt über Prinzipien, die hinter ihnen stehen und abzuwägen sind. In diesem Befund stimmen *Brozek* und *Alexy* miteinander überein.

4. Kritik an den Modell-Entwürfen von Brozek und Alexy

Die Kritik an den Ansätzen von *Brozek* und *Alexy* wäre im Wesentlichen eine Wiederholung der bereits am Modell der Prinzipienabwägung und auch dem Subsumtionsschema geübten Kritik. Es sei insofern nach oben verwiesen. Jedoch kritisiert *Brozek,* ohne eine für den Juristen greifbare Alternative zu bieten, die Gewichtsformel. Die Stoßrichtung seiner Kritik überzeugt mich nicht: Er führt allgemein-theoretisch gegen (algebraische) Formeln wie die Gewichtsformel an, dass diese nicht Teil einer Sprache sein können, in der – wie etwa in der Prädikatenlogik ersten Stufe – vor allem der Vollständigkeitssatz gilt.[515] Aber das ist nicht der Grund für das Versagen der Gewichtsformel: Außer bei der vermeintlichen Abwägung von Prinzipien wird in juristischen Entscheidungen an vielen Stellen gerechnet. Die Praxis würde – völlig zu Recht! – unbeirrt bleiben, wenn gegen die Berechnung der Steuerschuld in einem Steuerbescheid oder die Gerichtskostenberechnung durch die *Baumbachsche Kostenformel* auf logische Unzulänglichkeiten bei der Eingliederung algebraischer Formeln in

---

513 *Ders.*, a. a. O., S. 12 ff.

514 Ebd.

515 Vgl. FN 497.

Rechtsherstellungs- oder -begründungszusammenhänge hingewiesen würde. Umgekehrt führt ein Rechenfehler natürlich dazu, dass ein Urteil „unrichtig" wird (vgl. etwa § 107 FGO).

Der Grund für das Versagen der Gewichtsformel liegt nicht in ihrer im Vergleich zur Subsumtion reduzierten Formalität oder Logizität. Sie scheitert – ebenso wie die Subsumtion – daran, dass sie substanzielle Gehalte und Zusammenhänge in der juristischen Argumentation nicht adäquat repräsentieren kann. Der eher allgemein gehaltene Hinweis von *Brozek* auf principle-based-mechanisms und Formeln aus der ökonomischen Analyse des Rechts entspricht vor diesem Hintergrund der Aussage: „Die Gewichtsformel als Mechanismus der Abwägung ist ein Phantom, aber es gibt eine andere Erscheinung – ich weiß nicht genau, welche es ist – aber wenn sie ist, dann rationalisiert sie den Prozess der Abwägung von Prinzipien." Ist also mehr die Äußerung eines Wunsches denn die Beschreibung juristischer Realität, die darum nicht gleich irrational ist.

Ein epistemologisch vorsichtiger Praktiker würde eine mechanische Konzeption der Prinzipienabwägung vermeiden. Stattdessen griffe er zur Begründung einer Relevanzentscheidung auf Topoi und Endoxa zurück. Die ökonomische Analyse des Rechts – auf die *Brozek* hinweist – kann dabei durchaus Topoi von vorzüglicher Qualität bereitstellen. Aber wie entscheidet man, welches Theorem oder welche Formel man aus der *rational choice theory* heranzieht und ob sie für die Lösung gerade des zu bewältigenden Problems auch angemessen ist? Ein verbindlicher Systementwurf mit deduktionsfähigen Satzzusammenhängen wird von dieser Disziplin nicht für die Lösung von Fällen vorgegeben: Der für die ökonomische Analyse des Rechts zentrale Kostenbegriff etwa ist unterkomplex. Die qualitative Dimension von rechtlichen Problemen kann er nicht erfassen.[516]

516 Vgl. zu Topoi aus der ökonomischen Analyse des Rechts etwa oben (FN 617 f.) *Richard Posner*, der zur Lösung des unten diskutierten Steam-Boat-Falls auf den Topos des „besseren Kostenvermeiders" hinweist. Man müsste ignorant, hierin nicht ein ausgezeichnetes Argument zu sehen. Allerdings gibt es Konstellationen, wo Topoi aus der ökonomischen Analyse des Rechts schlicht als unsinnig empfunden werden: Kein Jurist würde erwägen, dass „on economic grounds, rape should perhaps be legalized if rapists would pay more to rape than victims would pay to avoid rape." In diesem *argumentum ad absurdum* präsentiert Sunstein ein valides Theorem der ökonomischen Analyse, das – wie das Beispiel zeigt – in bestimmten Kontexten abwegige Entscheidungen nahelegen kann, vgl. *Cass Sunstein*, a. a. O., S. 749 f., vgl. auch seine weiterführende Kritik an einer Überbewertung der ökonomischen Analyse des Rechts *ders.*, a. a. O., S. 787 ff. Brozek sieht dieses Problem („Moral monstrousness") und entscheidet sich daher für einen von ihm

Neben der starken Rolle der Prinzipienabwägung und der Subsumtion finden sich bei *Brozek* jedoch Tendenzen zur Liberalisierung: Er öffnet sich weniger strengen Logiken als APL („first-order-logic") und greift die Notwendigkeit von *Alexys* Kollisionsgesetz „(P_1 **P** P_2) C" an. Diese sieht er als Folge der Präferenz von *Alexy* für strikte logische Vorstellungen. Um die dialektisch-agontische Dimension des Fallvergleichs zu erfassen, rezipiert er mit *Sartor* und *Prakken* Vertreter sog. parakonsistenter oder nicht-monotoner Logiken. Deren Einsichten sind für die rhetorische Rechtstheorie grundsätzlich interessant. Nicht-monotone Logiken verzichten auf die Darstellung von Regeln in allquantifizierter Gestalt.[517] *Brozek* gibt die first-order-logic jedoch nicht auf:

> „Thus, the unifying view, I offer within the framework of defeasible logic is the following. There is one formal structure that embraces subsumption, balancing and analogy. A simple application of a legal rule is a situation in which only one argument is developed – based on that legal rule. When there is a conflict between two legal principles or a rule and a principle, two (or more) arguments are constructed; the key point

---

„Constrained Choice Solution" genannten Ansatz, der zwischen deontologischen und konsequentialistischen Ethiken zu vermitteln versucht (1. Stufe: Ausscheidung diskursiv unmöglicher (= nicht universalisierbarer) Entscheidungsregeln im allgemeinen praktischen Diskurs; 2. Stufe: Wahl zwischen diskursiv möglichen Entscheidungsregeln unter Zuhilfenahme der Instrumente der *rational choice theory*), vgl. *Bartosz Brozek*, Rationality and Discourse, S. 158 ff.

517 Vgl. die Ausführungen von *Bartosz Brozek*, Is Analogy a Form of Legal Reasoning?, a. a. O., S. 297 ff.; vgl. aber auch weiterführend die eher skeptische Rezeption nicht-monotoner Logiken bei *Eckart Ratschow*, Rechtswissenschaft und formale Logik, S. 141 ff.: Das Monotonie-Kriterium der klassischen Logik besagt: $X \subseteq Y \Rightarrow C(X) \subseteq C(Y)$. X und Y sind hierbei Formelmengen, aus denen geschlossen wird und C(X) und C(Y) Formelmengen, auf die geschlossen wird. Wenn also eine Formelmenge X von einer Formelmenge Y (als Teilklasse von Y) eingeschlossen ist, dann wird durch das Monotoniekriterium garantiert, dass eine aus X erschlossene Formelmenge C(X) ebenfalls eine Teilklasse der aus Y erschließbaren Formelmengen C(Y) ist. Nicht-Monotonie bedeutet also, dass aus den Prämissen (Formelmengen) einer Teilklasse Aussagen (Formelmengen) erschlossen werden können, die nicht aus den Prämissen (Formelmengen) der Gesamtklasse erschlossen werden können. Entsprechend muss man bezweifeln, ob mit dem Begriff „formale Logik" der Charakter der nicht-monotonen Logik zutreffend beschrieben wäre. Eine „nicht-monotone Logik" gehorcht jedenfalls nicht den Gesetzen einer formalen Sprache. Formgültig kann in ihr nicht deduziert werden. Vor diesem Hintergrund ist Skepsis angebracht, inwiefern der Anspruch nicht-monotoner Logiker, nicht-formale Argumentationstheorien überflüssig machen zu können, berechtigt ist. Jedenfalls handelt sich die nicht-monotone Logik durch Aufgabe des Monotoniekriteriums ein Formdefizit, das irgendwie kompensiert werden muss.

> is that they are deductively valid, i. e. they are some instantiations of the subsumption scheme (even in the case of principles)."[518]

Sowohl die Abwägung als auch die Analogie gehorcht den Gesetzen des formalen und deduktiven Subsumtionsschemas. Im Inneren von *Brozeks* Konzept wirkt die makellose Logik der Subsumtion, während die äußere Verkleidung, durch die verschiedene Argumente im Konfliktfall in Relation zueinander gesetzt werden, sich aufgelockert in Gestalt einer nicht-monotonen Logik in Anlehnung an *Prakken* und *Sartor* präsentiert. Tatsächlich lässt sich jenes Subsumtionsschema allenfalls als ein regulatives Ideal aufrechterhalten, das in substantieller Argumentation kaum je verwirklicht werden kann.[519] Allerdings muss das Zusammenspiel von formaler (*first-order-logic*) und informeller (*defeasible logic*) Aspekte auf der anderen Seite von *Brozek* deutlicher beschrieben werden, damit sein Ansatz aus rechtsrhetorischer Sicht abschließend bewertbar ist.

518 *Bartosz Brozek*, a. a. O., S. 301 f.

519 Diese Auffassung teilt im Übrigen auch Brozeks Gewährsmann Sartor, der das sog. „perfekte Normkonditional", in dem der Tatbestand den Eintritt einer Rechtsfolge determiniert, zu einem logisch unerfüllbaren Ideal erklärt, vgl. *Giovanni Sartor*, Defeasibility in Legal Reasoning, in: Rechtstheorie 24 (1993), S. 282.

§ 4 Zwischenfazit

Bevor im folgenden Teil der Arbeit die Trennung zwischen Entscheidungsfindung und Entscheidungsbegründung gelockert wird, soll das „deduktive Paradigma“ abschließend gewürdigt werden. Kurz gesagt: Die alte Vorstellung vom Richter als Subsumtionsautomaten wird nicht mehr vertreten. Dennoch stilisiert man demonstrativ-mathematische Beweistechniken zum Ideal und Herzstück juristischer Argumentation. Im Zentrum steht heute noch der Syllogismus; diesmal modern in prädikatenlogischer Gestalt durch vielfach ineinander geschachtelte hypothetische *syllogismoi*. Festgehalten wird an der Überzeugung, dass die Strenge der logischen Form eine rationalisierende Kraft unabhängig von materiellen Gehalten birgt. Wo juristische Argumentation nicht in syllogistischer Form rekonstruiert wird, nimmt man bei der Abwägung von Prinzipien wiederum Zuflucht in mathematische Formelwelten: Man spürt *Kants* Diktum nachwehen, dass in jeder Lehre insofern „eigentliche Wissenschaft enthalten [ist], als Mathematik in ihr angewandt werden kann.“[520] Doch *Kant* bezog sich damit auf die Naturlehre, die ein anderes Sujet als die *res humana* betrifft. Der Naturwissenschaft geht es um die korrekte Vorhersage und Erklärung des Verhaltens der Dinge der Natur. Dort ist die Mathematik unverzichtbares Mittel zur Repräsentation von Regelmäßigkeit. Sie ist indessen nur ein Teil der Disziplin: Verkoppelt ist sie mit einem breiten empirischen Fundament. Im Recht dagegen geht es um die Verfolgung praktischer Zwecke; insbesondere um die Befriedung menschlicher Konflikte. Zu erwarten, dass eine formgültige deduktive Begründungsstruktur, in der aus einer Menge von Theoremen bzw. Prämissen eine Entscheidung hergeleitet wird, sowohl notwendiges als auch hinreichendes Kriterium für die Befriedung eines Konflikts ist, ist naiv: Ist eine Entscheidung sachlich absurd, wird sie nicht im Kleid einer deduktiven Begründung geadelt und eine Begründung, für deren Verständnis man zur formalen oder mathematischen Logik geforscht haben muss, verfehlt ihre praktischen Zwecke. Die Repräsentanten der Gerichtsbarkeit, Politik, Anwaltschaft, Presse und den Rechtsabteilungen der Unternehmen müssen rechtliche Begründungen zumindest nachvollziehen und allgemeinverständlich vermitteln können. Als Rechtswissenschaftler, Rechtstheoretiker oder Argumentationstheoretiker ist man nur ein möglicher

520 *Immanuel Kant*, Metaphysische Anfangsgründe der Naturwissenschaften, S. 15.

Adressat der Entscheidungsbegründung; die meisten anderen Adressaten sind mit einer – streng logisch gesehen – defizitären, dafür für sie leichter verständlichen Begründung zufrieden, wenn Entscheidungsresultat und Begründungselemente nicht gerade in anstößiger Weise absonderlich sind und jenseits vom eingelebten sittlichen Kosmos (der vor einem pluralistischen Hintergrund gedacht werden muss) einer Gesellschaft liegen.

Ein top-down-Ansatz droht dagegen blind zu werden für die Eigenheiten der Entscheidungssituation, für jene im Empirischen wurzelnden Hintergründe, die für die gesellschaftliche Akzeptanz von Recht so wichtig sind. Ein großer theoretischer Fortschritt ist insofern das Konzept des „reflective equilibrium" (Überlegungsgleichgewicht) von *John Rawls*, das Universalismus und Partikularismus als gleichberechtigte Partner vermittelt.[521] Für die Praxis ist – wie *Sunstein* richtig ausführt – dieses Konzept dennoch zu anspruchsvoll. Der Ansatz von *Rawls* ist auf die Bildung eines breit angelegten theoretischen Systems gerichtet. In der Verarbeitung vorgegebener Determinanten – wie Gesetze und Präjudizien – zeigt es Schwächen. Emotionen haben bei ihm gar keinen Platz.[522]

Jene emotive Komponente ist dem rationalistischen Theoretiker seit jeher verdächtig. Man mag aber bezweifeln, ob etwa einem Richter wirklich ein Vorwurf gemacht werden kann, wenn er emotional erschüttert auf folgendes Argument eines angeklagten Foltermörders reagiert: „Grausamkeit" i. S. d. § 211 Abs. 2 Hs. 2 Var. 2 StGB setze definitionsgemäß eine von „*gefühlloser* Gesinnung" getragene Handlung voraus, er dagegen sei von einem sadistischen Lustgefühl motiviert worden, also erfülle er das Mordmerkmal der „Grausamkeit" nicht. Wertet der Richter ein solches semantisches Argument als juristisch irrelevant für die Frage der Erfüllung des Mordmerkmals „grausam" und übergeht er es daher an dieser Stelle der Entscheidungsbegründung, mag dieses Vorgehen für den strengen Rationalisten ungehörig sein. Für denjenige dagegen, der mit der emotiven Komponente des richterlichen Handwerks die rhetorische Qualität und Funktion juristischer Definitionen als (zuweilen) Persuasivdefinitionen im Sinne von *Stevenson*[523] anerkennt, ist die Vorgehensweise selbst dann

521 *John Rawls*, Eine Theorie der Gerechtigkeit, S. 37 ff.

522 Vgl. *Cass Sunstein*, a. a. O., S. 751 ff., 781 ff., der *analogical reasoning* als eine „incomplete and truncated version of the search for reflective equilibrium" sieht.

523 Nach Stevenson ist eine „persuasive definition" verkoppelt mit Wörtern, die „a vague conceptual meaning and a rich emotive meaning" besitzen. Persuasive Definitionen übernehmen die Funktion einer „redirection of interest", indem „a new conceptual meaning to a familar word without substantially changing its emotive meaning" übertragen wird, vgl. *Charles Stevenson*, Persuasive Definitions, in: Mind Vol. 47,

nachvollziehbar, wenn sich an der Stelle des höflichen Übergehens das „Unverständnis“ oder gar der „Zorn des Gerechten“ in wohltemperierter Form zum Ausdruck bringt.[524] Mit einer solchen Definition („Grausam tötet derjenige, der seinem Opfer in gefühlloser, unbarmherziger Gesinnung Schmerzen oder Qualen körperlicher oder seelischer Art zufügt, die nach Stärke oder Dauer über das für die Tötung erforderliche Maß hinausgehen“[525]) wird nicht (nur) der Zweck verfolgt, die semantische Kluft zwischen abstrakter Gesetzesnorm und konkreter Entscheidungsnorm zu überbrücken, dem Richter wird insbesondere ein Instrument an die Hand gegeben, den Grad der Missbilligung des Delikts (und der Verworfenheit der verantwortlichen Täterpersönlichkeit) auch und gerade in seiner ethisch-emotiven Dimension angemessen verbalisieren zu

---

No. 187 (1938), S. 331 ff. Die Definition des Mordmerkmals „grausam“ übernimmt in diesem Sinne eine Übertragungsleistung von Fällen wie dem Foltermord, der in den Kernbereich des Mordmerkmals fällt, zu anderen Fällen wie der Tötung eines Kleinkinds durch nachlässige Sorgeberechtigten, die den Tod ihres Kindes mit *dolus eventualis* in Kauf genommen haben. Mir geht es allerdings weniger um die begriffliche Neubesetzung, sondern um den Verweis auf die „emotive Bedeutung“ eines Begriffs wie „grausam“: Die Definition von „grausam“ erfolgt hier gleichfalls durch konzeptionell vage und hoch emotive Begrifflichkeiten. Bei der „Sättigung“ der Definitionsmerkmale in einer Begründungssituation wird aufgrund der Verschränkung mit den emotiven Gehalten zugleich seitens des Gerichts der Täter in scharfer Weise getadelt. Die Sprechakte des „Begründens“ und des „Tadelns“ diffundieren also. Die Zuordnung von Fällen zu diesem Merkmal ist aber keineswegs arbiträr, sondern – zumindest beim Foltermord – aufgrund seiner Verwurzelung im menschlichen Emotionserleben praktisch zwingend (vgl. FN 465). Solche Tatbestandsmerkmale entziehen sich einer ausschließlich vernunftgesteuerten Anwendung. Sie setzen den Rechtsanwender als ein zur Bildung von Emotionen fähiges Wesen voraus. Gleiches gilt im Übrigen auch für die Anwendung der Radbruch-Formel, vgl. zur ethisch-pathetischen Dimension der Radbruch-Formel *Katharina Sobota*, Das Prinzip Rechtsstaat, S. 96 f.

524 Vgl. auch *Cass Sunstein*, a. a. O., S. 751 Fn. 37.

525 Vgl. *BGHSt* 3, 180 ff. Über die begriffliche Konkretisierungsleistung dieser Definition im Vergleich zum Ausgangsbegriff „grausam“ kann freilich gestritten werden (immerhin wird differenziert zwischen einer objektiven und einer subjektiven Komponente). Sie ist zumindest auch maßgeblich durch die ethisch-emotive Dimension geprägt. Noch deutlicher wird jene ethisch-emotive Dimension bei der Definition des Merkmals „andere niedrige Beweggründe“ durch „Als niedrige Beweggründe versteht man alle Motive, die nach allgemeiner-sittlicher Wertung auf tiefster Stufe stehen, durch hemmungslose Eigensucht bestimmt und deshalb besonders verachtenswert sind“, vgl. *BGHSt* 3, 132 ff.

können. Man darf nicht vergessen, dass durch eine solche Tat ein schwerer Riss im sozialen Gefüge mit gravierendem emotionalem Leid vor allem auch auf Seiten der Hinterbliebenen des Opfers entstanden ist. Ihre Verarbeitung in der abstrakten, nüchternen Sprache der Bürokratie (oder noch schlimmer: in einer am Präzisionsbedürfnis formaler Sprachen orientierten Kunstsprache) würde daher kaum als dem Geschehen angemessen empfunden werden.[526]

In den anspruchsvollen theoretischen Entwürfen der Vertreter des deduktiven Paradigmas werden solche emotiven und rhetorischen Funktionen der Rechtsprache nicht eingefangen: *Alexys* Theorie der Gerechtigkeit würde die Definition der „Grausamkeit" oder des „sonstigen niedrigen Beweggrundes" schlicht als eine Wortgebrauchsregel, durch die der semantische Gehalt eines Gesetzesbegriffs präzisiert oder konkretisiert werden soll, repräsentieren und so die rhetorische Funktion dieser Definitionen verkennen. Wozu eine solche Verkennung der Rhetorizität der in Entscheidungsbegründungen verwandten Sprache führt, habe ich versucht, im Abschnitt zu *Alexys* Prinzipienabwägung herauszuarbeiten und gezeigt, dass ein solcher Versuch, (rhetorische) Qualitäten in Quantitäten zu übertragen, wegen mangelnder Anbindung an eine hinreichend aufbereitete Praxis als empirischer Basis scheitern musste: Ohne eine angemessene rhetorische Analyse wird der dogmatische Gehalt in einer Urteilsbegründung überzogen und dem eigenen Entwurf fehlt die Anbindung an die Erträge in der Praxis. Ein platonischer Neuentwurf *ab ovo*, der jene Erträge unberücksichtigt lässt, muss jedoch erst den Nachweis erbringen, dass er als Funktionsäquivalent zumindest gleichermaßen leistungskräftig ist. Nach der hier in erster Linie logisch-strukturell ansetzenden Analyse muss das bezweifelt werden.

Mit dem Konzept des *Enthymems* (als Ersatz oder zumindest Ergänzung des Subsumtionsschemas) und der *Topoi* bzw. *Endoxa* (als Kategorie zur Repräsentation von Prinzipien oder allgemeinen Rechtsgrundsätzen) bietet die rhetorische Rechtstheorie alternative Konzepte, durch die der geringere Grad an theoretischer Durchformung und Durchformbarkeit der Rechtspraxis sowie die para-rationale Dimension von Ethos und Pathos besser verarbeitet werden kann, ohne hiermit die Dimension der Rationalität zu verleugnen.

In normativ-praktischer Hinsicht ist in diesem Zusammenhang der methodische Ansatz von *Sunstein* im anglo-amerikanischen Recht

---

526 Zum Kriterium situationsangemessener Sprachfügungen: Dieses impliziert auch, dass nicht der Eindruck von mangelnder Neutralität entstehen darf, vgl. *Katharina Sobota*, Rhetorical Construction of Law, a. a. O., S. 52 ff.

bemerkenswert: Dieser plädiert für einen „judikativen Minimalismus", für die Orientierung richterlicher Begründung mehr an fallnahen „low-level-principles" als an Prinzipien (Theoremen) in einem theoretisch geschlossenen Entwurf.[527] Anspruchsvolle Theorie (in Form eines *top-down*-Ansatzes) würde in der Rechtswissenschaft damit nicht überflüssig gemacht. Ihr Anspruch und ihre Relevanz für die Rechtspraxis jedoch dahin zurückgeschraubt, dass sie eine verfeinerte Perspektive auf ein Problem ermöglicht. In einem rationalen Verfahren wird ein Portfolio von Topoi entwickelt, das dann als Angebot der Theorie an die Praxis bereitsteht. Diese Topoi können als Begründungselemente übernommen werden, ohne dass sich aus dieser Übernahme eine Bindung an sämtliche theoretischen Hintergrundannahmen ergibt. In einem plural besetzten Spruchkörper dürfte die Bereitschaft zu einer Selbstverpflichtung auf theorieinterne Hintergrundannahmen ohnehin nur gering ausgeprägt sein.

Verbunden ist damit ein Konzept, in dem die Analogie eine die verschiedenen Fälle integrierende Funktion übernimmt. Kohärenz wird zwar angestrebt, kann aber nicht durch ein rationales Verfahren wie die Prinzipienabwägung in Form der Gewichtsformel garantiert werden. Anders als *Fried* und *Weinreb* darf man aber auch die gewiss wichtige Rolle von Intuition oder eines mit der menschlichen Kapazität zur Mustererkennung verknüpften impliziten Wissens von Juristen bei der Herstellung von Kohärenz nicht überschätzen: Es ist schon richtig, dass eine geteilte Sozialisation als Juristenpersönlichkeit förderlich für eine geteilte (Für-)Wahrnehmung der zur Beurteilung stehenden Sachverhalte und von Rechtsbegründungen ist,[528] doch *zusammen mit* oder doch zumindest *neben* jener humanen Kapazität zur Mustererkennung sowie jenem impliziten „Wissen" des Juristen gibt es einerseits weitere emotive Wirkfaktoren, die

527 *Cass Sunstein*, One case at a time; vgl. hierzu *Mehrdad Payandeh*, Judikative Rechtserzeugung, S. 454 ff. *André Brodocz*, Judikativer Minimalismus, in: KJ 2008, S. 178 ff. Die Wendung „one case" darf natürlich nicht wörtlich interpretiert werden. Es sind erstens Konstellationen denkbar, in denen mehrere Fälle im Zusammenhang eine regelungsbedürftige Lage ausbilden. Zweitens spielt die Analogie auch bei *Sunstein* eine kohärenzbefördende Rolle. Im Vordergrund steht für mich im Konzept von *Sunstein* daher der Hinweis auf die Gefahr von Übergeneralisierungen und von anti-pluralistischen Blickfeldverengungen, die bei deduktiven Ansätzen drohen.

528 Vgl. zu den vereinheitlichenden Momenten in der Sozialisierung von Juristen *Katharina Sobota*, Reflexion und Imitation in der Rechtsmethodik, in: FS-Schneider, S. 501 ff.; *dies.*, Rhetorik und rechtsmethodologische Aufklärung, a. a. O., S. 180; *Hans-Joachim Strauch*, a. a. O., S. 543 ff.

vereinheitlichende Kraft besitzen: Das „gute Judiz“ zeichnet sich – nach einer trefflichen Wendung – auch durch ein entwickeltes „Rechtsgefühl“ aus.[529] Andererseits droht Abweichung nur als kognitives Defizit („fehlerhafte Erkenntnis“) ins Blickfeld zu geraten. Der wertungsabhängige und meinungshafte Charakter rechtlicher Aussagen würde so verfehlt. Im deutschen Rechtskreis hat vor allem *Strauch* kognitionswissenschaftliche Erkenntnisse rezipiert und anhand dessen den Prozess der juristischen Mustererkennung und Musterbildung unter ihrer Rolle beim Erreichen des Leitziels der Kohärenzherstellung untersucht, dabei aber auch deutlich auf die Grenzen dieses Ansatzes hingewiesen.[530]

529 Vgl. zum Begriff Judiz *Rolf Gröschner*, Dialogik des Rechts, S. 143 ff., insbes. S. 149 ff., der das Judiz – als Kunst zu einem richtigen Vorverständnis zu gelangen – allerdings in verschiedene Dimensionen auffächert und die gefühlsmäßigen Aspekte des Judizes lieber als „Intuition“ denn als „Rechtsgefühl“ bezeichnen möchte. Vgl. zum Rechtsgefühl als Kunst, zutreffende Vorverständnisse zu haben (Abduktion) auch *Arthur Kaufmann*, Das Verfahren der Rechtsgewinnung, S. 38 ff. sowie *Hans Joachim Strauch*, a. a. O., S. 542. Begriffliche Rationalisierung ist selbstverständlich unerlässlich, je nach der betroffenen Rechtssache aber nur in verschiedenem Grade möglich. Zur entwickelten "ganzen Person des Judizierenden“, von der Gröschner spricht, zählt nach meiner Auffassung auch die Integration emotionaler Wirkmomente. Mit der Betonung der „Affekte“ soll selbstverständlich kein ungestümer Irrationalismus befürwortet, einer unreflektierten „Richtigkeit der Emotion“ das Wort geredet, sondern sie eher im Sinne (ähnlich Kaufmann) eines para-rationalen Wirkfaktors zur Geltung gebracht werden. Außerdem: Ist der „Sinn“ für „Balance“, für „Stimmigkeit“ oder „Kohärenz“ *ausschließlich* „rational“ und/oder „sensuell“ oder mischt sich in ihn nicht auch ein „Gefühl“ im Sinne einer „Emotion“? In der kognitionspsychologischen Forschung wird die Verbindung von Emotion und Kognition durchaus thematisiert (vgl. etwa die Beträge auf den S. 539–599, 704–716, 755–759 im *Oxford Handbook of Cognitive Psychology*). Diese Verbindung scheint mir auch für das Recht wegweisend zu sein.

530 Vgl. *Hans-Joachim Strauch*, a, a. O. S. 527 ff. Strauch betont – wie hier bevorzugt – einen pluralistischen Ansatz, anerkennt die Beteiligung kreativer Momente (*Ders.*, a. a. O., S. 582) und sieht – wie hier – die juristische Arbeit wesentlich durch die reflektierende (und nicht bestimmende) Urteilskraft von Kant geprägt (*Ders.*, a. a. O., S. 655 ff.) sowie durch subjektive, gefühlsabhängige Momente begleitet (*Ders.*, a. a. O., S. 572 ff.). Zutreffend wird der Aspekt ästhetischer Stimmigkeit ebenfalls von *Joachim Lege*, a. a. O., insbes. S. 606 ff. sowie von *Katharina Sobota*, Stimmigkeit als Rechtsstruktur, in: ARSP Vol. 78 (1991), S. 243 ff. betont.

Teil 3 – Die juristische Analogie zwischen Herstellung und Darstellung

§ 1 Die juristische Analogie als Element einer Entscheidungsbegründung

„Entscheidungsbegründung“ ist ein homonymer Begriff. Man kann ihn zunächst formal verstehen und als denjenigen Textabschnitt einer Gerichtsentscheidung identifizieren, der mit „Gründe“ oder „Entscheidungsgründe“ überschrieben ist oder diejenige Redepassage, die eine Richterin am Ende einer Verhandlung ausspricht, um den Verfahrensbeteiligten ihren Urteilsspruch zu erklären. Eine qualitative Deutung ist dagegen schwierig und zugleich unerlässlich: Eine „Entscheidungsbegründung“ wird in einer Folgesache (ob in der Revision oder einer anderen Sache) zum Gegenstand neuer „Rechtsfindung“ und anschließender „Rechtsbegründung“. In diesem Fall stellt sich die Abgrenzungsfrage, welcher Rechtssatz als *ratio decidendi* begründungstragendes Präjudiz ist und welcher nur *obiter dictum* ist. Die Sätze einer „Entscheidungsbegründung“ werden getrennt in solche, die die Tatfrage (*quaestio facti*) und solche, die die Rechtsfrage (*quaestio iuris*) betreffen. Nur jene Sätze, die sich einer Rechtsfrage zuordnen lassen, können Gegenstand der Revision sein und als Rechtssätze Präjudiz-Charakter gewinnen.[531] Doch ist es Sache

531 Der Präjudizien-Begriff wurde in grundlegender Weise untersucht von *Martin Kriele*, Theorie der Rechtsgewinnung, S. 243 ff., der ihn als Vorstufe zur Herausbildung von Gewohnheitsrecht versteht. Eingeordnet in die rhetorische Rechtstheorie hat ihn *Timo Cullmann*, Autoritätsargumente in der Rechtsprechung des Bundesverwaltungsgerichts und des englischen Court of Appeal, S. 42 ff. m. w. N. Cullmann entscheidet sich – anders als Solbach (*Markus Solbach*, Politischer Druck und Argumentation, S. 50) – gegen die Qualifikation von Präjudizien als „Dogmen“ und ordnet sie den „Autoritätsargumenten“ zu. Allerdings dürfte diese Entgegensetzung zu strikt sein: Mit „Dogma“ wird auf die inhaltliche Qualität als anerkannter Rechtssatz referiert, wohingegen „Autorität“ auf die Quelle der Anerkennung bzw. die den Rechtssatz aufstellende Institution samt ihrer Stellung in einem Institutionsgefüge referiert. Diese Autorität wird in Rechtsbegründungen typischerweise durch Nennung einer Quelle (Nachweisfunktion), wo Auskunft über die Herkunft des Rechtssatzes gegeben wird, in Anspruch genommen. Daher spricht Johnston plastisch von der Hintergrundtrias „Dogma – Autorität – Quelle“, vgl. *Lewis Johnston*, a. a. O., S. 170. Diese Trias kann – wenn eine Gesetzesnorm betroffen ist – ein Kodifikationsargument aktualisieren. Präjudizienqualität haben jedenfalls höchstrichterlich konstituierte Rechtssätze. Wegen des in erster Linie faktischen Einflusses von Präjudizien im Instanzengang kann überlegt werden, auch die Judikate der Obergerichtsbarkeit im Verhältnis zur Eingangsgerichtsbarkeit (oder von einem

der Interpretation, welcher Satz der Tat- und welcher der Rechtsfrage zuzuordnen ist.[532] Zweifel treten dann auf, wenn ein entscheidendes Gericht seine Entscheidungsregeln nicht explizit macht.[533] Dies erklärt das Interesse, das

---

Gericht selbst aufgestellten Rechtssätze) als „Präjudizien" zu bezeichnen. Stellt man mit Kriele auf die „präsumtive Verbindlichkeit" (mit begründungsbedürftiger Möglichkeit zur Abweichung) von Präjudizien ab (vgl. *Martin Kriele*, a. a. O., S. 253), ist diese hier nicht anders als bei einem Judikat eines Höchstgerichts gegeben. Umgekehrt könnte auch ein Rechtssatz, den ein Höchstgericht aufgestellt hat, aus dem Kreis der Präjudizien auszuscheiden sein, sofern es widerstreitende Rechtssätze von anderen Höchstgerichten gibt. In diesem Falle wäre eigentlich die Grundlage für die Präsumtion (insbes. Sicherung von Gleichbehandlung und Vorhersehbarkeit der Entscheidungen) erschüttert. In solchen Konstellationen – gerade bei einer Konzeption der Präjudizienbindung als Beachtungs- und nicht als Befolgungsgebot – sollten die unteren Gerichte m. E. nicht von der Pflicht entbunden sein, die Rechtssätze der höheren Instanzen zu beachten (was ansonsten Divergenzerscheinungen noch vertiefen würde). Sie sollten sich argumentativ mit diesen divergierenden Rechtssätzen auseinandersetzen und dann entweder einem von ihnen folgen oder einen Kompromissvorschlag begründen.

532 Vgl. hierzu *Thomas-Michael Seibert*, Das Denkgesetz im Gesetz, in: Das Enthymem (Rechtstheorie 42), S. 553 ff., der dort bespricht, auf welche Weise die Revisionsinstanz über Topoi wie denjenigen der „Verstöße gegen Denkgesetze" oder der Vollständigkeit und Widerspruchsfreiheit Zugriff auf die vermeintlich freie „tatrichterliche" Beweiswürdigung nehmen kann. Seibert dekonstruiert dort die Auffassung, bei diesen Topoi handle es sich um rein formale Gesichtspunkte und weist nach, dass es aus strategischen Gründen für die Instanzgerichtsbarkeit vorteilhaft sein kann, bei der Feststellung von Tatsachen keine Entscheidungsregel erkennen zu lassen. Besonders illustrativ ist hier ein Fall, in dem der BGH (*BGH*, Beschl. v. 18.06.2008 – 2 StR 225/08 –, BeckRS 2008, 17045) die Feststellungen des Instanzgerichtes wegen einer vermeintlich widersprüchlichen Regelanwendung beanstandet hat. Das Instanzgericht hatte einerseits wegen Faserspuren auf dem Fahrersitz darauf geschlossen, dass M dort zwingend gesessen haben muss. Andererseits hatte es argumentiert, aus dem Fehlen solcher Spuren könne nicht darauf geschlossen werden, dass K nicht im Wagen war. Das wäre – so der BGH – widersprüchlich. Jedenfalls nach den Gesetzen der Logik ist die Feststellung aber keineswegs widersprüchlich: Das Konditional FS (Faserspur) → AW (Anwesenheit im Pkw) erzwingt logisch nur dann die Bejahung des Hintersatzes, wenn der Vordersatz „wahr" ist – also Faserspuren vorhanden sind. Andernfalls – also beim Fehlen von Faserspuren – sind sowohl die Bejahung als auch die Verneinung des Hintersatzes – logisch gesehen – möglich.

533 Sobota hat bereits in einer frühen Analyse entdeckt, dass Gerichte ihre Entscheidungsregeln oft verschweigen und ihre vollständige Explikation oft keinen Sinn ergibt, vgl. *Katharina Sobota*, Don't mention the norm, in: International Journal for

Argumentationstheoretiker am Begriff der „Regel" und der Definition des Argumentbegriffs haben. Für den Argumentbegriff von *Alexy* ist das Konzept der „universellen Regel" konstitutiv (vgl. S. 136 ff.) und *Neumann* bemerkt, dass ein „Grund" erst dann zum „Grund" wird, wenn sich die Argumentationsperson (wenigstens rekonstruierbar implizit) auf eine Regel stützt.[534] Wer eine Äußerung mit Begründungsabsicht – etwa in einer Urteilsbegründung – tätigt, begründet daher – jedenfalls aus theoretischer Sicht – womöglich, ohne es zu bemerken, gar nicht.

Ob und mit welcher Reichweite die Analogie zur Rechtsbegründung zählt, wird unterschiedlich eingeschätzt. Als Darstellungsfigur in Gestalt der Gesetzes- und der Rechtsanalogie ist sie in der Praxis als Begründungselement zweifellos anerkannt. Mit ihr sind bestimmte Darstellungsmuster und -zwänge

---

the Semiotics of Law IV/ 10 [1991], S. 45 ff. *Ulfrid Neumann*, Das Enthymem in der juristischen Argumentationstheorie, a. a. O., S. 580 ff. sieht den Interpreten in den Fällen in der Pflicht, eine sinnvolle Übergangsregel texthermeneutisch zu ermitteln. Er gesteht aber zu, dass eindeutige Ergebnisse nicht stets ermittelt werden können. Der interpretatorische Streit zwischen von Schlieffen und Neumann um die Auslegung folgender Sentenz des Gerichts zur BAföG-Förderungsfähigkeit eines 59-jährigen Medizinstudenten und einer teleologischen Reduktion von § 10 Abs. 3 S. 2 BAföG (dort wird die Altersgrenze für die Förderungsberechtigung aufgehoben, wenn das Abitur – wie im Fall des Klägers – z. B. an einem Abendgymnasium nachgeholt wurde) ist hier illustrativ. Eine telelogische Reduktion sei nach dem Gericht angetan, „wenn der Auszubildende bei Abschluss seiner Ausbildung voraussichtlich das 65. Lebensjahr vollendet und damit die allgemeine Altersruhegrenze erreicht haben wird". Schlieffen hat die Regel „Nur wer Aussicht hat, nach der Ausbildung erwerbstätig zu sein, hat einen Anspruch auf Ausbildungsförderung" erwogen und schließlich verworfen, Neumann würdigt sie als „nahezu Paraphrase" der Urteilsstelle, die das Urteil auch tragen würde. Allerdings würde die teleologische Reduktion so formuliert m. E. die Entscheidung nicht zwingend tragen: Auch ein ausgebildeter Mediziner, der die Ruhealtersgrenze überschritten hat, kann prinzipiell – wenn auch vielleicht nicht als Arzt (2009 wurde allerdings die Altersgrenze für Kassenärzte aufgehoben) – je nach Lage am Arbeitsmarkt erwerbstätig sein (etwa als Vertreter für ein Pharmaunternehmen). Das Gericht hatte also gute Gründe von der Formulierung einer solchen Entscheidungsregel abzusehen und das unsichere prognostische Kriterium gegen die starre allgemeine Altersruhegrenze einzutauschen.

534 *Ders.*, a. a. O., S. 579, allerdings erkennt er für Fälle mit überkomplexer Relevanzstruktur eine Ausnahme an. Aus strukturellen Gründen könnten dort zwar keine Entscheidungs-, dafür ersatzweise Relevanzregeln anzugeben sein, *ders.*, a. a. O., S. 583 ff.

verbunden: etwa die Begründung einer „planwidrigen Regelungslücke" und einer „vergleichbaren Interessenlage" sowie die Beachtung von „Analogieverboten". Abgesehen von den theoretischen Zweifeln an der Haltbarkeit dieser Konzepte soll die Gesetzesanalogie als Schluss vom Besonderen zum Besonderen durch den Verzicht auf die Anführung einer allgemeinen Regel gekennzeichnet sein.[535] Damit ist ihr Charakter als Argument in Frage gestellt. Doch auch die Rechtsanalogie ist nicht auf eine Regel gestützt. Eine Regel („allgemeiner Rechtsgrundsatz"[536]) bringt sie erst hervor. Man fragt sich, welcher stützende Aspekt sie zu „vollwertigen" Argumenten macht.

Zieht man die internationale Diskussion heran, wird der Status der Analogie dort verschieden beurteilt: *Posner* rechnet sie mangels Begründungskraft dem *context of discovery* (Rechtsfindung) zu.[537] *Brozek* sieht in ihr einerseits ein heuristisches Instrument (Rechtsfindung). Insoweit sie argumentativ auf Prinzipien gestützt wird, hält er sie anderseits für ein Element des Begründungszusammenhangs. *Brewer* unterteilt die Analogie ebenfalls in ein mehrstufiges Verfahren: In einem ersten Schritt wird per Abduktion eine (dis-)analogy-warranting rule (AWR) aufgespürt (Rechtsfindung). Im zweiten Schritt wird sie durch (dis-) analogy-warranting rationale (AWRa) bestätigt (Rechtsbegründung). Per Deduktion wird sie schließlich in einem dritten Schritt zur Fallentscheidung auf den Sachverhalt angewandt (Rechtsbegründung).[538]

Wer den Prozess der Rechtsgenese durch Kohärenz und die Erkennung von Musterhaftigkeiten charakterisiert sieht, für den dürfte auch ohne Formulierung einer Regel oder deren Begründung die Analogie der Entscheidungsbegründung zugehörig sein.[539] Die Wahrnehmung von Mustern mag ein psychologischer Vorgang („Rechtsfindung") sein, die Erzeugung des Trägers eines wahrnehmbaren Musters dagegen zählt zur Ebene der Rechtsbegründung.

Rechtsrhetorische Forschungsansätze sind an den normativen Implikationen dieser Abgrenzungsfrage nicht unmittelbar interessiert. Für sie ist die juristische Analogie vor allem als Wirkfaktor- oder -mittel auf der Ebene der Herstellung und Darstellung der Herstellung interessant. Daher besteht eine Nähe zu der zuletzt genannten Auffassung. Allerdings ohne dabei sämtliche epistemologischen Implikationen zu teilen: Die Gesetzes- und Rechtsanalogie

535 Vgl. FN 144.

536 Vgl. aber die abweichende Differenzierung bei *Franz Reimer* (FN 145).

537 Vgl. FN 499.

538 *Scott Brewer*, a. a. O., S. 962 ff.

539 Vgl. S. 197 f.

ist deshalb der „Begründungsebene" zuzurechnen, weil sie als Begründungselement behauptet (Ebene der Darstellung der Herstellung) und in der Praxis als ein solches auch rezipiert wird. Auf der Ebene der Herstellung wird das paradeigmatische Enthymem als Begründungselement verstanden, das von der Abduktion als „Findefunktion" begleitet wird (vgl. S. 96 ff.).

§ 2 Das Verfahren der Rechtsgewinnung von Kaufmann

Kaufmann hat in seiner programmatischen Schrift „Das Verfahren der Rechtsgewinnung" einen Entwurf präsentiert, der – wie bereits die Bezeichnung „Rechtsgewinnung" verrät – nicht scharf zwischen „Entscheidungsfindung" und „Entscheidungsbegründung" trennt. Er thematisiert unter diesem Begriff allgemein die Genese von Recht.[540] Sein Rechtsgewinnungsverfahren erinnert an dasjenige von *Brewer*, der wie er die Analogie als „Schluss" (oder wie *Kaufmann* betont: „Vergleich"[541]) im Zusammenhang mit anderen Schlussweisen (Abduktion, Induktion, Deduktion) untersucht. Beide sehen die Analogie durch die vorgängige Bildung einer abduktiv aufgespürten und begründungsbedürftigen Regel charakterisiert. Diese werde abschließend durch Subsumtion angewandt.[542] *Kaufmann* setzt allerdings tiefer an. Er versteht die Analogie nicht lediglich als *eine* Technik der Gewinnung von Recht. Für ihn ist der Prozess der Rechtsgewinnung in grundsätzlicher Weise analogisch strukturiert.[543]

Um die von mir im ersten Teil der Arbeit besprochenen Schlussformen in einen juristischen Kontext zu stellen, soll das Konzept von *Kaufmann* herangezogen werden, denn in dieser Arbeit wird die Analogie – wie bei *Kaufmann* – in einer grundsätzlicheren Weise thematisiert. Allerdings darf der Unterschied zwischen *Kaufmann* und *Brewer* nicht überzogen vorgestellt werden: Im *common law* als Präjudizienrecht spielt der Fallvergleich traditionellerweise eine größere Rolle.[544] Damit kommt der mit dem Fallvergleich verbundenen Analogie dort nicht die relativ eingegrenzte Bedeutung zu, die ihr im

540 Vgl. *Arthur Kaufmann*, Das Verfahren der Rechtsgewinnung, S. 12 f., der „Rechtsanwendung" (deduktive Gesetzesanwendung) und „Rechtsfindung" (schöpferische Rechtsfortbildung) als vom Begriff der „Rechtsgewinnung" umfasst sieht.

541 *Ders.*, a. a. O., S. 59.

542 Dieser Ansatz wird von Kaufmann bereits in einer frühen Schrift „Vorüberlegungen zu einer juristischen Logik und Ontologie der Relationen" aufgegriffen und in seiner Spätschrift „Das Verfahren der Rechtsgewinnung" in einen umfassenderen Kontext gestellt, vgl. *Arthur Kaufmann*, Vorüberlegungen zu einer juristischen Logik und Ontologie der Relationen, in: *ders.*, Über Gerechtigkeit, S. 281 ff., insbes. S. 285 ff.; *ders.*, Das Verfahren der Rechtsgewinnung, S. 53 ff., 71 ff.

543 *Ders.*, Analogie und „Natur der Sache", insbes. S. 18 ff.

544 Vgl. zum englischen Case Law etwa *Felix Maultzsch*, Grundstrukturen der englischen Case-Law-Methodik, in: Methodik des Zivilrechts, S. 470 ff.

kontinentaleuropäischen Recht nach weitläufiger Meinung zugestanden wird. Zudem fasst *Brewer* das „analogical reasoning“ auf als „explanatory reasoning“, durch das eine weite Bandbreite juristischer (und philosophischer) „Denkweisen“ abgedeckt wird. Unter anderem sieht er in *Rawls* Überlegungsgleichgewicht („reflective equilibrium“) eine Instanziierung des „analogical reasoning“ (vgl. oben FN 522 auch *Sunstein*).

A. Der hermeneutische Zirkel und das Überlegungsgleichgewicht

Dieser Aspekt soll eingangs aufgegriffen werden, denn *Kaufmann* erörtert seinerseits zwar nicht den Begriff des Überlegungsgleichgewichts, interpretiert aber den hermeneutischen Zirkel (*Kaufmann* bevorzugt die Wendung von der „hermeneutischen Spirale“[545]) als analogisches Verfahren. Es soll nicht die starke These vertreten werden, dass „reflective equilibrium“ und „hermeneutischer Zirkel“ als Synonyme auf den identischen Gegenstand referieren. Dennoch ist es augenfällig, dass die Analogie das „reflective equilibrium“ – als Zentralkonzept im anglo-amerikanischen Rechtskreis – mit dem in der kontinentaleuropäischen Rechtstheorie wirkmächtigen Konzept des „hermeneutischen Zirkels“ verklammert.

Ruft man sich *Rawls* Konzept vor Augen werden die Bezüge noch klarer. Zur Erinnerung: *Rawls* möchte bekanntlich „Gerechtigkeit“ als „Fairness“ konzipieren. Hierzu konstruiert er einen Urzustand („original position“), in dem ein Vertrag über die Grundsätze einer wohlgeordneten Gesellschaft geschlossen werden soll. In diesem Urzustand befinden sich rationale und egoistische Vertragspartner hinter einem Schleier der Unwissenheit („veil of ignorance“). Sie wissen nicht, welche Position, Fähigkeiten und weltanschaulichen Präferenzen sie in der Gesellschaft haben werden. Hinter dem Schleier der Unwissenheit sind sie unparteiisch und die im Urzustand durch die vereinbarten Grundsätze charakterisierte gesellschaftliche Grundstruktur daher „fair“. Urzustand und jenes System vereinbarter Grundsätze werden von *Rawls* jedoch nicht als feststehende Größen vorausgesetzt. Sie bilden sich erst in der Folge eines Abwägungs- oder Überlegungsprozesses heraus: So werden als Fixpunkte tentativ Kandidaten solcher Grundsätze aufgegriffen, die der Theoretiker persönlich für einleuchtend hält. Hierzu wird dann eine passende Beschreibung des Urzustands erarbeitet: Wer zum Beispiel den Grundsatz „Ethnische Unterschiede

545 *Arthur Kaufmann*, Das Verfahren der Rechtsgewinnung, S. 62 ff.

sollen keine unterschiedliche Zuweisung von Rechten oder Pflichten zur Folge haben" zum Fixpunkt nimmt, wird den Urzustand so konzipieren, dass in ihm die Vertragspartner nicht von ihrer ethnischen Herkunft wissen, die sie in der Gesellschaft als Eigenschaft haben werden. Allerdings verläuft dieser Konstruktionsprozess – anders als dieses Beispiel nahelegt – nicht einseitig von den Grundsätzen zur Beschreibung des Urzustands. Dessen Beschreibung nimmt umgekehrt Einfluss auf Gestalt und Akzeptabilität der Grundsätze, auf die sich im Urzustand geeinigt wird. Jenes Spiel wechselseitiger Anreicherung findet sein Ende, wenn von beiden Seiten aus kein Impuls mehr zur Modifikation der Beschreibung des Urzustands oder des Systems der vereinbarten Grundsätze ausgeht. Der Theoretiker befindet sich dann in einem Überlegungsgleichgewicht zwischen diesen beiden Polen seiner Konstruktionsarbeit [546]

Sieht man von dem spezifischen theoretischen Interesse von *Rawls* ab, erinnert das Wechselspiel zwischen Sein (Urzustand-Sachverhalt) und Sollen (System der Grundsätze-Norm) an den hermeneutischen Zirkel von *Gadamer*[547] und – in einem juridischen Kontext – an ein Gleichnis des Rechtsphilosophen *Radbruch*:

> „Die Deduktion des Rechtsbegriffs bewegt sich in einem offenbaren Zirkel: sie will das Recht auf dem Umweg über den Rechtswert finden – das wofür der Rechtswert Geltung beansprucht –, kann nun aber den Rechtswert nur wieder durch Bezugnahme auf die Gemeinschaft definieren, deren konstitutiver Bestandteil das Recht ist. Auch wenn es nicht gelingen sollte, einen rechtsimmunen Begriff des Zusammenlebens zu gewinnen, wäre dennoch unsere Deduktion nicht schon wegen jenes Zirkelschlusses wertlos: sie würde auch dann beweisen, daß sich die Rechtswirklichkeit in zwei Bestandteile zerfällen läßt, einen apriorischen und einen aposteriorischen – mag nun auch jeder dieser Bestandteile nur durch Bezugnahme auf den anderen definiert werden können. In solchen Zirkelschlüssen bewegt sich eben alle kritische Philosophie um das ewig unerkennbare Geheimnis herum. Das Verfahren einer solchen Zirkelphilosophie wäre aber dies, von beiden Seiten den Tunnelbau zu versuchen, von beiden Seiten her den Rechtsbegriff in Angriff zu nehmen – stoßen beide Stollen aufeinander, so stimmt es. In der Philosophie gibt es keinen anderen Wahrheitsbeweis als die immanente Folgerichtigkeit des allumfassenden Denkens, sie ist wenigstens ein Symptom auch transzendenter Wahrheit."[548]

546 *John Rawls*, Theorie der Gerechtigkeit, S. 34 ff.

547 *Hans Georg Gadamer*, Wahrheit und Methode, S. 296 ff., der ihn im Anschluss an Arbeiten von Heidegger und Schleiermacher ausgearbeitet hat.

548 *Gustav Radbruch*, Grundzüge der Rechtsphilosophie, GRGA, Bd. 2, S 58 f. zitiert nach *Arthur Kaufmann*, Das Verfahren der Rechtsgewinnung, S. 67.

Mit jenem Bild des Tunnelbaus von zwei Seiten und ihrer wechselseitigen und zirkulären Bestimmung durcheinander ließe sich gleichfalls der Überlegungsprozess von *Rawls* beschreiben. Das Aufeinandertreffen der Stollen versinnbildlicht das Erreichen des Überlegungsgleichgewichts. In der Weise einer solchen relationalen Zirkelphilosophie lässt sich über eine ganze Reihe von Verhältnissen reflektieren: Teil-Ganzes, Partikularismus-Universalismus, Wirklichkeit-Wert, Begründung-Entscheidung, Dynamik-Statik, aber auch sprachlich-hermeneutische Themen wie das Verhältnis von Wort-Satz, Satz-Kontext, Semantik-Pragmatik, Wirklichkeit-Sprache, Langue-Parole. *Alexy* hat in seiner Theorie sein Überlegungsgleichgewicht mehr im Normativen (beim Prinzip) als beim Situativen (dem Fall) gefunden. In dieser Arbeit wird umgekehrt der Fall gegenüber der Norm stärker gewichtet. *Kaufmann* seinerseits vertritt in diesem Kontinuum einen Standpunkt der Mitte.

B. Das typologische Gleichsetzungsmodell von Kaufmann

Sein Ausgangspunkt ist die Analogizität der Sprache: Außer bei „Zahlenbegriffen" sei eine schlichte Deduktion nicht möglich. Die Gesetzesbegriffe müssten, bevor sie als Beziehungsglieder in einem Syllogismus Verwendung finden können, durch Auslegung erst gleichnamig gemacht werden.[549] Als abstrakte Termini seien sie leer, repräsentierten als solche lediglich die Möglichkeit von Recht, die sich erst in der Auslegung und Entscheidung des konkreten Lebenssachverhalts *aktualisiert*.[550] Augenscheinlich orientiert *Kaufmann* sich an der Metaphysik von *Aristoteles*, nach der die (zielgerichtete) Verwirklichung der Idee in den Einzeldingen angelegt sei (*entelécheia*) – und zwar nur in ihrer Potenzialität (*dýnamis*), die erst in der Tätigkeit (*energéia*) Realität gewinne.[551] Es nimmt daher nicht wunder, dass für *Kaufmann* sich die objektive (*extensive*) Auslegung einer Norm vom Verfahren der Analogie (*extensio*) qualitativ nicht

---

549 Kaufmann weist auf die kategoriale Verschiedenheit von Sollen (abstrakt-generelle Regel) und Sein (amorphe Welt der Fakten) hin. Es bedarf der (wechselseitigen) Aufbereitung, um das Sein zum Sollen in ein Entsprechungsverhältnis setzen zu können, vgl. *Arthur Kaufmann*, Das Verfahren der Rechtsgewinnung, S. 77; vgl. auch *ders.*, Analogie und Natur der Sache, S. 33. In diesem Zusammenhang vgl. auch den Begriff des „Kategorienfehlers", *Gilbert Ryle*, Der Begriff des Geistes, S. 14 ff. Es scheint so, als setzte das Wirklichwerden von Recht die (bewusste) Begehung einer bestimmten Art dieses „Kategorienfehlers" voraus.

550 *Arthur Kaufmann*, Analogie und „Natur der Sache", S. 29 ff.; *ders.*, Das Verfahren der Rechtsgewinnung, S. 72 ff.

551 *Aristoteles*, Metaphysik IX, 8 (1049b–1051a).

unterscheidet: Orientiert am Telos – der *ratio iuris* oder *legis* – der Norm werde diese mit der „Stofflichkeit" des Sachverhalts angereichert.[552]

Als Modell für diesen Vorgang der Rechtsgewinnung vertritt er in Anlehnung an *Engisch* anstelle des Subsumtions- ein Gleichsetzungsmodell: *Engisch* hatte mit seiner geflügelten Wendung vom „Pendelblick" bekanntlich vertreten, dass Obersatz (Norm) und Untersatz (Sachverhalt) im Vorgang der „Subsumtion" aufbereitet würden, indem die Norm in Orientierung am Sachverhalt und der Sachverhalt in Orientierung an der Norm in einem ständigen Hin- und Herwechseln der Perspektive gewonnen werde.[553] In einem Prozess der „Assimilation" von Sachverhalt und Norm müsse – so *Kaufmann* – entsprechend der Sachverhalt normgerecht, die Norm seinsgerecht gemacht werden. Als Tertium in diesem analogischen Prozess fungiere als Mittelgröße (in der die Stollen aufeinandertreffen) der sog. Typus.[554]

Man kann es so ausdrücken: Der Typus kann gleichermaßen als generalisierte Beschreibung des Sachverhalts wie als Konkretisierung einer Gesetzesnorm verstanden werden. Als „vertypter Lebenssachverhalt" und in Orientierung an der „Natur der Sache" (Instanziierung der *ratio iuris* oder *legis*) findet der Rechtskonstrukteur in ihm sein Überlegungsgleichgewicht. Hier drückt sich *Kaufmanns* Standpunkt des „Sowohl Induktion als auch Deduktion" aus, der in seiner späteren Schrift zum Verfahren der Rechtsgewinnung um die Berücksichtigung der Schlussform „Abduktion" erweitert worden ist.[555]

Jener Typus ist, wenn ich *Kaufmann* recht verstehe, im Prozess der judikativen Rechtsgewinnung sowohl Eingangs- als auch Ausgangsgröße: Die Normsetzung durch Judikative und Legislative unterscheidet sich nicht qualitativ, sondern graduell im Speziellen mit Blick auf ihren Verbindlichkeitsgrad (ein Richter darf eine Gesetzesnorm nicht übergehen, sondern muss sie zum Ausgangspunkt seiner eigenen Norm- oder Typenkonstruktion machen).[556] Beiden ist jeweils auferlegt, dem Typus als jener Mittelgröße, die nicht abschließend definiert, sondern nur beschrieben werden könne,[557] eine vorübergehende

---

552 Allerdings betont er in seiner späteren Schrift „Das Verfahren der Rechtsgewinnung" unter Verweis auf ein Diktum von Schroth, dass es zwischen objektiver und subjektiver Auslegung keine Alternative gäbe, sondern beide Berücksichtigung finden müssten, vgl. *Arthur Kaufmann*, Das Verfahren der Rechtsgewinnung, S. 81.

553 *Karl Engisch*, Logische Studien zur Gesetzesanwendung, S. 14 ff.

554 *Arthur Kaufmann*, Analogie und „Natur der Sache", S. 44 ff.

555 *Ders.*, Das Verfahren der Rechtsgewinnung, S. 51 ff.

556 *Ders.*, a. a. O., S. 84 ff.; *ders.*, Analogie und „Natur der Sache", S. 44 ff.

557 Ebd.

normative Form – die Legislative in Gestalt der Gesetzesnorm, die Judikative in Gestalt der Fallnorm – zu geben. Eingebettet ist dabei sowohl die Vorgabe von Gesetzesnormen durch die Legislative als auch die Entwicklung von Fallnormen durch die Judikative in ein dreistufiges – an die *thomistische Trias* von *lex aeterna, lex naturalis* und *lex humana* angelehntes – und von *Radbruch* übernommenes Schema, das aber keine einseitigen Ableitungsverhältnisse impliziert: Über allem schwebe auf der Ebene der Rechtsprinzipien die Rechtsidee (unterteilt in die Dimensionen der „Gleichheit“[558], „Rechtssicherheit“[559] und „Zweckmäßigkeit“[560]), die sich in einer (konkretisiert-allgemeinen/formell-positiven) Rechtsnorm manifestiere, auf der schließlich die (materiell-positive) Rechtsentscheidung eines Falles beruhe.[561]

C. Konstruktivistische Kritik am Konzept des Typus – zum Universalienrealismus

Jenes Konzept der typologischen Rechtsgewinnung ist augenscheinlich sowohl ontologisch als auch sprachphilosophisch recht anspruchsvoll und die damit zusammenhängenden Fragen können nicht ausdiskutiert werden. *Kaufmann* verortet den Begriff „Typus“ im Universalienstreit[562] und begreift ihn als *universale in re*. Hiermit möchte er zwischen Nominalismus und (Universalien-) Realismus eine Mittelposition einnehmen.[563]

Knapp gesagt geht es bei diesem Streit darum, ob generellen oder abstrakten Termen oder Ideen wie „Prinzip“, „Norm“, „Klasse“, „Relation“, „Bedeutung“ oder „Zahl“ reale Existenz beigemessen werden kann oder dies nur für Einzeldinge gilt: Der konkrete Hund „Bert“, der an Raumzeitstelle t: x: y: z drohend bellt (also Schallwellen aussendet), wäre als Einzelding existent, sein Gattungsbegriff „Dackel“ als abstrakte Entität dagegen nicht. Idealtypischer Vertreter des Realismus war bekanntlich *Platon*, demzufolge Einzeldingen nur ein von den (realen) Ideen abgeleitetes Sein als Schattenwesen zukommt,[564] wohingegen die Logiker *Quine* und *Goodman* als exponierteste Vertreter des Nominalismus

558 Alternativ: „Gerechtigkeit im engeren Sinne“ und „Form“.

559 Alternativ: „Rechtsfrieden“ und „Gerechtigkeit als Rechtsbeständigkeit“.

560 Alternativ: „soziale Gerechtigkeit“ und „Gemeinwohlgerechtigkeit“.

561 *Ders.*, Rechtsphilosophie, a. a. O., S. 42 ff., 84 f., 152 ff.

562 *Ders.*, Analogie und „Natur der Sache“, S. 55 ff.

563 *Ders.*, a. a. O., S. 56.

564 *Platon*, Pol. 514a–519a.

im ihrer Auffassung nach „übervölkerten" Ideenhimmel gleichsam einen Genozid anstrebten.[565]

Das Problem ist selbstverständlich wesentlich komplexer: Sowohl zur Frage, was unter „Nominalismus" als auch was unter „Universalienrealismus" und „Universalien" verstanden wird, gibt es mannigfache Nuancen, denen unmöglich nachgespürt werden kann.[566] *Quine* hat in seiner Spätphilosophie das Projekt einer konstruktiven Mathematik, in der „Klasse" und „Menge" als abstrakte Entitäten verbannt werden sollten,[567] aufgegeben und hinsichtlich dieser beiden Konzepte einen realistischen Standpunkt eingenommen; für Konzepte wie die „Bedeutung" blieb er indes unerbittlich.[568]

In die kühlen Höhen der mathematischen Philosophie wollen wir nicht emporsteigen, schließlich geht es uns um weit dubiosere Entitäten als die „Klasse" und die „Menge", selbst als die „Bedeutung", nämlich um „Werte", die sich nach *Kaufmann* in den Einzeldingen der Wirklichkeit verkörpern können sollen. Als in der Wirklichkeit bestehende Relation von Sein (Lebenssachverhalt) und Sollen (normative Qualität) seien sie erkennbar. *Vaihingers* Philosophie des „Als-ob", nach der die menschliche Wahrnehmung bzw. das Denken fiktionalen Charakter habe und als physiologische Funktion zur Orientierung in seiner Umwelt diene,[569] lehnt er ab.[570] Für ihn ist die Objektivität der Dinge und Werte entscheidend, die er unabhängig von humanen Konstruktionsleistungen wähnt („[…] erweist sich die Ähnlichkeit der Dinge nicht als eine ihnen bloß vom Subjekt beigelegte, vielmehr tragen die Dinge die Merkmale der Ähnlichkeit zuallererst an sich selbst"[571]).

565 Vgl. *Nelson Goodman/W.V.O. Quine*, Steps toward a constructive nominalism, in: Journal of Symbolic Logic 12 (4), S. 105 ff. Vgl. auch *W.V.O. Quine*, On what there is, in: From a Logical Point of View, S. 6 ff., der dort am Ende allerdings versöhnlich zur Experimentierfreude im Spiel mit verschiedenen Ontologien rät.

566 Vgl. die Übersicht bei *Sven Knebel*, Universalien (Antike bis Mittelalter), Sp. 181–187 und *Richard Schantz/Oliver Scholz*, Universalien (ab Neuzeit), Sp. 87–199, in: Historisches Wörterbuch der Philosophie (Band 11).

567 Vgl. FN 563.

568 *Ders.*, Two Dogmas of Empircism, in: From a Logical Point of View, S. 59 ff. Vgl. hierzu die Kritik an Quines Bedeutungsskeptizismus von *Matthias Klatt*, Die Wortlautgrenze, S. 169 ff. m. w. N.

569 *Hans Vaihinger*, a. a. O., S. 1 ff., insbes. S. 23.

570 *Arthur Kaufmann*, Analogie und „Natur der Sache", S. 24 f.

571 *Ders.*, a. a. O., S. 56, der sich allerdings auf Bertrand Russell stützen kann, vgl. *Richard Schantz/Oliver Scholz*, a. a. O., Sp. 194 m. w. N.

Nun ist die Fähigkeit zur Wahrnehmung von Dingen sicher mit einer angeborenen, evolutionär herausgebildeten Disposition oder Kapazität verknüpft: Wir nehmen eine Rose nicht als „rot" wahr, weil sie die Eigenschaft der „Röte" hat,[572] sondern weil sie uns kraft der Funktionsweise unseres Wahrnehmungsapparats als „rot" erscheint. Wer etwa Protanopie hat, würde die Farbe Rot nicht wahrnehmen können. Die Entwicklung von Farbwahrnehmung war vermutlich in einem bestimmten Stadium der humanen Entwicklungsgeschichte evolutionär vorteilhaft und hat sich daher als menschliche Kapazität verbreitet durchgesetzt. Als „objektive" Eigenschaft hat eine rote Rose allenfalls eine bestimmte Oberflächenstruktur, von der Licht in einer bestimmten Wellenlänge (~ 630–700 nm) auf die Farbrezeptoren der Netzhaut reflektiert wird.[573] Es ist gut nachvollziehbar, dass *Quine* die Herausbildung von „natural kinds" (das sind z. B. Tier- und Pflanzengattungen) ebenfalls (zunächst) auf eine angeborene Kapazität zur Wahrnehmung von Ähnlichkeiten („innate standard of similiarity") zurückführt.[574]

Die Genese und das Erlernen des Gebrauchs von Gattungsbegriffen beruht sicher darauf wie sensuelle Reize durch jene angeborene Kapazität verarbeitet werden.[575] Das geteilte Sprachreich genereller Terme baut damit zu weiten Teilen auf der mehr oder minder weitreichenden intersubjektiv geteilten kognitiven Verarbeitung der von Einzeldingen ausgehenden sensuellen Reize auf. Für intelligible Konzepte, unter ihnen die Werte und die Rechte, gibt es keine sinnesunabhängige Sprache. Die Sprache solcher Konzepte ist – was kognitionspsychologisch und linguistisch ausgezeichnet belegt ist – auf jene sensuellen Ursprünge zurückzuführen. Intelligible Konzepte sind metaphorisch organisiert:[576]

Unserer Vorstellung von Recht liegt das Konzept der Normenhierarchie als einer „Normenpyramide" zugrunde, an deren „Spitze" die „obersten" Prinzipien stehen, ganz „unten" bilden das breite „Fundament" konkrete Rechtsentscheide wie Verwaltungsakte. Jene Prinzipien in Gestalt der Grundrechte üben der Sonne gleich eine „Ausstrahlungswirkung" über das einfache Recht

572 Dagegen auch *W.V.O. Quine*, On What There Is, a. a. O., S. 28 ff.

573 Vgl. zu diesem Beispiel der Eigenschaft der „Röte" auch *Dieter Horn*, Rechtsprache und Kommunikation, S. 83 ff.

574 *W.V.O. Quine*, Natural Kinds, in: FS-Hempel, S. 5 ff.

575 Vgl. auch *Ruth Millikan*, Biosemantik, S. 85 ff.

576 Vgl. *George Lakoff/Mark Johnson*, Leben in Metaphern; zur Rechtsmetaphorologie jüngst auch *Jörg Michael Schindler*, Rechtsmetaphorologie – Ausblick auf eine Metaphorologie der Grundrechte.

aus und beim „Abwägen" kann das eine Prinzip ein „größeres" „Gewicht" als das andere haben und daher „überwiegen", der „Eingriff" in den „Kern" eines „Grund-"rechts wiegt besonders „schwer". Wider-"sprechen" sich Regeln (Personifikation), sind oben auf der schneebedeckten Meta-"ebene", „Kollisions-"regeln „heranzuziehen" wie die Regel Landesrecht „bricht" Bundesrecht. Es ist müßig, noch weitere der Legionen anderer Beispiele für die metaphorische Konzeption des Normativen vorzustellen: Unser gesamter Sprachapparat ist – was bereits *Nietzsche* bemerkt hat[577] – ein einziges Metaphernwerk!

Vor diesem Hintergrund ist es bemerkenswert, dass *Kaufmann*, dem dieser Umstand bewusst war,[578] mit der Vorstellung der *universale in re* auf ein aristotelisches Konzept zurückgreift, das im Vergleich zur platonischen Ideenlehre bestimmt einst innovativ war, heute aber aus wissenschaftstheoretischer Sicht für eine überlebte Ontologie steht. *Kaufmann* sieht sogar die „schöpferischen", „intuitiven" und „willenhaften" Momente bei der Entstehung des Allgemeinen,[579] beharrt dennoch – was *Sobota* zutreffend kritisiert[580] – zumindest verbal auf seinem Standpunkt des *de facto* Universalienrealismus.[581]

Wir dagegen behalten den eingeschrittenen Pfad der epistemologischen Vorsicht und ontologischen Sparsamkeit bei und nehmen – jenseits von Mathematik und Naturwissenschaft – einen konzeptualistischen oder besser noch konstruktivistischen Standpunkt[582] ein, in dem Universalien oder abstrakte Entitäten schlicht Erzeugnisse aus einem multipolaren humanen Konstruktionsvorgang sind: Der „Typus" ist in diesem Sinne keine objektiv vorgegebene Größe, die vom Gesetzgeber oder Richter in einer Normgebung zu beschreiben wäre, sondern eine humane Konstruktionsleistung, die einen mehr oder weniger weit reichenden Grad intersubjektiver Zustimmung oder Akzeptanz erreichen kann. Nur insofern hat er eine „objektive" Dimension, als dass mit

577 Vgl. *Friedrich Nietzsche*, a. a. O., S. 193 ff.

578 Vgl. *Arthur Kaufmann*, Analogie und „Natur der Sache", S. 29 ff.

579 Vgl. *Ders.*, a. a. O., S. 57.

580 *Katharina Sobota*, Sachlichkeit, S. 153 f.

581 *Ders.*, a. a. O., S. 57.

582 Zur Unterscheidung von Konzeptualismus und Konstruktivismus *Ernst von Glasersfeld*, Universalien als Konstruktion, in: Universalien und Konstruktivismus, S. 241 ff. Universalien werden als konstruierte und wirklichkeitsbezogene Modelle verstanden, welche die Wirklichkeit aber nicht schlicht abbilden. Inwiefern man sich diesen Konstruktionsprozess als vom Bewusstsein gesteuert vorstellen muss, soll hier offenbleiben.

ihm ein „soziales [!] Faktum“[583] erzeugt wird, das anschließendes menschliches Verhalten und Handeln – unter anderem in der Rechtsprechung – mehr oder weniger stark beeinflusst, doch nicht in einem strengen Sinne (wie die Bewegung des Lenkrads das Auto) „steuert“. Rückbindung besteht in jedem Fall an die Bewältigung einer Problemlage in der humanen Lebenswelt, deren als zureichend empfundene Bewältigung oder Nichtbewältigung wiederum ein maßgebliches Kriterium dafür ist, ob eine in Normform gegossene Typenkonstruktion (weiterhin) Akzeptanz erfährt oder gegebenenfalls zu modifizieren, ergänzen oder aber aufzugeben und zu ersetzen ist. Insofern ist die Betonung der Analogizität von Sein und Sollen durch *Kaufmann* – bei einem bestimmten Verständnis – nicht falsch, wird indessen ontologisch unzutreffend gewürdigt.

D. Das Verfahren der Gleichsetzung von Norm und Sachverhalt und seine Elemente

Sollte bislang *Kaufmanns* Verfahren der Rechtsgewinnung mehr in groben Zügen mitsamt einiger der zentralen theoretischen Hintergrundannahmen vorgestellt werden, soll es jetzt darum gehen, die mehr technische Seite seines Konzepts zu besprechen: wie sich jener Prozess der Assimilation von Norm und Sachverhalt vollzieht, welche Schlüsse daran beteiligt sind und wie er mit den traditionellen Konzepten der Methodenlehre („Auslegung“ und „Subsumtion“) zusammenhängt.

I. Beispiel-Fälle zur Exemplifikation des Gleichsetzungsverfahrens

Kaufmann greift zur Illustration des Verfahrens der Rechtsgewinnung – neben dem bereits im ersten Teil der Arbeit erwähnten Bohnenbeispiel von *Peirce* und einem leicht eingängigen Beispiel zur NS-Gesetzgebung – auf die berühmte Salzsäure-Entscheidung des Bundesgerichtshofs zurück.[584] *Brewer* seinerseits illustriert – wie es im amerikanischen Diskurs zur Analogie gängig ist – sein Konzept anhand des Steamboat-Case, der wegen seiner großen Anschaulichkeit und leichten Fasslichkeit ebenfalls vorgestellt werden soll.[585] Beide sind rasch erzählt.

583 Vgl. hierzu auch *John Searle*, Wie wir die soziale Welt machen, S. 23 f., der von „institutionellen Tatsachen“ spricht, die in ein „System“ von sie konstituierenden Regeln eingebunden sind; auch *Jürgen Habermas*, Faktizität und Geltung, S. 277.

584 Vgl. *Arthur Kaufmann*, Das Verfahren der Rechtsgewinnung, S. 53, 71.

585 *Scott Brewer*, a. a. O., S. 935 f., 1003 ff.

1. Die Salzsäure-Entscheidung

Mit der am 21.11.1950 getroffenen Salzsäure-Entscheidung wurde die amtliche Sammlung der Entscheidungen des BGH in Strafsachen begründet: Bei einem Raubüberfall hatte der Täter eine Kassiererin mit Salzsäure überschüttet und ihr eine Geldtasche entrissen.[586] Zum damaligen Zeitpunkt galt noch eine alte Fassung des schweren Raubs. Auf die Rechtsfolge des schweren Raubes (Freiheitsstrafe nicht unter 5 Jahre) sollte nach § 250 Abs. 1 Nr. 1 StGB aF erkannt werden, wenn der Täter bei der Tatbegehung eine „Waffe" bei sich geführt hat. Das „gefährliche Werkzeug" als Erfüllungsvariante gab es noch nicht Das Problem war also, ob Salzsäure unter den Waffenbegriff gefasst werden kann.

2. Der Steamboat-Case

Der Steamboat-Fall, noch ehrwürdiger an Alter, wurde 1896 vom New Yorker Court of Appeals entschieden. Es ging um einen Diebstahl auf einem Dampfschiff: Während der Reise brach ein Dieb in die ordentlich verschlossene Kabine des Reisenden Adams ein, stahl daraus 160 $[587], die dieser für seine Reise ins ferne Minnesota benötigte, und ward hinterher nicht wieder gesehen. Adams wollte sich nun an der New Jersey Steamboat Co. (dem Anbieter der Reise) schadlos halten, doch konnten weder ihm noch der New Jersey Steamboat Co. Fahrlässigkeit vorgeworfen werden.[588] Im deutschen Rechtskreis fiele bei dieser Sachlage gleich eine Gesetzesanalogie zu § 701 Abs. 1 BGB ein. Nach dieser Vorschrift haften „Gastwirte" für die von einem Gast eingebrachten und verlustig gegangenen Gegenstände verschuldensunabhängig. Die deutsche Interpretationspraxis zu dieser Vorschrift ist sogar noch offenherziger und fasst die vergleichbaren Betreiber von Kreuzfahrten gleich unmittelbar unter den Begriff des „Gastwirts".[589] Und in der Tat konnte sich auch unser

586 BGHSt 1, 1 ff.

587 Entspricht 2019 inflationsbereinigt ungefähr 5.000 $, ist für die Bestreitung der Reisekosten also ein beachtlicher Betrag, der anzeigt, dass die amerikanischen Dampfschiffe jener Zeit als durchaus luxuriös vorzustellen sind.

588 151 N.Y. 163 (1896).

589 Umgekehrt werden Betreiber von Gastschänken ausgeklammert, da sie keine Beherbergung übernehmen. Als Telos sieht man hier unter einer Pluralität von Gründen vor allem denjenigen, dass eine Beweisnot von Gästen vermieden werden soll: Güter des Gastes könnten möglicherweise durch Personal, das Zutritt zu den Räumlichkeiten hat, entwendet werden, vgl. *Martin Henssler*, in: Münchener Kommentar zum BGB, § 701 Rn. 1, 12.

Herr Adams auf ein Präjudiz stützen, nach dem ein Gastwirt („Innkeeper") seinem Gast verschuldensunabhängig haftet („strict liability without any proof of negligence"). Es gab allerdings einen Gegenspieler, der für die Steamboat Company focht: Wer im Nachtzug nicht nach Lissabon, sondern in den Vereinigten Staaten reist, kann nur dann die Bahngesellschaft für den Verlust seines Guts in seinem Abteil haftbar machen, wenn er der Gesellschaft Fahrlässigkeit nachweist.[590] Der Court of Appeals entschied zugunsten von Adams und verstand ein *steamboat* als „floating inn": Ein „traveler who pays for his passage, and engages a room in one of the modern floating palaces that cross the sea or navigate the interior waters of the country, establishes legal relations with the carrier that cannot well be distinguished from those that exist between the hotel-keeper and his guests."[591]

II. Die Abduktion und das Konzept der Codierung

Soviel zur Praxis, nun zurück zur Theorie: *Kaufmann* analysiert den Salzsäure-Fall unter Rückgriff auf die klassisch-scholastische logische Darstellungsform. Bevor diese logische Analyse aufgegriffen wird, soll in das für das Verständnis der Arbeit und der Abduktion grundlegende Konzept der „Codierung" eingeführt werden. Zurückzuführen ist es nicht auf *Kaufmann*, bei dem es implizit bleibt; es wurde bei *Eco* entlehnt.

Das Konzept der Codierung wurde von *Eco* im Rahmen seiner Zeichentheorie entwickelt. Kurz gesagt ist eine Codierung für die Relationierung von Zeichen zuständig („aliquid stat pro aliquo"). *Eco* fasst den Begriff des Zeichens aber weit. Auch non-verbale Zeichen (z. B. das Leuchtsignal „rote Ampel" für einen „Haltebefehl", „emporsteigender Rauch" als Wirkung für die Ursache „Feuer" oder ein „Lichtkegel" für ein „herannahendes Auto") stehen in einer Zeichenfunktion. „Sender" eines Zeichens muss nicht zwangsläufig ein Mensch sein. Auf der Empfängerseite dagegen verlangt die Zeichenfunktion einen Interpretationsakt, der durch ein Netz von Codes – also Regeln – geleitet wird, die aber

590 Hier ist die Sachlage im deutschen Rechtskreis umstritten. Wie in den USA wird einerseits die Einbeziehung von „Schlafwagengesellschaften" in den Begriff des „Gastwirts" abgelehnt: Es wird argumentiert, der Zweck der Fortbewegung überwiege denjenigen der Beherbergung, vgl. *Martin Henssler*, a. a. O. Rn. 15. Andererseits werden – in bemerkenswerter sprachlicher Entsprechung zur Diktion in der amerikanischen Entscheidung – nach anderer Auffassung Schlafwagen als „rollende Hotels" verstanden, vgl. *Hans-Christoph Bruß*, in: Soergel, Kommentar zum BGB, § 701 Rn. 14.

591 151 N.Y. 163 (1896).

verschieden stark oder schwach, präzise oder unpräzise, implizit-unbewusst oder explizit-bewusst sein oder bleiben können und die Zuordnung von Zeichen zu Zeichen auf verschiedenen Ebenen (z. B. grammatisch-syntaktische, semantische oder pragmatische Ebene) betreffen.[592]

Ausgangspunkt der Überlegung von Kaufmann zur Rechtsgewinnung ist nun der Umstand, dass eine gesetzliche Normierung immer nur auf mögliche Sachverhalte referieren kann. In einfachen Fällen kann es dem Rechtskonstrukteur so erscheinen, als ließe sich unmittelbar – ohne eine vorangegangene Aufbereitung von Norm und Sachverhalt – ein Subsumtionsschluss durchführen: Wenn ein Schwerlaster mit seiner Fracht den zur Erholung dienenden Park queren möchte, ein Raub mit einem Maschinengewehr verübt wird oder in ein Hotelzimmer eingebrochen und dort das Gut eines Gastes entwendet wird. Wie *Hart* nimmt *Kaufmann* an, dass Normen auf einen Kern von Fällen referieren, die zweifellos von ihnen erfasst sind. Selbst in solchen Fällen ginge jedoch eine Interpretation voraus; zumindest diejenige, dass eine Norm für diesen Fall nicht interpretationsbedürftig sei. Zuvor müsse man jedoch per Abduktion die Regel aufgespürt und den Sachverhalt ausermittelt haben. Dann erst könne ein Subsumtionsschluss den Vorgang der Rechtsgewinnung abschließen.[593]

Entsprechend sieht *Eco* einen abduktiven Rest, wenn in einer Konversation ein einfacher Satz in deutscher Sprache („Würden Sie bitte das Fenster öffnen?") zu einem deutschen Muttersprachler gesprochen und von diesem verstanden wird. Er bezeichnet das als „übercodierte Abduktion", die eine Reihe von Schritten voraussetzt, die meist, doch nicht immer – man könnte sich schließlich verhört haben – gelingen und so verinnerlicht sind, dass über sie nicht reflektiert zu werden braucht.[594]

Auch jeder halbwegs erfahrene Jurist wird mit schlafwandlerischer Sicherheit etwa an das mietrechtliche Minderungsrecht denken, wenn ein Mieter Ansprüche wegen Schimmelbefalls in seiner Wohnung geltend macht. Bevor in einem Gegenstandsbereich aber übercodierte Abduktionen möglich sind, müssen bestimmte edukative Anstrengungen unternommen worden sein: Der Jurist muss mit der Zuordnung einer Reihe von Fällen vertraut geworden

---

592 Vgl. *Umberto Eco*, Semiotik – Entwurf einer Theorie der Zeichen, S. 21 ff.; *ders.*, Semiotik und die Philosophie der Sprache, S. 30 ff.

593 Vgl. *Arthur Kaufmann*, Das Verfahren der Rechtsgewinnung, S. 74 ff., der dort (S. 77) zwischen starken und schwachen Vergleichen unterscheidet.

594 Vgl. zu „übercodierten Abduktionen" *Umberto Eco*, Semiotik – Entwurf einer Theorie der Zeichen, S. 188 ff.; *ders.*, Semiotik und die Philosophie der Sprache, S. 62 ff., insbes. S. 69 f.; *ders.*, Die Grenzen der Interpretation, S. 312 ff., 317 ff.

sein, so wie der Muttersprachler eine gewisse Lebenszeit in einer Sprachgemeinschaft gelebt haben muss, damit er selbst einfache Sätze verstehen kann. Für den Studenten im ersten Semester dagegen erschließt sich die rechtliche Zuordnung von Schimmelbefall zu den Normen des mietrechtlichen Gewährleistungsrechts – für den ausländischen Gast der Satz „Würden sie bitte das Fenster öffnen?“ –, in der Terminologie *Ecos* gesprochen, durch eine „untercodierte“ Abduktion. Ihnen fehlen noch die entsprechenden interpretatorischen Kapazitäten. Vielleicht reicht ihre Erfahrung schon soweit, dass sie einige der oftmals nur impliziten Regeln und konversationellen Standards[595] der Gemeinschaft beherrschen – dies aber noch nicht so weit, dass ihnen mehr oder minder sichere Urteile möglich sind.[596]

Eco unterscheidet von den „untercodierten“ Abduktionen noch die „kreativen Abduktionen“, die die originelle oder spekulative Erfindung betreffen. Indessen ist der Unterschied zur „untercodierten Abduktion“ gradueller Natur: Auf „untercodierte Abduktion“ angewiesen ist auch der Forscher, der ein neues Forschungsgebiet erschließt, der Fachanwalt für Handelsrecht, der ein Mandat im „Gewerblichen Rechtsschutz“ bearbeitet oder der Richter, der eine ganz unerwartete und neue Sachlage zu bewältigen hat, wohingegen eine „kreative Abduktion“ etwa der charmante Schwindler anstellt, der aus der Kenntnis von ein paar chinesischen Zeichen zu einem in Mandarin verfassten Text als dessen vermeintliche Übersetzung eine poetische Erzählung erfindet, obwohl der Text *de facto* vielleicht eine Gebrauchsanleitung für ein Küchengerät ist. Im Weiteren wird zwischen kreativen und untercodierten Abduktionen nicht unterschieden: Übercodierung und Untercodierungen sollen als die beiden ideellen Pole in einem Kontinuum verstanden werden.[597]

---

595 Mit diesem Begriff soll ausgedrückt sein, dass solche Standards nicht zwingend explizit konsentiert werden müssen, sondern sich auch durch unreflektierte Gewohnheit eingeschliffen haben können.

596 Vgl. *Umberto Eco*, Semiotik – Entwurf einer Theorie der Zeichen, S. 196.

597 *Umberto Eco* sieht in Fällen „untercodierter Codierung“ noch eine „grobe“ Codierung, die aber keine sichere Anwendungstendenz vorgibt. Das ist etwa der Fall, wenn in einem Netz von Codes Widersprüche oder Leerstellen auftreten. Bei ihr wird von „nicht-existierenden Codes zu potentiellen Codes“ übergegangen. Als unsichere Abduktion ist sie durch das bereits angesprochene Prinzip (S. 65 f.) des Schlusses auf die plausibelste Erklärung charakterisiert ist. Die „übercodierte Abduktion“ definiert er als automatischen oder quasi-automatischen Übergang „von einer existierenden Codierung zu einem analytischeren Subcode“. Allerdings bewegen sich „untercodierte“ und „übercodierte“ Abduktion und entsprechend Zeichenerzeugung (die Entwicklung neuer Codes) und Zeicheninterpretation (die

III. Der „mögliche Wortsinn" einer Norm und seine Grenze

Anders als in akademischen Lehrübungen, in denen Sachverhalte als festgestellt vorgegeben werden, ist selbst der hervorragend ausgebildete Rechtskonstrukteur der Praxis immer auf untercodierte Abduktionen angewiesen. In erster Linie für die Bewältigung der schwierigeren Fälle der Praxis entwickelt *Kaufmann* seine Beschreibung des Verfahrens der Rechtsgewinnung. In diesen Fällen kreist der Streit oft darum, was unter den „möglichen Wortsinn"[598] eines abstrakt-generell formulierten Tatbestandsbegriffs fällt: ein elektrisches Kindermobil in einem Park unter den Begriff „Fahrzeug", ein Dampfschiff unter den Begriff der „Gaststätte" oder „Salzsäure" unter den Begriff der „Waffe". Damit wird die Welt untercodierter Abduktionen betreten und auch *Kaufmann* schwankt hier bei seinen begrifflichen Zuordnungen: Zunächst akzeptierte er im Salzsäure-Fall die Analogie des BGH als zulässige innertatbestandliche Analogie.[599] Später verstand er sie als unerlaubte Extension des Waffenbegriffs.[600] Einerseits nimmt er an, bis auf univoke Zahlenbegriffe seien tatbestandliche Begriffe (und folgerichtig auch die Begriffsmerkmale präzisierender Definitionen) äquivok. Andererseits müssten sie aber immer wieder aufgebrochen werden, damit sie dem zu beschreibenden Typus besser gerecht würden.[601] Wenn man sie jedoch aufbricht, droht – zumindest im Strafrecht – das Tabu der verbotenen Analogie, weil „Aufbrechen" eine (wirksame) „Begrenzung" voraussetzt.[602]

Unversehens befinden wir uns in einem sprachphilosophisch höchst umstrittenen Bezirk, nämlich bei der Frage, wie wirksam die sog. „Wortlautgrenze"

Anwendung etablierter Codes) in einem Kontinuum. Für den Überlappungsbereich empfiehlt Eco eine zusätzliche Kategorie: die „Extra-Codierungen", vgl. *Umberto Eco*, Semiotik – Entwurf einer Theorie der Zeichen, S. 192 f.; *ders.*, Semiotik und Philosophie der Zeichen, S. 69 ff.

598 *BVerfGE* 92, 1 (12).

599 *Arthur Kaufmann*, Analogie und „Natur der Sache", S. 27, 50 f., 59.

600 *Ders.*, a. a. O., S. 69; *ders.*, Das Verfahren der Rechtsgewinnung, S. 80.

601 *Ders.*, Analogie und „Natur der Sache", S. 51 f.

602 Es kommt allerdings darauf an, durch wen eine Eingrenzung vorgenommen worden ist. Wurde sie erst durch die Rechtsprechung geschaffen, dann liegt der Fall anders als bei definitorischen Vorgaben durch den Gesetzgeber. Neumann plädiert dafür, im Anwendungsbereich des Gesetzlichkeitsprinzips bei Rechtsprechungsänderungen die *lex praevia* heranzuziehen, vgl. *Ulfrid Neumann*, Die Rechtsprechung im Kontext des verfassungsrechtlichen Prüfungsprogramm zu Art. 103 Abs. 2 GG, in: FS-Beulke, S. 197 ff.

begrenzt. Geteilter Ausgangspunkt aller Auffassungen ist die Differenz zwischen Text und Begriff, Signifikant (Bezeichnendes) und Signifikat (Bezeichnetes): Anders als *Platon* noch annahm, sind Begriffe nicht mit Zeichen auf natürliche Weise verknüpft (anders ist es vielleicht bei onomatopoetischen Ausdrücken).[603] Sie sind zwar nicht per Volksabstimmung konventionell, indessen durch eine konversationelle Praxis miteinander verbunden. In der analytischen Philosophie wurde ein Katalog der Unsicherheitsquellen bei der Begriff- und Zeichenverwendung zusammengestellt: *open-texture* (Porosität), Unbestimmtheit, verschiedene Arten von Mehrdeutigkeit.[604] Zusätzlich möchte man bei „vagen Begriffen" (also praktisch sämtlichen Begriffen) die hergebrachte Unterscheidung von Begriffskern und Begriffshof[605] durch das weniger anschauliche Schema von positiven, neutralen und negativen Kandidaten ersetzen.[606]

---

603 *Platon*, Kratylos, insbes. 426b–428b.

604 Vgl. die Übersicht bei *Hans-Joachim Koch/Helmut Rüßmann*, a. a. O., S. 188 ff. m. w. N.

605 So noch bei *Philipp Heck*, Gesetzesauslegung und Interessenjurisprudenz, S. 122.

606 Vgl. *Hans-Joachim Koch/Helmut Rüßmann*, a. a. O., S. 194 ff. Gegen das Kandidaten-Modell kann eingewandt werden, dass gewisse Nuancen, die in dem Kern-/Hof-Modell noch vermittelt werden, in ihm verloren gehen: In einem Rechtsstreit wird ein zuvor „neutraler Kandidat" – mit Blick auf die Folgejudikatur – dem Kreis der „positiven Kandidaten" per Entscheidung zugeordnet. Als Beispiel mag die Einbeziehung des „simulierten Tötens" in einem „Laserdrome-Spiel" in den Kreis der Menschenwürdeverletzungen in der Entscheidung *BVerwG* (Urt. v. 13.12.2006 – 6 C 17/06 –, GewArch 2007, S. 247 ff.) dienen. Die Entscheidung soll hier gar nicht kritisiert werden. In diesem Fall drängt sich jedoch die Rede von einem „Eingriff in den (abwägungsfesten) Kernbereich der Menschenwürde" weniger stark auf als etwa bei einem Geständnis, das Strafverfolgungsbehörden durch Folter erzwungen haben. Die Raum-Metaphorik des Kern-/Hof-Modells ermöglicht begriffliche Zuordnungen, in denen auch nach und trotz einer Zuordnung eines Falls zu einem Rechtsbegriff durch eine Rechtsentscheidung Differenzen zwischen positiv zugeordneten Fällen ausgedrückt bleiben. Das Kern-/Hof-Modell findet entsprechend einen ungezwungeneren Anschluss an die Weise, in der sich mentale Kategorien ausbilden: Diesen Fehlen – wie Hofstadter/Sanders unter Rekurs auf einschlägige psychologische Studien begründet haben – kontextgelöste und präzise definierte Grenzen. Sie veranschaulichen den Begriffsbildungsprozess mit der Entwicklungsgeschichte und zonalen Untergliederung einer Stadt: Um den Kern der Stadt – der Altstadt samt Stadtmauer – legt sich mit der Zeit ein mittlerer Siedlungsring (Neustadt), welcher wiederum von einer Vorstadt als Außenring umschlossen wird. Dieser hat zwar einen ausfransenden Rand, lässt jedoch spätestens bei Betreten der Felder und Weiden das Verlassen des Stadtgebiets erkennen, vgl. *Douglas Hofstadter/Emmanuel Sander*, a. a. O., S. 91. Das (ungelöste) Problem ist offensichtlich

Rein semantische Sprachbetrachtungen dagegen finden sich heute nicht mehr. Die maßgebliche Relevanz der pragmatischen Dimension für die Bestimmung des Wortlauts einer Norm gilt heute als unbestritten.[607] Selbst in formeller Hinsicht strikte Theorieansätze stimmen – nach Verfeinerung des begrifflichen Apparats – am Ende ihrer Untersuchungen dem Befund zu, dass der Verlauf der „semantischen Grenze", die über die Zuordnung in diesem Kandidatenfeld entscheidet, im Vorfeld eines Streits nicht bestimmt werden kann.[608] Damit kommen Anhänger der analytischen Philosophie im Grundsatz mit ihren dekonstruktivistischen Widersachern darin überein, dass der Text nur Ausgangspunkt eines argumentativ ausgetragenen Streits über die Bedeutung eines Textes sein kann, dessen Semantik erst im Vollzug dieses Streits lokal zu bestimmen sei.[609] Was sich noch innerhalb und schon außerhalb des möglichen Wortsinns bewegt, was innertatbestandliche Analogie und was außertatbestandliche Analogie ist, markiert den Gegenstand des Streits, ist aber keine echte Grenze in ihm.[610] Doch selbst wenn – zum Beispiel im Fall des Kindermobils von *Hart* – in vertretbarer Weise frei zwischen teleologischer Reduktion und restriktiver Auslegung des Begriffs „Fahrzeug" gewählt werden kann, sind an eine einmal getroffene Qualifikation Folgen geknüpft: Ein Richter, der sich – etwa bei einem Strafbefreiungsgrund – im Anwendungsbereich eines Analogieverbots für die Qualifikation als „teleologische Reduktion" entscheidet und anschließend einen Verstoß gegen das Analogieverbot verneint, würde konversationelle Standards verletzten und verwickelte sich so in einen „performativen Widerspruch".[611] Ein solches Argumentationsverhalten ließe

die schleichende Expansion in den Außenbereich. Doch vermittelt die Vorstellung von einem „begrifflichen Zentrum" einen Ankerpunkt, von dem aus die „Entfernung" zu angedachten begrifflichen Anbauten „abgemessen" werden kann. Als „Überexpansion" sind sie so zumindest argumentativ angreifbar.

607 Auch Koch/Rüßmann, die einer semantischen Bedeutungstheorie anhängen, anerkennen die pragmatischen Gehalte kommunikativer Akte. Bei ihnen stehen Fragen der Gewichtung, Abgrenzung und Zuordnung semantischer und pragmatischer Aspekte im Vordergrund, vgl. *Hans-Joachim Koch/Helmut Rüßmann*, a. a. O., S. 151 ff.

608 *Matthias Klatt*, Theorie der Wortlautgrenze, S. 281.

609 Vgl. *Ralph Christensen*, Statement, in: Das Enthymem (Rechtstheorie 42), S. 593; *Friedemann Vogel/Stephan Pötters/ders.*, Richterrecht der Arbeit, S. 61 ff.

610 Vgl. *ders.*, Was heißt Gesetzesbindung?, S. 66 ff.; *ders.*, Die Paradoxie der Gesetzesbindung, in: Die Sprache des Rechts (Band 2), S. 69 ff., 77 ff.

611 Ein „performativer Widerspruch" wäre unter folgenden Voraussetzungen nicht gegeben: (1) Der Richter argumentiert, dass keine teleologische Reduktion eines

also an die Sequenz „Die Katze sitzt auf der Matte, aber ich glaube es nicht" von *Austin* erinnern.[612]

IV. Das Zusammenspiel von Abduktion, Induktion, Analogie und Deduktion im hermeneutischen Zirkel

Kaufmann vertritt das Konzept des Vorverständnisses und des hermeneutischen Zirkels (der hermeneutischen Spirale). Den hermeneutischen Zirkel versteht er – wie *Gadamer* – nicht als Methode, sondern als transzendentale Bedingung des Verstehens eines Textes, bei dem der Interpret sich auch selbst als Interpret in einer Anwendungssituation begreife.[613] Den Interpretationsvorgang – also die Weise, in der Obersatz (Tatbestand) und Untersatz (Sachverhalt) in einer rückbezüglichen, spiralenartigen Bewegung miteinander gleichgesetzt werden – möchte er durch Aufspaltung in verschiedene Schlusssequenzen analytisch zugänglich machen. Mündet dieser Vorgang in eine Deduktion, so liegt seine Quelle in der Vorwegnahme des Ergebnisses durch Rechtsgefühl und Vorverständnis.[614]

Abduktiv verstehe der Interpret vorläufig den Raub unter der Verwendung von Salzsäure als einen möglichen Fall des „schweren Raubs mit Waffen" (oder das Dampfschiff hinsichtlich der verschuldensunabhängigen Haftung als eine „Gaststätte"). Er suche nun zwischen Obersatz und Untersatz pendelnd, den Obersatz im Hinblick auf den Untersatz durch Induktion zu interpretieren und

---

Strafbefreiungsgrunds vorgenommen worden ist; (2) dass das Analogieverbot in Art. 103 Abs. 2 GG nicht die Fälle der teleologischen Reduktion von Strafbefreiungsgründen erfasst; (3) dass Art. 103 Abs. 2 GG nicht gilt; (4) das Verbot in Art. 103 Abs. 2 GG zwar gilt, es sich aber nicht an ihn nicht persönlich in seiner konkreten Entscheidungssituation richtet; (5) er mit einer Verurteilung zwar das Verbot in Art. 103 Abs. 2 GG verletzt, dies aber nicht zur Folge hat, dass auch sein Urteil rechtswidrig ist. Andernfalls lautete die Aussage: Ich kann X wegen des Delikts § Y nur verurteilen, wenn ich den Strafbefreiungsgrund in § Z teleologisch reduziere und ich akzeptiere sowohl, dass die teleologische Reduktion von Strafbefreiungsgründen als Analogie nach Art. 103 Abs. 2 GG verboten ist, als auch, dass Art. 103 Abs. 2 GG eine geltende Verfassungsnorm ist, die ich – damit mein Urteil rechtmäßig ist – beachten muss, dennoch verurteile ich X wegen des Delikts Y. Das hieße: Ich – Richter R – habe für Recht erkannt, dass ich X rechtswidrig wegen Y verurteile.

612 *John L. Austin*, Zur Theorie der Sprachakte (How to do things with Words), S. 66.

613 *Arthur Kaufmann*, Das Verfahren der Rechtsgewinnung, S. 62 ff., 67.

614 *Ders.*, a. a. O., S. 71 ff.

den Untersatz im Hinblick auf den Obersatz durch Analogie – Fallvergleich – zu konstruieren. In diesem Verlauf werde unter tentativem Aufgreifen der „Gefährlichkeit" als relevanter Vergleichshinsicht aus dem abstrakt-generellen Begriff der „Waffe" als einem technischen, zum Angriff und zur Verteidigung angefertigten Gegenstand der Typus des „gefahrbringenden Gegenstands". Der Obersatz erhalte so die Gestalt: „Wer gefährliche Mittel bei einem Raub verwendet, wird wegen schweren Raubs mittels einer Waffe nach § 250 StGB bestraft". Im Untersatz wird aus der Frage, ob Säure eine Waffe sei, die Frage ob Säure in der Vergleichshinsicht ihrer Gefährlichkeit ein gleichermaßen gefährlicher Gegenstand wie etwa Schuss- oder Stichwaffen sei.[615]

Im Dampfschiff-Fall kann tentativ in einem ersten Schritt vielleicht aus dem Gedanken der Hospitalität die Regel extrahiert werden, dass aus ethischer Sicht Hospitalität (Wirtbarkeit) die Pflicht zur Sorge um Leib und Gut der beherbergten Person umfasst: Wer einen anderen Menschen in seine Schutz- und Hoheitssphäre aufnimmt, ist ihm ethisch zur Hospitalität (gesteigerte Sorge um Leib und Gut der Gäste) verpflichtet. Der zweite Schritt kann durch folgende Überlegung schließlich zu einer rechtlichen Kontextualisierung führen: Beruht ein durch Hospitalität geprägtes Verhältnis auf einem entgeltlichen Vertrag, wird für die Einhaltung dieser Verpflichtung rechtlich eine verschuldensunabhängige Haftung begründet. Der Obersatz lautete entsprechend: „Wer durch Vertrag entgeltlich zur Hospitalität verpflichtet ist, haftet wie ein Gastwirt gem. § 701 Abs. 1 BGB verschuldensunabhängig." Im Untersatz würde aus der Frage, ob ein Dampfschiff eine Gaststätte ist, die Frage, ob der Betreiber der Reise auf einem Dampfschiff seinem Vertragspartner in gleicher Weise wie ein Gastwirt zur Hospitalität verpflichtet ist.[616]

Allerdings hat die Harmonie der zur Erkenntnis emporstrebenden Spirale Schönheitsflecken: Obgleich sich nach der Auffassung von *Kaufmann*

---

615 Vgl. ebd.

616 Hiermit soll selbstverständlich – wie auch beim Salzsäurebeispiel – keine dogmatische Vertretbarkeit beansprucht werden, sondern es sollen in eher lockerer Weise theoretische Zusammenhänge exemplifiziert werden. Tatsächlich würde der Betreiber der Dampfschifffahrt wohl ohne weiteres direkt unter den Begriff des „Gastwirts" gefasst werden (vgl. oben FN 589 f.). Argumentiert wird mit dem Entscheidungsgesichtspunkt „Beherbergungscharakter", der eine gewisse Verwandtschaft zum Hospitalitätsgedanken zulässt. Dahinter steht mit der römisch-rechtlichen Gastwirthaftung (*receptum cauponum*) ein historisch verbürgtes Rechtsinstitut, vgl. zur historischen Genese umfassend *Reinhard Zimmermann*, Gastwirtshaftung in Deutschland, in: FS-Luig, S. 271 ff.

und – wie die Gesetzesnovellen zu § 250 StGB demonstrieren – des Gesetzgebers die Konstruktion des Typus des gefährlichen Raubs gut vertreten und mit triftigen Gründen Säure hierunter fassen lässt, schlägt das Wortlautargument im Spätwerk *Kaufmanns* diese sprachlich-teleologisch vielleicht gelungene und aus pragmatischer Sicht vernünftige Ergebnisbegründung. Auch wenn abstrakt-genereller Begriff und Typus in eine gewisse Übereinkunft gebracht werden können, kann es dennoch sein, dass dieses Ergebnis als außertatbestandliche Analogie dem Tabu des Analogieverbots unterfällt und ein am Typus entwickelter Obersatz fallengelassen werden muss. Worauf die abweichende Einschätzung von *Kaufmann* beruht und wie das Spannungsverhältnis zwischen „objektiver" und „subjektiver" Auslegung oder allgemeiner: zwischen verschiedenen gegenläufigen Argumenten aufgelöst werden kann, bleibt offen.

Auch der gefundene Obersatz zum Dampfschiff-Fall bereitet Probleme: Nach *Posner* ist der aus der ökonomischen Analyse des Rechts stammende Topos des „besseren Kostenvermeiders" der schlagende Gesichtspunkt für die Gleichsetzung von Gaststätte und Dampfschiff und die Ungleichsetzung mit Schlafabteilen in einem Nachtzug: Sowohl bei Dampfschiffen als auch in Gaststätten sind die Räume bzw. die Kabinen abschließbar und bieten Diebstahlsschutz. Dessen Qualität kann der Unternehmer beeinflussen. In Nachtzügen dagegen fehlen – was die Vertragspartner wissen – solche Sicherungsvorkehrungen. Der Passagier in Nachtzügen sei daher besser als die Bahngesellschaft zur Vereitelung von Diebstählen imstande.[617] Als damit verbundenes, diesmal systematisches Argument führt *Posner* an, dass der Nachtzugfall die Ausnahme-, der Gaststättenfall dagegen die Regel markiere.[618] Aus Sicht des deutschen Zivilisten ließe sich das Argument des „besseren Kostenvermeiders" noch hören, dennoch hätte er gegen die oben von mir verfasste Regel vielleicht systematische Bedenken: Die verschuldensunabhängige Haftung ist im deutschen Vertragsrecht die Ausnahme, wohingegen Regel die verschuldensabhängige Haftung mit Beweislastumkehr nach § 280 Abs. 1 S. 2 BGB ist. Vergisst man für einen Augenblick die im deutschen Rechtskreis gängige extensive Auslegungspraxis zum Begriff des „Gastwirts",[619] könnte man sowohl eine extensive Interpretation als auch eine Gesetzesanalogie mit dem Argument ablehnen, die in § 701 Abs. 1 BGB formulierte Norm sei als „Fremdkörper" oder nach der (nicht kategorisch geltenden) Regel *singularia non sunt extendenda* gar nicht erst analogiefähig und

---

617 Vgl. *Richard Posner*, How judges think, S. 181 ff.

618 *Ders.*, a. a. O., S. 181.

619 Vgl. FN 589 f.

außerdem eng auszulegen.[620] Es kam hier natürlich nicht darauf an, eine dogmatisch treffende Begründung zum Gaststättenrecht zu erarbeiten: Ziel war es, das potenzielle Zusammenspiel einer Vielzahl unterschiedlicher (argumentativer) Gesichtspunkte, die im Verfahren der Analogie oder Auslegung eine Rolle spielen können, vorzustellen.

Auch *Kaufmann*, der bei der Interpretation (des Obersatzes) vom Methodenkanon *Savignys* ausgeht (dieser ergänzt um weitere Topoi wie die Folgenabwägung), folgt der Erkenntnis *Essers*, dass es zwischen den Methoden (Topoi) ebenso wenig ein harmonisches Zusammenspiel gibt wie eine feste Rangfolge.[621] Die Schönheit der Einheitlichkeit, die bei dem Konzept der hermeneutischen Spirale noch mitschwingt, weicht damit aber einer Pluralität der relevanten Gesichtspunkte: Es stellt sich daher die Frage, welcher Gesichtspunkt unter anderen herausgegriffen wird, um aus ihm eine sowohl die Typenkonstruktion als auch die Obersatzbildung tragende Regel zu bilden. Warum ein Aspekt im Prozess der Rechtsgenese (zwangsläufig) jene königliche Rolle übernimmt, den anderen Gesichtspunkten dagegen nur die Rolle von stützenden Gehilfen oder stürzenden Opponenten (einer dieser opponierenden Gesichtspunkte ist dann folgerichtig potenziell der Gegenkönig) zukommt. Auch wenn *Kaufmann* den argumentativen Charakter der Interpretation sowie die Rolle nicht-rationaler Elemente im Prozess der Rechtsgenese betont, schwingen in seinem Konzept noch zu optimistische Ordnungsvorstellungen mit.

---

620 Ahmling nimmt in der Nachfolge von Heck an, dass die Rechtsregel „singularia non sunt extendenda“ anerkannt sei. Sie führt sie auf das Kriterium planwidriger Unvollständigkeit zurück. Zur Stützung führt sie zwei Entscheidungen des Bundesverfassungsgerichts und des Bundesgerichtshofs an, vgl. *Rebecca Ahmling*, Analogiebildung durch den EuGH im Europäischen Privatrecht, S. 42. In den Entscheidungen wird dieser Grundsatz jedoch nicht anerkannt. Der BGH spricht nur davon, dass Ausnahmevorschriften *grundsätzlich* eng auszulegen seien, das Bundesverfassungsgericht stellt den „Ausnahmecharakter“ von § 1747 Abs. 3 BGB nicht in klare methodische Bezüge, vgl. *BGH* NJW 2008, S. 2257 (2258); *BVerfG* NJW 1968, S. 2233 (2237). Tatsächlich hat der BGH entschieden, dass auch Ausnahmevorschriften analogiefähig sein können, vgl. *BGHZ* 135, 298 (300) m. w. N. Unbeanstandet vom Bundesverfassungsgericht, wird die Analogiefähigkeit von Ausnahmevorschriften auch in der Methodenliteratur grds. anerkannt, vgl. *Claus-Wilhelm Canaris*, Die Feststellung von Lücken im Gesetz, S. 181 f.; *Franz J. Säcker*, Münchener Kommentar, Einleitung zum BGB, Rn. 120 ff.

621 Vgl. *Arthur Kaufmann*, Das Verfahren der Rechtsgewinnung, S. 65 ff., 93 f. m. w. N.; *Josef Esser*, Vorverständnis und Methodenwahl, S. 121 ff.

E. Analytische Rekonstruktion des Verfahrens der Gleichsetzung von Norm und Sachverhalt

I. Vorbemerkungen zum Vorgehen Kaufmanns bei der Analyse der Schlussweisen – Das Problem substanzieller Interpretation formaler Schemata

Bei der jetzt zu besprechenden analytischen Rekonstruktion des Rechtsgewinnungsvorgangs mit seinen Elementen Abduktion, Induktion, Deduktion und Analogie (Vergleich) sind einige Vorbemerkungen erforderlich. Zunächst betrifft dies die Beschränkung des Darstellungsanspruchs und die Weise, in der diese Elemente zusammenspielen: *Kaufmann* beansprucht nicht, durch sein Modell die Komplexität des Rechtsgewinnungsprozesses abbilden zu können. Durch eine logische Analyse wird ein dynamischer Vorgang als statisch präsentiert. Das führt zu Verfälschungen. Das Modell soll gerade nicht eine genaue Abfolge von Schlussschritten repräsentieren.[622] Meines Erachtens ist es auch zu eng, die Deduktion zwingend als nur das Verfahren der Analogie abschließenden Schluss vorzusehen und damit auszuschließen, dass es nicht weitere deduktions-orientierte Phasen in diesem Verfahren gibt. Aber vielleicht will *Kaufmann* das gar nicht behaupten. Ohnehin bleibt das Zusammenspiel der Schlüsse aufgrund des reduzierten Erklärungsanspruchs bei *Kaufmann* etwas unklar.

Ein weiteres Problem betrifft die Weise, in der die Schlüsse formal repräsentiert werden. *Kaufmann* bedient sich – wie *Peirce* in seinem Bohnenbeispiel – der traditionellen Logik und beschränkt den Aussagegehalt der Sätze nicht auf das formal-logische Zusammenspiel der Terme, sondern interpretiert sie substanziell. Besonders deutlich und gut illustriert werden können die damit einhergehenden Schwierigkeiten bei *Kaufmanns* Repräsentation eines Beispiels für eine *quaternio terminorum*:[623]

Obersatz	Der Fuchs hat vier Beine [Alle Füchse sind vierbeinig].
Untersatz	Caesar ist ein Fuchs.
Schlusssatz	Caesar hat vier Beine [Caesar ist vierbeinig].

Um diesen Schluss als *quaternio terminorum* zu verstehen, sind die semantischen Präsuppositionen notwendig, dass mit „Fuchs_1" im Obersatz auf das

622 *Arthur Kaufmann*, a. a. O., S. 78 f.
623 *Ders.*, Das Verfahren der Rechtsgewinnung, S. 45.

Säugetier „Fuchs", im Untersatz mit „Fuchs$_2$" auf die Eigenschaft der „Schläue" und mit „Caesar" auf den berühmten römischen und vermutlich zweibeinigen Feldherrn und Herrscher Gaius Julius Caesar referiert werden soll. Nur eingedenk dieser semantischen Präsuppositionen kann man eine *quaternio terminorum* annehmen. Sie hängt allerdings nicht mit der dargestellten logischen Form zusammen: Leicht kann man sich vorstellen, dass „Fuchs" tatsächlich auf das Säugetier Fuchs referieren soll und „Caesar" irgendeine Entität ist, der schlicht die Eigenschaft zugewiesen wird, ein Fuchs in diesem Sinne zu sein. Der Schluss scheint dann logisch gültig. Wie problematisch dennoch substanzielle Interpretationen von logischen Schlüssen sind, wird sofort deutlich, wenn man sich vorstellt, dass der konkrete, auf den Namen „Caesar" getaufte Canide eines seiner Beine verloren hat: Dann wäre der Schlusssatz unwahr, obwohl er aus Ober- und Untersatz logisch zu folgen scheint. Substanziellen Schlüssen fehlt – immer! – die logische Stringenz, die einer Schlussfolge im nicht-substanziellen (mathematischen) Bezirk zukommt. Um das deutlich zu machen, wurde für diesen Bereich die Rede von am Deduktionsschema orientierten Eikos-Enthymemen bevorzugt, denn durch die Verwendung dieser Bezeichnung wird der substanzielle Charakter des Schlusses und dessen damit verbundene mangelnde logische Stringenz klargestellt.

Ins Epistemologische gewendet, kann damit die unter dem etwas paradoxen Begriff der sog. „justified true beliefs"[624] diskutierte Problematik besser verarbeitet werden: Angenommen X und Y sehen vor sich ein Auto und Y tätigt zu X die Aussage „Das ist ein Auto". Nie wäre (mit der für den mathematischen Bereich hinreichenden Sicherheit) auszuschließen, dass es sich trotz geteilter Wahrnehmung gar nicht um ein Auto, sondern um die täuschend echte Projektion eines Autos handelt.[625] Angesichts dieser nie auszuschließenden Möglichkeit kann ein Urteil wie das von Y immer nur Wahrscheinlichkeit verbürgen. Im Zusammenhang mit der Bildung eines solchen Enthymemtyps steht die übercodierte Abduktion.

---

624 Vgl. hierzu *Thomas Grundmann*, Analytische Einführung in die Erkenntnistheorie, S. 86 ff. m. w. N. Der Gettier-Konstellation entspräche es in meinem Beispiel oben, wenn der leicht paranoische X grundlos behauptet, das Auto sei eine Projektion und zufällig recht hat; das Auto als Projektion entspricht dem Scheunenbeispiel.

625 Ein Problem, das übrigens aufgrund von Fortschritten in der KI-unterstützten Videosimulation auch praktisch virulent werden wird, denn solche Simulationen können etwa politisches Spitzenpersonal mit kompromittierendem Inhalt (z. B. einer rassistischen Rede) in Verbindung bringen. Als Fälschungen können sie technisch nur noch schwer entlarvt werden.

Kaufmann übernimmt mit den Beispielen zudem die bereits im ersten Teil als problematisch ausgewiesene Darstellungsform der scholastischen Logik.[626] Bei Syllogismen mit mehr als nur zwei Variablen in einer Prämisse, wird die logische Stringenz der Schlüsse beeinträchtigt (vgl. S. 91). Auf eine prädikatenlogische Rekonstruktion verzichtet er und differenziert bei der Induktion nicht zwischen den Typen der enumerativen und der klassenübergreifenden Induktion. In der Abduktion sieht er daher – anders als die Analogie – auch keine zirkuläre Schlussweise. Zudem ist in seinem Schema 5[627] die Formulierung von F_1 „Alle Fälle von schwerem Raub (§ 250 StGB) sind Raub mittels Waffen" nicht geglückt, weil damit in Abrede gestellt würde, dass Raub durch andere Fälle – wie die gemeinschaftliche Begehung – begangen werden kann. In Anlehnung und Aufgreifen von Denkanstößen durch Kaufmann soll daher ein modifiziertes Schema entwickelt werden.

II. Modifikation des Schemas von Kaufmann

1. Die Abduktion

Zunächst soll dabei der Ausgangspunkt, die Abduktion, aufgegriffen werden. Eine Abduktion kann sowohl „übercodiert" als auch „untercodiert" sein. Als Beispiel untercodierter Abduktion soll die Salzsäure-Entscheidung, als Beispiel der übercodierten Abduktion der Fall der Begehung eines Raubes mit einem (funktionstüchtigen) Maschinengewehr dienen. Die Erfüllung des Grunddelikts des Raubes (§ 249 StGB) wird jeweils unterstellt. Es geht bei der Besprechung also nur um die Einschlägigkeit der Qualifikationsvariante „schwerer Raub mittels Waffen".

Zieht man die Parallele zu *Peirce* Bohnenbeispiel, unterscheiden sich der „Maschinengewehr-" und der „Salzsäurefall" zunächst nicht: Maschinengewehr und Salzsäure sind gleichsam die Bohnen, die auf dem Tisch liegen. Zu beantworten ist die Frage nach deren Herkunft aus dem benachbarten Sack.

Im Gegensatz zur Salzsäure fehlt beim Maschinengewehr aufgrund von Übercodierung aber der Überraschungseffekt: Dessen Zuordnung zum Waffenbegriff, also seine Herkunft aus dem Sack, steht außer Frage: Der „Fall" „Das Maschinengewehr ist eine Waffe" wird entweder durch die überlieferte Definition zum technischen Waffenbegriff („Waffe ist jeder Gegenstand, der seiner Konstruktion nach und bei bestimmungsgemäßer Verwendung zur

626 *Arthur Kaufmann*, Das Verfahren der Rechtsgewinnung, S. 51 ff.
627 *Ders.*, a. a. O., S. 71.

Herbeiführung erheblicher Verletzungen geeignet ist") oder eine andere stabile Zuordnungsgepflogenheit sanktioniert. Die zweifelhafte „Regel" „Alle gefährlichen Gegenstände sind Waffen" ist für diese Zuordnung nicht erforderlich. Jedoch ist sie immerhin mit der bereits etablierten Codierung verträglich. Aufgrund übercodierter Abduktion würde ein Rechtsanwender also § 250 Abs. 1 Nr. 1 StGB aF heranziehen, das Maschinengewehr als Waffe qualifizieren und unter Nutzung der Standarddefinition zum technischen Waffenbegriff in einem Eikos-Enthymem begründen, dass mit dem Maschinengewehr ein schwerer Raub mit Waffen verübt worden ist.[628]

Salzsäure kann dem Sack „Waffen" durch diesen bereits etablierten Code dagegen nicht zugeordnet werden. Man benötigt daher einen alternativen Zuordnungsgaranten. Nach *Kaufmann* wird hier per (untercodierter) Abduktion als ein solcher Kandidat die bereits erwähnte „Regel" „Alle gefährlichen Gegenstände sind Waffen" aufgestellt. Zielpunkt ist der „Fall", auf den geschlossen werden soll, also „Salzsäure ist eine Waffe". Zu diesem wird ausgehend vom „Ergebnis" „Salzsäure ist gefährlich" über die „Regel" geschlossen.

Die Abduktion hätte also nur eine Schlussrichtung: Ergebnis → Regel → Fall.[629]

Wir dagegen hatten die Abduktion als Schluss auf die plausibelste Erklärung (vgl. S. 85 f.) herausgearbeitet, die von zwei Richtungen aus verfährt: Sowohl der Schlusssatz („Fall") „Salzsäure ist eine Waffe" als auch der Obersatz („Regel") „Alle gefährlichen Gegenstände sind Waffen" sind jeweils problematische Urteile. Charakteristisch für die Abduktion ist der Umstand, dass der „Fall" „Salzsäure ist eine Waffe" nicht weniger überzeugungskräftig ist als die „Regel" „Alle gefährlichen Gegenstände sind Waffen".[630]

Aus der Sicht des theoretisch unverbildeten Juristen würden damit die Dinge auf den Kopf gestellt werden, denn er will über die „Regel" den „Fall" stützen, der Naturwissenschaftler dagegen über den „Fall" die „Regel" (Hypothese). Nun könnte er erwägen, die Schwierigkeit ließe sich ganz einfach durch Umstellung bewältigen, indem er die Regel „Alle gefährlichen Gegenstände sind Waffen" nicht als „Regel", sondern als „Fall" (Hilfshypothese) versteht und als „Regel" im Schema von *Peirce* den „Fall" „Salzsäure ist eine Waffe",

628 Auch Kaufmann weist darauf hin, dass in einfachen Sachlagen Rechtsgestaltung (Abduktion/Analogie/Induktion) und Rechtsanwendung (Deduktion) ineins zufallen scheinen, vgl. *ders.*, a. a. O., S. 74 f.

629 Vgl. *ders.*, a. a. O., S. 53. Freilich erkennt er zu, dass sowohl „Fall" als auch „Regel" problematische Urteile sind.

630 Vgl. zum Schluss auf die plausibelste Erklärung FN 261.

denn immerhin ist das „Ergebnis“ „Salzsäure ist ein gefährlicher Gegenstand“ die einzige als feststehend unterstellte Prämisse. Allerdings würde man damit Obersatz und Konklusion permutieren, was anders als bei einem Tausch von Obersatz und Untersatz die logische Gültigkeit des Schlusses beeinträchtigt.

Es scheint, als sperre sich die Abduktion für die entsprechende Verwendung in einem juridischen Kontext. Muss man konstatieren, dass im Recht die Abduktion eine andere logisch-strukturelle Drift erlangt als in den Seinswissenschaften? Verfehlt ist es jedenfalls – wie bei der Konzeption der Apagoge bei *Aristoteles* – die Stützungsrichtung von „Regel“ (*praemissa maior*) zum „Fall“ (Konklusion) umzustellen, denn das Problem scheint deutlich diffiziler zu sein und ein tiefer liegender Widerstreit macht sich sichtbar: Es kann ja triftige Gründe dafür geben, die Aussage „Salzsäure ist eine Waffe“ fallen zu lassen, obwohl es auch gute Gründe für die Aufstellung der „Regel“ „Alle gefährlichen Gegenstände sind Waffen“ gibt.[631] Und in der Tat repräsentiert die Regel „Alle gefährlichen Gegenstände sind Waffen“ bzw. „Raub mittels gefährlicher Gegenstände ist ein schwerer Raub mit Waffen gem. § 250 Abs. 1 Nr. 1 StGB aF“ mehr die teleologische Dimension: den Typus. Auch *Kaufmann* lässt aufgrund des Wortlautarguments den „Fall“ „Salzsäure ist eine Waffe“ bzw. „Raub mittels Salzsäure ist ein schwerer Raub mit Waffen gem. § 250 Abs. 1 Nr. 1 StGB aF“ und damit die den Typus beschreibende „Regel“ fallen.

Hier spiegelt sich indes nicht nur ein Widerstreit zwischen objektiver (teleologisch-systematischer) und subjektiver (grammatisch-historischer) Auslegung wider wie der Vergleich mit dem Dampfschiff-Fall zeigt: Dort war als „Regel“ formuliert: „Wer durch Vertrag entgeltlich zur Hospitalität verpflichtet ist, haftet wie ein Gastwirt gem. § 701 Abs. 1 BGB verschuldensunabhängig“. Der „Fall“ im Schema lautete: „Die Betreiber von entgeltlichen Fahrten auf Dampfschiffen haften ihren Gästen verschuldensunabhängig.“ Wenn nun mit dem Argument *singularia non sunt extendenda* die Gleichsetzung von Gastwirt und den Betreibern von entgeltlichen Fahrten auf Dampfschiffen abgelehnt wird, wird bei Unterstellung des „Falls“, dass diese zur Hospitalität verpflichtet sind, die „Regel“ mit einem diesmal systematischen Argument gestürzt.

Der Mechanismus ist leicht einzusehen, wenn man sich vergegenwärtigt, dass in der „Regel“ nur die oben königlich genannte Vergleichshinsicht als regelkonstituierend repräsentiert wird. Im „Fall“ dagegen steht der „König“

631 Mit Fallenlassen des „Ergebnisses“ fiele natürlich auch automatisch die „Regel“, wenn die Aussage über das „Ergebnis“ „Salzsäure ist ein gefährlicher Gegenstand“ aufrechterhalten wird.

mit seinen Mitstreitern auf dem argumentativen Schlachtfeld, muss sich dort gegenüber Gegenargumenten behaupten und kann auch gestürzt werden. Es ist in der Tat nicht die „Regel", die den „Fall" stützt, sondern umgekehrt stützt der erfolgreich in einem argumentativen Wettstreit bekräftigte „Fall" die „Regel".[632]

Ein glückliches Moment hat dieser – der Intuition des Juristen zuwiderlaufende – Befund allerdings: Das Grundprinzip der Abduktion – der „Fall" darf nicht schwächer als die „Regel" begründet sein – funktioniert im Recht – sieht man von der stark geminderten Relevanz der Basissätze (Aussagen über Tatsachen) ab – nicht anders als anderswo, nur ist die „Regel" nicht prä-existent, sondern muss erst erschaffen werden und sich im argumentativen Wettstreit zum „Fall" behaupten, der als falsifikatorische Stelle eine Regelformulierung zu Fall bringen kann. Der zirkuläre Charakter der Abduktion zeigt sich dann darin, dass tentativ verschiedene Regelkandidaten erprobt, wieder fallengelassen und anstelle derer neue Kandidaten erprobt werden.

2. *Die Induktion*

Welche Rolle spielt in diesem Kreislauf der Kreation, der Stützung und Stürzung von Regeln, nun die Induktion – und welche Art von Induktion ist hierbei maßgeblich? Im Beispiel von *Peirce* geht die Abduktion mit der Formulierung einer vorläufigen Regel der Induktion voraus: Die auf einem Tisch neben dem Sack liegende weiße Bohne lässt vermuten, dass alle Bohnen in diesem Sack weiß sind, die dann durch Herausnahme einiger Exemplare der Bohnen aus dem Sack und Überprüfung von deren Farbe bestätigt oder verworfen werden kann (vgl. S. 86 ff.).

a. *Die reduzierte Relevanz der enumerativen Induktion*

Entsprechend müsste im Salzsäure-Fall die vorläufige Regel „Alle gefährlichen Gegenstände sind Waffen" Veranlassung zu sein, den Sack „Waffen" zu öffnen und zu schauen, ob wirklich alle darin befindlichen Gegenstände auch wirklich gefährlich sind. Tatsächlich wird man leicht zustimmen können, dass Pistolen, Gewehre und Granaten allesamt „gefährlich" sind und dennoch unzufrieden zurückbleiben. Ob die Regel „Alle gefährlichen Gegenstände sind Waffen" als bestätigt gelten kann, bleibt offen, weil man trotzdem nicht weiß, ob der „gefährliche Gegenstand" „Salzsäure" nun in den Sack gehört oder nicht – gehörte er nicht in den Sack „Waffen", dann wäre die Regel falsifiziert. Ganz

632 Vgl. zu den „semantischen Kämpfen" oben *Ralph Christensen* in FN 609 f.

anders ist es bei den weißen Bohnen: Kommt Herr X herbei und erklärt, er habe die Bohne frisch gepflückt auf den Tisch gelegt, dann kann durch enumerative Induktion – obwohl die Hilfshypothese „Fall“ die „Regel“ nicht mehr stützt – der eifrige Forscher durch Entleeren des Sacks (Epagoge) die Regel anderweitig stützen und sich sagen, dann sei diese weiße Bohne eben nicht aus diesem Sack, trotzdem sind aber – wie ich überprüft habe – alle Bohnen darin weiß.

Eine solche Epagoge (Blick auf als Waffen anerkannte gefährliche Gegenstände in der vergangenen Judikatur) allein nützt dem Juristen nicht, weil mit der „Gefährlichkeit“ die „Regel“ nur in einer relevanten Dimension für die Vergangenheit bestätigt werden kann, doch eine Projektion in die Zukunft mit Blick auf den Fall begründungsbedürftig ist. Womöglich wird man in der Judikatur sogar Fälle vorfinden, die in einem minderen Grad als „Salzsäure“ „gefährlich“ waren (z. B. ein Gehstock) und bei denen der Waffenbegriff verneint worden war. Daher ist das Konzept der „enumerativen Induktion“ – anders als in den empirischen Wissenschaften (wo aber Epagogen kaum je möglich sind) – im Recht von begrenzter Bedeutung und das mit ihr zusammenhängende Konzept der „probabilistischen Wahrscheinlichkeit“ will in Fragen der Konstruktion oder Interpretation nicht so recht passen.[633]

b. *Klassenübergreifende Induktion oder Konkatenation*

Anders sieht es mit der klassenübergreifenden Induktion aus, die im Modus der *verisimilitudo* funktioniert und begriffsübergreifende Zusammenhänge stiftet. Sie ist der Nukleus, der sowohl für die komplexeren Schlüsse der Abduktion als auch der Analogie unerlässlich ist (vgl. oben S. 92 ff.). Als „Konkatenator“ (in loser Anlehnung an die aus der Mathematik und Informatik stammende Operation der Konkatenation (Verkettung) von Mengen, Zeichen oder auch Sprachen[634]) verbindet sie Begriffe miteinander, ohne dass bereits

---

633 Skeptisch zur Reichweite der Induktion im Recht auch *Arthur Kaufmann*, a. a. O., S. 56 f.

634 Der Begriff wird hier im übertragenen Sinne einer Operation zur Zusammenführung von Begriffen verwandt. Folgende Überlegung zur Konkatenation in einem technischeren Kontext sind aber vielleicht interessant: **(1)** Angenommen die Menge A besteht aus dem Element {A}, die Menge B aus dem Element {B} und Menge C als Vermittlungsinstanz aus {A; B; C}, dann würden bei der Konkatenation C∘B daraus die Menge {<u>AB</u>; BB; CB} und aus C∘A die Menge {AA; <u>BA</u>; CA} resultieren. Bei der klassenübergreifenden Induktion mit (P1) „C ist A“ und (P2) „C ist B“ und (Konklusion) „B ist A“ könnten (P1) und die Konklusion permutiert werden und es ergäbe sich dann ein formgültiger Schluss. Bei Induktion der Konklusion „A ist B“

eindeutige Ableitungszusammenhänge bestünden: Aus dem Begriff „gefährlicher Gegenstand" lässt sich der Begriff „Waffe" nicht ableiten und aus dem Begriff „Waffe" nicht der Begriff „gefährlicher Gegenstand", trotzdem werden sie in der „Regel" „Alle gefährlichen Gegenstände sind Waffen" durch „Konkatenation" zusammengebracht. Gleiches gilt für die Begriffe „Waffe" und „Salzsäure", aber auch für die Verknüpfung des Begriffs der „Gefährlichkeit" mit dem der „Salzsäure": In einem chemischen Labor oder einer Fabrik wäre „Säure" in einem anderen, nämlich arbeitsschutzrechtlichen Sinne „gefährlich" als im Kontext des schweren Raubs.[635] Die begrifflichen Zusammenhänge

---

dagegen könnten (P2) und diese Konklusion permutiert werden und es ergäbe sich wiederum ein formgültiger Schluss. Die Verbindung zwischen dem Konzept der klassenübergreifenden Induktion und der Konkatenation liegt auf der Hand: Im aristotelischen Semeion-Enthymem folgt die Konklusion „(Alle) B (sind) A" aus der Konkatenation C∘A. Man kann sie daher – weil der Oberbegriff leitend ist – auch „hyperonyme klassenübergreifende Induktion" nennen (C∘B steht dann entsprechend für die „hyponyme klassenübergreifende Induktion" der Konklusion „(Alle) A (sind) B").

(2) Man kann sich den Konkatenation- als Definitionsvorgang aber vielleicht auch so vorzustellen, dass die Menge „Waffen$_1$" zunächst nur das neutrale Elemente {ε} enthält und diese mit der Menge der „gefährlichen Gegenstände" {i_1, i_2, …, i_n} konkateniert wird. Hierdurch würde eine neue Menge „Waffen$_2$" erzeugt, die „gefüllt" ist mit den Elementen der Menge der „gefährlichen Gegenstände". Das entspräche allerdings der Formulierung: *Alle* und *nur* alle „gefährlichen Gegenstände" sind Waffen und würde die Synonymität von „Waffen$_2$" und „gefährliche Gegenstände" ausdrücken. Die Formulierung „Alle gefährlichen Gegenstände sind Waffen" lässt (logisch gesehen!) dagegen offen, ob es auch Waffen gibt, die keine „gefährlichen Gegenstände" sind. Diesen Umstand könnte man berücksichtigen, indem eine Menge „Waffen$_3$" gebildet wird, die aus der Vereinigung der Menge der „Waffen$_2$" und einer weiteren Menge Var_x besteht, die nicht weiter definiert ist. Anstelle dessen kann man natürlich auch ganz einfach direkt aus der Menge der „gefährlichen Gegenstände" und „Var_x" eine Vereinigungsmenge bilden. Vgl. zum Konzept der Konkatenation vgl. *Juraj Hromkovič*, Theoretische Informatik, S. 38 ff.

635 Das kann wie folgt veranschaulicht werden: Angenommen in einer Fabrik befindet sich ein Tank mit relativ niedrig konzentrierter Säure. Über diesen Tank führt ein Steg. Würde ein Mensch beim Begehen des Stegs in diesen Tank stürzen, würde er nicht unbedingt gleich in Säure aufgelöst. Womöglich beschränkt sich der Schaden – und zwar erst bei längerem Verweilen darin – auf leichte Verätzungen. Diese Säure wäre dann vielleicht arbeitsschutzrechtlich, aber nicht zwangsläufig im Kontext des schweren Raubes „gefährlich".

sind hier zunächst untercodiert und ihre Verknüpfungen miteinander kreativ und daher anfechtbar.

c. Die Rolle von klassenübergreifender Induktion bei der Interpretation

Aber wie sieht die logische Struktur dieser „Konkatenation" genau aus? Diese Frage zu stellen, ist etwas paradox, da die klassenübergreifende Induktion keine strenge – formal-logisch gültige – Gestalt hat, nimmt ihre Rekonstruktion vor diesem Hintergrund zumindest dann spekulative Züge an, wenn beansprucht wird, sie in ihrer vollständigen Vernetzung mit anderen – stärker codierten und oft implizit bleibenden begrifflichen Zusammenhängen – vorzustellen.

Worauf es hier also nur ankommen soll: Zu zeigen ist, dass die klassenübergreifende Induktion (nicht-notwendiges Zeichenenthymem) nicht nur für die Tatfrage (deren konzeptionelle Trennung von der Rechtsfrage – wie *Kaufmann* richtig annimmt – nur theoretisch, aber nicht in substanzieller Argumentation gelingen kann[636]) bedeutsam ist. Dass von einem „Indiz" – als einem Beweismittel (einer Zeugenaussage oder einem Photo) – auf einen Sachverhalt geschlossen wird, ist alltägliches forensisches Handwerk und leuchtet ohne weiteres ein. Dass sich der rechtliche Interpretationsvorgang hiervon strukturell gar nicht so stark unterscheidet, liegt hingegen nicht auf der Hand. Es soll hier also die Relevanz des nicht-notwendigen Zeichenenthymems (paradeigmatischen Enthymems) für den Interpretationsvorgang (Argumentation mit *canones* bzw. *topoi*) – also die Rechtsfrage – thematisiert werden. Hierzu wird skizziert, wie trotz mangelbehafteter logischer Form in der Genese von (untergesetzlichen) Rechtsregeln durch Dogmatisierung und Autorisierung (Autorität) zumindest für eine bestimmte Zeitperiode fester Grund gewonnen wird.

Zur Erinnerung rufen wir uns das Schema zum nicht-notwendigen Zeichenenthymem von *Aristoteles* in Erinnerung, dass wir als Charakteristikum des paradeigmatischen Enthymems identifiziert hatten (vgl. S. 96 ff.). Nun stellen wir uns vor, dass in den Gesetzesmotiven zum schweren Raub gem. § 250 Abs. 1 Nr. 1 StGB aF geschrieben steht: „Durch diese Variante des schweren Raubs soll die besondere Gefährlichkeit der Tatausführung strafschärfend berücksichtigt" werden. Wir betrachten diesen Text jetzt als ein uns überzeugendes Zeichen dafür, annehmen zu können, dass vom Telos der Norm (das eine Konstruktionsleistung des Interpreten ist) sowohl die Begehung mit einem gefährlichen Gegenstand als auch mit einer Waffe gedeckt ist. Durch beide

636 Vgl. *Arthur Kaufmann*, a. a. O., S. 72 ff.

Begehungsweisen wird immerhin das Telos der Vereitlung/Qualifizierung der besonders gefährlichen Tatausführungen des Raubs berührt:

Obersatz	(Exemplar von) C ist A.	Telos des schweren Raubs (C) ist bezogen auf gefährliche Gegenstände (A).
Untersatz	(Exemplar von) C ist B.	Telos des schweren Raubs (C) ist bezogen auf Waffen (B).
Schlusssatz	Alle A sind B.	Alle gefährlichen Gegenstände (A) sind Waffen (B).

In der enthymematischen Kurzform könnte das Argument wie folgt lauten: „Die Regel »Alle gefährlichen Gegenstände sind Waffen« gilt, weil das Telos des schweren Raubs (ausweislich der gesetzgeberischen Motive) eine Strafschärfung für gefährliche Tatbegehungen verlangt." Hieraus kann dann die Definition »Eine Waffe im Sinne von § 250 Abs. 1 Nr. 1 StGB aF ist (unter anderem) jeder gefährliche Gegenstand« abgeleitet werden. In der Begründung oben wird allerdings der alogische Charakter des Arguments verdeckt.[637] Wird das Analogieverbot im Strafrecht und das Problem der Wortlautgrenze weggedacht, handelt es sich aber um eine relativ unverdächtige, sogar – abgesehen davon, dass die Formulierung etwas steif wirkt – um eine geradezu typische Argumentation zur Auslegung eines Gesetzesbegriffs.

Durch wiederholte Bestätigung einer solchen – an sich alogischen – Argumentation in Folgejudikatur würde das Argument nach und nach dogmatisiert – also übercodiert – und stünde trotz seiner aus logischer Sicht zweifelhaften Entstehungsgeschichte als Endoxon für die Bildung von Eikos-Enthymemen bereit: Ebenso wie man zuvor schlafwandlerisch ein Maschinengewehr unter den Begriff der „Waffe" subsumiert hat, würde dann ein Küchenmesser mit langer Klinge unter den Begriff des „gefährlichen Gegenstands" als dogmatisierter Definition des Begriffs der Waffe i. S. d. § 250 Abs. 1 Nr. 1 StGB aF „subsumiert".

In einer Urteilsbegründung ist bei hinreichender Verstetigung des Dogmas die Aussage „X hat den Raub als einen schweren Raub mit Waffen i. S. d. § 250 Abs. 1 Nr. 1 StGB aF begangen, weil er beim Raub ein Küchenmesser

637 Genau genommen wird er nicht wirklich verdeckt, weil mit „weil" eine materiale Implikation vorausgesetzt wird und diese ist formallogisch nicht darstellbar ist (vgl. FN 115). Gemeint ist die fehlende Orientierung an einem formgültigen Schema auch bei Spreizung des Enthymems.

mit langer Klinge (oder hochkonzentrierte Säure) verwandt hat" ebenso wenig weiter begründungsbedürftig wie die Aussage „X hat den Raub als einen schweren Raub mit Waffen i. S. d. § 250 Abs. 1 Nr. 1 StGB aF begangen, weil er beim Raub ein Maschinengewehrt verwandt hat." Dies setzt voraus, dass das im Hintergrund stehende Dogma einen derart hohen Grad an Anerkennung gefunden hat, dass es als selbstverständlich gar nicht mehr erwähnt werden muss.

Es sollte hiermit demonstriert werden, wie eine klassenübergreifende Induktion als zunächst untercodiert durch verstetigte Anerkennung übercodiert wird und Endoxa für Eikos-Enthymeme ausbildet. Aber selbst ein ausgezeichnet etabliertes Dogma wie „Die BGB-Gesellschaft ist nicht rechtsfähig" kann trotz zeitenlanger Behandlung als wahrheits-analog wieder aufgegeben werden und durch ein anderes, sogar entgegengesetztes Dogma wie „Die BGB-Gesellschaft ist (teil-)rechtsfähig" ersetzt werden, das schnell gleichfalls allgemeine Anerkennung finden kann.[638]

3. *Ein formales Schema des zirkulären Fallvergleichs*

Der Fallvergleich, der für *Kaufmann* das Herzstück des Gleichsetzungsmodells ausmacht und die Bildung des Untersatzes betrifft, wurde bislang eher am Rande behandelt, immerhin können wir bereits festhalten, dass er sich von der Abduktion nicht strukturell unterscheidet: Wie der Fallvergleich ist die Abduktion ein zirkuläres Verfahren und wie sich leicht nachweisen lässt, war der Vergleich implizit in der obigen Darstellung zur Abduktion – genauer gesagt bei der Formulierung des „Ergebnisses" „Salzsäure ist ein gefährlicher Gegenstand", der zur Aufstellung der Regel „Alle gefährlichen Gegenstände sind Waffen" geführt hat – bereits präsent. Ansonsten wäre alternativ die Formulierung des „Ergebnisses" „Salzsäure ist flüssig" denkbar gewesen, von der man zur Formulierung der Regel „Alle flüssigen Gegenstände sind Waffen" hätte gelangen können. Der Formulierung von „Ergebnis" und folglich auch der „Regel" geht die Aufspürung einer potenziell relevanten Vergleichshinsicht voraus, die Salzsäure möglichst mit sämtlichen anerkannten Fällen von Waffen teilt. Wenn es sich um eine übercodierte Abduktion (wie im Maschinengewehr-Beispiel) handelt, bliebe allerdings der Vergleich des Maschinengewehrs mit anderen Waffen – wie einem Revolver – implizit, weil die „Subsumtion" unter

638 *BGH*, Urt. v. 29.01.2001 – II ZR 331/00 –, BGHZ 146, 341 ff. Das Gericht greift hier einen knapp 30 Jahre zuvor aufgestellten Vorschlag von Flume auf. Zwischenzeitlich hatte dieser freilich in der Literatur einen erheblichen Grad an Anerkennung gefunden.

den Waffenbegriff sich hier von selbst versteht. Ist bei Untercodierung dagegen wie im Salzsäure-Fall die Zuordnungsfrage von „Säure“ zum „Waffenbegriff“ oder im Dampfschiff-Fall die Zuordnung von „Dampfschiff“ zum Begriff „Gaststätte“ aufgeworfen, werden unter einer ermittelten Vergleichshinsicht die bisher anerkannten Fälle mit dem Entscheidungsfall (und potenziellen Folgefällen) verglichen. Die Vergleichshinsicht für diesen Fallvergleich – im Säure-Fall die „Gefährlichkeit“ eines Gegenstandes – hat dabei eine empirische Basis, bekommt aber ein normatives Gepräge, und sie ist – wie *Kaufmann* es zutreffend sieht – mit der Interpretation verschränkt (auf die Norm bezogen) – wie umgekehrt die Interpretation mit dem Fallvergleich verschränkt ist. Der Begriff „Gefährlichkeit“ wird in wechselseitigen Bezügen konstruiert, wobei der empirischen Basis (Faktizität) deshalb – grob gesprochen – ein Primat zukommt, weil von ihr aufsteigend die Welt des Normativen konstruiert wird (vgl. S. 280 ff.).

Um den Fallvergleich übersichtlicher darstellen zu können, soll nunmehr das auf S. 107 ff. entwickelte Schema herangezogen werden:

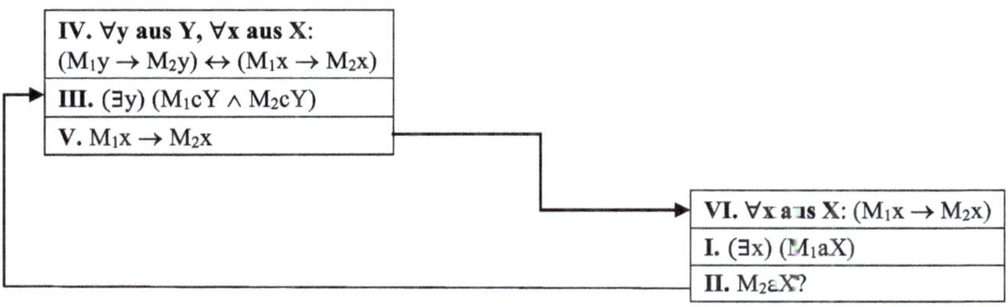

In einem ersten, bewusst konkret ansetzenden Versuch interpretieren wir Y als die Klasse der Schusswaffen und X als die Klasse der Säuren. M_1 ist die Eigenschaft, ein „gefährlicher Gegenstand zu sein“, M_2 die Eigenschaft, eine Waffe zu sein. Das Objekt c aus Y ist ein Maschinengewehr, das Objekt a aus X hochkonzentrierte Fluorsulfonsäure. Von a ist nur jene Eigenschaft, ein gefährlicher Gegenstand zu sein, bekannt (I.) und es fragt sich, ob ihr auch die Waffeneigenschaft zukommt (II.). Um diese Frage zu beantworten, wird abduktiv (untercodiert) – also klassenübergreifend – ein Vergleich zu einem Maschinengewehr angestellt, das sowohl gefährlich ist als auch als eine Waffe anerkannt ist (III.) und es wird per enumerativer Induktion erst dahin generalisiert, dass alle Schusswaffen, die gefährlich sind, auch Waffen sind und klassenübergreifend induziert, dass dies gleichermaßen für alle Säuren gilt, die ebenfalls gefährlich sind (IV.) Eine stark verdünnte und daher harmlose

Säure müsste daher ebenso wenig als eine Waffe verstanden werden wie ein funktionsuntüchtiges Maschinengewehr. Der Maschinengewehr-Fall bestätigt die in IV. formulierte Gleichsetzungsregel; also gilt auch die Regel VI. Aus Regel VI. kann bei hochkonzentrierter Fluorsulfonsäure von deren Gefährlichkeit auf die Waffeneigenschaft geschlossen werden kann. Das überrascht wenig, ist aber erfreulich.

Interessanter wird es, wenn wir die Klassen X und Y etwas anders formulieren: Y soll nun diejenigen Gegenstände bezeichnen, die in Altfällen bei Raubüberfällen verwendet worden waren, wohingegen X Gegenstände betrifft, mit denen in einem neuen Fall der Raub begangen worden ist. In IV. wird die induzierte Regel so formuliert, dass, wenn in Altfällen aus der Eigenschaft M_1 (gefährlicher Gegenstand) auf die Eigenschaft M_2 (Waffen) geschlossen wird, selbiges auch für Neufälle gelten muss. In dieser Interpretation wird nicht nur das Moment des Fallvergleichs deutlicher. Vor allem wird der von der Gerechtigkeitsregel entflammte Juristen hoch erfreut sein. Gelänge die „enumerative Induktion“ – die Bestätigung des ersten Konditionals –, wäre, so scheint es, praktisch die Arbeit zu weiten Teilen erledigt, weil die Gleichsetzung mit Neufällen aus der Gerechtigkeitsregel selbst begründet werden kann.

Es bestehen allerdings einige Pferdefüße, die jetzt besprochen werden sollen: Zunächst werden die Eigenschaft M_1 und M_2 als feststehende „Größen“ behandelt, ihre Konstruktion und Konturierungsbedürftigkeit in einem Interpretationsprozess aber nicht herausgestellt. Die Verschränkung von Obersatz und Untersatz repräsentiert dieses Schema nicht. Sodann ist im Schema der Abschnitt enumerative Interpretation rechtfertigungsbedürftig: Aus dem Nachweis des kumulativen Auftretens dieser zwei Eigenschaften in mehreren Fällen kann noch nicht erschlossen werden, dass zwischen ihnen eine Konditionalrelation besteht. Für die klassenübergreifende Induktion mag die Gerechtigkeitsregel streiten, genauso gut ließe sich vertreten, dass die Verneinung von M_2 trotz Bejahung von M_1 für den Fall a aus X (dem Neufall) die (per enumerativer Induktion aufgestellte) Regel für die Altfälle falsifiziert. Diese Fälle müssten aufgrund ihrer Rechtskraft nicht mehr neu aufgerollt werden, soweit sie nicht reicht, würde sie die Geltung dieser Regel allerdings rückwirkend womöglich entfallen lassen. Damit vermag das Schema skizzenhaft bestimmte Zusammenhänge zu repräsentieren, taugt jedoch nur dazu, auf Stellen hinzuweisen, wo weitere Begründungen erforderlich sind. Es ist nicht imstande, den Prozess der Rechtsgewinnung in seiner vieldimensionalen Verschränktheit übersehbar zu machen. Immerhin weist es auf die Grenzen der modernen Logik hin. Zugleich macht es deutlich, dass auch die Entwicklung einer induktiven Logik für die Phase der enumerativen Induktion vergebliche Mühe wäre: Wenn die Begriffe

„Gefährlichkeit" und „Waffe" erst zu feststehenden „Größen" konstruiert sind, wird man von einer quantitativen Stützung der Generalisierung keinen nennenswert erhöhten Bestätigungsgrad mehr erwarten dürfen. Die Bildung verfestigter Klassen ist nämlich notwendige Vorbedingung für eine enumerative Induktion.[639]

639 Vgl. S. 71 f. Kritisch zu deren Leistungskraft im Recht auch *Winfried Hassemer*, a. a. O., S. 47 ff.

Teil 4 – Repräsentation juristischer Argumentation im Toulmin-Schema

Bislang wurde versucht, sowohl die Erscheinungsformen des Enthymems als auch der juristischen Argumentation in der Form der traditionellen oder modernen Logik zu rekonstruieren. Diese Vorgehensweise hat es bis zu einem gewissen Grad erlaubt, begriffliche Zusammenhänge sichtbar zu machen, uns mehr noch aber auf die Grenzen einer solchen Repräsentationsweise aufmerksam gemacht: Praktische Argumentation, zu der die rechtliche Argumentation zählt, sperrt sich gegen eine vollständige Erfassung in einer formalen Sprache. Im ersten Teil der Arbeit wurde es deutlich, als auf jene unschönen „Hilfsregeln" zurückgegriffen werden musste (vgl. S. 80, 95, 132), um die Gültigkeit der Schlüsse künstlich herzustellen. In den vorherigen Teilen der Arbeit wurde mehrfach erwähnt, dass im Gegensatz zur mathematischen (analytischen) Demonstration in einer praktischen Argumentation substanzielle Schlüsse erforderlich sind, die nicht die logische Stringenz von analytischer Demonstration erreichen können.[640]

---

640 Die Diskussion zur Trennbarkeit von substanziellen und analytischen Schlüssen ist komplex. Grundlegend wurde hier Two Dogmas of Empiricism, wo Quine gegen die Unterscheidung von analytischen und synthetischen Sätzen argumentierte, vgl. *W.V.O. Quine*, a. a. O., S. 57 ff.: Analytische Sätze sollen nach der Trennbarkeitsthese *a priori* allein aufgrund ihrer Bedeutung wahr sein und im Gegensatz zu synthetischen nicht vom Zustand des Seienden abhängen. Nach Quine ist aber jeder Satz, wenn auch in verschiedenem Grad, veranlasst durch neue Erfahrungen revisibel. Er verweist u. a. auf die Quantenmechanik, die dazu gezwungen hat, den Satz vom ausgeschlossenen Dritten aufzugeben. Seine These versinnbildlicht er (vor allem für die Physik) mit einem Gefüge theoretischer Aussagen (Feld), das an seiner Peripherie an die Erfahrungswelt gekoppelt ist und von dieser irritiert werden kann. Sie ist zwar lebhaft umstritten (vgl. die Kritik bei *Matthias Klatt*, Theorie der Wortlautgrenze, S. 169 ff.), aber inzwischen als ein philosophischer „mainstream view" (so *Gillian Russell*, Quine on the Analytic/Synthetic Distinction, in: A Companion to W.V.O Quine, S. 181 ff. m. w. N.) anerkannt. Toulmin hält die Trennung zwar nicht für jeden Fall durchführbar (FN 653), aber prinzipiell aufrecht, entwickelt zudem verschiedene Tests um ein substanzielles von einem analytischen Argument zu unterscheiden. Substanziell ist ein Argument, wenn die Konklusion

zusätzliche Information vermittelt, die über diejenige der Prämissen hinausgeht, analytisch dagegen nur dann, wenn die Überprüfung von Schlussregel und Konklusion gleichlaufen: Analytisch wäre der Schluss von den Aussagen „Each of Jack's sisters has black hair" und „Anne is one of Jack's sisters" auf die Konklusion „Anne has black hair". Die Aussage „Each of Jack's sisters has black hair" kann aufgespalten werden in eine Konjunktion endlich vieler singulärer Aussagen, zu denen auch „Anne is one of Jack's sisters and Anne has black hair" zählt. Sie ist von numerischer Allgemeinheit. Bei Schlussregeln wie „Alle Menschen sind sterblich" (oder „Wer § 211 StGB erfüllt, wird mit lebenslänglicher Freiheitsstrafe bestraft"), die eine unabgeschlossene Menge von Anwendungsfällen repräsentieren und insofern von spezifischer Allgemeinheit sind, ginge das nicht. Die Konklusion „(Der Mensch) Sokrates ist sterblich" oder „(Der Mörder) N.N. wird mit lebenslänglicher Freiheitsstrafe bestraft" enthielte mit der Spezifizierung des konkreten Anwendungsfalles eine Zusatzinformation, die nicht bereits in der Schlussregel enthalten ist. Vgl. *Stephen Toulmin*, The Uses of Arguments, S. 114 ff. sowie die Toulmin-Rezeption von *Ulfrid Neumann*, Rechtsontologie, S. 14 ff.; *ders.*, Juristische Argumentationslehre, S. 21 ff. Ich bin mir unsicher, ob Toulmin damit eine Trennung zwischen substanziellen (synthetische) und analytischen Schlüssen gelungen ist: *Sub specie aeternitatis* (Gottesstandpunkt am Ende der Zeit) unterscheiden sich die Schlussregel „Each of Jack's sisters has black hair" und „Alle Menschen sind sterblich" nicht voneinander. Die Argumente sind also nicht erfahrungsungebunden. Toulmin und Neumann geht es, wenn ich recht sehe, aber um etwas Anderes. Sie weisen auf einen Akt individueller Überprüfung hin. Dabei geht es nicht um die (substanzielle) Frage, ob Anne (oder eine der Schwestern von Jack) wirklich schwarze Haare hat oder die Frauen wirklich auch Schwestern von Jack sind, sondern um die Praxis konsistenten Sprechens: Der Formulierung der Übergangsregel „Each of Jack's sisters has black hair" setzt *de facto* die Möglichkeit und die Notwendigkeit u. a. der Formulierung der singulären Aussage „Anne is one of Jack's sisters" und „Anne has black hair" voraus. Man kann dabei aber nicht gleichzeitig „Each of Jack's sisters has black hair" (darin eben u. a. „Jack's sister Anne has black hair) und „Jack's sister Anne has not black hair" sagen. Die Frage nach der Möglichkeit und Notwendigkeit der Formulierung singulärer Aussagen im Vorfeld der Formulierung der Schlussregel – also die Frage, ob ein Fall numerischer oder spezifischer Allgemeinheit vorliegt – ist zwangsläufig Gegenstand substanzieller Argumentation. Wenn man aber erst einmal die Entscheidung zugunsten numerischer Allgemeinheit gefallen ist und man sich damit darauf verpflichtet, die Schlussregel aus einer Konjunktion singulärer Aussagen zu bilden, halte ich die von Toulmin und Neumann vorgeschlagene Unterscheidung für richtig. Man sollte den Test – wie es wohl auch die Intention von ihnen ist – auf „wirklichkeitsbezogene" Argumentation beschränken: Bei der Schlussregel „Bei Division einer geraden natürlichen Zahl durch 2 ist das Divisionsergebnis eine natürliche Zahl" ergäbe der Schluss, dass die Teilung einer beliebigen geraden Zahl – etwa von 77434 – durch 2 als Ergebnis wiederum eine natürliche Zahl ergibt, keine neue Information, obwohl die Schlussregel nicht von numerischer Allgemeinheit ist. Aber bei Regeln wie „Alle Menschen sind sterblich" fehlt es an einer hintergründigen Axiomatik, die das garantiert. Auch der (logische) Satz vom ausgeschlossenen Dritten wird erst dann zum Problem, wenn er – als universell verbindlich angenommen – im Bereich der Quantenmechanik eingesetzt wird, über das Verhalten physikalischer Objekte auszusagen.

§ 1 Toulmin als Begründer informaler Argumentationstheorien

Namentlich *Toulmin*, der im rechtstheoretischen Diskurs aufgrund Rezeption durch *Neumann* Bekanntheit erlangt hat,[641] hat sich mit der Unterscheidung von analytischen und substanziellen Schlüssen, von mathematischer Demonstration und praktischer Argumentation befasst und ein Argumentationsmodell erarbeitet, das beansprucht, letztere Argumentationsweisen in ihrer jeweiligen Typik besser repräsentieren zu können. Damit wurde er – gemeinsam mit *Perelman*[642] und *Viehweg*[643] – zu einem der Gründer einer Forschungsrichtung, die als „informale Logik" („working logic") im Laufe der zweiten Hälfte des letzten Jahrhunderts Verbreitung gefunden hat.[644]

Um die teils harsche Kritik an *Toulmin* richtig einordnen zu können, ist das Verständnis der Stoßrichtung seines Ansatzes wichtig: *Toulmin*, ursprünglich aus der Mathematik und Physik kommend und ein Schüler von *Wittgenstein*, lag – als er „The Uses of Arguments" geschrieben hatte – nicht in erster Linie daran, die Relevanz der formalen Logik für die Rekonstruktion alltagsprachlich gebundener Argumentation anzuzweifeln. Sein Argumentationsmodell beanspruchte mehr noch als Konkurrent der formalen (idealisierten) Logik Geltung insbesondere für die experimentellen Naturwissenschaften („explanatory sciences"). Auch diese zählt er – und gleicht darin *Peirce* (vgl. S. 83 ff.) – zum Gebiet, auf dem praktisch argumentiert wird.[645]

Als Paradigma für praktisch-substanzielle Argumentation zieht er die Jurisprudenz heran: Logik sei nach seinem Verständnis ‚verallgemeinerte Jurisprudenz'[646]. *Carnap* hatte drei Jahre nach dem Erscheinen von „The Uses of Arguments" die zweite Auflage von „Der logische Aufbau der Welt"[647]

---

641 *Ulfrid Neumann*, Rechtsontologie, S. 14 ff.; *ders.*, Juristische Argumentationslehre, S. 21 ff.

642 *Chaim Perelman/Lucie Olbrecht-Tyteca*, a. a. O., insbes. S. 17 ff., 263 ff.; *Chaim Perelman*, Logik und Argumentation.

643 *Theodor Viehweg*, Topik und Jurisprudenz, insbes. S. 21 ff., 31 ff., 81 ff.

644 Vgl. die Gegenüberstellung von "Working Logic" und "Idealised Logic" bei *Stephen Toulmin*, a. a. O., S. 135 ff.

645 Ebd.

646 *Ders.*, a. a. O., S. 7.

647 *Rudolf Carnap*, Der logische Aufbau der Welt.

veröffentlicht. Die Debatte stand – jedenfalls in den Vereinigten Staaten – noch ganz unter dem Stern der Idee einer Einheitswissenschaft (logischer Empirismus), an deren Spitze die Logik thront und die an die Einzelwissenschaften Reduktionsprogramme dekretiert.[648] Aus Sicht der Logiker musste es vermutlich ein großer Skandal gewesen sein, dass die mit komplexen mathematischen Modellen arbeitende und einer hoch reglementierten Fachsprache ausgestattete Physik argumentationstheoretisch mit der alltagssprachlich gebundenen Jurisprudenz in Vergleich gesetzt und als Vorbild für die Modellierung einer passenderen Logik vorgeschlagen wurde; vor allem weil mit diesem Vorschlag die bislang umfassende Kompetenz der formalen Logik für eines der von ihr beanspruchten Kerngebiete beschnitten wird.[649]

---

648 Vgl. grundlegend zur Idee der "unity of science", die eine vereinheitlichte Methodologie impliziert, *Paul Oppenheim/Hilary Putnam*, Unity of Science as a Working Hypothesis, S. 3 ff.; *Rudolf Carnap*, a. a. O., insbes. S. 252 ff.

649 Auf diesen Umstand weist Toulmin auch selbst hin, vgl. *Stephen Toulmin*, a. a. O., S. 172 f.

§ 2 Einwände gegen den Ansatz von Toulmin

Als Jurist – der an einem solchen in einer anderen Fakultät tobenden Streit kein unmittelbares Interesse zu haben bräuchte – könnte man sich dem Modell von *Toulmin* also mit einer gewissen Gelassenheit annehmen. In der Jurisprudenz fehlt fraglos jener Grad an mathematischer Durchdringung und sprachlicher Reglementierung, der etwa für die Physik charakteristisch ist. Dennoch scheint *Toulmin* auch hier, einen Nerv getroffen zu haben: Nach der vornehmeren Leseart von *Ratschow* muss es für den „analytisch denkenden Rechtswissenschaftler […] schmerzlich und falsch sein, daß *Toulmin* ausgerechnet die juristische Argumentation als Paradigma für nicht analytisches Argumentieren vorstellt“[650], sehr viel drastischer halten *Koch/Rüßmann Toulmins* Unterscheidung von substanzieller und analytischer Argumentation und die darin geknüpfte Syllogismuskritik für „konfus“, „peinlich“ und „unsinnig“.[651] Wo *Ratschow* sich noch auf faire Weise kritisch mit dem Konzept von *Toulmin* auseinandersetzt, zielen *Koch/Rüßmann* auf überzogene und sachlich unzutreffende Vernichtungskritik: Offensichtlich warf *Toulmin* – wohl entgegen der Annahme von *Koch/Rüßmann* – den Logikern nicht vor, dass sie das Induktionsproblem verkannt hätten.[652] Mit *Kneale, Strawson, Carnap* und *Hume* sowie *Prior* und dem Moralphilosophen *Hare* stellt *Toulmin* gerade mehrere Philosophen vor, für die es (bis auf Entdecker *Hume*) logisch geradezu eine Trivialität ist.[653] In entgegengesetzter Richtung ging es *Toulmin* darum, darzutun, dass die Einsicht in diese logische Unvollkommenheit die aufgeklärten Logiker nicht zur Erhebung („claim of superior insight“) über ihre vermeintlich naiven Kollegen (z. B. in den experimentellen Naturwissenschaften) ermächtigt, die unbefangen noch davon ausgingen, sie deduzierten formgültig, obwohl sie doch – bei genauerem Hinsehen – nur formungültig induzieren würden.[654]

In einem gnädigeren Argumentationsmodell – wie dem seinigen – kann dagegen präziser herausgestellt werden, warum es sich nicht gerade im strikten Sinne um deduktivgültige Argumente, aber doch um Argumente in einer

650 *Eckart Ratschow*, a. a. O., S. 69.

651 *Hans-Joachim Koch/Helmut Rüßmann*, a. a. O., S. 61.

652 Vgl. Zur Induktion neuerdings das “New Riddle of Induction” bei *Nelson Goodman*, Tatsachen, Fiktion, Voraussage, S. 81 ff.

653 *Stephen Toulmin*, a. a. O., S. 144 ff.

654 *Ders.*, a. a. O., S. 153 f.

„*proper form*" mit einer gewissen Überzeugungskraft („*force*") handle.[655] Das konkurrierende Modell der Analytiker ist dagegen einerseits – wenn man zwischenzeitlich in Selbstvergessenheit fällt und annimmt, es wäre doch jenseits der Domäne der reinen Logik möglich, mit logisch verbürgter Beweiskraft über die Wirklichkeit zu sprechen – anfällig dafür, die Reichweite der Möglichkeit analytischer Argumentation zu überschätzen; oder aber – in Gegenrichtung – nicht-analytische Argumente pauschal wegen ihrer Form als invalide Argumente abzuwerten. Zudem werden im analytischen Modell der modernen Logiker wichtige begriffliche Zusammenhänge nicht angemessen repräsentiert. Kern von *Toulmins* Kritik ist also, dass die moderne Logik praktisch-substanzielle Argumentation in ein „Prokrustesbett" zwängt und ihr daher nicht angemessen werden kann.[656]

---

655 *Ders.*, a. a. O., S. 28 ff., 88, 158 f.

656 So *Ulfrid Neumann*, Juristische Argumentationslehre, S. 27.

§ 3 Das Toulmin-Schema als juristisches Argumentations-Modell

Im Folgenden soll das Argumentationsmodell von *Toulmin* vorgestellt und erprobt werden, inwieweit es an Stellen, wo eine Erfassung juristischer Argumentation in moderner oder traditioneller Logik versagte, eine differenzierte Darstellungsform ermöglicht.

A. Einführung in die Grundbegriffe und Repräsentation des Eikos-Enthymems (regelanwendendes Grundschema)

Im Grunde ist das Modell relativ intuitiv verständlich und leicht anwendbar. Was im syllogistischen Modell Obersatz, Untersatz und Konklusion sind, wird bei *Toulmin data* (D), *warrant* (W) und *claim* (C) genannt. Die *warrants*, die mit „Übergangsregeln" übersetzt werden können, übernehmen hierbei diejenige Funktion, die einer universellen Prämisse im Syllogismus entspricht. Als Regeln autorisieren sie in der Form „If D, then C" den Übergang von einem Datum (*data*) zu einer Behauptung (*claim*). *Toulmin* orientiert sich bei der Unterscheidung von Übergangsregeln und Datum an der juristischen Unterscheidung zwischen Tat- und Rechtsfrage und bemerkt, dass diese Trennung sich nicht für jeden Fall streng durchführen lässt, doch für einige Fälle eine brauchbare Abgrenzung erlaubt.[657]

Diese Grundform des *Toulmin-Schemas* sei nun anhand des Falls „Raub mit Waffen" vorgestellt:

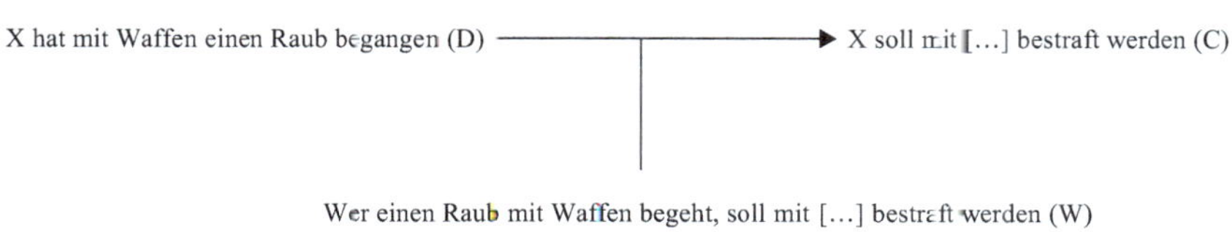

657 *Stephen Toulmin*, a. a. O., S. 89 ff.

Datum ist die Feststellung, dass X einen Raub mit Waffen begangen hat; Behauptung die Bestrafung von X mit einer bestimmten Strafe und der Übergang wird durch die Übergangsregel W legitimiert. In weiterer Verfeinerung seines Schemas berücksichtigt *Toulmin* einerseits, dass die Geltung der Übergangsregel bestritten werden kann. Für solche Fälle muss sie durch Stützungsaspekte, die von ihm *backings* (B) genannt werden, verteidigt werden können.[658] Andererseits ist es denkbar, dass zwar die Übergangsregel für valide befunden und daher aufrechterhalten wird, dennoch der Claim – die Behauptung – fallengelassen werden muss, weil eine Ausnahmebedingung einschlägig ist und diese die Legitimation des Übergangs zur Behauptung erschüttert. *Toulmin* nennt solche Ausnahmebedingungen – oder Widerlegungsgründe – *rebuttals* (R).[659]

Zudem erweitert *Toulmin* sein Schema um die Angabe der modalen Qualität einer Behauptung. *Toulmin* demonstriert dies am Beispiel von Peter, der ein Schwede ist und der relativ zur Population der Anno 1958 vorrangig protestantischen Bevölkerung ohne nähere Information gemäß der Übergangsregel „Schweden sind sehr wahrscheinlich nicht römisch-katholisch" folgerichtig sehr wahrscheinlich nicht römisch-katholisch sein wird.[660] Die Behauptung „Peter ist sehr wahrscheinlich nicht römisch-katholisch" kann durch die Angabe von Zusatzbedingungen wie „Peter ist das Kind italienischer Einwanderer, die die schwedische Staatsangehörigkeit angenommen haben" als einem denkbaren *rebuttal* angefochten werden. Ergibt eine Statistik, dass italienische Einwanderer ihre zu allermeist römisch-katholische Religion beibehalten, dann kann die Behauptung „Peter ist sehr wahrscheinlich nicht römisch-katholisch" nicht länger aufrechterhalten werden. Die modale Qualität wird also von zwei Seiten beeinflusst: einmal durch die gleichsam ererbte modale Qualität der Übergangsregel; einmal durch die Widerlegungsgründe.

Für die juristische Argumentation wäre ein solchermaßen auf die probabilistische Wahrscheinlichkeit beschränkter Wahrscheinlichkeitsbegriff naturgemäß wenig ergiebig. *Toulmin* sieht dieses Problem und beschränkt ihn nicht auf die numerische Wahrscheinlichkeit. In *modal qualifiers* (Q) – wie „sehr wahrscheinlich" oder „unwahrscheinlich" – sieht er die behauptende Kraft auch in qualitativer Hinsicht ausgedrückt.[661]

---

658 *Ders.*, a. a. O., S. 95 ff.
659 *Ders.*, a. a. O., S. 93 ff.
660 *Ders.*, a. a. O., S. 93 ff., 100 ff.
661 Vgl. *ders.*, S. 69 ff., 100 ff.

Abweichend von *Toulmin* wollen wir hingegen durch Ergänzung jenes Modalqualifikators durch den Zusatz (v) kenntlich machen, dass nicht die probabilistische, sondern die rhetorische Wahrscheinlichkeit (*verisimilitudo*) betroffen ist. Im Übrigen sollen die verschiedenen denkbaren Modalqualitäten lokal in Auseinandersetzung mit den jetzt folgenden Beispielen ausgearbeitet werden. Das obige Schema sei wie folgt ergänzt:

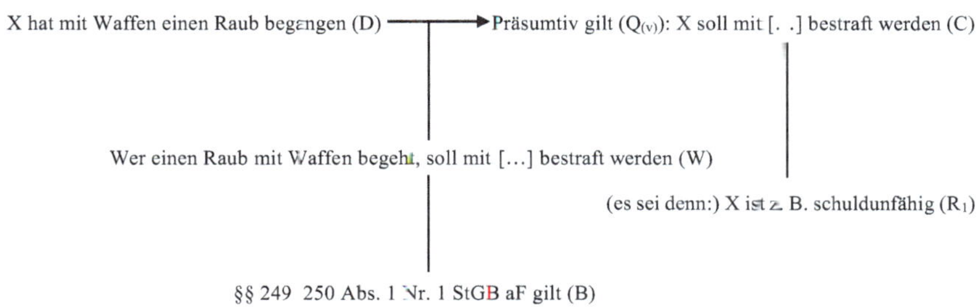

In diesem Schema wird verdeutlicht, dass die Übergangsregel durch ihre gesetzliche Normierung in §§ 249, 250 Abs. 1 Nr. 1 StGB ihrerseits gestützt wird und der Übergang dann legitim wäre, wenn nicht für den Täter X die Ausnahmebedingung der mangelnden Schuldunfähigkeit als Widerlegungsgrund durchschlägt. Dieser Widerlegungsgrund (R_1) verhindert nur den Übergang von *data* zu *claim*, lässt jedoch sowohl die Geltung der *warrants* als auch der *backings* unangetastet. Dem Juristen bereitet es freilich Schwierigkeiten, in diesem strafrechtlichen Kontext die Angabe der Modalqualität mit „vermutlich" zu akzeptieren, da der Nachweis der Schuldfähigkeit positive Voraussetzung für den Schuld- und Strafspruch ist und durch die hier gewählte Formulierung sicher ein zwangsloserer Anschluss an das Zivilrecht mit seiner Beweislastverteilung gelingt. Andererseits ist man frei, den Modalqualifikator, der als argumentationstheoretischer Begriff keine dogmatischen Implikationen ausdrücken muss, entsprechend so zu modellieren, dass Missverständnisse vermieden werden. Der juristisch weniger codierte Begriff „präsumtiv"[662] wie auch der Hinweis auf die modale Qualität als rhetorische

662 Der Begriff steht zwar im Zusammenhang mit der unter FN 531 behandelt „präsumtiven Verbindlichkeit" von „Präjudizien", ist hiermit aber deshalb nicht identisch, weil eine gesetzliche Präsumtion nicht nur ein „Beachtungs-", sondern auch ein

Wahrscheinlichkeit soll kenntlich machen, dass der Behauptung trotz Stützung durch die Übergangsregel die Notwendigkeit fehlt; weil zum Beispiel ein Widerlegungsgrund denkbar ist.

B. Die Repräsentation von Enthymemen im regelbegründenden Kontext

Mit diesem Modell wird in Konkurrenz zum Syllogismus-Modell zunächst nur die deliktische Grundstruktur erfasst, die im Modell der rhetorischen Rechtstheorie durch *Eikos-Enthymeme* dargestellt wird. Ob Toulmins Modell komplexere juristische Argumentation erfassen kann, die maßgeblich durch paradeigmatische Enthymeme geprägt ist, soll nun erprobt werden.

Als Testfall soll versucht werden, den interpretatorischen Streit zur Frage, ob Fluorsulfonsäure eine Waffe im Sinne des § 250 Abs. 1 Nr. 1 StGB aF ist, wenigstens partiell im *Toulmin-Schema* einzufangen:

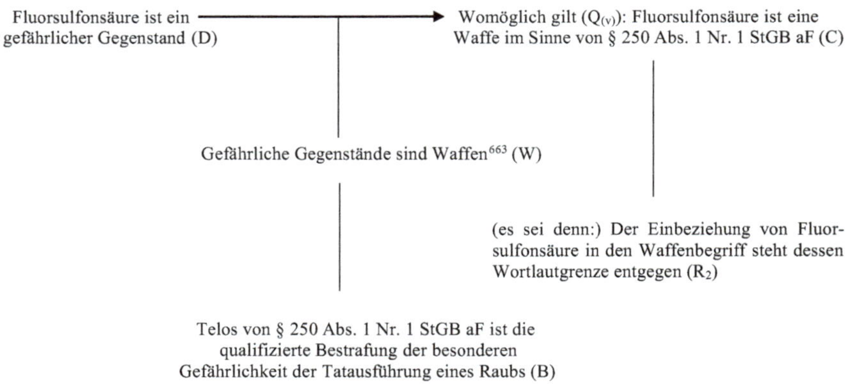

In dieser Darstellungsform kann der agonale oder dialektische Charakter des Prozesses der Rechtskonstruktion besser als in der Aussagen- und Prädikatenlogik repräsentiert werden. Widerstrebende Interpretationsmomente – wie hier einerseits die teleologische Auslegung, die für die Einbeziehung von

„Befolgungsgebot" begründet. Der Begriff „Präsumtion" wird hier im Sinne von Kant (vgl. FN 185) in Entgegensetzung zu den strikt deduktiv funktionierenden und unwiderlegbaren Schlüssen der bestimmenden Urteilskraft verstanden.

663 I. S. d. § 250 Abs. 1 Nr. 1 StGB aF.

Fluorsulfonsäure in den Begriff der Waffe i. S. d. § 250 Abs. 1 Nr. 1 StGB aF als Stützungsaspekt ficht, andererseits die grammatische Auslegung oder das Analogieverbot als Widerlegungsgrund – können auf leichtere Weise übersichtlich vorgestellt werden. Weil die Regel „Gefährliche Gegenstände sind Waffen" als Übergangsregel einen geringeren Bestätigungsgrad besitzt – noch untercodiert ist – wird zur Verdeutlichung ihrer Modalität anstelle des Begriffs „präsumtiv" (als Zeichen für ein Endoxon oder die Übercodiertheit einer Übergangsregel) der Begriff „womöglich" gewählt. Hierdurch wird zugleich darauf aufmerksam gemacht, dass sich die Übergangsregel erst in einem interpretatorischen Streit zu behaupten hat.

Allerdings besteht im Vergleich zur obigen Variante des *Toulmin-Schemas* ein Problem: Dort konnten Widerlegungsgründe Übergangsregeln (und Backings) nicht außer Kraft setzen. Ohne Modifikation des Schemas könnte die Qualifikation des gefährlichen Gegenstands Fluorsulfonsäure als Waffe zugleich wegen des Wortlautarguments abgelehnt und dennoch die Übergangsregel aufrechterhalten werden. Das widerspricht den etablierten Standards juristischen Argumentierens: Die Gerechtigkeitsregel verlangt in einer solchen Konstellation, dass auch die Übergangsregel „Gefährliche Gegenstände sind Waffen" als widerlegt aufzugeben ist.

Vielleicht aber ist gar nicht das *Toulmin-Schema* unangemessen, sondern nur die Weise, in der ich oben versucht habe, eine rechtliche Argumentation in ihm zu repräsentieren? Man könnte behaupten, das grammatische Argument richte sich nicht unmittelbar gegen die „Subsumtion" einer Aussage über Tatsachen unter einen Gesetzesbegriff, sondern direkt gegen die Übergangsregel als Legitimationsbasis der Subsumtion. Der interpretatorische Streit um die Geltung der Übergangsregel „Gefährliche Gegenstände sind Waffen" sei daher angemessen nur so darstellbar, dass sie im *Toulmin-Schema* die Rolle einer zu begründenden Behauptung einnimmt. Erst wenn diese Begründung der Übergangsregel gelinge, könne sie im obigen Schema als Übergangsregel eingesetzt werden. Auf die Angabe von Widerlegungsgründen könne bei einer erfolgreichen Begründung dann ganz verzichtet werden.

Diese Strategie soll im folgenden Schema umgesetzt werden:

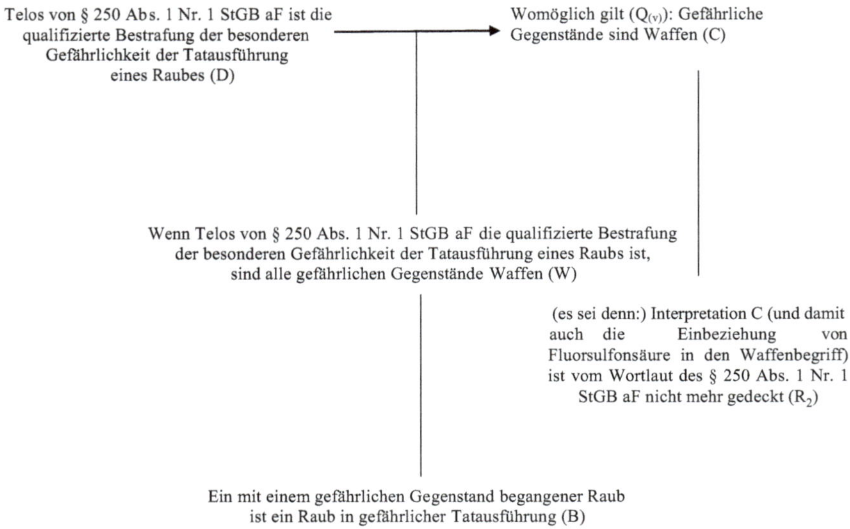

Doch auch in dieser Darstellung tritt das Problem des Falsifikationsdurchgriffs auf: Greift das Wortlautargument gegen die Formulierung der jetzt im Schema als Behauptung repräsentierten Übergangsregel „Gefährliche Gegenstände sind Waffen“ durch, würde ihr Nachfolger als „warrant“ im Schema gleichzeitig zu Fall gebracht – und zwar selbst dann, wenn sie noch einschränkend um die modale Qualität „womöglich“ ergänzt wird. Immerhin wird das Grundproblem sichtbarer.

Knapp formuliert lautet es so: Der Wortlaut stürzt zwar nicht das Telos, wohl aber eine unter Stützung auf das Telos formulierte Regel. Eine weitere Umformulierung, in der die Übergangsregel „Wenn Telos von § 250 Abs. 1 Nr. 1 StGB aF die qualifizierte Bestrafung der besonderen Gefährlichkeit der Tatausführung eines Raubs ist, sind alle gefährlichen Gegenstände Waffen (W)“ als begründungsbedürftige Behauptung im *Toulmin-Schema* repräsentierte würde, wäre ersichtlich aussichtlos (infiniter Regress). Irgendwann müssen schließlich doch teleologische und grammatische Dimension zueinander in Bezug auf die Regelformulierung ins Verhältnis gesetzt werden.

Diese Konstellation versucht *Alexy* durch die Trennung von Regeln und Prinzipien zu bewältigen: Man müsste eine Vorrangrelation bilden (vgl. S. 162, 187), in der das grammatische Argument wegen seiner Verstärkung durch das Analogieverbot in Art. 103 Abs. 2 GG dann schlagende Kraft besitzt, wenn die durch das Telos nahegelegte Übergangsregel nicht mehr in den „möglichen Wortsinn“ fällt. In anderen Konstellationen – außerhalb von Analogieverboten oder innerhalb des „möglichen Wortsinns“ – fiele die Abwägung der Prinzipien offener aus. Wir dagegen hatten für die Konstellation von Analogieverboten auf einen – in der Regel implizit bleibenden – konversationellen Standard hingewiesen (vgl. S. 220 ff.). Im *Toulmin-Schema* wird dieser durch die zwingende Übergangsregel „Wer sagt (auch weil er dazu argumentativ gezwungen wird), dass eine bestimmte Interpretation vom Wortsinn nicht mehr gedeckt ist, kann nicht gleichzeitig diese Interpretation in analogischer Erweiterung über den Wortlaut hinaus für gültig befinden“ sowie Stützung durch Art. 103 Abs. 2 GG repräsentiert. Dieser konversationelle Standard würde seinerseits in einem komplexeren argumentativen Zusammenhang als Stützungsaspekt für das *rebuttal* fungieren. Bei diesem wäre dann in der Tat die falsifikatorische Kraft gegenüber der Übergangsregel anzuerkennen.

Damit gibt es zwei Arten von Widerlegungsgründen: Die eine Art von Widerlegungsgründen (R_1) betrifft nur den Übergang von „Datum“ zu „Behauptung“, nicht aber die Übergangsregel selbst, wohingegen die andere Art auch gegen die Gültigkeit der Übergangsregel streitet. Vergegenwärtigt man sich dann eine Unterscheidung, die *Toulmin* anspricht, diejenige nämlich zwischen *warrant-establishing* (regelkonstituierenden) und *warrant-using* (regelnutzenden) *arguments*,[664] wird ein Weg gewiesen, der Anschluss findet an unsere vorangegangenen Ausführungen:

Auf S. 224 ff. wurde festgestellt, dass in einem regelkonstituierenden Kontext eine Übergangsregel – wie hier: „Gefährliche Gegenständen sind Waffen“ – keine das Ergebnis begründende Kraft haben kann, sondern umgekehrt in einem interpretatorischen Streit erst als eine taugliche Entscheidungsregel begründet werden muss. Interpretiert man in einem regel-konstituierenden Kontext das *Toulmin-Schema* abweichend so, dass bestimmte Widerlegungsgründe R_2 die vorgeschlagenen Übergangsregeln erschüttern können, würde genau diese Konstellation in ihm relativ adäquat repräsentiert. Nur relativ adäquat ist die Darstellung deshalb, weil das *Toulmin-Schema* für die Darstellung eines komplexen interpretatorischen Streits noch zu starr ist. Es vermag nur das Widerspiel von zwei Gegenspielern – hier dem teleologischen und dem grammatischen Topos – zu repräsentieren. Verdeckt wird der Umstand, dass an diesem Streit eine unbestimmte Vielzahl unterschiedlicher und miteinander verwobenen Topoi beteiligt ist. So wird eine lineare Anordnung suggeriert, die

664 Vgl. *Stephen Toulmin*, a. a. O., S. 112.

in tatsächlicher Argumentation weder vorfindlich noch durch Disziplinierung der Rechtsbegründungskultur erreichbar ist.

Auch das Moment des Fallvergleichs und der Konturierungsbedürftigkeit von als feststehend repräsentierten Begriffen – wie dem der „Gefährlichkeit" – wird im *Toulmin-Modell* vielleicht vorausgesetzt. Es bleibt aber unklar, wie diese Aspekte in das formal noch recht streng reglementierte Schema eingeordnet werden können. Im nächsten Teil der Arbeit werden wir versuchen, ob durch weitere Liberalisierung des Schemas zusätzliche Aspekte der juristischen Argumentation eingefangen werden können.

C. Die Repräsentation von Enthymemen im regelzerstörenden Kontext

Zuvor soll das *Toulmin-Schema* um eine weitere Konstellation neben dem regelkonstituierenden und dem regelnutzenden Kontext ergänzt werden: den regelzerstörenden Kontext. Im Prozess einer Regelkonstitution bleibt dieser meist implizit. Wenn er allerdings endoxische Prämissen betrifft, gewinnt er ein besonderes Gepräge. Man muss hier nach der Qualität der Endoxa unterscheiden: Ist ein Endoxon in einer gesetzlichen Regelung enthalten, wird also die Übergangsregel durch das Backing „§ X im Gesetz Y gilt" gestützt, dann ist die Klasse der Widerlegungsgründe – und der Instanzen, die diese geltend machen kann – stark eingeschränkt: Mit der Beseitigung der Übergangsregel muss zugleich der Geltungsbefehl der Gesetzesnorm – der Stützungsaspekt „§ X im Gesetz Y gilt" – beseitigt werden. Dazu reicht es nicht aus, einen validen verfassungsrechtlichen Topos anzuführen. Kann die Norm nicht verfassungskonform ausgelegt werden, besteht ein Normverwerfungsmonopol zugunsten der Verfassungsgerichtsbarkeit.[665] Der Übergang in ein regelzerstörendes Schema ist also nur dieser gestattet. Ist als Endoxon dagegen ein in der Fachgerichtsbarkeit präjudiziell anerkanntes Dogma betroffen, kann eine untere Instanz davon grundsätzlich abweichen, über die konkrete Entscheidungssache hinaus es aber nicht derogieren. Hierzu besteht ein Monopol der höheren Instanz.

Für solche Fälle der Regelzerstörung unterscheidet sich das Schema nur in Nuancen von demjenigen in einem regelkonstituierenden Kontext:

665 Zur Problematik der verfassungskonformen Interpretation bzw. deren kompetenzrechtlichen Implikationen, vgl. *Andreas Vosskuhle*, Theorie und Praxis der verfassungskonformen Auslegung von Gesetzen durch die Fachgerichte, in: AöR 125 (2000), S. 177 ff. m. w. N.

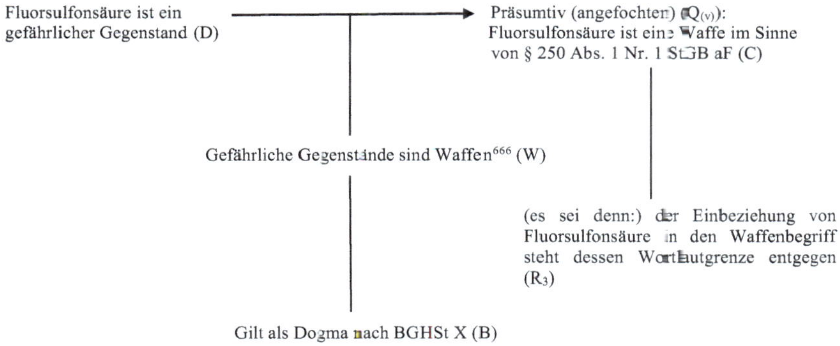

Unterstellt ist in diesem Schema, dass durch die BGH-Entscheidung in BGHSt X die Definition zum Waffenbegriff „Waffen sind gefährliche Gegenstände" als ein Präjudiz Anerkennung gefunden hat. Dies geht einerseits aus dem Backing zur Übergangsregel hervor, wird aber auch dadurch zum Ausdruck gebracht, dass die Behauptung anstelle der Modalqualität „womöglich" durch die Modalqualität „präsumtiv (angefochten)" angezeigt wird. Durch die abweichende Indizierung R_3 wird zum Ausdruck gebracht, dass hier – anders als bei der Konstitution von Übergangsregeln – der Widerlegungsgrund neben dem Übergang sowohl gegen die Übergangsregel als auch deren Stützung durchschlägt. Auch dieses Argument ist freilich noch unterkomplex. Das Dogma wird nicht nur durch die Autorität der BGH-Entscheidung gestützt. Der Konstitution eines Dogmas liegen auch sachliche Erwägungen zugrunde, die hier nicht aufgeführt sind und die nicht von Anfechtungsgründen widerlegt werden können. Auch wenn man das Trägheitsargument von *Perelman* (vgl. S. 140) grundsätzlich anerkennt, sollte es nicht so interpretiert werden, als müssten einmal erfolglos gebrauchte Argumente automatisch als verbraucht gelten: Wie der Fall „Weißes-Ross" (Rechtsfähigkeit der BGB-Gesellschaft)[667] zeigt, dauert es manchmal Jahrzehnte, bis dass sich unter bestimmten Voraussetzungen eine in der Lehre entwickelte „Mindermeinung" durchsetzt und von der Rechtsprechung aufgegriffen wird.

Eine vierte, nur mögliche Konstellation soll nur kurz angesprochen werden, die Rezeption des *Toulmin-Schemas* sodann unter Aufgreifen des etwas in Vergessenheit geratenen Steamboat-Falls abgeschlossen werden: Prinzipiell ließe

666 I. S. d. § 250 Abs. 1 Nr. 1 StGB aF.
667 Vgl. FN 638.

sich eine weitere Grundkonstellation erwägen, in der Übergangsregeln zwar modifiziert, doch nicht ganz verworfen werden. Aber das ist nur ein Wortspiel: Entweder handelt es sich schlicht um die (präzisierende) Konstitution einer nachgeschalteten Übergangsregel oder um die Verwerfung einer Übergangsregel mit anschließender Neuformulierung.[668] Die Abänderung von Übergangsregeln wird von den vorherigen Schemata bereits erfasst.

D. Die juristische Analogie als Eikos-Enthymem (Regelanwendung)

Der Dampfschiff-Fall ist deshalb illustrativ, weil an ihm eine erfolgreiche Analogiebildung im technischen Sinn exemplifiziert werden kann. Wegen des Analogieverbots im Strafrecht ist der Säure-Fall insofern nicht gleichwertig. Mit den bereits entwickelten Schemata kann dieser Fall repräsentiert werden. Es seien daher vor allem die Abweichungen dargestellt. Im Dampfschiff-Fall würde an die Stelle der Übergangsregel „Gefährliche Gegenstände sind Waffen“ die Übergangsregel „Wer durch Vertrag entgeltlich zur Hospitalität verpflichtet ist, haftet wie ein Gastwirt gem. § 701 Abs. 1 BGB analog verschuldensunabhängig“[669] treten. Ist eine solche Übergangsregel erst einmal präjudiziell als Dogma anerkannt, unterscheidet sich die Anwendung einer per juristischer Analogie eingeführten Regel nicht mehr von der Anwendung anderer endoxischer Prämissen; ob sie nun einem Gesetz oder – als Definitions- oder Konkretisierungssatz (Entscheidungsnorm) – einer Gerichtsentscheidung entspringen.

---

668 Zur Unterscheidung aus dem angelsächsischen Rechtskreis zwischen *overruling* und *distinguishing* sowie *analogy*, vgl. *Felix Mautzsch*, a. a. O., S. 480 ff. m. w. N.

669 Die verschuldensunabhängige Haftung bezieht sich natürlich nur auf die in die Schutz- und Obhutssphäre der wirtähnlichen Person eingebrachten Gegenstände. Der Einfachheit halber und weil er hier keine dogmatische Vertretbarkeit der Aussagen beansprucht wird, soll hier und im Folgenden in abgekürzter Redeweise formuliert werden.

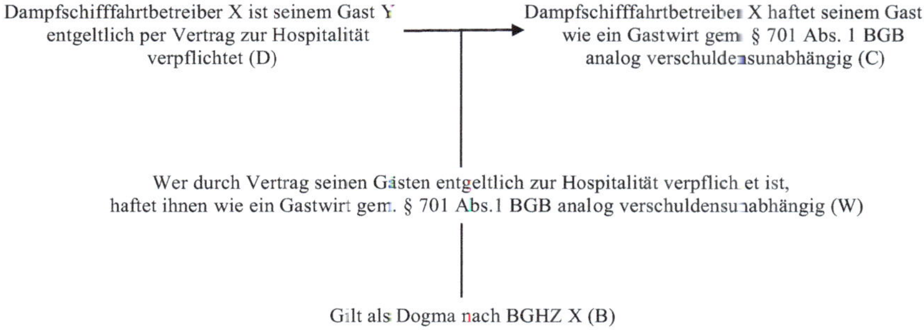

In der beispielhaften Darstellung des zugehörigen Eikos-Enthymems wurde die modale Qualität der Einfachheit halber nicht mehr angegeben. Selbstverständlich handelt es sich bei dieser in BGHZ X als Dogma anerkannten Übergangsregel nur um eine Präsumtion, die auf der Seite der *rebuttals* bezüglich der Anspruchsbegründung zum Beispiel durch den Widerlegungsgrund „Nachweis von Vorsatz oder grober Fahrlässigkeit des Gastes" angefochten werden kann.

Im Übrigen unterscheiden sich im regelnutzenden Kontext Einzel- und Gesamtanalogien nicht oder doch nur dadurch voneinander, dass anstelle von einer Norm mehrere Normen als Analogieträger zitiert werden: Etwa beim Beseitigungs- und Unterlassungsanspruch, bei dem die §§ 12, 862, 1004 BGB zitiert werden. Die Übergangsregel "Wird ein absolutes Recht durch einen anderen beeinträchtigt, kann der Inhaber dieses Rechts von dem Störer die Beseitigung der Beeinträchtigung und bei Besorgnis weiterer Beeinträchtigungen von diesem Unterlassen verlangen"[670] ist so – oder in einer sinngemäßen Formulierung – soweit durch Dogmatisierung übercodiert geworden, dass zumindest im Gros der Fälle keine gesonderte Begründung von „planwidriger Regelungslücke" und „vergleichbarer Interessenlage" mehr unternommen wird und anstelle dessen die Regel mit dem schlichten Verweis auf ein Präjudiz gestützt wird. Zumeist bleibt diese Übergangsregel implizit und es wird schlicht der Topos „Beseitigungs-" bzw. „Unterlassungsanspruch gem. § 12, 862, 1004 BGB analog" explizit verwandt (vgl. auch S. 237).[671]

670 Freilich ist der in § 862 BGB erwähnte Besitz an sich kein absolutes Recht, aber gegen verbotene Eigenmacht hat der unmittelbare Besitzer eine Rechtsstellung, die selbst gegen den Eigentümer als Inhaber eines absoluten Rechts wirkt.

671 *BAG*, Urt. v. 29.10.1997 – 5 AZR 508/96 –, juris Rn. 35.

Zugleich gilt für diese Analogiefälle das obige Grundschema für die Zerstörung einer Übergangsregel entsprechend. In ihm kommt nur zum Ausdruck, dass mit der Präsumtion zugleich die Fortgeltung der Stützungsquelle angefochten wird. Das ist im Falle dogmatisierter Analogien nicht anders. Eine Abweichung kann es nur für das Schema der Regelkonstitution geben, in das – und insoweit seien meine obigen Ausführungen zum regelzerstörenden Schema ergänzt – übergewechselt werden *kann*. Die Betonung liegt auf „kann", weil Gerichte nicht verpflichtet sind, in dieses (dann besser regelverteidigend zu nennende) Schema überzuwechseln, sich also auf einen interpretatorischen Streit zu einem (präjudiziell etablierten) Dogma einzulassen, sondern es nach ihrer grundsätzlich freien Wahl bei dem Hinweis auf einen autoritativen Entscheid des Streits in der Vergangenheit – der Stützung des Dogmas durch ein Präjudiz – belassen können.

Kann eine Übergangsregel dagegen nicht auf ein Präjudiz, eine Gesetzestelle oder einen mit ähnlicher Autorität ausgestatteten Stützungsaspekt als unmittelbaren Geltungsspender gestützt werden, muss sie sich regelmäßig in einem interpretatorischen Wettstreit erst noch behaupten.

E. Die juristische Analogie als Komplex aus Enthymemen (Regelkonstitution)

Dieser im Schema der regelkonstituierenden Argumentation repräsentierte Wettstreit fällt für die Gesetzes- und Rechtsanalogien komplexer aus als für die Konstitution einer Übergangsregel per Interpretation (innertatbestandlicher Analogie), da es verschiedene Stagen der Begründung gibt: In einer ersten Station muss ein interpretatorischer Wettstreit aufgrund der schlagenden Kraft des grammatischen Arguments zulasten der Formulierung einer Übergangsregel ausgegangen sein: Das Dampfschiff darf gerade nicht als „floating inn"– als Gaststätte –, ihr Betreiber nicht als „Gastwirt" verstanden worden sein, sondern die Differenz zu sonst als „Gaststätten" anerkannten Objekten und als „Gastwirte" anerkannten Subjekten muss zu dem Ergebnis geführt haben, dass – trotz teleologisch sie stützender Impulse – die Übergangsregel, durch die jenes Objekt oder jenes Subjekt in die gesetzlichen Tatbestandsbegriffe hätten einbezogen werden können, zunächst aufgegeben werden muss.

Anders als im Strafrecht fehlt es im Zivilrecht an einem konversationellen Standard wie dem Analogieverbot, der an dieser Stelle zum Abbruch des Verfahrens führen würde. Hier besteht der andersgeartete Standard, dass nunmehr eine „planwidrige Regelungslücke" und eine „vergleichbare Interessenlage zwischen geregeltem und ungeregeltem Sachverhalt" nachzuweisen ist.[672] Die zweite Stufe der Begründung, in der zur „planwidrigen Regelungslücke" und „vergleichbaren Interessenlage" argumentiert wird, unterscheidet sich nicht qualitativ von der ersten Stufe (Auslegung), sondern ist mehr eine Fortsetzung des Streits erster Stufe unter liberalisierten Bedingungen – unter Dispens von der schlagenden Kraft des grammatischen Arguments, das als mitstreitende Partei um die Formulierung der zutreffenden Übergangsregel nunmehr ausfällt: Die „planwidrige Regelungslücke" repräsentiert eher die „subjektive Auslegungstheorie" und die „vergleichbare Interessenlage" mehr die „objektive Auslegungstheorie". Die genaue Zuordnung ist vergleichsweise irrelevant, denn aktueller *common sense* in der Methodenlehre ist – wie *Kaufmann* richtig herausgestellt hat – ohnehin, dass zwischen subjektiver und objektiver Auslegungstheorie nicht gewählt werden kann, sondern sowohl der „Wille des Gesetzgebers" als auch der „Wille/Geist des Gesetzes" (eine Kritik am metaphysischen Charakter dieser Begriffe sei hier ausgespart) über die Richtigkeit der Auslegung entscheidet.[673]

Entsprechend taucht in praktischen Argumentationen zur Frage, ob eine „planwidrige Regelungslücke" oder ob eine „vergleichbare Interessenlage" vorliegt, das ganze Heer an verschiedenen systematischen, historisch-genetischen, teleologischen, folgenabwägenden Topoi wieder auf, das – zumindest implizit – bereits auf der ersten Stufe mitgefochten hat: Ein Richter, der gestützt auf sie, sich zu einer restriktiven Interpretation des „möglichen Wortsinns" eines Begriffs in einem Tatbestand veranlasst gesehen hat, wird anschließend nicht eine planwidrige Regelungslücke und eine vergleichbare Interessenlage annehmen. Die „Planwidrigkeit" verweist auf genetisch-historische Topoi, die „Lücke" auf systematische Topoi und die relevanten Gesichtspunkte eines „Vergleichs" sowie die relevanten „Interessen" kann ohne teleologisch-folgenorientierte Topoi nicht festgelegt werden – und jene Topoi stehen – wie *Savigny* richtig, wenngleich beschönigend festgestellt hat[674] – in Wechselbezügen zueinander.

Allein die sprachlichen Konventionen sind verschoben, denn die Topoi der Methodenlehre werden nunmehr herangezogen, jene beiden Voraussetzungen zu stützen. Der Bezug zu einer Übergangsregel, die explizit den Übergang von „X ist ein Dampfschiffbetreiber" zu „X ist seinem Gast zu

672 Vgl. FN 8.

673 Vgl. FN 550.

674 *Friedrich von Savigny*, System des heutigen Römischen Rechts I, S. 215. Es gibt einerseits keine feste Limitierung der beim Interpretationshandwerk zugelassenen Topoi, andererseits lassen sie sich nicht spannungsfrei „vereinigen".

verschuldensunabhängiger Haftung" legitimiert, wird bei der Gesetzesanalogie aber zum Teil verschluckt: Es heißt dann lediglich, dass zum Beispiel Dampfschiffbetreiber analog § 701 Abs. 1 BGB verschuldensabhängig haften, doch wird nicht mehr deutlich gemacht, dass dies deshalb gilt, weil es sich etwa um „entgeltlich zur Hospitalität verpflichtete Personen" handelt. Das könnte Veranlassung für die Annahme sein, dass Gesetzesanalogien als Schlüsse vom Besonderen zum Besonderen „regellos funktionieren".[675]

Jedoch muss man in solchen Fällen ein taktisches Kalkül in der Gerichtsbarkeit in Rechnung stellen: Mit dem Unterlassen einer fallentfernteren Regelbildung (oder dem Unterlassen ihrer Explikation) bewahren sich die Gerichte Flexibilität für die Entwicklung der zukünftigen Judikatur: Wie man zu jeder Gesetzesnorm eine Entscheidungsregel – zum Beispiel einen Definitionssatz – bilden kann, geht selbiges prinzipiell auch bei analog herangezogenen Normen. Indem hierauf verzichtet wird, wird die Reichweite der Entscheidung auf die konkret entschiedene Konstellation („Fälle der Dampfschiffbetreiber als Gastwirte") lokalisiert. Durch explizite Formulierung einer (mehr oder minder scharf ausgedrückten und vom Entscheidungssachverhalt abstrahierten) Übergangsregel gewänne die Entscheidung dagegen eine übergreifende Reichweite. Im Gegensatz zur Gesetzesanalogie wird bei der Rechtsanalogie eine Regel formuliert, die als „allgemeiner Rechtsgrundsatz" darauf zielen kann, eine sogar rechtsgebietsübergreifende Orientierungs- und Stützungsfunktion zu übernehmen.[676] In dieser der Gesetzgebung angenäherten Wirkweise der Rechtsanalogie – und weniger auf der Ebene ihrer Begründung durch den Verweis auf Rechtssätze in mehreren Gesetzesnormen als „Induktionsbasis" für die Aufstellung des Rechtsgrundsatzes[677] – sehe ich den entscheidenden Unterschied zur Gesetzesanalogie: Rechtsprechung bewegt sich so – übertrieben gesprochen – zwischen den Extrempolen von Kadi-Justiz und legislativer Judikative. Bei der Rekonstruktion der Begründung soll sich auf das Beispiel zur Gesetzesanalogie beschränkt und darüber hinaus eine stark vergröberte Darstellungsweise gewählt werden, in der auf die Formulierung einer komplexeren Übergangsregel verzichtet wird:

---

675 Allerdings würde das die Ebene der Herstellung von Recht betreffen: Richtig daran wäre, dass eine Regel nicht in prä-existenter Weise vorhanden sein kann und den Richter bei der Analogiebildung anleitet, sondern dieser sie erst erzeugen muss.

676 Zum Verhältnis der Rechtsanalogie zur Gesetzesanalogie und zur nochmaligen Differenzierung zwischen Rechtsanalogie und der induktiven Konstitution von allgemeinen Grundsätzen bei *Franz Reimer* oben FN 145.

677 Vgl. FN 143 ff., 768.

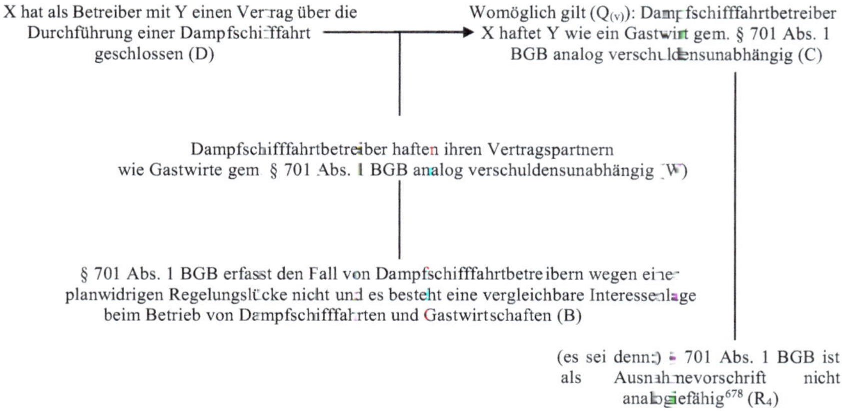

In dieser Schematisierung wird gleich deutlich, dass sich die *rebuttals* anders als im vorhin entwickelten Schema zur Konstitution von Regeln verhalten: Das systematische Argument „§ 701 Abs. 1 BGB ist als Ausnahmevorschrift nicht analogiefähig" richtet sich nicht lediglich gegen die Übergangsregel, sondern ficht auch deren Stützung – die Annahme einer planwidrigen Regelungslücke – an. Hier macht sich bemerkbar, dass die Begriffe „planwidrige Regelungslücke" und „vergleichbare Interessenlage" Bündelpunkte sind, in denen topische Argumente zusammenfinden. In dem Folgeschema wird dieser Zusammenhang deutlicher:

678 Vgl. hierzu aber FN 620.

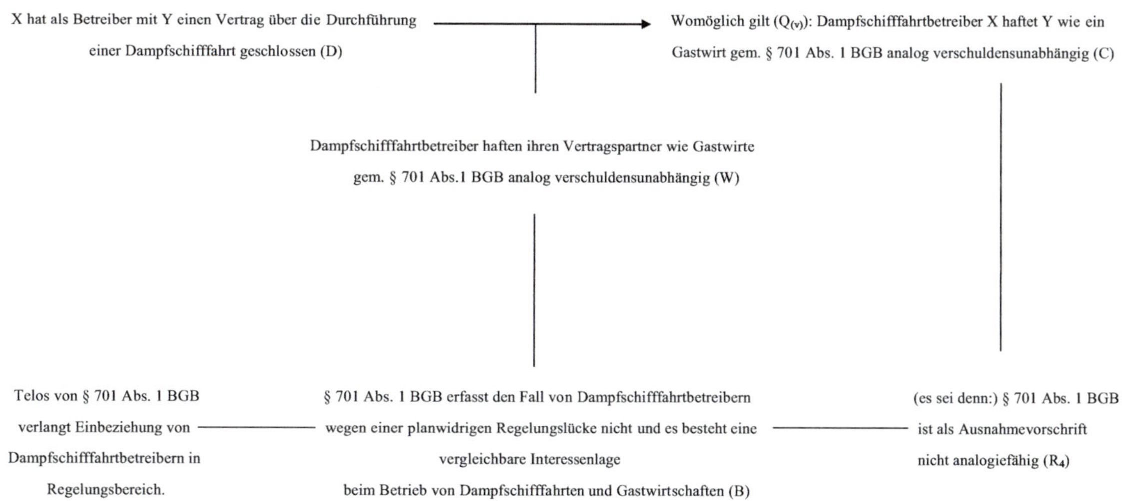
X hat als Betreiber mit Y einen Vertrag über die Durchführung einer Dampfschifffahrt geschlossen (D)
Womöglich gilt ($Q_{(v)}$): Dampfschifffahrtbetreiber X haftet Y wie ein Gastwirt gem. § 701 Abs. 1 BGB analog verschuldensunabhängig (C)
Dampfschifffahrtbetreiber haften ihren Vertragspartner wie Gastwirte gem. § 701 Abs.1 BGB analog verschuldensunabhängig (W)
Telos von § 701 Abs. 1 BGB verlangt Einbeziehung von Dampfschifffahrtbetreibern in Regelungsbereich.
§ 701 Abs. 1 BGB erfasst den Fall von Dampfschifffahrtbetreibern wegen einer planwidrigen Regelungslücke nicht und es besteht eine vergleichbare Interessenlage beim Betrieb von Dampfschifffahrten und Gastwirtschaften (B)
(es sei denn:) § 701 Abs. 1 BGB ist als Ausnahmevorschrift nicht analogiefähig (R_4)

Linker Hand von der Stützung liegt hier ein topisches Feld, das *pars pro toto* durch das Telos repräsentiert wird und stützend auf das Backing wirkt. Rechter Hand ein ebenfalls *pars pro toto* durch ein systematisches Argument repräsentiertes topisches Feld, das mit der Stützung zugleich die Übergangsregel und die Behauptung anficht. Durch die Indizierung R_4 soll dieser Angriff auf Backing, Übergangsregel und Behauptung zugleich deutlich gemacht werden. Im Unterschied zum Widerlegungsgrund im regelzerstörenden Kontext fungiert hier als Backing allerdings kein *Endoxon*, dessen Geltungskraft beseitigt werden soll. Keinesfalls darf das Schema so verstanden werden, als ob stützend nur teleologische Topoi und stürzend systematische Topoi auf das Backing einwirkten: Auf beiden Seiten können gleichermaßen teleologische und systematische Topoi stehen.

Zweifellos kann man das Enthymem noch weiterentwickeln und zwischen den im Backing zusammengefassten Fokalpunkten „planwidrige Regelungslücke“ und „vergleichbare Interessenlage“ differenzieren. Der Übersicht halber wurde darauf verzichtet. In den gesichteten Entscheidungen bleibt ohnehin nicht selten unklar, welcher Topos nun ein Argument zur „planwidrigen Regelungslücke“ sein soll und welcher sich auf die „vergleichbare Interessenlage“ bezieht: So hat der BGH in einer Entscheidung zum „Widerrufsrecht bei Pay-TV-Abonnement-Verträgen“ die Analogiediskussion in die Fokalpunkte „planwidrige Regelungslücke“ und dann seltsamerweise (und wohl die „vergleichbare Interessenlage repräsentierend) „Zweck der Regelung“ in § 2 Nr. 2 Verbraucherkreditgesetz aF (jetzt: § 510 Abs. 1 Nr. 2 BGB) untergliedert. Sowohl gegen die „Planwidrigkeit der Regelungslücke“ als auch zum „Zweck des Gesetzes“ argumentiert er aber gleichermaßen mit dem Ausnahmecharakter von § 2 Nr. 2 VerbKrG aF.[679] Diese Entscheidung verdeutlicht, dass die begriffliche Schärfe und der begriffliche Gehalt der „planwidrigen Regelungslücke“ und der „vergleichbaren Interessenlage“ in Abgrenzung gegeneinander und in ihrer Verbindung zu den stützenden und stürzenden Topoi nicht überzogen vorgestellt werden sollte.

Ein letzter Punkt ist noch wichtig. Er betrifft das Verhältnis von Übergangsregel und den stützenden Topoi: Dadurch, dass sich die stützenden Topoi auf das Backing als zwischenstehenden Stützungsaspekt beziehen, kann aus einem Topos scheinbar nicht mehr so leicht eine Übergangsregel – etwa: „Wer durch Vertrag seinen Gästen entgeltlich zur Hospitalität verpflichtet ist, haftet ihnen wie ein Gastwirt gem. § 701 Abs. 1 BGB analog verschuldensunabhängig“ aus

679 *BGH*, Urt. v. 13.03.2003 – I ZR 290/00 –, NJW 2003, S. 1932 ff.

dem Topos der Sinn und Zweckhaftigkeit – gebildet werden, die als Entscheidungsregel fungiert. Auf den ersten Blick scheint bei dieser Repräsentation sich ein Topos in der Stützung des den Analogieschluss gewährenden Backings zu verbrauchen. Das ist allerdings nicht ganz richtig, denn zum Beispiel „Dampfschifffahrtbetreiber" kann sowohl in der Übergangsregel als auch im Backing durch „per entgeltlichem Vertrag dem Vertragspartner zur Hospitalität verpflichtete Person" ersetzt werden. Das Schema ist durch einfache Abstrahierungsschritte offen für eine weniger lokale Formulierung der Übergangsregel (vgl. hierzu auch die Entsprechung bei Alexy auf S. 188 sowie oben S. 262 f.).

Teil 5 – Repräsentation juristischer Argumentation in einem rechtsrhetorischen Modell

Im Vergleich zur Aussagen- und Prädikatenlogik lässt sich mit dem Modell von *Toulmin* in einem ganz erheblichem Grad eine Öffnung hin zur pragmatischen Dimension der juristischen Argumentation erreichen: Wo die moderne Logik ein axiomatisches System voraussetzt, in dem Aussagen auseinander ableitbar sind und der Nachweis eines Widerspruchs das Fallenlassen einer (theoretischen) Annahme erzwingt, kann sich juristisches Begründen nicht innerhalb einer Matrix von Begriffen mit übersituativ fixierten syntaktischen und semantischen Beziehungen und Bedeutungen bewegen und der Wahrheitscharakter von juristischen Entscheidungen nicht durch Einbindung in jene Matrix garantiert werden. Allerdings bestehen phasenweise in der juristischen Argumentation vergleichsweise stabile Begriffsfügungen, die in dieser Arbeit als „übercodiert" bezeichnet worden waren. Die zum Syllogismus funktionsäquivalente Relation im konzeptionellen Feld von „data", „claim" und „warrant" im *Toulmin-Modell* (die dem rhetorischen Eikos-Enthymem entspricht) kann solche deduktions-orientierten Phasen juristischer Argumentation repräsentieren. Indem *Toulmin* eine gleichermaßen starke logische Verbindung zwischen „warrant" und „backing" nicht verlangt und an dieser Stelle auf die hermeneutische Ergänzung durch den Interpreten vertraut, erweist sich sein Schema als anschlussfähig für Modellansätze, die die Zusammenhänge von nicht-deduktiven mit deduktions-orientieren Argumentationspassagen zu repräsentieren versuchen. Zu diesen Modellansätzen zählt das Argumentationsmodell der Rechtsrhetorikerin *von Schlieffen (Sobota)*, das jetzt vorgestellt werden soll.

§ 1 Die Konzeption des Schlieffen-Modells in Abgrenzung zum Toulmin-Modell

Schlieffen rückt im Vergleich zum Modell von *Toulmin* die pragmatische Dimension weiter in den Vordergrund. Ihr Augenmerk ist es jene argumentativen Zusammenhänge abzubilden und einer Analyse zuzuführen, die vorhin nicht weiter besprochen wurden und als „topische Felder" im Modell von *Toulmin* die Funktion eines Backings der Übergangsregeln übernehmen.[680] Für *von Schlieffen* sind gerade diese – und nicht nur die Übergangsregeln – für das Verständnis der juristischen Argumentation aufschlussreich. In dieser Akzentverschiebung liegt der wesentliche Unterschied zu *Neumann*, der den Übergang von Sachverhaltsdatum zur Entscheidung in seinem normativ angelegten Argumentationsmodell durch eine Regel universellen Charakter gerechtfertigt wissen möchte.[681] *Schlieffen* hingegen lockert in ihrem empirischen – der Analyse zahlreicher Gerichtsentscheidungen[682] entspringenden – Modell dasjenige von *Toulmin* auf. Die Formulierung einer Übergangsregel in der Stützungskette begreift sie nicht als *conditio sine qua non* für die Qualifizierung eines Begründungsabschnitts als Argument. Auch logisch gesehen weniger strikte Repräsentanzen des Allgemeinen in Vermittlung mit dem Besonderen können an deren Stelle ausreichen.[683]

---

680 Im Modell von Schlieffens fungiert der Begriff „Backing" noch als Funktionsbeschreibung für die Stützung eines Überganges, vgl. *Katharina von Schlieffen*, Argumentationstheoretisches und rechtsrhetorisches Rechtsdenken, S. 386.

681 Zu dieser Differenz zwischen rhetorischer Rechtstheorie und dem argumentationstheoretischen Ansatz von Neumann vgl. *dies.*, a. a. O., S. 386 ff

682 Vgl. insbesondere *Katharina Sobota*, Sachlichkeit, S. 47 ff.; *dies.*, Rhetorisches Seismogramm, S. 233 ff.; *dies.*, Argumente und stilistische Überzeugungsmittel in der Rechtsprechung des Bundesverfassungsgerichts, in: Jahrbuch Rhetorik 15 (1996), S. 122 ff.; *dies.*, Rhetorische Muster der Rechtsgewinnung am Beispiel einer Entscheidung des OVG Münster, in: Topik und Rhetorik, S. 525 ff.; *Katharina von Schlieffen*, Zur topisch-pathetischen Ordnung juristischen Denkens, a. a. O., S. 407 ff.; *dies.*, Rhetorik und Stilistik in den Rechtswissenschaften, S. 1817 ff.; dies., Wie überzeugt der Richter sein Auditorium, a. a. O., S. 4 ff.; *dies.*, Subsumtion, a. a. O., S. 388 ff. Außerdem die unter ihrer Aufsicht angefertigten Untersuchungen von *Markus Solbach*, Politischer Druck und richterliche Argumentation, S. 102 ff., 235 ff., *Timo Cullmann*, a. a. O., S. 129 ff. und *Lewis Johnston*, a. a. O., S. 85 ff.

683 Vgl. zu diesem Streitpunkt *Katharina von Schlieffen*, Argumentationstheoretisches und Rhetorisches Rechtsdenken, a. a. O., S. 386 ff.

Um sich ihr Modell begreiflich zu machen, ist es wesentlich, den Grundgedanken ihres Ansatzes richtig zu erfassen: *Schlieffen* differenziert zwischen einer *rhetoriktheoretischen* und einer *argumentationspraktischen* Perspektive. Aus der argumentationspraktischen Perspektive gerät nur ein explizierter Teilabschnitt als Argument in Sicht, der sich aus theoretischer Sicht als Manifestation eines komplexeren, zu weiten Teilen implizit bleibenden argumentativen Zusammenhangs darstellt. Als Wirkfaktor entscheidet dieser unausgesprochene Hintergrund über die Überzeugungskraft eines Arguments jenseits des Bewusstseins der Argumentationsteilnehmer *a tergo* mit: Den Übertritt von einem „Grund" (der die Stelle der „data" im *Toulmin-Schema* übernimmt) zu einer „Behauptung" oder „Entscheidung" (die „claims" im *Toulmin-Schema*) legitimiert eine Serie von wie auf einer Perlenkette „aufgeschnürten" argumentativen Gesichtspunkten. Am Ende jener Stützungskette – in äußerster Konkretion zur legitimierungsbedürftigen Verbindung von Grund (G) und Behauptung (B) – steht als unmittelbarer Überleitungsgesichtspunkt die *petitio principii*. Diese wiederholt nur, dass aus einer Behauptung eine Begründung folgt (G → B): Wenn als Grund feststeht, dass X mit Fluorsulfonsäure einen Raub begangen hat, dann lautete die den Übertritt zur Behauptung „X hat einen schweren Raub mit Waffen i. S. d. § 250 Abs. 1 Nr. 1 StGB aF" legitimierende Übergangsregel schlicht: „Wenn X mit Fluorsulfonsäure einen Raub begangen hat, dann hat X einen schweren Raub mit Waffen i. S. d. § 250 Abs. 1 Nr. 1 StGB aF begangen". Logisch wäre sie trivialerweise zwingend, argumentationstheoretisch jedoch unbefriedigend. Als vorgestellter theoretischer Endpunkt einer Überleitungskette, der nach weiterer Stützung verlangt, würde sie niemals argumentationspraktisch expliziert werden.

Von diesem gedachten Anfang der Überleitungskette zu ihrem Ende hin werden die argumentativen Gesichtspunkte zunehmend abstrakter, betreffen irgendwann Universalien wie die obersten Verfassungswerte – das Demokratie- oder das Rechtsstaatsprinzip – und nehmen – aus logischer Sicht – am theoretischen Ursprung der Überleitungskette gleichfalls die Gestalt einer Tautologie an: „Was gilt, das gilt" oder „was ist, das ist".

Über die Grenze jener kaum mehr überzeugungskräftigen logischen Setzungen hinaus, fußt ihre Überzeugungskraft auf ethischen und pathetischen Wirkfaktoren: Man wird einem seit seiner Geburt mit Protanopie lebenden Menschen argumentativ vielleicht noch begründbar machen können, weshalb man einem Gegenstand vor seinen Augen die Farbe „Rot" und nicht „Gelb" zuschreibt, unmöglich wird ihm dagegen verständlich gemacht werden können, was genau in jenem Spektralbereich „tatsächlich" (üblicherweise) wahrgenommen wird, in dem jemand anderes für gewöhnlich rote, er dagegen gelbe

Dinge sieht. Er könnte die Prädikation „[…] ist rot“ schwerlich in Sprachspielen verwenden,[684] wüsste nicht, was es mit der gespenstischen Entität der „Röte“ auf sich hat.

684 Vgl. S. 214 f.

§ 2 Der Zusammenhang von Pathos und Logos

Ohne zu starke anthropologische Annahmen einführen zu wollen, steht jener pathetische Bereich – die sensuell-affektische Verarbeitung bestimmter Impulse – in einem Zusammenhang mit der Entwicklung der humanen Kapazität zur Logizität:[685] Der warnende Ausruf „Tiger!" durch ein Mitglied einer gedachten prähistorischen Gruppe von Menschen würde ein bestimmtes, vermutlich Flucht- oder Rückzugsverhalten der anderen Gruppenmitglieder auslösen, ohne dass sie selbst das Tier wahrgenommen haben müssten.[686] Der Laut „Tiger!" („Impuls") kann hier logisch als Antezedenz in einem Konditional dargestellt werden, dessen Konsequenz der Appell zur und das Verhalten von Flucht/Rückzug („Wirkung/Reaktion") ist. Rhetorische Figur (der Appell ist eine rhetorische Figur[687]) und logische Formation treffen sich in diesem gedachten Beispiel. Pathos („Figur") und Logos („Enthymem") können so als gleichursprünglich konzipiert werden. *Inwieweit* eine strikte Scheidung logisch-rationaler und sinnlich-affektischer – pathetischer – Aspekte durch Entpsychologisierung oder Entsinnlichung Vorteil bringt oder in der Sprache des Rechts realisierungsfähig ist, bliebe zumindest begründungsbedürftig.[688] Jedenfalls wird in dieser Arbeit – wie im Modell von *Schlieffen* – vorausgesetzt, dass im Hintergrund rechtlicher Argumentation stützend pathetische Momente in der Überzeugungsbildung wirken. Diese werden durch rhetorische

---

685 Es sollen hiermit keine ontogenetischen oder phylogenetischen Behauptungen zur Sprachentwicklung eingeführt werden, sondern mit dem folgenden Beispiel ausschließlich der Anspruch verbunden sein, dass deutlich vor der bewussten Auseinandersetzung des Menschen mit Logik und Mathematik (z. B. durch Pythagoras oder Aristoteles) menschliches Sprachverhalten figuralen Mustern entsprochen hat, die sich in einem logischen Schema rekonstruieren lassen und so auf einen noch sehr primitiven, aber tief verwurzelten Sinn des Menschen für eine (Alltags-)Logik deuten, die noch vollständig mit Affekten und Sinneswahrnehmungen amalgamiert ist.

686 Mit dem Ausruf „Mammut!" (oder durch sprachliche Zeichen vermittelte Referenz auf ein anderes Beutetier) würde vermutlich ein anderes Verhaltensprogramm angesprochen sein.

687 Genauer gesagt als Handlungsfigur kanonisiert.

688 Vgl. in diesem Zusammenhang auch *Dieter Horn*, a. a. O., S. 55 ff., der die Verbindung von Sprechlauten und Verhaltensaufforderungen untersucht und hierbei auf ihre Verkoppelung mit sensuell-affektischen Momenten in hochkomplexen Handlungssituationen hinweist.

Figuren vermittelt. In diesem Sinne ist das Enthymem nur eine rhetorische Figur exponierter Natur, die auf einem Kontinuum zwischen Logos und Pathos zwar zum Logos zählt, doch jenen Grad an Logizität, wie er in der Mathematik (oder den Naturwissenschaften) üblich ist, kaum jemals erreicht und auch nicht erreichen kann.

§ 3 Explikation der Stützungsbeziehungen am Beispiel-Fall „Säure als Waffe“

Der Verlauf der in § 1 vorgestelltem Stützungskette sei nunmehr anhand des Beispielfalles „Säure als Waffe“ weiter expliziert. Die *petitio principii* an ihrem gedachten Endpunkt wurde bereits oben formuliert. Von dort finden sich auf der Überleitungskette zunächst weitere und vergleichsweise konkrete Gesichtspunkte. Sie lauteten zum Beispiel, dass § 251 Abs. 1 Nr. 1 StGB aF deshalb als Rechtsnorm gilt, weil es sich um eine vom parlamentarischen Gesetzgeber verfahrensgemäß in Geltung gesetzte Norm handelt. Zur Stützung des Geltungshinweises kann man auf die das Gesetzgebungsverfahren regelnden Verfassungsnormen oder hierzu ergangene einschlägige Judikatur des Bundesverfassungsgerichts verweisen. Hinter diesen Verfassungsnormen sowie der sie „konkretisierenden“ Judikatur stehen zuletzt die als universell verstandenen und vergleichsweise inhaltsarmen in Art. 1, 20 GG verbürgten obersten Verfassungsprinzipien. Diese können weiter noch durch Berufung auf die Ewigkeitsklausel als letztem Geltungsbefehl, der die freiheitlich-demokratische Grundordnung perpetuiert, abgestützt werden. Danach ist eine Stützung nur noch in der Form der Tautologie „Die Ewigkeitsklausel in Art. 79 Abs. 3 GG gilt, weil die Ewigkeitsklausel in Art. 79 Abs. 3 GG gilt“ denkbar und es wird auf ethisch-pathetische Dispositionen als letztem Geltungsspender verwiesen.

Hier ist eine Entscheidung nur noch für oder gegen das Konzept einer bestimmten Rechtsordnung, damit für oder gegen die Annahme einer Lebensform möglich:[689] Wer in sich – wie der islamistische Extremist (oder in anderer Weise der Reichsbürger) – den göttlichen Befehl vernimmt, die freiheitliche-demokratische Grundordnung im Namen einer theokratisch fundierten Ordnung als Sünde

---

689 Zum Konzept der „Lebensform“ *Ludwig Wittgenstein*, a. a. O., § 19, 23, 241. Wie bei Savigny (*Eike von Savigny*, Sprachspiele und Lebensformen, in: Klassiker Auslegen: Philosophische Untersuchungen, S. 22 ff.) wird der Begriff „Lebensform“ hier natürlich nicht eng geführt mit biologisch determinierten Verhaltensweisen, sondern als ein soziales Verhaltensprogramm verstanden, in das Sprachen eingebettet sind: Zur Sprache (d. h. Rhetorik) des Rechts zählt als Grundbedingung die Akzeptanz seiner rechtsförmigen Prozeduren, innerhalb derer eigene Anliegen vorgebracht werden können. Wer diese Prozeduren *in toto* ablehnt, bei dem bestimmt nicht einmal die abstrakte Chance, dass er eine Rechtsbegründung überhaupt als eine Begründung wahrnimmt. Das Sprachspiel „Recht“ in unserem Sinne ist für ihn buchstäblich „bedeutungslos“.

und Frevel abzulehnen oder sogar zu bekämpfen, kann durch den Verweis auf die Ewigkeitsklausel in Art. 79 Abs. 3 GG (und jede noch so kräftige rechtliche Argumentation) nicht davon überzeugt werden, sie zu akzeptieren.

Wird in praktischer juristischer Argumentation auf das Rechtsstaatsprinzip als Stützungsaspekt noch vergleichsweise häufig hingewiesen,[690] wird bereits das Demokratieprinzip in Entscheidungen nur noch selten benannt.[691] Die Ewigkeitsklausel oder der sie enthaltene Verfassungsartikel 79 Abs. 3 GG taucht jenseits sporadischer Nennungen in der Verwaltungs- und Verfassungsjudikatur fasst gar nicht auf.[692] Doch auch der Rechtsstaats-Topos zeigt sich zumeist in feststehenden und nicht weiter begründeten Formen, wie derjenigen, dass der Grundsatz der Verhältnismäßigkeit aus ihm[693] oder der Folgenbeseitigungsausspruch aus ihm „und/oder" den Grundrechten abgeleitet sei[694.695]

Über diese Nennung als Stützung hinaus wird über den Inhalt jener hochabstrakten Prinzipien vergleichsweise selten, falls doch meist in der Form einer Verfassungsstreitigkeit gestritten; kaum je wird eines jener gefühlsmäßig fundierten, nicht selten diffusen Grundeinverständnisse im Hintergrund einer jeden Entscheidung wirklich thematisiert und nie werden sie in Frage gestellt: Auch eine noch so schlecht begründete Entscheidung wird man nicht dahin interpretieren können, dass mit ihr – was ohnehin nur in paradoxer Gestalt geschehen könnte – ein Angriff auf die Geltung der Ewigkeitsklausel unternommen werden sollte.[696]

---

690 Nennungen des Rechtsstaatsprinzips finden sich in 2.562 Entscheidungen des Bundesverfassungsgerichts und 1.350 Entscheidungen des Bundesverwaltungsgerichts. Von sämtlichen Gerichten wurde er in ungefähr 20.500 Entscheidungen angeführt (Quelle Recherche Juris am 20.08.2019).

691 Das Bundesverfassungsgericht nennt es in 248 Entscheidungen, das Bundesverwaltungsgericht in 218. Von sämtlichen Gerichten wurde es in ungefähr 2.000 Entscheidungen angeführt (Quelle Recherche Juris am 20.08.2019).

692 Das Bundesverfassungsgericht führt den Topos „Ewigkeitsklausel" in zwei Entscheidungen und Art. 79 Abs. 3 GG in 91 Entscheidungen an (Quelle Recherche Juris am 20.08.2019).

693 Z. B. *BSG*, Urt. v. 17.08.2000 – B 10 LW 8/00 R –, Rn. 21.

694 *BVerwG*, Urt. v. 23.05.1989 – 7 C 2/87 –, juris Rn. 80; Oberverwaltungsgericht Rheinland-Pfalz, Urt. v. 26.02.2014 – 7 A 11038/13 –, juris Rn. 35.

695 Vgl. Nach einer Untersuchung von Katharina Sobota fungiert das „Rechtsstaatsprinzip" als Sammelstelle einer Vielzahl nur schwach geordneter verfassungsrechtlicher Topoi, vgl. *Katharina Sobota*, Das Prinzip Rechtsstaat, S. 27 ff., 399 ff.; Kunig hält das „Rechtsstaatsprinzip" (im Gegensatz zur Rechtsstaatlichkeit) als verfassungsrechtliche Kategorie sogar für ganz entbehrlich, vgl. *Philip Kunig*, Das Rechtsstaatsprinzip, S. 481 ff.

696 Vgl. auch die Ausführungen zu FN 611.

Juristische Argumentation vollzieht sich – zumindest im Normalfall eines stabilen Institutionengefüges und einer gereiften Rechtsordnung – immer auf dem Grund einer Rechts- und weiter noch Gesellschaftsordnung – niemals gegen sie. Juristen nehmen in ihr eine stabilisierende und konservierende Funktion wahr, nur in engen Grenzen können sie als Motor für Progression (oder Regression) dienen.[697]

Die in einer Argumentationspraxis aktualisierten oder explizierten Gesichtspunkte im Kontinuum jener Überleitungskette nehmen nie jene tautologische Extremgestalt an, in der sie sich an ihrem Anfang oder Ende manifestieren würden. In relativer Nähe – auf einer vergleichsweise konkreten Stufe des Kontinuums – zum Fall werden in praktischer Argumentation Gesichtspunkte aufgegriffen und expliziert, die den Übergang von Begründung zu Behauptung plausibel machen sollen, doch nicht mit logischer Beweiskraft garantieren können. In ihren neueren Arbeiten sieht *Schlieffen* eine zeichenhafte Repräsentanz allgemeiner Gesichtspunkte vor, die sie *Plausibilium* nennt. Sie verbindet als Mittelgröße die konkrete Entscheidungsbegründung und die allgemeinen Bestände und plausibilisiert den Übergang vom Grund zur Behauptung[698]. Dies sei zu Veranschaulichungszwecken in der folgenden – als stilisiert und nicht argumentationspraktisch vorzustellenden – Rekonstruktion eines teleologischen Arguments zum Säure-Fall wie folgt dargestellt:

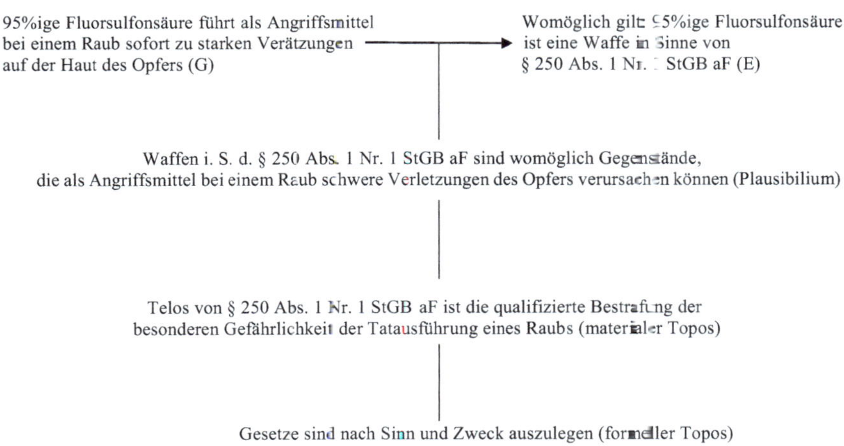

697 Vgl. auch *Niklas Luhmann*, Das Recht der Gesellschaft, S. 236 ff.
698 Vgl. *Katharina von Schlieffen*, Das verborgene Organon, a. a. O., S. 377.

In diesem Enthymem ist der Grund der Qualifikation von Fluorsulfonsäure als Waffe i. S. d. § 250 Abs. 1 Nr. 1 StGB aF ihre biochemische Wirkung auf den Körper eines Opfers, wenn sie als Angriffsmittel bei einem Raubüberfall verwendet wird. Gerechtfertigt wird der Übergang vom Grund zur Entscheidung durch ein Plausibilium, das auf den ersten Blick einer Übergangsregel im Sinne *Toulmins* gleicht. Bei genauerem Hinsehen ist es aber von geringerer logischer Stringenz: Zwischen „95 %iger Fluorsulfonsäure“ und „Gegenständen“, der modalen Qualität der beiden Sätze („verursachen können“ vs. „führt“) sowie der Zuordnung von „sofortigen starken Verätzungen auf der Haut des Opfers“ zu einer „schweren Verletzung des Opfers“ treten logische Sprünge auf. Allerdings beeinträchtigen sie die Plausibilität des teleologischen Arguments nicht: Man gewänne keine nennenswert erhöhte Sicherheit, verlöre dafür an Übersichtlichkeit, würde man noch zwischen diesen Begriffen eine zusätzliche Vermittlung durch explizit formulierte Übergangsregeln vorsehen.

Im Vergleich zum Beispiel der Typenbildung bei *Kaufmann* „Waffen sind gefährliche Gegenstände“ wurde das Abstraktionsniveau zur Bewältigung der konkreten Sachproblematik weiter abgesenkt. Damit kann das Plausibilium mit dem gesetzlichen Regelungskontext besser verknüpft werden. Stark verdünnte Säuren, denen die Eignung zur Verletzung des Opfers fehlt, fallen ohne weiteres aus dem Waffenbegriff heraus. Auch wenn der qualitative Begriff „schwere Verletzungen“ unscharf bleibt und so einer logisch zwingenden Subsumtion entgegensteht, kann doch durch die ergänzende Berücksichtigung von Fallreihen[699] ein erheblicher Grad an Anwendungssicherheit generiert werden. Im Vergleich zum Typus (vgl. oben S. 212 ff.) ist das Plausibilium aber keine vorgegebene Entität. Es ist das Produkt rechtskonstruktiver Arbeit und weniger stark auf eine bestimmte Form festgelegt: Nach *von Schlieffen* können sich – aus theoretischer Sicht – *Plausibilia* zu einer Kette verschiedener Gesichtspunkte zusammenfügen. Zu ihnen zählen – je nach der Spezifität der Argumentation – neben Übergangsregeln im Sinne von *Toulmin* etwa Indiz, Beispiel, Fallgruppen, rhetorische Figuren oder nonverbale Äußerungen. Hintergründig sind sie mit ethischen und pathetischen Momenten verbunden.[700] Es drängt sich damit zwangsläufig eine Typologie von verschiedenen Arten des Enthymems auf. Sie wurden in der Arbeit teils auch schon behandelt, sollen aber später in gebündelter Form noch einmal besprochen werden.

699 Vgl. hierzu *Jan Schapp*, Hauptprobleme der juristischen Methodenlehre, S. 31.
700 *Katharina von Schlieffen*, Das verlorene Organon, a. a. O., S. 380.

§ 4 Vernetzung der Argumentation in Enthymem-Komplexen (Mesostruktur)

Hier soll zunächst ein anderer Punkt behandelt werden: Das oben dargestellte teleologische Argument ist nicht wirklich repräsentativ für die juristische Argumentation. Ihm fehlt die Einbindung in einen komplexeren Argumentationszusammenhang. Das liegt nicht nur daran, dass zu Vereinfachungszwecken die Seite der Widerlegungsgründe (*rebuttals*) ganz fortgelassen wurde und das dialektische Moment juristischer Argumentation so nicht sichtbar werden konnte. Selbst wenn insofern eine Ergänzung vorgenommen würde, wäre nur teilweise Abhilfe geschaffen. Man bliebe immer noch einem zu linearen Schema verhaftet.

Um die Vernetzung verschiedener Argumente im Modell *von Schlieffen* sichtbarer machen zu können, soll daher in einem ersten Schritt eines ihrer Beispiele aufgegriffen werden, in dem die Verbindung zweier Enthymeme in einem Komplex dargestellt wird:[701]

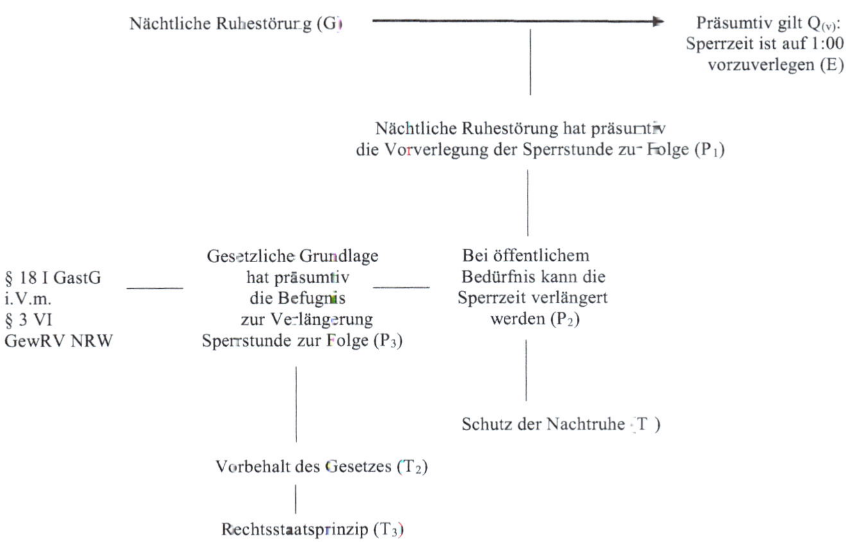

701 Vgl. *dies.*, a. a. O., S. 379 f.

In dem ersten Enthymem – dem Kodifikationsargumentargument – wird der Behörde die Befugnis zugewiesen, bei einem öffentlichen Bedürfnis die Sperrstunde vorzulegen. Das zweite Enthymem dagegen füllt den unbestimmten Rechtsbegriff „öffentliches Bedürfnis" unter Rückgriff auf den Topos „Schutz der Nachtruhe" aus. Es stützt auf diese Weise die Herausbildung der fallnächsten Prädikation „Nächtliche Ruhestörung hat präsumtiv die Vorverlegung der Sperrstunde zur Folge", die den Übertritt vom Grund „Nächtliche Ruhestörung" zur Entscheidung „Vorverlegung der Sperrstunde auf 1:00" legitimiert. Freilich kann dieses Schema um weitere Aspekte ergänzt werden: Der Schutz der Nachtruhe kann auf den abstrakteren Topos des Schutzes der Gesundheit und dieser wiederum auf Art. 2 Abs. 2 S. 1 2. Alt GG (aber auch zum Beispiel das Rücksichtnahmegebot oder allgemeiner und bereits ins Ethische gewandt: die „Bewahrung des sozialen Friedens") gestützt werden.

Weiter noch kann hervorgehoben werden, dass die Vorverlegung der Sperrstunde einen behördlichen Eingriff in grundrechtlich verbürgte Freiheitsrechte darstellt, daher nach dem Vorbehalt des Gesetzes eine Befugnisnorm – die Gegenstand des ersten Enthymems ist – erforderlich ist und die Vorverlegung der Sperrstunde auf 1:00 Uhr deshalb durch P_1 gerechtfertigt wird, weil sich Zweckmäßigkeitserwägungen der Behörde aktualisieren, die vom Gericht nur eingeschränkt überprüfbar sind. Diese eingeschränkte Prüfung – etwa der Verhältnismäßigkeit – könnte in der Gestalt eines ergänzenden *rebuttal* repräsentiert werden.[702]

Dennoch wird in diesem Schema das Grundgerüst der Entscheidung des VG Köln in seinen komplexeren Zusammenhängen darstellbar und daher – wie *von Schlieffen* zutreffend hervorhebt – sichtbar, in welchem Grad rationale Orientierung auf Explizitem und Implizitem, Regelhaftem und Situativem beruht.[703] Durch den Verzicht auf die Vorgabe einer bestimmten logischen Qualität der Stützungsverhältnisse ist das Modell weniger linear und die Komponenten von Argumenten können auf eine flexiblere Weise arrangiert, dadurch ein argumentativer Gesamtkomplex bündiger dargestellt werden.

Auf diese Weise wird sichtbar, dass sich das wohl am ehesten im Sinne einer Übergangsregel von *Toulmin* begreifen lassende Plausibilium P_1 nicht nur aus einem Topos als Quelle speist, sondern mehrere Topoi ganz verschiedener Natur

702 Ein rebuttal (im Schlieffen-Modell Widerlegung genannt) erscheint ggf. in Form eines ergänzenden Enthymems, vgl. *dies*, Argumentationstheoretisches und rechtsrhetorisches Rechtsdenken, a. a. O., S. 382 Fn. 37.

703 *Dies.*, a. a. O., S. 380.

zusammen eine Netzstruktur ausbilden, die – metaphorisch gesprochen – durch Eigenheiten des Spinnennetzes und des Gewässernetzes ausgezeichnet ist: Die Metapher des Gewässernetzes veranschaulicht, wie verschiedene Quellen (Topoi) in der fallnächsten Prädikation (P_1) wie in einem Flussdelta zusammenfließen, das Spinnennetz wie durch wechselseitige Stützung der einzelnen Verbindungspunkte eine bemerkenswert stabile (und zugleich flexible) Struktur gewoben wird. Trotz dieser Entwicklung hin zu einer netzförmigen Struktur ist – wie die multiple Stützbarkeit etwa des Topcs T_1 („Schutz der Nachtruhe) durch nicht nur eine, sondern prinzipiell beliebig viele Stützungsgesichtsaspekte zeigt – das Schema aber immer noch zu starr, um argumentative Zusammenhänge in rechtlichen Entscheidungsbegründungen vollständig repräsentieren zu können.

§ 5 Argumentationsnester (Makrostruktur)

Diesen – an sich nicht ungewöhnlichen Befund – hat *von Schlieffen* in ihren Urteilsanalysen berücksichtigt. Ihr obiges Beispiel ist als Ausschnitt aus einem wesentlich komplexeren argumentativen Zusammenhang zu verstehen. Dieser wird von ihr „Argumentationsnest“[704] genannt. In einem solchen Argumentationsnest fächern sich die streng kettenförmig arrangierten Stützungsverhältnisse in komplexere Anordnungen auf. Die Strukturverschiedenheit und jenes Wechselspiel zwischen nest- und kettenförmigen Anordnungen sollen jetzt kurz angesprochen werden:

In Orientierung an Topoi zweiter Ordnung – zu einem Katalog zusammengefasste kanonisierte Gesichtspunkte wie Prüfungsschemata – formiert sich eine zunächst relativ festgefügte Grundstruktur der juristischen Entscheidungsbegründung.[705] Zu Anfang des Hauptbegründungstrangs bilden sich kettenförmige Formationen aus, die sich am Syllogismus im *modus ponens* orientieren:[706]

Eine Klage hat Erfolg, wenn sie (zulässig und) begründet ist. Eine Klage ist begründet, wenn X die Zahlung auf einen Anspruch stützen kann. § 823 Abs. 1 BGB stützt den Zahlungsanspruch, wenn seine Tatbestandsmerkmale erfüllt sind. Spätestens an dieser Stelle verzweigen sich Prüfung und Stützung und ab einer bestimmten Begründungstiefe ist die Begründung nicht länger durch topisch-endoxische Bestände präformiert und der Argumentierende wird zu einem freieren Argumentationsgang gezwungen. Hier kann er sich zwar immer noch an diesen Beständen bediene, muss sie allerdings auf innovative und fallgerechte Weise arrangieren. Im Falle des Gelingens seiner Argumentation oder kraft seiner Autorität stellt er für die Zukunft in ähnlich gelagerten Problemlagen (verbindliche) Lösungsvorschläge – Topoi – zur Verfügung.

---

704 Vgl. *dies.*, Zur topisch-pathetischen Ordnung juristischen Denkens, a. a. O., S. 434 ff.

705 Vgl. *dies.*, Rhetorik und Stilistik, a. a. O., S. 1821 f.

706 Ebd.; *dies.*, Wie Juristen begründen, in: JZ 2011, S. 111 ff.

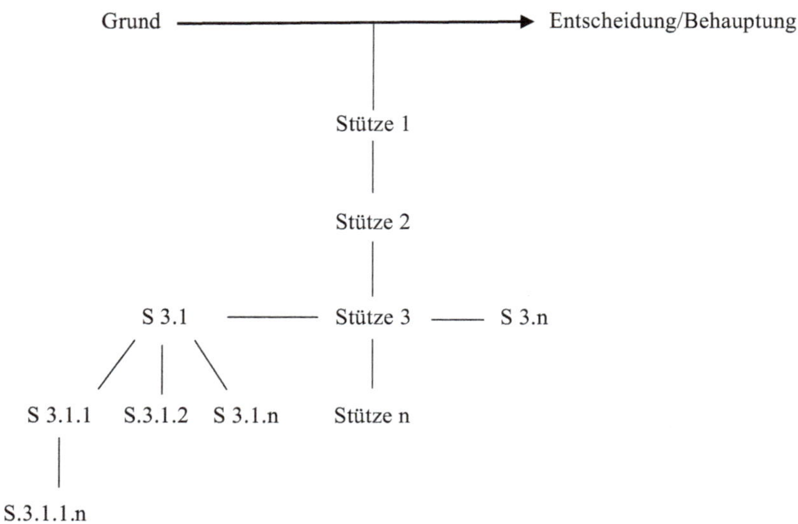

Jene argumentative Makrostruktur eines vom Stamm auf seine Blätter gestellten Baumes soll durch das obige Schaubild skizziert werden.[707] Das Schaubild veranschaulicht zugleich die These *Ballwegs*, dass in Rechtsbegründungen Meinungen durch Meinungen gestützt werden[708] wie diejenige *von Schlieffens*, dass logisch gesehen die abstrakten Topoi als Blätter eines theoretisch unendlichen Baumes die Form einer Tautologie annehmen müssen: Die als Gründe für Behauptungen angeführten Gründe sind zwangsläufig selbst wieder stützungsbedürftige Behauptungen. Der Begründungsregress kann – möchte man als Stützung nicht auf die Entscheidung (Autorität) selbst oder pathetisch-ethische Gründe als Überzeugungsgründe jenseits vom Logos rekurrieren – nur dadurch abgebrochen werden, dass ein Grund durch sich selbst in der Form

707 Der oben im Schema „Grund" genannte Punkt kann natürlich auch in die Stützungskette hineingezogen und seinerseits als oberste Stütze ausgewiesen werden. Hierbei handelt es sich letztlich um eine Frage der Darstellung. Vgl. zu weiter differenzierten Darstellungen dieser Stützungsbäume bzw. Makrostrukturen: für das Strafrecht *Lewis Johnston*, a. a. O., S. 49 ff.; für das Verwaltungsrecht *Katharina Sobota*, Rhetorische Muster der Rechtsgewinnung, S. 521 ff.; *Katharina von Schlieffen*, Rhetorik und Stilistik in den Rechtswissenschaften, S. 1821 f.; *dies.*, Zur topisch-pathetischen Ordnung juristischen Denkens, a. a. O., S. 434 ff., 447.

708 *Ottmar Ballweg*, Rechtsphilosophie als Grundlagenforschung der Rechtswissenschaft und der Jurisprudenz, in: Analytische Rhetorik, S. 4 ff.

der Tautologie „begründet“ wird.[709] Zwei Punkte sind noch wichtig: Zum einen sollten mit der Stütze 3 sowie S 3.1 auf Stützungsaspekte aufmerksam gemacht werden, die in der Terminologie im *Schlieffen-Modell* „Verteiler“ in jene „Argumentationsnester“ genannt werden.[710] Die „Verteiler“ entsprechen den oben zur Gesetzesanalogie herausgearbeiteten „Fokalpunkten“[711], die zu „topischen Feldern“ führen. An dieser Stelle können mithin die im *Toulmin-Schema* abgebrochenen Ausführungen fortgeführt werden.

709 In seinen normentheoretischen Betrachtungen schließt sich Kelsen letztlich Vaihinger darin an, dass die „Grundnorm“ als oberster Geltungsbefehl im Modell seiner Normenpyramide fiktionalen Charakter hat, vgl. *Hans Kelsen*, Allgemeine Theorie der Normen, S. 206 f. In einem inhaltlichen Argumentationsmodell wie dem von Schlieffen kann es eine Pyramidenspitze wie die Grundnorm bei Kelsen zwar selbstverständlich nicht geben, davon abgesehen ist der Befund gleichlaufend wie überhaupt zwischen Kelsens Normentheorie und der Rhetorischen Rechtstheorie nicht ein Verhältnis von Gegnerschaft, sondern von Komplementarität besteht, vgl. dazu auch *Theodor Viehweg*, Reine und Rhetorische Rechtslehre, in: ders., Rechtsphilosophie und Rhetorische Rechtstheorie, S. 214 ff.

710 Vgl. *Katharina von Schlieffen*, Zur topisch-pathetischen Ordnung juristischen Denkens, a. a. O., S. 434 ff.; *Lewis Johnston*, a. a. O., S. 50.

711 Also die Prüfungspunkte der „planwidrigen Regelungslücke“ und der „gleichgerichteten Interessenlage“.

§ 6 Typologie des Enthymems im juridischen Kontext

Zuvor soll im Anschluss an *von Schlieffen* eine Typologie des Enthymems versucht werden. Wenn mit der Baumstruktur oben die argumentative Makrostruktur und dem Enthymem-Komplex „Diskolärm“ in exemplarischer Weise die Mesostruktur juristischer Argumentation dargestellt wurden, betreffen die jetzigen Ausführungen die Mikrostruktur und damit den Begriff des Arguments im *Schlieffen-Modell*[712]. Hierbei kann zu weiten Teilen auf unsere bereits geleisteten Vorarbeiten zum Enthymembegriff zurückgegriffen werden.

A. Enthymem als Stützungsverhältnis von Meinung durch Meinung (Mikrostruktur)

Als Ausgangspunkt gilt es sich zu vergegenwärtigen, dass mit dem Begriff des Enthymems als argumentativer Mikrostruktur zunächst nur auf die Stützung einer Behauptung (Meinung) durch eine Begründung (Meinung) referiert wird. Dieses Stützungsverhältnis kann beliebig gespreizt oder verkürzt werden: Aus theoretischer Sicht wäre eine Entscheidungsbegründung denkbar, in der ein Richter schlicht ausspricht, dass der Kläger X deshalb einen Zahlungsanspruch hat, weil er – der kompetenzmäßig berufene Richter – es so will.

Man mag sich die Justiz durch einen assyrischen König vorstellen, dessen Stellung dieser durch die Herrschaft über Tod und Leben legitimiert sah und sie eben dadurch bestätigte, dass er (unter vermeintem göttlichen Beistand) nach persönlicher Willkür Unfolgsamkeit gegenüber königliche Befehlen mit dem Tod bestrafen kann.[713] Eine solche Gesellschaftsordnung steht freilich unserem Wert- und Gerechtigkeitsgefühl diametral entgegen, die Argumentationskultur ist auf eine verdrehte Weise primitiv und man kann Zweifel an der Stabilität und zivilisatorischen Entwicklungsfähigkeit einer solchen Ordnung haben, dennoch wäre der verklagte „Untertan“ – dem (aus Furcht und Aberglaube) der Sinn nicht nach Gesellschaftswandel und Rebellion steht – durch ein solches „Argument“ zunächst einmal zur Zahlung motiviert.

Durch institutionelle Differenzierung, zu der das Erfordernis einer Entscheidungsbegründung in einem anspruchsvolleren Sinne zählt, ist in modernen

712 Vgl. S. 23 ff., 58 ff., 249 ff.

713 *Andreas Fuchs*, Waren die Assyrer grausam?, S. 80 ff.

Rechtsordnungen in schärfstem Kontrast hierzu die unmittelbare Gewaltausübung kraft persönlicher Willenshoheit verpönt. Im deutschen Rechtskreis wird eine Begründungsrhetorik kultiviert, die durch das dualistische Reflexions- und Darstellungsmuster der Sachlichkeit geprägt ist:[714] In seiner Rechtsbegründung rechtfertigt ein Richter die getroffene Entscheidung bevorzugt mit „Fremdreferenzen“[715]. Dort, wo im Gesetz – wie bei der Beweiswürdigung – höchstpersönliche Akte des Richters vorgesehen sind und jener Akt durch Fremdreferenzen augenscheinlich nicht vollständig gerechtfertigt werden kann, verweist er (auch dann, wenn er als Einzelrichter entscheidet) entpersönlichend „auf das Gericht“ als Wertungs- und Entscheidungsinstanz und präsentiert sich damit ersatzweise selbst als Objekt.[716]

Wenn von Stützungsverhältnissen zwischen „Meinungen“ gesprochen wird, ist mit diesen „Meinungen“ demnach nicht die persönliche Meinung des Richters gemeint, sondern ein von seiner Person abgehobener Bestand, auf den er zur Abstützung seiner Entscheidung referieren kann: eben jenes „außer Frage gestellte Meinungsgefüge“ (in erster Linie Dogmatik und Gesetz), von dem *Ballweg* gesprochen hat.[717] In dieser Bindung der richterlichen Begründungspraxis an einen überpersönlichen und zugleich übersituativen, doch zur Situation hin

714 *Katharina Sobota*, Sachlichkeit, S. 37 ff., das mit zwei anderen Reflexionsmustern (dem vorrationalen und dem rationalreflexiven) verwoben ist.

715 „Fremdreferenz“ und „Selbstreferenz“ wird je nach Kontext begrifflich verschieden verstanden. Aus der Perspektive der Systemtheorie greifen die Gerichte als institutionelle Akteure zu Selbstreferenzen: Sie stützen sich (vorwiegend) auf Dogmen, die sie selbst produziert haben. „Fremdreferenz“ meint in diesem Kontext den Verweis auf die systemexterne Umwelt (Interessen), vgl. *Niklas Luhmann*, Das Recht der Gesellschaft, S. 51 ff., 367. Hier betrifft die begriffliche Opposition dagegen das Verweisungsverhalten des Richters als Redner. „Fremdreferenz“ meint hier also u. a. den Verweis auf vorgegebene Rechtssätze (Dogmen und Kodifikate), die man aus der Perspektive der Systemtheorie als „Selbstreferenzen“ beschreiben würden. Vgl. wie hier *Katharina Sobota*, Sachlichkeit, S. 29. Zu besagter Differenz vgl. auch *dies.*, Rhetorical Construction, a. a. O., S. 47; *Katharina von Schlieffen*, Rhetorik und rechtsmethodologische Aufklärung, a. a. O., S. 181 ff.

716 Als „Selbstreferenzen“ begreift Sobota Auskünfte über das Zustandekommen der Aussagen in einer Rechtsrede („Aussagen-über-das-Aussagen“). Hier tendieren Richter zu einem reifizierenden, selbstdistanzierten Stil durch den das eigene Entscheidungsverhalten verobjektiviert werden soll, vgl. *Katharina Sobota*, Sachlichkeit, S. 29 ff.

717 *Ottmar Ballweg*, Rechtsphilosophie als Grundlagenforschung der Rechtswissenschaft und der Jurisprudenz, in: *ders.*, Analytische Rhetorik, S. 6.

offenen und damit anschluss- und erweiterungsfähigen Bestand aktualisiert sich in einem erheblichen Grad das Postulat der Bindung an Recht und Gesetz. Limitierungen auf der Darstellungsebene nehmen nämlich ihrerseits Rückwirkung auf den Herstellungsprozess, zu dem an erster Stelle die Entscheidung selbst zählt.[718]

B. Typologie der Enthymeme nach von Schlieffen

Diesen theoretischen Ausgangspunkt muss man vor Augen haben, um die Typologie der Enthymeme nach *von Schlieffen* zu verstehen, die einerseits von der Qualität der herangezogenen Referenzen, andererseits von deren logischer Verarbeitung als Ordnungsgrößen bestimmt wird. Ihre Typologie beinhaltet im Wesentlichen die Enthymeme, die in dieser Arbeit bereits behandelt worden sind:

1. das Eikos-Enthymem (Wahrscheinlichkeits-Enthymem)
2. das Tekmerion-Enthymem (notwendiges Zeichenenthymem),
3. zwei Varianten des Semeion-Enthymems (nicht-notwendiges Zeichenenthymem),
4. das Paradeigma und schließlich als Negativfall
5. das eristische Enthymem.

I. Eikos-Enthymem

Eikos-Enthymem und *Tekmerion-Enthymem* werden *von Schlieffen* in ihren neueren Schriften zusammen erörtert.[719] Das Eikos-Enthymem ist durch die unmittelbare Stützung auf ein Endoxon ausgewiesen, das in ihm die Gestalt einer Übergangsregel im Sinne von *Toulmin* annehmen kann und auf diese Weise an das Schema eines Syllogismus erinnern lässt: Als Trivialbeispiel kann man die Verbindung der Behauptung „Die Klage wird abgewiesen“ mit dem Grund „Die Klage ist unbegründet“ durch die (implizite) Übergangsregel „Ist eine Klage unbegründet, wird sie abgewiesen“ sehen. Hier besteht – lässt man mögliche vorgängige Hinweispflichten des Richters beiseite – wirklich eine nahezu zwingende Verbindung zwischen Grund und Behauptung.

---

718 Vgl. S. 31 ff.

719 *Katharina von Schlieffen*, Das Enthymem – Ein Modell juridischen Begründens, a. a. O., S. 607 f. Sie stellt darauf ab, ob es sich um einen „wahrscheinlichen Satz“ oder eine Regelhaftigkeit handelt, macht aber auf das Abgrenzungsproblem aufmerksam.

Zu den Eikos-Enthymemen zählen aber weitere Schlüsse, in denen die Übergangsregel den Übergang von Grund auf Behauptung mit quasi-logischer Beweiskraft vergleichbar einer *petitio principii* legitimieren, so die obige Verbindung (vgl. S. 249 ff., 267 ff.): Bei Grund „X hat mit Waffen einen Raub begangen“ legitimiert das § 250 Abs. 1 Nr. 1 StGB aF entlehnte *Endoxon* „Wer einen Raub mit Waffen begeht, wird mit Freiheitsstrafe nicht unter 5 Jahren bestraft“ die Entscheidung „X wird zu einer Freiheitsstrafe von nicht unter 5 Jahren verurteilt“.

Wird bei gleicher Formulierung des stützenden Endoxon der Grund indes so formuliert, dass „X nicht mit Waffen“, sondern „mit einem funktionstüchtigen Maschinengewehr“ einen Raub begangen hat, kann der Stützungsaspekt bereits nicht mehr als echte Übergangsregel begriffen werden. Er müsste wegen des – angesichts hintergründiger Übercodiertheit zugegeben kleinen – logischen Sprungs als „Backing“ im Sinne von *Toulmin* aufgefasst werden. In solchen Situationen kann aus rhetorischen Gründen auf die Formulierung einer zusätzlichen Übergangsregel verzichtet werden und mit dem geringeren Mangel an logischer Stringenz gelebt werden. Das Eikos-Enthymem – das potenziell immer durch *rebuttals* widerlegbar ist – aktualisiert sich durch ein Endoxon in Form einer „Übergangsregel“ oder eines „übercodierten Backings“, das – wie das Beispiel der Mordmerkmale „grausam“ und „niedrige Beweggründe“ zeigt (vgl. S. 194 ff.) – seine Übercodiertheit auch durch sensuell-affektische und begrifflich nicht voll explizierbare, im Bereich des Pathos angesiedelte und auf situative Anbindung angewiesene Wirkimpulse gewinnen kann.[720]

Nur der Vollständigkeit halber sei nochmals darauf hingewiesen, dass „eine Analogie“ – zum Beispiel der Unterlassungs- und Beseitigungsanspruch gem. §§ 12, 862, 1004 BGB analog – als endoxische Prämisse in einem Eikos-Enthymem verwendbar ist (vgl. S. 236 ff., 259).

II. Tekmerion-Enthymem

Das *Tekmerion-Enthymem*, das aus einem notwendigen Indiz geformt ist, bespricht *von Schlieffen* im Kontext von rechtlichen Aussagen: Beispielhaft verweist sie auf die Qualifizierung einer behördlichen Entscheidung als Nicht-Verwaltungsakt: Wird der rein innerbehördliche Charakter einer Maßnahme bejaht, ist dies ein zwingendes Indiz dafür, dass es sich bei dieser Maßnahme

---

720 Vgl. auch *dies.*, Argumentationstheoretisches und rechtsrhetorischen Rechtsdenken, a. a. O., S. 384. Allerdings kann bei Beispielen wie diesen an der Widerlegbarkeit überhaupt gezweifelt werden. Dazu sogleich.

nicht um einen Verwaltungsakt handeln kann. In der zugrundeliegenden Definition des Verwaltungsakts in § 35 Abs. 1 S. 1 VwVfG (Bund oder Länder) sieht *von Schlieffen* ein Endoxon.[721] Damit stellt sich die Frage der Abgrenzung zwischen Tekmerion- und Eikos-Enthymem, weil sie beide auf einem Endoxon beruhen.

Da jede sprachliche Äußerung Zeichen- und damit Indizcharakter besitzt, sollte man als abgrenzendes Kriterium mit *Aristoteles* die Notwendigkeit des Schlusses heranziehen. Wir wollen sie aber zunächst strikter in Richtung logisch-analytischer Notwendigkeit konzipieren[722]. Darüber hinaus kann man aber vielleicht auch verschiedene Fälle zwingender affektisch-sensueller Übercodierung, in denen eine Übergangsregel nicht formulierbar ist und sich die maßgebliche Codierung als hintergründiges Backing zeigt, im Anwendungsfeld des Tekmerion- anstelle des Eikos-Enthymems verordnen. Ein besonderes Problem sind – wie etwa die Zuordnung des Geschehens beim Foltermord zum Mordmerkmal „grausam" verdeutlicht – solche „Wortgebrauchsregeln" (als Endoxa), die sich zwar im Kleid einer Regel zeigen, aber in bestimmten Fällen selbst keine nennenswerte Stütz- und Codierungsleistung erbringen – wie Säulen, die schmücken, aber nicht tragen.

Für die zuerst genannten Fälle gilt hingegen Folgendes:

Im Gegensatz zu einem Eikos-Enthymem entfällt bei dieser Variante des Tekmerion-Enthymems die Möglichkeit einer abweichenden Entscheidung aufgrund eines widerläufigen *rebuttals* bei gleichzeitigem Festhalten an der Validität des Endoxons. Wer sagt, dass eine behördliche Maßnahme rein innerbehördlichen Charakter hat, kann die Folgerung „Die Maßnahme ist kein Verwaltungsakt" nur dann verweigern, wenn er die Geltung des Endoxons beseitigt, also von einem regelbefolgenden in ein regelzerstörendes Begründungschema (vgl. S. 256 ff.) überwechselt. Wer dagegen etwa im Zivilrecht eine Anspruchsgrundlage verneint, kann grundsätzlich[723] den Anspruch aufgrund einer anderen Anspruchsgrundlage zubilligen. Offensichtlich können bei diesem

721 *Dies.*, Wie Juristen begründen, in: JZ 2011, S. 114.

722 Vgl. in diesem Zusammenhang aber FN 640. Mir fällt es vor dem Hintergrund der dortigen Ausführungen schwer, „echte" analytische und damit uneingeschränkt deduktiv gültige Argumente in rechtlicher Argumentation anzuerkennen. Andererseits sind die Eikos-Enthymeme nach dem Bild von Quine doch näher an der erfahrungsgebundenen Peripherie als manche der situationsstabileren Begriffsfügungen. Ich nehme daher ein Kontinuum zwischen deduktiv gültiger und lediglich deduktionsorientierter Argumentation an.

723 Vgl. oben S. 176 f.

Verständnis des Tekmerion-Enthymems in Abgrenzung zum Eikos-Enthymem die vorhin angesprochenen „konversationellen Standards“ (vgl. S. 220 ff., 255) in das hier entwickelte Argumentationsmodell eingeordnet werden.

Das Tekmerion-Enthymem betrifft – weil der Relation von Zeichen zu Objekt der Charakter von Notwendigkeit fehlt – in erster Linie die Relation von Zeichen zu Zeichen gemäß anerkannter konversationeller Standards: Welche Zeichen gesetzt werden müssen, wenn andere gesetzt worden sind (und welche nicht gesetzt werden dürfen, bevor andere nicht gesetzt worden sind). Es ist damit zum Teil eine Frage der Perspektive, ob man eine argumentative Passage durch Tekmerion-Enthymeme oder eine andere Enthymem-Art rekonstruiert:

Die qualifizierende Aussage „Das von X bei einem Raub verwendete funktionskräftige Maschinengewehr ist eine Waffe i. S. d. § 250 Abs. 1 Nr. 1 StGB aF“ ist Behauptung in einem übercodierten Eikos-Enthymem, wenn dagegen – warum auch immer – vom Richter in einer Zeichenfolge ausgedrückt wird, sie sei keine Waffe i. S. d. § 250 Abs. 1 Nr. 1 StGB aF, muss er folgerichtig einen schweren Raub mit Waffen ablehnen und darf nicht in Analogie zu § 250 Abs. 1 Nr. 1 StGB aF verurteilen. Ansonsten verstößt er – obwohl sachlich gesehen ein funktionskräftiges Maschinengewehr natürlich eine Waffe ist – gegen das Analogieverbot in Art. 103 Abs. 2 GG.[724]

Ob dieses Tekmerion-Enthymem angesichts eines solchen – im Vergleich zum Eikos-Enthymem – gesteigerten Grades an Situationsenthobenheit noch als Enthymem verstanden werden kann, könnte man anzweifeln, ganz losgelöst von ihr ist es jedoch bereits deshalb nicht, weil es sich – wenngleich in einer abstrakteren Begründungsschicht – dennoch in einer situationsgebundenen und handlungsbezogenen Rede aktualisiert (vgl. S. 30 ff., 78 ff., FN 640, 722).

III. Semeion-Enthymem

Im Gegensatz zum Tekmerion- und zum Eikos-Enthymem lässt sich in den zwei Varianten des Semeion-Enthymems nicht mehr in sinnvoller Weise eine Übergangsregel ausbilden, wenn auch bei diesen hintergründig Endoxa als „Backing“ grundsätzlich plausibilisierungsstiftend wirken können.[725] Eine der Varianten des Semeion-Enthymems hat *von Schlieffen* zufolge diagnostischen Charakter und wird von ihr als Abduktion in traditioneller Weise als Schluss vom „Fall“ auf die „Regel“ verstanden. In der anderen, verwandten Variante

---

724 Selbstverständlich soll hiermit nicht für eine Dogmatik plädiert werden, in der das Analogieverbot auf diesen Fehler verkürzt würde.

725 Vgl. ebd.

repräsentiert ein Indiz als Einzelnes eine Gesamtheit bzw. ein Allgemeines, ohne dass – und dadurch unterscheidet es sich vom Tekmerion-Enthymem – der Schluss auf diese durch Notwendigkeit verbürgt wäre. Betroffen können sowohl empirische als auch rechtliche Phänomene sein.[726]

So pflegt ein Richter in der Zulässigkeitsprüfung nicht sämtliche Prüfungsstationen abzuhandeln, sondern begnügt sich damit, ein seiner Auffassung nach problematisches Zulässigkeitsmerkmal in der Begründung zu besprechen, die anderen (vermeintlich unproblematischen oder von den Parteien nicht problematisierten Merkmale) dagegen unerwähnt zu lassen (und kein Richter – zumindest der unteren Instanzen – prüft akribisch alle potenziell relevanten Zulässigkeitsvoraussetzungen in Abgleich mit einem einschlägigen Großkommentar). Bei diesem Vorgehen fehlt es deshalb an der Möglichkeit, eine tragfähige Übergangsregel zu formulieren, weil etwa die Regeln „Ist eine Klage statthaft, dann ist sie zulässig" oder „Hat eine behördliche Maßnahme Außenwirkung, so ist sie ein Verwaltungsakt" nicht als *Endoxa* Anerkennung finden würden.[727]

Strukturell unterscheidet sich eine solche – bloß notwendige Bedingungen aufgreifende – Regelformulierung nicht grundlegend von Aussagen in gesetzlichen Straftatbeständen, deren endoxischer Charakter fraglos ist. Daher kann überlegt werden, solche Fälle des Semeion-Enthymems wie ein Eikos-Enthymem zu behandeln und wie dort die Möglichkeit von Widerlegungsgründen (z. B. Klagefristversäumnis) im Sinne von *Toulmin* vorzusehen. Man könnte dann eine Zulässigkeitsvoraussetzung wie die Statthaftigkeit als widerlegbare Präsumtion für die Zulässigkeit einer Klage gelten lassen. Obwohl aus logischer Sicht diese beiden Enthymem-Typen daher nicht trennscharf unterscheidbar sind, entspricht die Differenzierung doch etablierten Gebräuchen und der Verfestigung von rechtlichen Gebilden: Der „Tatbestandsmäßigkeit" in Relation zur „Rechtwidrigkeit" und „Schuld" billigt man offenbar einen weiter gesteigerten Grad an Zentralität, Verselbständigung und gedanklicher Abgeschlossenheit zu, der den unter dem Begriff der „Zulässigkeit" miteinander verklammerten Stationen oder den eine rechtliche Entität wie den Verwaltungsakt definierenden Merkmalen in Relation zueinander versagt bleibt. Sicher spielt auch ein Moment des Ethos mit hinein: die besondere Dignität gesetzlicher Regelformulierungen

---

726 Vgl. ebd.; *dies.*, Das Enthymem – Ein Modell juridischen Begründens, a. a. O., S. 609 f.

727 Vgl. *dies.*, Wie Juristen begründen, in: JZ 2011, S. 114.

Kurzum: Juristen würden die Aussage „Wer [vorsätzlich] einen Menschen tötet, ohne Mörder zu sein, wird als Totschläger mit einer Freiheitsstrafe nicht unter 5 Jahren bestraft" als „grundsätzlich zutreffend", die Aussage „Hat eine behördliche Maßnahme Außenwirkung, so ist sie ein Verwaltungsakt" als „falsch" oder „missverständlich" werten, also gegen eine solche Regelformulierung protestieren. Argumentationspraktisch finden sich anstelle solcher als falsch empfundenen Übergangsregeln oft relativierende Umschreibungen wie „insbesondere" oder „jedenfalls" (die wie oben im Fall einer Negation wegen Fehlens einer notwendigen Bedingung auf ein Tekmerion-Enthymem hinweisen kann[728]): „Die Berufung ist zulässig; sie ist insbesondere statthaft und wurde form- und fristgerecht eingereicht sowie begründet (§§ 511, 517, 519, 520 ZPO)"[729].

Misst man nun die Konzeption des Semeion-Enthymems bei *von Schlieffen* an den vorherigen Ausführungen in dieser Arbeit erweist es sich als fraglich, ob einerseits noch Bedarf nach der Untervariante des „abduktiven Zeichenenthymems" besteht.[730] Zudem wird man bei auf empirische Sätze bezogenen Semeion-Enthymemen die Einbettung in einen wissenschaftlichen Kontext (da nur so das Prinzip der enumerativen Induktion funktionieren kann) und bei rechtssatzbezogenen Semeion-Enthymemen die Einbettung in eine dogmatisch verfestigte Struktur verlangen müssen.

IV. Das paradeigmatische Enthymem

Dass in dieser Arbeit besonders interessierende paradeigmatische Enthymem ordnet *von Schlieffen* aufgrund der induktionsorientierten Phase – wie das Semeion-Enthymem – im Gegensatz zu Eikos- und Tekmerion-Enthymem dem Kreis der nicht-deduktiven Enthymeme zu, anerkennt jedoch die Möglichkeit der Formulierung einer Regelhaftigkeit. In der induktionsorientierten Phase werde vom Einzelfall auf eine implizite Fallreihe geschlossen, unter die in der deduktionsorientierten Phase subsumiert werden könne. Illustrativ

728 Durch ein Tekmerion-Enthymem kann von der „fehlenden Staathaftigkeit" auf die „fehlende Zulässigkeit" geschlossen werden. Die Folge „Die Klage wird als unzulässig abgewiesen" aktualisiert sich allerdings in der Weise eines Eikos-Enthymems, da alternativ zur Klageabweisung ein vorgängiger Hinweis als Folge in Betracht kommt.

729 *KG Berlin*, Urt. v. 15.08.2018 – 26 U 48/18.

730 Die Abduktion wurde als Findefunktion gekennzeichnet (Vgl. S. 96 ff., 205). Ihre Funktion beschränkt sich aber nicht auf die Herstellung einer Begründung (Zeichenerzeugung). Sie ist *conditio sine quo non* auch bei jedem Rezeptionsakt.

führt sie als Beispiel die Begründung einer mietrechtlichen Minderungsklage vor dem AG Köln an:[731]

Behauptung	**Begründung**
Das Gericht hält eine Minderungsquote von 5 % für weniger ekelerregende Silberfische für angemessen [...]	[...] mit Rücksicht darauf, dass zum Beispiel das Landgericht Köln für Schabenbefall eine Minderungsquote von 10 % zuerkennt.

In komplexerer Gestalt zeigt sich das Paradeigma in einem Fall des VG Münster, der hier – weil die Konstellation leicht verschoben ist – ebenfalls dargestellt werden soll. Er betrifft die von der Behörde versagte Erteilung der Erlaubnis, das Gewerbe eines Versicherungsvermittlers zu betreiben. In Frage stand die „Zuverlässigkeit" des Antragsstellers nach § 34d Abs. 1 Gewerbeordnung (GewO). Fehlt sie, besteht ein Versagungsgrund. § 34d Abs. 2 Nr. 1 GewO enthält einen Katalog von Regelbeispielen, welche die Unzuverlässigkeit indizieren:[732]

1	Der Kläger hat keinen Anspruch auf Erteilung einer Erlaubnis nach § 34d Abs. 1 der GewO als Versicherungsmakler.	Vorliegende Rechtsfolge
2	Gemäß § 34d Abs. 2 Nr. 1 GewO ist die Erlaubnis zu versagen, wenn Tatsachen die Annahme rechtfertigen, daß der Antragssteller die für den Gewerbebetrieb erforderliche Zuverlässigkeit nicht besitzt;	Rechtsfolge-Tatbestand (allgemein)
3	die erforderliche Zuverlässigkeit besitzt in der Regel nicht, wer in den letzten 5 Jahren vor Stellung des Antrags wegen eines Verbrechens oder wegen Diebstahl, Unterschlagung, Erpressung, Betrugs, Untreue, Geldwäsche, Urkundenfälschung, Hehlerei, Wuchers oder einer Insolvenzstraftat rechtskräftig verurteilt worden ist.	Definition
4	Der Kläger ist durch Urteil des Amtsgerichts Münster vom 14. September 2006 rechtskräftig wegen Steuerhinterziehung in mehreren Fällen verurteilt worden.	Sachverhalt
5	Diese Straftat ist zwar nicht ausdrücklich aufgeführt worden.	
6	Die Art der Straftat, nämlich Steuerhinterziehung, bzgl. der Einnahmen, die er gerade in dem hier beantragten Gewerbe erzielt hat, erlaubt einen Vergleich mit den ausdrücklich aufgeführten Straftatbeständen.	

731 *AG Köln*, Urt. v. 27.06.2006 – 201 C 254/05 zitiert nach *Katharina von Schlieffen*, Das Enthymem – ein Modell juridischen Begründens, a. a. O., S. 609.

732 *VG Münster (9. Kammer)*, Urt. v. 21.04.2010 – 9 K 494/09 zitiert nach *Katharina von Schlieffen*, Subsumtion, a. a. O., S. 392, von der auch die folgende Tabelle übernommen worden ist.

Unmittelbar konnten Gericht und Behörde die Versagung der Erteilung nicht auf eines der Beispiele stützen. Weil Regelbeispiele nur eine widerlegliche Vermutung für die Unzuverlässigkeit begründen, kann – in beide Richtungen – von der Indizwirkung abgewichen werden: Selbst wenn eines der Beispiele einschlägig ist, kann die Unzuverlässigkeit verneint, sollte es keines sein, sie trotzdem bejaht werden.[733] Eine nähere Auseinandersetzung mit dem Konzept des paradeigmatischen Enthymems im Abgleich mit anderen Enthymem-Typen soll zunächst zurückgestellt bleiben.

V. Das eristische Enthymem

Zunächst soll abschließend der Typus des eristischen Enthymems besprochen werden. Er markiert innerhalb der rhetorischen Rechtstheorie gewissermaßen die zentrale Umschlagstelle ins Normative, denn mit der Qualifikation eines Enthymems (Arguments) als „eristisch" ist zwangsläufig eine auch normative Stellungnahme verbunden. Allerdings soll hier mit diesem Begriff mehr der Anschluss an empirisch belegbare Gebräuche gefunden werden. Eine „Theorie der Eristik" in der rhetorischen Rechtstheorie würde damit anders aussehen als eine „Theorie der argumentativen Standards" in einer Argumentationstheorie, obwohl beide als Schnittmenge das Sujet der „argumentativen Standards" teilen. Eristisch ist ein Enthymem deshalb, weil über die Anerkenntnis einer Prämisse als Endoxon von seinem Konstrukteur getäuscht wurde.[734] Es handelt sich um Verschleierungshandlungen, die die Qualität der herangezogenen Prämissen und Stützungen betreffen. Zur genaueren Bestimmung der verschiedenen Varianten dient als Ausgangspunkt die Definition des Endoxons durch *Aristoteles* als Sätze, „die allen oder den meisten oder den Weisen wahr scheinen, und auch von den Weisen wieder entweder allen oder den bekanntesten und angesehensten"[735].

Mit der gleichförmigen Qualifizierung anerkannter Sätze als Endoxa wird nicht die Egalität der Prämissen nahegelegt. Im Konzept des eristischen Enthymems werden Rangverhältnisse berücksichtigt. *Endoxa* können Normsätze in der Verfassung oder in Parlamentsgesetzen, Entscheidungsregeln der Gerichte oder Dogmenvorschläge von Rechtswissenschaftlern sein.

733 *Martin Schulze-Werner*, in: Friauf, Kommentar zur Gewerbeordnung, § 34d Rn. 86 ff.

734 Vgl. *Katharina von Schlieffen*, Wie Juristen begründen, in: JZ 2011, S. 114.

735 *Aristoteles*, Top. 105b.

Daraus ergibt sich ein verschiedener Grad von Anerkennung der endoxischen Prämissen. *Aristoteles* gibt mit seiner Definition bereits einen Hinweis auf diese Differenzen: Das von „allen“ anerkannte *Endoxon* entspricht den in der Verfassung ausgedrückten Rechtssätzen oder deskriptiven Regelanmutungen, die den unangefochtenen *common sense* ausdrücken. Ein von den „meisten“ anerkanntes *Endoxon* entspricht dem Mehrheitsprinzip und damit parlamentarischen Gesetzen. Die „Weisen“ referiert einerseits auf die Richter der Gerichtsbarkeit, andererseits auf Wissenschaftler, die sich mit einem bestimmten Fachgebiet beschäftigt haben. „Entweder allen“ weist einerseits wiederum auf die quantitative Dimension von Anerkennungsprozessen, „die angesehensten“ auf die qualitative Dimension, die von der Zuweisung von Kompetenzen (Instanzengang) oder etwa meritokratisch aus inneruniversitären Mechanismen zur Qualitätssicherung („peer-review“) bestimmt wird. Wie diese Anerkennungsprozesse in einer modernen Gesellschaft auszugestalten sind, hat *Aristoteles* selbstverständlich nicht vorhergesehen oder festgelegt. Sie können mit einer zeitgerechten Interpretation des Begriffs „Endoxon“ aber zwanglos berücksichtigt werden.[736]

Ein Enthymem ist also „eristisch“, wenn ein Satz als Endoxon vorgestellt worden ist, ihm indessen die Anerkennung fehlt: Vertritt ein namensloser Jurist oder Rechtsinteressierter in einem Internet-Blog eine Rechtsmeinung, darf diese in einem Rechtstext nicht ohne nähere Begründung übernommen und als anerkannt behauptet werden.[737] Darüber hinaus können zu den eristischen Enthymemen solche Argumentationsweisen zählen, in denen eine Behauptung zwar mit einem Endoxon gestützt wird, dieses jedoch entweder inhaltlich verfälscht wiedergegeben oder aber über die Quelle oder den Grad seiner Anerkennung getäuscht wird: Etwa, wenn man die singuläre Anerkennung eines Dogmas durch wenige Entscheidungen der Unterinstanzen als „ständige Rechtsprechung“ darstellt. Oder falls eine bloß in der Literatur herrschende Meinung ohne Zusatz schlicht als „herrschende Meinung“ behauptet wird, obwohl Bundesgerichte eine gegenläufige Rechtsansicht vertreten. Als eristisch kann man schließlich Fälle werten, in denen in ein Regelhaftigkeiten zerstörendes Schema übergewechselt wird, obwohl der entscheidenden Instanz die Kompetenz fehlt: So kann nach geltenden Standards von der Fachgerichtsbarkeit eine gesetzlich vorgegebene Regelhaftigkeit nicht verworfen werden.[738] Wegen

736 Vgl. auch *Katharina Sobota*, Sachlichkeit, S. 74 ff., 88 f.

737 *Dies.*, a. a. O., S. 75.

738 Insofern besteht ein Normverwerfungsmonopol der Verfassungsgerichtsbarkeit und eine Vorlagepflicht der Fachgerichtsbarkeit gem. Art. 100 Abs. 1 GG. Vgl. S. 256 ff.

der Interpretation der Präjudizienbindung als „Beachtungspflicht“[739] kann es schließlich als eristisch gewertet werden, wenn ein Gericht von einem einschlägigen Präjudiz abweicht und einen eigenen Rechtssatz aufstellt, ohne sich mit dem gegenläufigen Präjudiz argumentativ auseinandergesetzt zu haben.

Nicht eristisch ist es dagegen, wenn ein Endoxon unter Auseinandersetzung mit der es stützenden Gründe unter Angabe gegenläufiger Gründe kritisiert und ein konkurrierender Vorschlag gemacht wird, der auf diese Weise selbst zum Kandidaten für die Anerkenntnis als Endoxon wird. Ebenso wenig ist es eristisch, wenn eine auf eristische Weise begründete Prämisse als Endoxon in einer nachfolgenden Begründung herangezogen wird, falls sie inzwischen Anerkennung (etwa durch eine BGH-Entscheidung oder eine parlamentarische Gesetzgebung) gefunden hat. Insofern gilt der Grundsatz: Entscheidungskompetenz heilt Begründungsmangel, der aber insofern relevant bleibt, als dass er zum Grund für Anerkennungsverweigerung und – soweit die erforderliche Kompetenz gegeben ist – für die gänzliche Verwerfung als Endoxon werden kann.

C. Verhältnis und Konzeption von Eikos-Enthymem, Semeion-Enthymem und paradeigmatischem Enthymem illustriert im Kontext von gesetzlichen Regelbeispielen

Es stellt sich jetzt die Frage, wie sich die Enthymem-Typen zueinander verhalten. Im Kontext der Regelbeispiele muss wie folgt differenziert werden: Erstens besteht hier im Gegensatz zu den oben diskutierten Beispielen der Semeion-Enthymeme zweiseitige Widerlegbarkeit. Die „Statthaftigkeit der Klage“ dagegen war nicht-notwendiges Indiz nur für die bejahte „Zulässigkeit der Klage“, andererseits zwingendes Indiz für die Annahme der „Unzulässigkeit der Klage“ (Wenn man sagt, eine Klage sei unstatthaft, kann man nicht sagen, sie sei zulässig). Zweitens besteht ein Spannungsfeld zum Typus der Eikos-Enthymeme. Die Formulierung der Übergangsregel „Wer eines der Regelbeispiele in § 34d Abs. 2 Nr. 1 GewO erfüllt, ist grundsätzlich unzuverlässig“ entspricht augenscheinlich dem Konzept der Regelbeispiel-Methode und rückt sie als anwendbares Endoxon damit in die Nähe sonstiger gesetzlicher Prämissen, die ebenfalls mit *rebuttals* – Widerlegungsgründen (R_1) – im Sinne von *Toulmin* angreifbar sind. Folgt man einer durch ein Regelbeispiel vorgegebenen Tendenz liegt darin die für Eikos-Enthymeme charakteristische deduktionsorientierte Regelbefolgung.

739 Vgl. FN 531.

Nicht anders läge es, wenn das AG Köln einen weiteren Schaben-Fall zu beurteilen gehabt und im Anschluss an das LG Köln auf eine Minderungsquote von 10 % erkannt hätte.

Im Eigentlichen „paradeigmatisch" – man kann anstelle von regelkonstituierend auch sagen: paradigmenkonstituierend[740] – und durch klassenübergreifende Induktion geprägt ist der Fall, wenn *unmittelbar* kein Regelbeispiel oder Präjudiz einschlägig ist. Jedoch ist die Abgrenzung eines solchen paradeigmatischen Verfahrens vom Semeion- und Eikos-Enthymem keine logisch eindeutig beantwortbare Frage. Sie ist – wie es bereits bei der Abgrenzung von Eikos- und Semeion-Enthymem thematisiert wurde – vor allem durch etablierte Gebräuche und – gerade im Bereich mäßiger Codierung – durch persönliche Präferenzen der entscheidenden Richter bestimmt: Bei einem besonders drastischen Befall mit Silberfischen kann man das *argumentum a maiore ad minus* verweigern und den Befall mit Silberfischen demjenigen mit Schaben gleichstellen.[741] Umgekehrt kann man bei einem geringen Befall mit Schaben im Keller eine geringere Minderungsquote als der Sache angemessener befinden. Ein Regelbeispiel oder ein Präjudiz – wie jeder sonstige Tatbestand – schafft eine mehr oder minder diffuse Entscheidungszone oder Verankerung als Orientierungsspender. „Regelfolgen" und „Regelschöpfung" sind nur theoretisch voneinander trennbar. Argumentationspraktisch stehen sie zueinander in Fließkontinuum, in dem einmal mehr der innovative, dann wieder der einen präformierten Pfad in der konkreten Handlungssituation nachvollziehende Charakter im Vordergrund steht. [742]

Jenes kreative Moment wurde in dieser Arbeit als „klassenübergreifende Induktion" gekennzeichnet: Sie prägt auch die im vorherigen Abschnitt

---

740 Hiermit würde zum Ausdruck gebracht, dass nicht bloß ein regelförmiger Satz formuliert wird, sondern ein Komplex von Sätzen, durch den ein Paradigma beschrieben wird.

741 Das OLG Hamm hat – allerdings im Kontext eines Kaufvertrags – einen Minderungsanspruch wegen Silberfischbefall abgelehnt, weil ein Grundbestand an Silberfischen nicht ungewöhnlich sei und sie keine Schadtiere seien. Bei einem „unüblichen und nicht erwartbaren" Befall sieht es aber einen Sachmangel. Die Judikatur im Mietvertragsrecht hält es nicht für auf den Kaufvertrag übertragbar, vgl. *OLG Hamm*, Urt. v. 12.06.2017 – 22 U 64/16. Die Frage, wann der Befall „unüblich" oder „nicht erwartbar" ist, verwickelt sich zwangsläufig in das Sorites-Paradox: Der unbeantwortbaren Frage, ab welcher Anzahl sich aus vereinzelten Elementen (wie Sandkörnern oder Silberfischen) die Rede von einem Haufen (unüblicher Befall) legitim ist, vgl. hierzu *Daniel Gruschke*, Vagheit im Recht, S. 36 ff.

742 Vgl. FN 594.

besprochenen Semeion-Enthymeme. Auf den ersten Blick macht es angesichts der feststehenden Funktion der „Statthaftigkeit" im Kontext der „Zulässigkeit" den Eindruck, als ob wegen des *pars-pro-toto*-Charakters das Semeion-Enthymem dem Prinzip der „enumerativen Induktion" folgt. Aber das stimmt so pauschal gesprochen nicht. Um sich das zu gegenwärtigen, orientieren wir uns noch einmal am Bohnenbeispiel von *Peirce*: Angenommen der Sack, der bei *Peirce* weiße Bohnen enthält, sei hier die „Zulässigkeit" (B), die „Voraussetzungen" (C) enthält, welche „erfüllt sein" (A) können. Zu begründen wäre dann die Konklusion „Alle Zulässigkeitsvoraussetzungen (C) sind erfüllt (A)" [743].

	Für alle Voraussetzungen (C) der Zulässigkeit (B) gilt:
Obersatz	Die Statthaftigkeit (Exemplar von C) ist erfüllt (A).
Untersatz	Die Statthaftigkeit (Exemplar von C) ist der Zulässigkeit zugeordnet (B).
Konklusion	Alle Voraussetzungen (C) sind erfüllt (A).

Das Schema entspricht zwar haargenau dem Schema der enumerativen Induktion (vgl. S. 92). Was augenscheinlich aber fehlt, ist die im Beispiel der Bohnen grundsätzlich denkbare probabilistische Stützung der Konklusion: Selbstverständlich ließen sich die kanonisierten Zulässigkeitsstationen abzählen. Aus einer Anzahl von zum Beispiel 20 gelisteten „Voraussetzungen" die Aussage „Alle Voraussetzungen der Zulässigkeit sind mit einer Wahrscheinlichkeit von 5 % erfüllt" zu destillieren, wäre jedoch aberwitzig und würde der Intention des Gerichts nicht gerecht werden. Als Wahrscheinlichkeitsmodus kommt mithin nur eine qualitative Form der Wahrscheinlichkeit – *verisimilitudo* – in Betracht.

Aber worauf gründet sich die Wahrscheinlichkeit? Meines Erachtens auf dem Verhältnis zwischen der in der Entscheidungsbegründung explizierten Voraussetzung und den implizit mitbejahten Voraussetzungen in der Weise eines Erst-Recht-Schlusses. Als implizite Regelhaftigkeit ließe sich

743 Der Vorgang lässt sich anstelle der Tabelle unten natürlich auch in der Form der Prädikatenlogik entsprechend S. 95 repräsentieren: $((\exists x)\, Cx \wedge Bx \wedge Ax)) \rightarrow ((Cx \wedge Bx) \rightarrow Ax)$: Wenn es ein Objekt x gibt, das eine Voraussetzung ist (Cx), zur Zulässigkeit gehört (Bx) und erfüllt ist (Ax), dann sind alle Objekte x erfüllt (Ax), wenn sie zur Zulässigkeit gehören (Bx) und eine Voraussetzung sind (Cx). Nun ist die Statthaftigkeit eine erfüllte Voraussetzung, die zur Zulässigkeit gehört, also sind alle Objekte x, die Voraussetzungen sind, welche zur Zulässigkeit gehören, erfüllt. Die sperrige Formulierung, die verobjektivierende Rede und der Umstand, dass in der formalen Logik keine intensionalen Beziehungen ausdrückbar sind, soll hier nicht weiter aufgegriffen werden.

formulieren: „Wenn die (aus Sicht des Gerichts) problematischen Zulässigkeitsvoraussetzungen erfüllt sind, so sind es erst recht die (aus Sicht des Gerichts) unproblematischen Zulässigkeitsvoraussetzungen". Mit dem *argumentum a maiore ad minus* wird auf die Analogie bzw. das paradeigmatische Enthymem verwiesen[744] und damit auf die Abduktion: Die so formulierte Übergangsregel drückt genau das Prinzip der Abduktion aus, dass ein „Fall" „Die (allein problematische) Statthaftigkeit ist gegeben" nicht schlechter gestützt sein darf als die „Regel" „Alle Zulässigkeitsvoraussetzungen sind erfüllt" (vgl. S. 230 ff.).

Ihre Plausibilität leitet die Begründungsweise – worauf die Wendungen „problematisch" und „unproblematisch" hindeuten – indessen aus der Bindung an eine konkrete Entscheidungssituation her. Aus dieser Situationsbindung ergeben sich notwendigerweise klassenübergreifende Momente. Welche Erwägungen genau zu dieser aus Gründen der Komplexitätsbewältigung unumgänglichen Verkürzung der Begründungsdarstellung veranlassen, kann man abstrakt nicht bestimmen: Die hohe stilistische Kunst der *brevitas* und der gekonnten Reduzierung von Komplexität erscheinen ironischerweise in demselben darstellerischen Gewand wie bare Willkür und schlichte Schlamperei.

Das Semeion-Enthymem verwirklicht mithin zugleich das Grundmuster des paradeigmatischen Enthymems. Bereits sprachlich drückt sich der exemplarische Charakter durch das oft einleitend gebrauchte Adverb „insbesondere" aus. Dennoch sollte man es – wie auch das Eikos-Enthymem – nicht im Typ des paradeigmatischen Enthymems aufgehen lassen. Auch das Eikos-Enthymem weist angesichts seiner zwangsläufigen Situationsbezogenheit klassenübergreifende Momente auf; allerdings in einem weitgehend präformierten oder übercodierten Umfeld. Oben hatten wir die fehlende logische Trennbarkeit von Semeion-Enthymem und Eikos-Enthymem erwähnt. Dasselbe gilt im Verhältnis von Semeion-Enthymem und paradeigmatischem Enthymem: Im Recht finden sich Strukturen von einem ganz verschiedenen Grad an (dogmatischer) Verfestigung. Es ist kein Zufall, dass das Semeion-Enthymem bei oberflächlicher Ansicht der enumerativen Induktion entspricht: Es bezieht sich auf ein Zeichen, das in einer vergleichsweise festgefügten begrifflichen Umgebung als positional bestimmter Teil für ein durch es mitbestimmtes Ganzes steht. In diesem begrifflichen Gefüge kann es als negiertes Zeichen Bestandteil eines Tekmerion-Enthymems sein.

Beim paradeigmatischen Enthymem fehlt es dagegen an einem umspannenden begrifflichen Gerüst, in dem die Zeichen sich in bestimmter Weise

---

744 Vgl. FN 480.

zueinander verhalten. Diese untercodierte Umgebung oder Konstellation eröffnet Räume für kreative Begründungen. Mag es auch ein Netz aus Vergleichsfällen geben, worauf sich eine Begründung beziehen kann und worin sie sich einfügt, bleiben die Zuordnung zum Vergleichsfall (in Differenz zu anderen) wie die Folgerungen, die man daraus zieht, prinzipiell anfechtbar. In einer übersichtlichen und durch pathetische Momente unterstützten Entscheidung, in der ein entwickeltes Netz an Präjudizien – wie im Silberfisch-Fall – hintergründig die Entscheidung stützt, fällt dieser Umstand nicht deutlich auf; wenn auch niemand die Festsetzung einer Minderungsquote von 5 Prozent für auf quasi-logische Weise einsichtig halten würde.

§ 7 Paradeigmatisches Enthymem und Interpretation

Dieser Teil der Arbeit soll das paradeigmatische Enthymem zusammenführen mit den Fällen der Gesetzesanalogie. Im letzten Abschnitt des Teils zum *Toulmin-Schema* verwies uns die diskutierte BGH-Entscheidung von den Verteiler-Stellen der „planwidrigen Regelungslücke“ und der „gleich gerichteten Interessenlage“ auf jene Argumentationsnester, die in diffuserer Weise topisch angeordnet sind. Unsere Annahme war, dass – mit Ausnahme des Dispenses vom Wortlautargument – die Diskussion in diesen Argumentationsnestern nicht anders verläuft als sonst bei dem Vorgang, der in den juristischen Methodenlehren „Auslegung“ oder „Interpretation“ genannt wird. Nun soll untersucht werden, welche Elemente an diesem Wettstreit der Argumente beteiligt sind, wie sie arrangiert werden und was für ein Verfahren mit der „Interessenabwägung“ betroffen ist.

A. Silberfisch-Fall – Argumentum a fortiori und der Topos der Sinn- und Zweckhaftigkeit

Im Silberfisch-Fall wurde eine Minderungsquote von 5 % im Abgleich mit dem Vergleichsfall der Schaben gewährt, weil Silberfische weniger „ekelerregend“ seien als Schaben. Jener „Ekel“ vor diesem Getier weist implizit auf den Topos „Wohnkomfort“, der durch es beeinträchtigt wird. „Wohnkomfort“ würde man als „wertbildenden Faktor“ des Gebrauchswerts der Mietsache begreifen: Bei höherem, also vertragsgemäßen Wohnkomfort wird die Gebrauchsmöglichkeit an der Mietsache als wertvoller unterstellt. Diese meist nur vage schätzbare, nicht messbare Minderung im Wert soll durch den Minderungsanspruch ausgeglichen werden.[745] Die Rechtsfolgenseite erweist sich – was in einem Konditional nicht darstellbar ist (vgl. FN 115) – als intrinsisch verbunden mit der Seite der vom Gericht aus Gründen der Arbeitsökonomie nicht explizit in seiner Entscheidungsbegründung durchdeklinierten Tatbestandsmäßigkeit. Sie teilt mit dieser als abstrakteren Stützungsgesichtspunkt den Topos der Sinn und

---

745 Normzweck der Mietminderung ist es, Störungen im Äquivalenzverhältnis zwischen mangelbehafteter und mangelfreier Sache durch „angemessene“ Herabsetzung des Mietzinses auszugleichen, vgl. *Martin Häublein*, in: München Kommentar zum BGB, § 536 Rn. 1, 12, 29 ff.

Zweckhaftigkeit (teleologisches Argument) („Gewährleistung des Äquivalenzverhältnisses von Leistung und Gegenleistung").[746]

B. Erlaubnisversagungs-Fall – Argumentum a simili und der explizierte Topos als Verweis auf implizite Komplexität

Der Erlaubnis-Versagungsfall ist komplexer. Das Gericht bleibt in der Begründung an entscheidender Stelle – nämlich der Gleichstellung der Steuerhinterziehung mit den als Regelbeispiele katalogisierten Fällen – erstaunlich kurzsilbig. Diese Gleichsetzung begründet es mit dem Schutzzweck der Norm, der – so das Gericht – auf den Schutz der Vermögenswerte *der Auftraggeber* (insbesondere, wenn sie Verbraucher seien) vor unseriösen Gewerbetreibenden ziele. Im Falle einer Verurteilung wegen Steuerhinterziehung in mehreren, gewerbebezogenen Fällen zu einer Freiheitsstrafe von 1 ½ Jahren sowie 180 Tagessätzen sei er in vergleichbarer Weise wie bei einer Verurteilung wegen Untreue, Betrug und Urkundenfälschung betroffen.[747] Doch bei diesen Straftaten besteht eine nähere Relation zum Vermögen speziell der potenziellen Auftraggeber

---

746 Das erhebliche (§ 536 Abs. 1 S. 3 BGB) Zurückbleiben der tatsächlichen Beschaffenheit (Ist-Beschaffenheit) hinter der vertraglich vereinbarten Beschaffenheit (Soll-Beschaffenheit), durch die ein „Sachmangel" begründet wird (§ 536 Abs. 1 S. 1 BGB), referiert – gleichermaßen wie auch auf der Rechtsfolgenseite die „angemessene Herabsetzung" des Mietzinses (§ 536 Abs. 1 S. 2) – auf den hintergründigen Schutzzweck „Gewährleistung des Äquivalenzverhältnisses zwischen Leistung und Gegenleistung". Eine „Minderung des geschuldeten Wohnkomforts" bewirkt eine solche Störung dieses Äquivalenzverhältnis. Die Erwägungen auf Tatbestands- und Rechtsfolgenseite wie auch die bestehenden Wertungsspielräume laufen miteinander gleich: Im Fall des AG Köln wird die Äquivalenzstörung bzw. Minderung des geschuldeten Wohnkomforts durch Silberfischbefall realisiert. Dieser füllt die (erhebliche) Beeinträchtigung des „vertragsgemäßen Gebrauchs" aus und ist maßgeblicher Gesichtspunkt für die Bemessung einer „angemessenen Minderung des Mietzinses". In dem (Formular-)Mietvertrag wurde nicht ausdrücklich vereinbart, dass in einer Mietwohnung kein Befall mit Silberfischen auftreten soll. Eine solche Vereinbarung wurde als implizite Abrede vom Gericht unterstellt. Die im Zuge dieser Unterstellung vorgenommenen Wertungen begründen sowohl die „Erheblichkeit" des Mangels als auch die „Angemessenheit" der Minderungsquote. Sie lautet sinngemäß in der Diktion des Gerichts: Silberfische sind zwar nicht so „ekelhaft" (wohnkomfortbeeinträchtigend) wie Schaben, aber dennoch „ekelhaft genug", um von einer erheblichen Störung des geschuldeten Wohnkomforts (der geschuldeten Gebrauchstauglichkeit der Wohnung) ausgehen zu können.

747 Vgl. *VG Münster (9. Kammer)*, Urt. v. 21.04.2010 – 9 K 494/09 –, juris Rn. 14 ff.

(Verbraucher). Es stützt sich ferner auf ein fast 40 Jahre zurückliegendes Urteil eines Obergerichts aus einem anderen Gerichtsbezirk (und zu einer Zeit als § 34d GewO noch nicht gegolten hatte), „das auch einen Fall von u. a. Steuerhinterziehung betraf" sowie eine Stelle in einer Kommentierung.[748] Mir möchte es nicht gelingen, mich davon überzeugen zu lassen, dass die Begründung auf eine bemerkenswert plausible oder gar zwingende Weise die Gleichstellung der Steuerhinterziehung mit den Regelbeispielen in § 34d GewO nahegelegen würde (vermutlich war das auch nicht ihr erstes Ansinnen[749]). Trotzdem hat die Entscheidung eine kleine Karriere gemacht und in der Kommentar-Literatur heißt es nun unter Verweis auf das Urteil: „Den in Abs. 5 S. 2 genannten Straftaten ist die Steuerhinterziehung nach § 370 AO gleichzusetzen, da es sich auch hierbei um eine vermögensrelevante Straftat handelt"[750]. Von dem seitens des Gerichts angeführten Schutz eines spezifischen Vermögens, nämlich desjenigen der Auftraggeber, erfährt man nichts mehr. Allerdings muss man die Entscheidung im Zusammenhang mit der zu § 35 Abs. 1 S. 1 GewO entwickelten Dogmatik lesen. Dort ist in allgemeiner Weise die Unzuverlässigkeit von Gewerbetreibenden als Versagungsgrund einer Erlaubniserteilung geregelt und anerkannt, dass das Vermögen des Fiskus – der Allgemeinheit – vor unzuverlässigen Gewerbetreibenden geschützt ist.[751] Auch § 34d Abs. 1 S. 2 sowie § 34d Abs. 8 GewO in der seiner Zeit geltenden Fassung führen die Interessen der Allgemeinheit explizit als Schutzgut auf. Weniger die methodische Richtigkeit noch die dogmatische Vertretbarkeit sollte hier problematisiert werden.

---

748 Ebd.

749 Vielleicht war das Gericht nicht von der Richtigkeit seiner Entscheidung überzeugt, wollte es allerdings der Klägerseite überlassen, den Instanzenweg zu bestreiten, dessen Erfolgsaussichten es aber als gering beurteilt hat. Eine stattgebende Entscheidung wäre für die Klägerseite aus Kostensicht womöglich ein Pyrrhussieg gewesen. Hierfür spricht, dass es auf eine eingehendere Interpretation verzichtet hat und die Entscheidung an diesem Punkt ausschließlich mit Fremdreferenzen gestützt hat. Was aus der situationsentrückten Position des Wissenschaftlers vielleicht als Opportunismus und Unehrlichkeit erlebt wird, ist aus Sicht eines die konkrete Handlungssituation in Beobachterposition miterlebenden Richters möglicherweise Zeichen großer Umsicht und Klugheit.

750 *Martin Schulze-Werner*, a. a. O. § 34d Rn. 88. *Ulrich Schönleiter*, in: Landmann/Rohmer, Gewerbeordnung, § 34 d Rn. 122 problematisiert die Zuordnung der Steuerhinterziehung zu den Regelbeispielen bereits gar nicht mehr und thematisiert nur noch die Möglichkeit eines Abweichens von der dadurch indizierten Regelvermutung.

751 Vgl. *BVerwG* NVwZ 1982, 503; *Jörg Ennuschat*, in: Tettinger, Peter/Wank, Ulrich, Ders. (Begr.), Kommentar zur Gewerbeordnung, § 35 GewO Rn. 51 m. w. N.

Stattdessen sollte zunächst exemplifiziert werden, wie sich gestützt auf das paradeigmatische Enthymem in einem untercodierten begrifflichen Umfeld das in der Kommentierung explizit gemachte Dogma zur Gleichstellung der Steuerhinterziehung (und anderer vermögensrelevanter Straftaten) mit den in § 34d GewO Abs. 5 S. 2 aufgeführten Straftaten entwickeln konnte. Eine Entscheidung für den Einzelfall ist mit jener Gleichstellung ohnehin noch nicht festgelegt. Von der durch die Gleichstellung indizierten Anwendungstendenz kann je nach Umständen des Einzelfalles (z. B. Höhe des hinterzogenen Betrags und der Freiheitsstrafe, Zurückliegen der Verurteilung, Kontext, in dem die Straftat vorgenommen wurde) abgewichen werden.[752]

Lüftet man den Schleier hinter dem vom Gericht angeführten und in der konkreten Manifestation janusköpfigen Topos der Sinn- und Zweckhaftigkeit, zeigt sich eine vielschichtige Gemengelage: Er weist auf das Spannungsfeld zwischen dem nach Auffassung des VG Münster spezifischen Telos von § 34d Abs. 2 S. 1 GewO aF mit dem allgemeineren Telos von § 35 Abs. 1 S. 1 GewO. In diesem Spannungsfeld können Rechtslösungen unter Verweis auf den System- oder den Kohärenz-Topos entwickelt werden. In einer abstrakteren Normschicht stünden sich Demokratie- sowie Gewaltenteilung-Topos und der Gleichbehandlungs-Topos gegenüber. Demokratie- und Gewaltenteilungs-Topos senden indessen zwiespältige Impulse aus: Der Gesetzgeber hat selbst für Unklarheit gesorgt, weil er das Verhältnis von § 34d Abs. 2 S. 1 GewO aF zu § 35 Abs. 1 S. 1 GewO nicht näher erläutert hat.[753] Mit der Umsetzung der Richtlinie 2002/92/EG hat er sich die mit dieser verfolgten Ziele des Verbraucherschutzes und der Harmonisierung des Gewerbes der Versicherungsvermittlung zu eigen gemacht (und aufgrund des Primats des Europarechts hat zu eigen machen müssen).[754] Dass er daneben in § 34d Abs. 1 S. 2 und § 34d Abs. 8 GewO auch die Allgemeinheit als Schutzsubjekt benennt, weist einerseits nicht sicher darauf hin, dass auch im engeren Kontext der Frage der Unzuverlässigkeit gem. 34d Abs. 2 S. 1 GewO aF dieser erweiterte Kreis von Schutzsubjekten gelten soll. Vor allem könnten für die Interpretation europarechtliche Impulse maßgeblich sein: Die Topoi der „Vollharmonisierung"[755] oder des „effet utile" bzw.

752 Vgl. *VG Münster (9. Kammer)*, Urt. v. 21.04.2010 – 9 K 494/09 –, juris Rn. 14 ff.

753 In den Bundestagsdrucksachen wird dieses Verhältnis jedenfalls nicht aufgeklärt.

754 Vgl. *BT-Drucks.* 16/1935 S. 1.

755 Zum Konzept der Vollharmonisierung, vgl. *Anne-Christin Mittwoch*, Vollharmonisierung und Europäisches Privatrecht, S. 5 ff.

der „europarechtsfreundlichen/richtlinienkonformen Auslegung“[756] könnten prinzipiell eine auf den Schutz des Verbrauchervermögens verengte und den Fiskalschutz ausschließende Interpretation nahelegen.[757] Um dies zu klären, müsste die Richtlinie interpretiert werden. Hier käme vielleicht das im Rahmen der Analogie dispensierte Wortlaut-Argument auf anderer Ebene wieder zum Tragen: Art. 4 Abs. 2 der Richtlinie spricht wenig spezifisch vom „guten Leumund“ des Antragsstellers und von „schwerwiegenden Straftaten auf dem Bereich der Finanzkriminalität“. Einer Einbeziehung von Steuerhinterziehung steht die Richtlinie mit dieser Formulierung offenbar nicht per se entgegen. Im Übrigen könnte im Zusammenhang mit dem Schutz des Fiskus noch der völkerrechtliche Topos der „domaine réservé“ oder – in Anlehnung an die cassis-Rechtsprechung des *EuGHs* – der unbenannten „zwingenden Erfordernisse des Allgemeinwohls“, zu denen nach Auffassung des Gerichtshofs eine wirksame steuerliche Kontrolle zählt,[758] angeführt werden.

C. Der Fall „Widerruf von TV-Abonnement-Verträgen“ und die Verbindung von Ethos, Pathos und Logos

In einem Spannungsfeld, das sich wie in dem Fall oben über die Grenzen verschiedener Rechtsregime erstreckt und in dem endoxale Prämissen verschiedenen Ranges und Bestimmtheitsgrades miteinander streiten, es allerdings an zwingenden Impulsen in Richtung einer bestimmten Entscheidung fehlt, ist nicht selten der Grund für einen juristischen Meinungsstreit gelegt. In einem untercodierten Bereich greifen die Argumentationsteilnehmer dennoch nicht völlig beliebig auf alle denkbaren Gesichtspunkte zurück, sondern bedienen sich vornehmlich aus dem Reservoir der juristischen Fachtopik und versuchen möglichst kompakte und zum Beispiel hierarchisch geordnete Enthymem-Komplexe auszubilden. Oft gelingt das nur graduell und es reicht nur zu einer amplifizierenden Häufung nebeneinanderstehender, noch lose miteinander verbundener Enthymeme, die zusammen eine Behauptung stützen und nicht selten begrifflich unscharf bleiben. Obgleich die Argumentation in solchen

---

756 Vgl. hierzu im Kontext „überschießender Richtlinienumsetzung“ *Matthias Habersack/Christian Mayer*, § 14 Die überschießende Richtlinienumsetzung, in: Europäische Methodenlehre, S. 297 ff.

757 Allerdings dürfte die Richtlinie an besagter Stelle wohl im Sinne einer Mindestharmonisierung zu interpretieren sein, da sie in Art. 4 Abs. 2 „Mindestanforderungen“ aufstellt.

758 *EuGH* NJW 1979, S. 1766.

Fällen bereits einen triftigen und plausiblen Eindruck hinterlassen kann, bleiben auf Seiten ihres Konstrukteurs Kontingenzgefühle zurück. An diesen Stellen vielleicht schmerzlich empfundener (logischer) Brüche setzen die Gerichte – wie die Urteilsanalysen unter der Aufsicht *von Schlieffen* gezeigt haben[759] – als Kitt verschiedene rhetorische Figuren ein. Oftmals sind es in dezenter Weise Satzumstellungen, nicht selten kräftigere und auffallendere Figuren wie Metaphern.[760]

Eine exemplarisch herausgegriffene Stelle aus der bereits erwähnten Entscheidung des BGH zum Widerruf von TV-Abonnement-Verträgen verdeutlicht dies. In der Entscheidung abstrahiert der BGH zunächst vom Vertragstyp der „TV-Abonnement-Verträge" und legt das Analogiethema als „langfristige Verbraucherdienstleistungsverträge mit periodischer Zahlungspflicht" fest.[761] Gegen deren Einbeziehung in § 2 Nr. 2 Verbraucherkreditgesetz aF durch Gleichstellung mit Teil- und Wiederkehrleistungen über Sachen und damit gegen die Erweiterung der Widerrufsmöglichkeit führt das Gericht zur Begründung eines systematischen Arguments (enumerative Aufzählung von Tatbeständen als Hinweis auf numerus-clausus-Prinzip[762]) aus:

> „Die Vorschrift ist zudem mit der Begründung eines Widerrufsrechts nicht nur eine Ausnahme vom Grundsatz der Vertragsfreiheit, sondern auch innerhalb des Verbraucherkreditgesetzes, das Kreditgeschäfte zum Gegenstand hat, ein Fremdkörper."[763]

Neben dem für Urteilsbegründungen üblichen Nominalstil[764] präsentiert der BGH seinen Gedankengang in Gestalt der pseudo-logischen Figur der

---

759 Vgl. FN 682.

760 Vgl. *Katharina Sobota*, Rhetorisches Seismogramm, in: JZ 1992, S. 235 ff.; *Markus Solbach*, a. a. O., S. 236 ff.; *Lewis Johnston*, a. a. O., S. 130, 137.

761 *BGH*, Urt. v. 13.03.2003 – I ZR 290/00 –, NJW 2003, S. 1933.

762 Nach Canaris, der zentralen Stützungsquelle des BGH, führt die kasuistische Aufzählung von Tatbeständen (Enumerationsprinzip) nicht prinzipiell zu einem Analogieverbot, sondern nur zu einem Induktionsverbot (Verbot der Rechtsanalogie), vgl. *Claus Wilhelm Canaris*, Die Feststellung von Lücken im Gesetz, S. 184.

763 *BGH*, Urt. v. 13.03.2003 – I ZR 290/00 –, NJW 2003, S. 1933.

764 Vgl. zum Nominalstil und seiner Klassifikation als „Pathos der Sachlichkeit" *Katharina Sobota*, Sachlichkeit, S. 137. Der Verbalstil ist ein Stil der Bewegung (Dynamik), wohingegen der Nominalstil Dauer signifiziert (Stasis). Die behaupteten Begriffszusammenhänge hinterlassen in diesem Stil den Eindruck von Zeitlosigkeit. Vgl. zur rhetorischen Funktion der Unterdrückung von Bewegung in (Selbst-)Darstellungen *Elias Canetti*, Masse und Macht, S. 172 ff., 419 ff., 437.

dirimens copulatio („nicht nur […] sondern auch“)[765] und suggeriert so ein klimaktisches Verhältnis zwischen erstem und zweitem Halbsatz, das auf die Form eines *argumentum a fortiori* verweist. „Fremdkörper“ ist eine diffuse Metapher, die vielleicht eine systematische Fehlstellung der Vorschrift und damit Ablehnung des Kodifikats durch das Gericht nahelegt, aber kein rechtlich definierter Begriff. Zudem sind weder die Regel „Ausnahmen vom Grundsatz der Vertragsfreiheit sind nicht analogiefähig“ noch die Regel „Fremdkörper (oder systematisch verfehlte Normen) sind nicht analogiefähig“ als Dogmen anerkannt. Auf sie würde sich das Gericht nicht festlegen wollen und transportiert an dieser Stelle der Entscheidungsbegründung – verstärkt durch die vage „Allusion“ auf philosophie- und rechtshistorische Hintergründe[766] und die entfernte Stützung durch den grundrechtlichen Topos der Privatautonomie – mehr eine Stimmung, als dass ein solides Argument entwickelt würde. Die stimmungsverstärkend am Ende dieser Struktur platzierte Metapher „Fremdkörper“ weckt Assoziationen zu „Entzündungsherden“ oder „Metastasen“ (Medizin-Metaphorik), die es zu vereiteln gilt. In diesem Zusammenhang ist meines Erachtens auch die spätere – vom Gericht im Rahmen der „Interessenabwägung“ verortete – Passage zu lesen, in der es unter Stützung auf eine Stelle in *Canaris*‘ Lückenschrift wie folgt begründet:

> „Durch Analogie darf eine vom Gesetzgeber als Ausnahme gewollte Regelung nicht zum allgemeinen Prinzip erhoben werden.“[767]

Zum „allgemeinen Prinzip“ wird – im Gegensatz zur Rechtsanalogie – eine Vorschrift durch eine Gesetzesanalogie aber gerade nicht erhoben und entsprechend hat *Canaris* die Reichweite seiner Aussage darauf beschränkt, dass

---

765 Zur dirimens copulatio vgl. *Katharina von Schlieffen*, Wie Juristen begründen, in: JZ 2011, S. 110.

766 Mit der Entgegensetzung von Vertragsfreiheit und Widerrufsrecht stützt sich der BGH auf den aus der Kanonistik stammenden und in die rationalistischen Naturrechtsentwürfe übernommenen Grundsatz „pacta sunt servanda“, vgl. *Stephan Meder*, Rechtsgeschichte S. 161 ff.; *Hugo Grotius*, De Iure Belli ac Pacis, Vorrede; *Christian Wolff*, Grundsätze des Natur- und Völkerrechts, § 438 S. 269 f. Im Hintergrund steht aber auch die alte Vorstellung, dass „singuläre Gesetze nicht restriktiv auszulegen sind“. Vgl. zur Argumentationsfigur der *singularia non sunt extendenda* aus historischer Sicht Jan Schröder, a. a. O., S. 59 ff., 158 ff., 260, 385 f.; *Heinrich Honsell*, in: Staudinger, Einleitung zum Bürgerlichen Gesetzbuch, Rn. 148. Vgl. auch FN 620.

767 *BGH*, Urt. v. 13.03.2003 – I ZR 290/00 –, NJW 2003, S. 1933; *Claus-Wilhelm Canaris*, a. a. O., S. 181 f.

durch Analogie die Geltungsreichweite einer Regelhaftigkeit („Prinzips") auf „sämtliche Schuldverhältnisse" ausgeweitet werde. Er hat sich nur für Induktionsverbote – also gegen die Zulassung der Rechtsanalogie – ausgesprochen.[768] Als eristisch sollte man die Passage aber vielleicht nicht werten. Werden zu einzelnen Typen von Verbraucherverträgen Widerrufsrechte durch Gesetz oder Gesetzesanalogie gewährt, verfestigt sich ab einem bestimmten Verbreitungsgrad eine gewisse Tendenz, die auf den allgemeinen Rechtsgrundsatz „Nach Abschluss hat ein Verbraucher ein zeitlich befristetes Recht zum Widerruf des Vertragsverhältnisses" weist.[769] Dieser wäre dann womöglich durch die von *Canaris* in diesem Zusammenhang zwar abgelehnte, vom BGH aber als Methodeninstrument herangezogene Rechtsanalogie anzuerkennen.[770] Insofern lassen sich diese beiden Passagen als Andeutung eines Dammbruch-Arguments verstehen. Sie adressieren eine in der Zivilrechtslehre gerade im Jahr 2002 noch stark präsente Grundstimmung: die Ablehnung oder Skepsis gegenüber einer „Materialisierung des Zivilrechts"[771], die dem Geist eines (vermeintlich) formal-liberalen BGB widerstrebe. Es findet sich hier in geradezu paradigmatischer Weise eine Grundthese der rhetorischen Rechtstheorie bestätigt: Dass sich in den Unschärfebereichen der logos-bezogenen Enthymeme Momente von Ethos und Pathos mischen.[772] Das Moment des Ethos liegt darin, dass sich der BGH implizit als Wahrer hergebrachter (oder vorgestellter) bürgerlichrechtlicher Traditionen präsentiert; vielleicht auch jemand, der das mit dem bürgerlichen Recht identifizierte BGB als weltweites Aushängeschild deutscher Gesetzgebungskunst vor der Zersetzung seiner formalen Struktur schützt, die durch Umsetzungsbefehle aufgrund von Richtlinien der europäischen Rechtsebene angeblich droht.

---

768 *Claus-Wilhelm Canaris*, a. a. O., S. 181 ff.

769 Vgl. auch *Wolfgang Gast*, a. a. O., S. 401.

770 Allerdings wäre auch hier das Widerrufsrecht nicht auf alle Schuldverhältnisse ausgedehnt, sondern nur auf solche, an denen ein Verbraucher beteiligt ist. Zudem sind selbst allgemeine Rechtsgrundsätze alles andere als zeitbeständig. Die Macrotron-Entscheidung des BGH (*BGH*, Urt. v. 25.11.2002 – II ZR 133/01 –, juris Rn. 32 ff.) sowie die Folgejudikatur (*BGH*, Beschl. v. 08.10.2013 – ZB 26/12 –, NJW 2014, S. 146 ff.) zeigen, dass ein durch Gesamtanalogie entwickelter allgemeiner Rechtsgrundsatz bei (verfassungs-rechtlichem) Bedarf genauso schnell wieder fallen gelassen wird wie er gefunden wurde.

771 Vgl. zum „Materialisierungs-Begriff" *Marietta Auer*, Materialisierung, Flexibilisierung, Richterfreiheit, S. 23 ff.

772 Vgl. FN 121, S. 273 f.

D. Die Interessenabwägung

Von einer Interessen- oder gar einer Prinzipienabwägung im Sinne eines formalisierten Verfahrens wird man in gerichtlichen Entscheidungsbegründungen keine Spuren finden. In allenfalls quasi-logischer Weise zeigt die „Interessenabwägung" sich durch Relationierung von Tatbeständen und Sachverhalten unter Bezugnahme auf oft teleologische Gesichtspunkte.

I. Differenzierung zwischen konkreten und abstrakten Begründungsschichten

Hierbei kann man zwischen verschiedenen Begründungsebenen differenzieren: einer abstrakteren Entscheidungs- und Begründungsebene, wo zur Gleichstellung von Rechtsbegriffen und Rechtsinstituten diskutiert wird und einer konkreten Begründungsschicht, wo in stärkerer Konkretion und situativer Anbindung ein Fallvergleich vorgenommen wird.

Entsprechend zeigt sich der Fall der versagten Erteilung einer Erlaubnis zur Betreibung eines Gewerbes als Versicherungsvermittler auch zweigeteilt: Zunächst geht es um die „abstrakte Gleichstellungsfähigkeit" der Steuerhinterziehung mit den im Katalog geregelten Straftatbeständen. Erst auf zweiter Stufe wird gefragt, ob von der Indizwirkung, die aus der Gleichstellung folgt, im konkreten Fallentscheid abgewichen werden darf.[773] Man kann hier von „konkreter Gleichstellungsfähigkeit" sprechen.

Ohne eine umfangreiche Korpusanalyse können Aussagen zur spezifischen Typik der Argumente in der jeweiligen Begründungsschicht nur in aller Vorläufigkeit und Vorsicht vorgebracht werden. Dennoch scheint mir folgende Unterteilung als Arbeitshypothese sinnvoll: Zur Frage der abstrakten Gleichstellung von Rechtsbegriffen oder Rechtsinstituten wird in einem stärkeren Grad auf etablierte Dogmen und die Topoi des Methodenkanons zurückgegriffen. Das VG Münster hat die Gleichstellung von Steuerhinterziehung mit den Katalogtaten denn auch unter Rekurrenz auf den Topos von „Sinn und Zweck" eines Gesetzes begründet. Charakteristisch für die abstrakte Gleichstellungsfähigkeit ist der Modus des „Entweder-Oder": Bei Ungleichstellung entfällt die

773 Die Momente der hier „konkrete Gleichstellungsfähigkeit" genannten Station betreffen insbesondere die Passagen in *VG Münster (9. Kammer)*, Urt. v. 21.04.2010 – 9 K 494/09 –, juris Rn. 19, 22; die „abstrakte Gleichstellungsfähigkeit" von Steuerhinterziehung und den Katalog-Tatbeständen wurde in den unmittelbar vorgängigen Passagen abgehandelt.

Möglichkeit einer fallnäheren und situationsangemessenen Differenzierung. Bei einem situationsnahen Vergleich und (nachgeschaltetem) *argumentum a fortiori* – z. B. zwischen „Schaben“ und „Silberfischen“ – ist auch der Griff zu extra-juristischen Begriffen – zuweilen auch aus dem alltäglichen Gebrauch wie „Ekel“ und „Wohnkomfort“ – je nach Lage des Falles unumgänglich. In einer situationsstabileren („juristischeren“) Begründungsschicht wäre er dagegen wohl tabuiert.

In dieser Begründungsschicht rücken zudem Momente der Verhältnismäßigkeit oder Angemessenheit – damit (teils abgewandelt) die aristotelische (distributive und kommutative) Gerechtigkeit, vor allem die sie begleitende *epieikeia*[774] – als Leitmotive stärker in den Vordergrund des richterlichen Begründungsverhaltens.

Was im Einzelfall angemessen ist, was also der Gerechtigkeit entspricht, ist rechtsintern nicht determiniert. Man ist auf die Zulieferung rechtsexterner Bewertungsgrundlagen angewiesen. Als paradigmatisch kann hier die Bemessung von Schadensersatz oder Schmerzensgeld in zivilrechtlichen Fällen gelten. Wenn etwa die Höhe eines Schadens zu bemessen ist, wird ein Jurist bereitwilliger – notfalls vermittelt über Sachverständige – betriebswirtschaftliche Konzepte heranziehen (die allerdings über das Bilanzrecht mit juristischen Konzepten diffundieren). „Objektivität“ wird also – soweit möglich – rechtsextern induziert.

Aber nicht immer wird man – wie vor allem bei Massenwaren – auf das Messgerät „Markt“ zurückgreifen können, das übersituativ fixierte Berechnungsgrößen bereitstellt und „abzulesen“ hilft, was der kommutativen Gerechtigkeit entspricht. Deutlich wird das etwa bei Festsetzung von Schmerzensgeld: Hier entscheiden Grade der Beeinträchtigung der Körperfunktionen und des Leidens, die ein Richter (zu seinem Glück) zwar nicht mitempfinden kann, für die er jedoch nicht unempfindlich sein darf. Er ist als ein zur umsichtigen Klugheit befähigtes Mitglied einer Gemeinschaft angesprochen, das sich zugleich in ein durch Präjudizien etabliertes Netz vorgängiger Gebräuche einzufügen hat.[775] Dieses ist zwar selbst zwar gewachsener und kontingenter Natur, indessen mildert es den dezisionistischen Charakter seiner Entscheidung ab.

---

774 *Aristoteles*, EN V 14; *ders.*, Rhet. I 12–13, 1374a 18–1374b 23; I 15, 1375a 12–1376a; vgl. hierzu auch *Christian Nierhauve*, a. a. O., S. 132 ff.

775 In Schmerzensgeld-Tabellen (also Topoi-Katalogen) sind in der Praxis oft paradigmatische Fälle zusammengestellt.

Für einen idealistischen Rechtsphilosophen wie *Kant* ist das eine ungeheuerliche Weise der Rechtsfestlegung. Er setzt der seiner Auffassung nach bloß ethisch verpflichtenden Billigkeit ein striktes Recht entgegen, das nach allgemein bestimmten Bedingungen den Richtspruch determinieren können soll. Nur in eigenen Angelegenheiten dürfe der Richter nach Billigkeit über eine Rechtssache entscheiden. Der Griff zu vorgeblichem Recht, zum „ius aequivocum" der Billigkeit (*aequitas*), sei ihm in fremden Angelegenheiten versperrt.[776] Wird man selbst in den situationsstabileren Entscheidungs- und Begründungsschichten kaum je einen solchen Grad an Determination, der Kant im Sinne stand, vorfinden können, macht sich seine Trennung zwischen „vorgeblichem" und „striktem" Recht doch strukturell in den bereits erwähnten Unterschieden des herangezogenen Topoi-Reservoirs im Rahmen von „abstraktem" und „konkretem" Vergleich bemerkbar.

Die „konkrete Vergleichbarkeit" betrifft – im Genehmigungsversagungs-Fall – die Gleichstellung *dieses* konkret zur Beurteilung stehenden Falles von Steuerhinterziehung mit (anderen) *entschiedenen* Fällen, in denen zuvor Genehmigungen versagt worden waren. Als Parameter für diese Beurteilung dienen hierbei die Kategorien der „Schwere der Straftat", der „Höhe des Schadens" sowie der „Kontext" (privat oder gewerblich), in dem sie begangen worden war oder die „Zeit", die seit ihrer Begehung oder der Verurteilung verstrichen ist.[777]

Unsicherheiten auf der Ebene der abstrakten Vergleichbarkeit – wie bei der abstrakten Gleichstellungsfähigkeit von Steuerhinterziehung und den anderen Katalogstraftattaten – können auf die Ebene der konkreten Vergleichbarkeit in der Weise rückwirken, dass die „Art des betroffenen Vermögens" (Fiskus oder Privatvermögen) als Stellgröße im konkreten Vergleich Aufnahme findet. So wird die als zu schroff empfundene und sich nicht in das nähere normative Umfeld einfügende abstrakte Ungleichstellung der Steuerhinterziehung mit den Katalogstraftaten vermieden. Durch eine solche Verbindungsmöglichkeit zwischen abstrakterer und konkreterer Begründungsschicht eröffnen sich Flexibilisierungsmöglichkeiten.

Dennoch darf die Anzahl der Stellgrößen nicht zu groß werden. Mit der Zahl dieser Stellgrößen wächst die Zahl möglicher Kombinationen exponentiell an. Ihr Zusammenspiel wird zunehmend unüberschaubar. Mehr Judikatur wird benötigt, bis dass endlich ein Netz von Präjudizien aufgespannt ist,

776 *Immanuel Kant*, Metaphysik der Sitten, Anlage zur Einleitung in die Rechtslehre, S. 38 f.

777 Vgl. *VG Münster (9. Kammer)*, Urt. v. 21.04.2010 – 9 K 494/09 –, juris Rn. 22.

das für künftige Prozesse – wie im Fall der Mietminderungsquoten oder der Schmerzensgelder – hinreichend kräftige Ankerpunkte bzw. Entscheidungszonen setzt, die durch ein *argumentum a fortiori* oder *a simili* angesprochen werden können.

Im Grundsatz entwickelt sich mit der Zahl der Präjudizien ein Netz mit einer sukzessive breiter und stärker werdenden Kernzone hoher Codierung, die außerhalb ihrer nur einen geringeren und zum Rand hin schwächer werdenden Grad an Codierung bereitstellt: Illustrativ ist hier auch die Zuordnung eines „funktionskräftigen Maschinengewehrs" einerseits (Kernzone) und von „95 %iger Fluorsulfonsäure" andererseits (Randzone) zum Begriff der „Waffe" i. S. d. § 250 Abs. 1 Nr. 1 StGB aF.

Viel hängt bei der Entwicklung dieses Netzes von der begrifflichen Qualität der Stellgrößen ab: Die „Schwere" einer Straftat kann im Fall der versagten Gewerbegenehmigung – was förderlich für die Netzentwicklung ist – anhand der "Höhe" der bezifferten Freiheits- oder Geldstrafe von der Strafgerichtsbarkeit bemessen werden. Die Verwaltungsgerichtsbarkeit muss die Bedeutung der Höhe jener Strafen für verwaltungsrechtliche Angelegenheiten freilich autonom interpretieren und in ihre eigene Kasuistik einrücken (wobei es Abstimmungen zwischen den Gerichtszweigen informaler Art – gleichsam ein „acting in concert" – geben mag).

Unterstützt und rationalisiert wird – gerade in dieser fallnahen Begründungsschicht – die Genese und Fortentwicklung jener Netze aus Präjudizien durch empirische Forschung; etwa durch rechtssoziologische Studien zum Verhalten der jeweils wegen einer der Katalogstraftaten in § 34d Abs. 2 Nr. 1 GewO (oder vergleichbarer Taten) verurteilten und aus der Haft entlassenen Täter oder durch statistisch erfassbare Auswirkungen einer verschärften oder liberalisierten Gerichtspraxis. Auf diese Weise kann der Zugriff auf weniger rationalisierte, alltagstheoretische Unterstellungen vermieden werden. Allerdings gelingt dies – je nach Sachgebiet – in unterschiedlichem Grade. Die Aussagekraft einer Studie kann für die Entwicklung einer Kasuistik verschieden sein.

II. Die abstrakte Gleichstellung durch „Interessenabwägung" in der BGH-Entscheidung „TV-Abonnement-Vertrag"

1. *„Interessenabwägung" durch paradeigmatische Enthymeme*

Auf der Ebene der abstrakten „Gleichstellungsfähigkeit" fehlt es oft an der Möglichkeit, sich an quantifizierten Stellgrößen zu orientieren. Dennoch finden sich auch hier Phasen, in denen zum *argumentum a simili* und *a fortiori* gegriffen wird. Das soll anhand der BGH-Entscheidung zum TV-Abonnement-Vertrag besprochen werden. In der Entscheidung ist die „Interessenabwägung" unter der Reihung mehrerer Argumente allerdings nur schwer auszumachen.

Am stärksten weist auf sie eine Stelle, in der „langfristige Verbraucherdienstleistungsverträge mit periodischer Zahlungspflicht" (als abstrahierte Form des TV-Abonnement-Vertrag) mit Verträgen über Wiederkehr- und Teilleistungen einerseits und langfristigen Mietverträgen auf deren anderen Seite verglichen werden. Als Vergleichspunkt sieht das Gericht den folgenden Schutzzweck des Widerrufsrechts: Verbraucher sollen dann geschützt werden, wenn sie sich unüberlegt und unter Druck auf langfristig bindende Verträge einlassen.[778]

In einem – wie man sagen kann – „internen Vergleich" sieht der BGH dieses Schutzinteresse bei „langfristigen Verbraucherdienstleistungsverträgen" zunächst in gleicher Weise wie bei Verträgen über Wiederkehr- und Teilleistungen gegeben. Allein dieser Gleichlauf des Schutzinteresses soll aber nicht genügen. Gleichsam in einem „externen Vergleich" stellt der BGH fest, die „wirtschaftliche Bindung eines Verbrauchers" bei einem Mietverhältnis sei zumeist noch stärker und der Gesetzgeber habe in diesem Regelungskontext gleichwohl kein Widerrufsrecht vorgesehen.[779]

Dieser externe Interessenvergleich wird vom BGH nicht weiter begründet. Gegen den „externen Vergleich" ließe sich folgendes Differenzierungsmerkmal und Argument anführen: Der Gegenstand eines Mietvertrags ist ein oft werthaltiger, körperlicher Gegenstand, der mit Zeitablauf an Wert verliert und dessen Art in einer begrenzteren Zahl vom Unternehmer vorgehalten wird. Daher verpasst der Unternehmer durch die Vermietung anderweitige Abschlussmöglichkeiten und wird von einem Widerruf wirtschaftlich stärker als bei Massenware und erst Recht bei immateriellen Dienstleistungen (gleich TV-Abonnements) betroffen.

Die Tragkraft der Begründung soll hier nicht thematisiert werden. In erster Linie sollte gezeigt werden, dass unter dem Dach von juristischen Topoi wie Sinn und Zweck, Historie und Systematik auch relativ unscharfe, juristisch wenig durchformte Begriffe relationiert werden.[780] Ein unter ihrer Verwendung

---

778 *BGH*, Urt. v. 13.03.2003 – I ZR 290/00 –, NJW 2003, S. 1933.

779 Ebd.

780 Von diesen wurde hier nur der teleologische Topos herausgegriffen und vorgestellt, weil dieser m. E. im Zentrum der Argumentation zur „Interessenabwägung" steht. In näherem Zusammen-hang mit dem teleologischen stand allerdings ein historisches Argument: Durch ein *argumentum e silentio* wurde auf den Willen des Gesetzgebers geschlossen. Dieser habe in § 2 VerbrKG aF nicht den allgemeinen Grundsatz aufstellen wollen, dass einem Verbraucher bei langfristigen Verträgen mit laufenden Zahlungsverpflichtungen ein Widerrufsrecht zustehe. Das damit in

gebildetes *argumentum a simili* oder *a fortiori* besitzt jedenfalls dann eine geringere Stringenz als ein entsprechendes Argument auf der Ebene des „konkreten Vergleichs", wenn sich dort bereits ein Netz aus Präjudizien mit bezifferbaren oder binär organisierten und begriffsklaren Stellgrößen herausgebildet hat.

Die geringe juristische Durchformung – insoweit Untercodierung – solcher Begriffe wie „stärkere wirtschaftliche Bindung" zeigt wie auf der Ebene der abstrakten Vergleichbarkeit – der juristischeren Begründungsschicht" – auf extra-juristische, in diesem Fall ökonomische Konzepte zurückgriffen wird (und zurückgegriffen werden muss). Bei solchen unscharfen Begriffen kann gefragt werden: Was bedeutet oder wonach bemisst sich die „wirtschaftliche Bindung"? Ist relevant nur die Vertragslaufzeit oder wird auf weitere (faktisch-ökonomische) Zwänge und Regelhaftigkeiten verwiesen? Selbst wenn eine Antwort gefunden ist, sind die Konsequenzen, die daraus folgen, vorab nicht festgelegt.

Wenn vorhin eine Tendenz bejaht wurde, nach der in den abstrakteren Begründungsschichten der Zugriff auf extra-juristische Begriffe vermieden wird, weist das lediglich auf das regulative Ideal einer autonomen (und im besten Fall begriffsscharfen) Juristensprache hin. Dieses Ideal ist – soweit es die Entkopplung von der Alltagssprache und Abschichtung gegenüber anderen Fachsprachen betrifft – nur graduell erfüllbar.[781] In den Diffusionszonen zwischen juristischer Fachsprache und der Alltags- bzw. anderen Fachsprachen wird der Stringenzverlust allerdings andererseits auf der Habenseite dadurch ausgeglichen, dass das Rechtssystem – um kurz in die Sprache der Systemtheorie überzuwechseln – von seinen Umwelten irritiert werden kann, also anpassungsfähig bleibt.[782]

2. *„Interessenabwägung" durch Logos-Figuren*

Wird ein *argumentum a simili* oder ein *argumentum a fortiori* im Kontext unscharfer Begriffe angeführt, verschwimmt die Grenze zu pathos- und ethos-orientierten Überzeugungsweisen. Die rhetorische Rechtstheorie hält für argumentative Formationen, die an ein *argumentum a simili* oder *argumentum a*

Verbindung stehende systematische Argument, durch Analogie dürfe eine Ausnahme nicht zum allgemeinen Prinzip erhoben werden, wurde bereits erwähnt.

781 Zum Verhältnis der juristischen Fachsprache zur Alltagssprache vgl. *Katharina von Schlieffen*, Altes und neues zur Rechtssprache als Fachsprache, in FS-Eisenhardt, S. 87 ff., insbes. 106 f.

782 Vgl. *Katharina Sobota*, Rhetorical Construction of Laws, a. a. O., S. 44 m. w. N.

fortiori erinnern lassen, aber bei denen ein argumentativer Gehalt nicht ausgemacht werden kann, den Begriff der Logos-Figur vorrätig. „Logos-Figur“ signifiziert eine Anordnung in Argumentationen, die im Kontinuum zwischen Argument und Figur zwar dem Bereich der Figuren („Wirkmittelebene des Pathos“) und nicht der Argumente („Wirkmittelebene des Logos“) zugeordnet ist, allerdings die Herstellung einer logos-geneigten oder ratio-orientierten Stimmungslage begünstigen kann.[783] Die Herstellung einer solchen Stimmungslage kann wiederum die Rezeptionsbereitschaft für eine folgende Argumentation unterstützen.

Schlieffen spricht von einem „Pathos der Sachlichkeit“[784] Zu den Logos-Figuren zählt die bereits erwähnte *dirimens copulatio*, vor allem aber die *restrictio* („zwar […] aber“). Die *restrictio* übernimmt eine die Gedankenführung gliedernde Funktion und besitzt hierdurch das manipulative Potenzial zur sanften Führung des Auditoriums.[785]

Die „Interessenabwägung“ zeigt sich regelmäßig im Gewand dieses Stilmittels. Exemplarisch verdeutlicht dies die BGH-Entscheidung zu TV-Abonnementverträgen. Der Gerichtshof verbindet „internen“ und „externen Vergleich“ in der Entscheidung durch eine *restrictio* miteinander: Einerseits gesteht er zwar im internen Vergleich die Gleichheit der Schutzbedürftigkeit zu („Ein solches Schutzinteresse besteht bei einer langfristigen Verpflichtung zur Entgegennahme von Dienstleistungen nicht anders als beim laufenden Bezug von Sachen“), nimmt sie dann im externen Vergleich jedoch gleich wieder zurück („Eine analoge Anwendung kann jedoch nicht schon damit begründet werden, daß bei einem nicht geregelten Tatbestand aufseiten eines Beteiligten ein Interesse vorliegt, das demjenigen vergleichbar ist, dessen Schutz der Gesetzgeber durch die Gesetzesvorschrift in deren unmittelbarem Anwendungsbereich bezweckt hat“).

Durch diese Figur wird ein Prozess des Abwägens – „einerseits („die eine Waagschale“) – andererseits („die andere Waagschale“) – stilistisch insinuiert, tatsächlich fehlt ihr aber eine argumentative Funktion im Sinne der selbständigen Fähigkeit zur Herstellung einer Stützungsrelation zwischen einer Behauptung und einer Begründung. Zudem überträgt die Vorstellung, dass

783 *Katharina von Schlieffen*, Wie Juristen begründen, in: JZ 2011, S. 110.
784 Vgl. hierzu FN 72, 81, 528, 764.
785 Vgl. zu „Logos-Figuren“ im Allgemeinen und zur „restrictio“ im Speziellen, vgl. *dies.*, Wie Juristen begründen, ebd.; zum „Kontinuum von Argument und Figur“ *vgl.*, *dies.*, Rhetorik und Stilistik, a. a. O. S. 1828 ff.; *dies.*, Wie überzeugt der Richter sein Auditorium?, a. a. O., S. 18 ff.; *Lewis Johnston*, a. a. O., S. 37, 73 ff., 127, 156.

Argumente Gewicht besäßen und gegeneinander abgewogen werden könnten, einen Vorgang aus dem Bereich physikalischer Objekte in den Bereich intelligibler Konzepte (Argumente); ist also metaphorisch zu verstehen (vgl. aber oben Alexy S. 160 ff.). An argumentativem Gehalt wird zum Ausdruck gebracht, dass der Richter einen Aspekt als relevant erkannt und berücksichtigt hat, andere gleichfalls relevante Aspekte, die auf eine entgegensetzte Rechtslösung deuten, jedoch als bedeutsamer wertet.

Die *restrictio* ermöglicht, die juristische Argumentation um eine Begründungsschicht anzureichern, die der binär organisierten Mathematik fremd wäre: die Dialektik, die Repräsentation von Rede und Gegenrede, die Bestandteil des Rhetorikunterrichts durch die antiken Sophisten war und als Anhang zu den Schriften des pyrrhonischen Skeptiker Sextus Empiricus als *dissoi logoi* überliefert worden ist.[786] Verstärkt die Anführung von Gegengründen nicht gerade die Stützung einer Behauptung, ermöglicht sie es dem Gericht aber der unterliegenden Partei seine Reverenz dadurch zu erweisen, dass es deren Argumente „erwogen" – als berücksichtigungswürdig gewertet – hat. So stellt sich ein Richter als neutrale Schiedsperson dar, die gemäß der Maxime *audiatur et altera pars* verfährt und wirbt auf der Ebene des Ethos um die Akzeptanz der unterlegenen „Partei". Das müssen nicht nur die am Streit beteiligten Parteien sein, sondern können auch – wie im Fall, den der BGH zu entscheiden hatte – die Vertreter von akademischen Rechtsmeinungen sein, die sich nicht durchsetzen konnten.[787]

---

786 Vgl. *Anonym*, Dissoi Logoi, S. 45 ff.

787 Zur Dialektik und der hiermit verbundenen Dimension des Ethos vgl. auch *Katharina von Schlieffen*, Subsumtion, a. a. O., S. 410 ff.; *dies.*, Zur topisch-pathetischen Ordnung juristischen Denkens, a. a. O., S. 438 ff.; vgl. *Katharina Sobota*, Sachlichkeit, S. 72 ff. Als dialektische Elemente und Logos-Figuren können hier auch die Aposiopese oder der Apologismus benannt werden, vgl. hierzu *Katharina von Schlieffen*, Wie Juristen begründen, in: JZ 2011, S. 110; *dies.*, Zur topisch-pathetischen Ordnung juristischen Denkens, a. a. O., S. 442 ff. In juristischen Texten schlagen diese sich häufig durch die Wendung „Es kann dahinstehen, ob .... Jedenfalls..." nieder. Als eine Aposiopese (oder Paralipse) kann die Konstellation bezeichnet werden, in dem ein Argument zwar angedeutet wird, aber der Begründungsteil fehlt. Als Apologismus ist diese Textpassage dagegen zu werten, weil zwar ein Argument entwickelt wird, die Ergebnisbegründung aber auf dieses nicht gestützt wird. Es ist bloß „Hilfsbegründung" oder „obiter dictum". Die Ausführungen haben also keine unmittelbare (tragende) Begründungsfunktion. Allerdings übernehmen sie – neben der Reverenz an die Parteien, die ein entsprechendes Argument vorgebracht haben und der Andeutung zukünftiger Judikatur – eine Hinweisfunktion der unteren Instanz an die Berufungs- und oder Revisionsinstanz (Kontroll-instanz), dass

Allerdings kann durch diese Figur auch geradezu das Gegenteil dialektischer Reverenzen im Sinne des *audiatur et altera pars* erreicht werden und die *restrictio* zur Verkleinerung der Argumentation der Gegenseite eingesetzt werden: Auf der Seite des „zwar" findet sich oft ein Aspekt, der als Teil eine komplexere, aus mehreren Argumenten bestehende Argumentation repräsentiert und das „Gewicht" der anderen Argumente mitvertritt. Offensichtlich eristisch wäre es nun ein inhaltlich verfälschtes und dadurch schwach oder absurd erscheinendes Argument auszuwählen, das die folgende eigene Argumentation in einem günstigeren Licht erscheinen lässt.[788] Subtiler ist es dagegen, wenn von vorgebrachten Argumenten (unter denen sich triftige befinden) ein verunglücktes Argument herausgegriffen wird, das man die gesamte Argumentation repräsentieren lässt. Bei dieser Strategie erscheint die Bewertung unklarer: Es ist sicher kein feiner Zug, wenn ein Richter sich diese Strategie zu eigen macht und er wird auf der Ebene des Ethos die unterliegende Partei verlieren. Jedoch trägt eine Partei selbst die Verantwortung für das Gelingen und die Angreifbarkeit ihrer Argumentation. Wer um die Gefahr dieser strategischen Möglichkeit weiß, wird in diesem Bewusstsein mehr Sorgfalt auf die Solidität der vorgebrachten Argumente verwenden, schwache Argumente ganz weglassen und so gleichsam zum Ideal der *brevitas* erzogen. Damit wird im Ergebnis auf der einen Seite das Niveau einer Argumentationskultur gehoben, auf der anderen Seite aber auch eine Barriere hochgezogen, die möglicherweise nur subjektiv

---

die Begründung auch durch ein alternatives Argument aufrechterhalten werden könnte. Dies weist auf die Differenz zwischen einer praktisch „aktualisierten" und einer „potenziellen" Begründung hin. Sieht man auf das Begründungsverhalten der Parteien sind hiermit durchaus diffizile Probleme verbunden: Begründet im Zivilprozess eine Partei ihren Anspruch mit einem (tatsächlichen) „Hilfsvorbringen", das mit dem „Hauptverbringen" unvereinbar ist, muss das Gericht bei dieser Entscheidung dieses „Hilfsvorbringen" unbeachtet lassen (vgl. *BGH*, Urt. v. 04.07.2019 – Az.: III ZR 202/18 –, NJW-Spezial 2019, S. 657). Anders liegt es bei rechtlichen Begründungen. Soweit es um den Parteienvortrag geht, ergibt sich das bereits aus dem Grundsatz „iuris novit curia". Bei gerichtlichen Entscheidungsbegründungen kann eine „potenzielle Begründung" dagegen in der Revisionsinstanz noch zur „aktualisierten Begründung" werden. Eine auf Divergenz gestützte Nichtzulassungsbeschwerde hat nur dann Erfolg, wenn die Entscheidung sowohl auf einer Divergenz der angeführten Haupt- als auch der Hilfsbegründung beruht, vgl. *BAG*, Beschl. v. 27.10.1988 – Az. 9 AZN 575, NJW 1988 –, S. 1419 f. Rechts- und Tatfrage sind allerdings nicht immer eindeutig voneinander unterscheidbar, vgl. 640 640, S. 183 f.

788 Vgl. S. 296 ff.

vom Argumentierenden als schwach eingeschätzte Argumente nicht mehr passieren. So kann möglicherweise – nach einem dem Sophisten *Protagoras* zugeschriebenen Satz[789] – „die schwächere [durch Argument-Unterdrückung, J. F] zur stärkeren Sache" gemacht werden. Dieser Prozess ist – weil er von subjektiven Wertungen der Beteiligten abhängig ist – kaum regulierbar und damit weitgehend vom Gewissen der Argumentationsteilnehmer abhängig, dennoch gerade bei einer gerichtlichen Begründungspraxis, in der die vorgebrachten rechtlichen Argumente der unterliegenden Seite nicht besprochen werden müssen und nur in begrenztem Umfang besprochen werden können, von enormer praktischer Relevanz (vgl. dazu S. 147 f., 292 ff., 299 ff.).

---

789 Vgl. *Aristoteles*, Rhet., 1402a 24–26, der freilich – da sich seine Lebenszeit, im Gegensatz zu der von seinem Lehrer Platon (und Sokrates), nicht mit derjenigen von Protagoras überschnitten hat (Protagoras starb um 411 v. Chr., Aristoteles wurde fast 30 Jahre später 384 v. Chr. geboren) – Protagoras nie begegnet ist. Den Satz konnte er also nur aus zweiter Hand – mutmaßlich von Platon – erfahren haben. Dieser war Angehöriger der Oberschicht Athens und Schüler des Sophisten Sokrates, der während einer anti-sophistischen Stimmung mit komplexeren politischen Hintergründen hingerichtet wurde. Die in der Politeia entworfene Ideal-Polis orientierte sich stark an der Verfassung Spartas. Sparta wiederum hatte bekanntlich zugunsten der oligarchischen Fraktion in Athen interveniert und mit dem Rat der (oligarchischen) Dreißig zwischenzeitlich ein Terrorregime in Athen installiert (eine prominente Führungsrolle in diesem Regime spielte hier vor allem der Sokrates-Schüler und mit Platon verwandte Kritias), das später durch die demokratische Fraktion gestürzt wurde. In diese Zeit fielen die Abwendung Platons von der aktiven Politik (sowie seine zwischenzeitliche Flucht aus Athen) und später die Hinrichtung von Sokrates. Später allerdings – auf Syrakus – versuchten er (oder die Mitglieder seiner Akademie) mehrfach, eine an der Politeia ausgerichtete Staatsreform umzusetzen. Platon war keineswegs ein Vertreter selbstgenügsamen, absichtslosen Philosophierens; eine Haltung, die man bei Aristoteles – als Metöken in Athen – eher noch vermuten darf. Vgl. zum (ebenso anti-demokratischen wie anti-rhetorischen) Zauber Platons, *Karl Popper*, Die offene Gesellschaft und ihre Feinde, insbes. S. 41 ff.; vgl. auch zum Rhetor Isokrates, dessen rhetorischer Kniff es war, sich nicht als „Sophist", sondern als „Philosoph" darzustellen, vgl. *Hans Blumenberg*, a. a. O., S. 111. Die Zuschreibung „Sophist" (Weiser) war zu Zeiten Platons als Titel „verbrannt", an deren Stelle trat der weniger prätentiöse Titel des „Philosophen" (Weisheitsliebender).

§ 8 Folgerungen für die Konzeption einer rhetorischen Argumentationstheorie

Die Analyse des paradeigmatischen Enthymems hat ergeben, dass sich dieses – wie ein „Molekül“[790] – in weitere argumentative Komponenten zerlegen lässt. Argumente und ihre Komponenten sind – wie etwa das angedeutete Dammbruch-Argument im TV-Abonnement-Fall (vgl. S. 307 ff.) zeigt – nicht voll explizierbar. Zuweilen stehen sie zur Gesamtargumentation in einer diffusen Relation. Als Interpret sieht man sich gezwungen, per Abduktion den Enthymemen in Rechtsbegründungen nachzuspüren. Dabei steht man vor dem bereits geschilderten Problem (vgl. S. 88 f.), ein potenziell unendliches Netz von impliziten Präsuppositionen würdigen zu müssen. Allerdings lassen sich immerhin Komponenten ausmachen, die zu einem besseren Verständnis juristischer Begründungsweisen verhelfen.

In dieser Arbeit gelang es, verschiedene Begründungsschichten juristischen Argumentierens aufzudecken, auf ihre Eigenheiten zu untersuchen und in ihren inneren Zusammenhängen mit anderen Wirkebenen aus dem Logos darzustellen. In solchen Begründungsschichten wirken Richter wie Baumeister an der Errichtung eines aussagenförmigen Gebildes mit, das sich möglichst spannungsfrei in den näheren Kontext des konkreten Rechtsgebiets und ferneren Kontext der regulativen Idee einer Gesamtrechtsordnung einfügt, zugleich im Einzelfall eine gerecht empfundene Lösung garantiert und das selbst ein Schritt hin zu einer stärker begrifflich verfestigten Struktur im betroffenen Problemkreis sein kann. Dabei gelten je nach der entscheidenden Instanz verschiedene Relevanzkriterien: Für die Revisionsinstanz ist die Sorge um jene Begründungsschicht relevanter, die oben „abstrakte Vergleichbarkeit“ genannt wurde,

---

790 Als kleinste Einheit oder Molekül der juristischen Argumentation bezeichnet *Ulfrid Neumann* das Enthymem (vgl. FN 114). Diese Bezeichnung ist m. E. hintersinnig, denn „Moleküle“ setzen sich bekanntlich aus „Atomen“ zusammen, die sich wieder aus „Elementarteilchen“ zusammensetzen. Als „letzte“ Einheit in der Physik werden von Stringtheoretikern im Bereich der Plancklänge eindimensionale „Strings“ postuliert. Diese theoretischen Setzungen sind nicht beobachtbar. Auch bei Argumentationen gibt es den „letzten Grund“ für eine Behauptung nur als eine Fiktion. Jeder Grund hat wieder Gründe, die ihn stützen (vgl. in diesem Kontext auch FN 330). Allerdings wiederholt sich die Grundstruktur des Enthymems rekursiv: q, weil $p_1 \wedge p_1$, weil $p_2 \wedge \ldots \wedge p_{n-1}$, weil $p_n \wedge p_n$, weil p_n.

wohingegen für die Instanzgerichtsbarkeit mehr die „konkrete Vergleichbarkeit" – durch welche die Einzelfallgerechtigkeit aktualisiert wird – im Fokus steht. Die Organisation und sukzessive Verfestigung solcher Begriffsfelder kann von dem Kalkül getragen sein, gewisse Unschärfen – die zugleich Flexibilisierungs- und Fortentwicklungsmöglichkeiten gewähren – in lokalisierter Form zu bewahren, damit eine Rechtserstarrung vermieden wird (vgl. S. 262, 311 ff.).[791]

Die Vorstellung eines Kontinuums zwischen Argument (Logos) und Figur (Pathos) vermeidet es, eine Argumentation pauschal nach den binären Parametern „rational (gelungen)" und „irrational (verfehlt)" zu bewerten. Auch die (logisch gesehen) schwächeren Verbindungslinien zwischen einzelnen Argumenten werden bis in holistischere Hintergründe hinein verfolgt, deren (vollständige) Explikation freilich unmöglich ist. Damit können die Eigenheiten der gerichtlichen Begründungspraxis berücksichtigt werden und Kritik zielgenauer vorgebracht werden. Begründungsdefizite dürfen zwar selbstverständlich nicht zu argumentativen Standards erhoben werden,[792] doch erreicht man die Praxis nicht, wenn man ihre situationsbedingten Zwänge bei der Postulation theoretischer Begründungsstandards ausblendet. Die Argumentation des AG Köln, in der nicht einmal zu den Merkmalen des Tatbestands ausgeführt wurde und – neben der Sachverhaltsauswertung – sich die rechtliche Argumentation nur andeutungsweise zeigte, würde von theoretischer Seite – auch wegen der allzu lebensnahen Sprache („weniger ekelerregend") – wohl als defizitär abgelehnt werden. Doch können die leitenden Erwägungen der Begründung bei rechtlich überschaubaren Problemen leicht nachvollzogen werden. Eine stärker deduktionsorientierte Begründung hätte dem Auditorium (Parteien und Berufungsgerichtsbarkeit) keinen nennenswerten Informationszuwachs gebracht.[793] Gemessen an der zivilprozessualen Vorgabe in § 313 Abs. 3 ZPO erfüllt die Begründung diese Kriterien – gerade durch ihre Auslassungen – angesichts der konkreten Begründungssituation in fast idealtypischer Weise, so dass etwas schräg und ineffizient wirken würde, wenn ein Amtsgericht (angesichts der zu bewältigenden Pensen) bei derartigen Routinesachen eine ausgeprägtere

---

791 Vgl. *Katharina Sobota*, Rhetorical Construction of Laws, a. a. O., S. 44 m. w. N.

792 Vgl. *Ulfrid Neumann*, Das Enthymem in der juristischen Argumentation, a. a. O., S. 577.

793 Vgl. FN 746. Zudem konnte das Gericht auf eine Darstellung des Tatbestands nach § 313a Abs. 1 S. 1 ZPO verzichten. Wegen des Streitwerts von weniger als 600 Euro wäre eine Berufung gegen das Urteil gem. § 511 Abs. 1 Nr. 1 ZPO unzulässig gewesen.

Begründungstiefe wählen würde. Noch deutlicher wird dies bei Zulässigkeitsproblemen, die zumeist *pars pro toto* durch Semeion-Enthymeme in verkürzter Weise dargestellt werden (Vgl. S. 292 ff., 300 f.). Mit dieser abkürzenden Darstellungsweise durch Semeion- und paradeigmatische Enthymeme ist zwar stets die Gefahr verbunden, dass relevante Aspekte übersehen oder gar aus strategischen Gründen Begründungsschwächen kaschiert werden sollen. Eine vollständige Begründung ist indessen einerseits nur eine theoretische Idee, andererseits würde sie die Begründungen überfrachten und den „Blick fürs Wesentliche" vermissen lassen.

Das Konzept des Enthymems wurde in dieser Arbeit zusammengeführt mit dem Begriff der „Codierung" (vgl. S. 218 ff.). Der Ausdruck steht für die Bezugnahme auf lebens- und fachweltliche Hintergründe, die von einer sozialen Gruppe geteilt werden. So drückt Codierung etwa den Grad an hintergründiger Verankerung zwischen einer Entität und einem Begriff oder die Stützungskraft einer Meinung durch eine andere Meinung aus. Einer vollständigen Analyse ist er nicht zugänglich. Das Konzept „Codierung" wird hier nicht verengt auf im engeren Sinne rationale Prozesse verstanden, sondern bezieht andere Zuordnungsmodi ein: Manche Verknüpfungen können derart tief im menschlichen Affekterleben verankert sein, dass auch aus Sicht des Logos schwach konturierte Begriffe in begrifflichen Kernzonen zweifelsfrei angewandt werden können (1. Rhetorische Eindeutigkeit bei affektischer Übercodierung) – wie auch bei Tageslicht jeder Mensch, der nicht gerade Protanopie hat, ein „karmesinrotes Auto" als ein „rotes Auto" bezeichnen würde (2. Rhetorische Eindeutigkeit bei sensueller Übercodierung). Zudem würde niemand, der sich dem „Satz vom Widerspruch" verpflichtet fühlt, behaupten, die Zahl 2 sei eine natürliche Zahl und zugleich keine natürliche Zahl oder ein behördlicher Akt sei zugleich ein Verwaltungsakt und kein Verwaltungsakt[794] (3. Rhetorische Eindeutigkeit bei logischer Übercodierung). Zuletzt stellt sich Übercodiertheit durch die sukzessive Etablierung von Gebräuchen oder die Anerkennung von Regeln und Standards, allgemein Kenntnis der lebens- und fachweltlichen Handlungsabläufe, einem im Zeitenlauf akkumulierten Bestand an Weltwissen ein, ist

---

794 Allerdings kann im Recht eine Klage auch teilweise begründet sein, wohingegen etwa eine Funktion in der Mathematik immer nur stetig oder unstetig ist. Die Funktion 1/x im Definitionsbereich der reellen Zahlen eine teilweise stetige Funktion zu nennen, ist missverständlich, weil unstetige Funktionen durch das Vorhandensein mindestens einer Unstetigkeitsstelle im Definitionsbereich definiert sind. Erlaubt wäre es aber zu sagen, dass sich eine unstetige Funktion in bestimmten Intervallen stetig verhält.

damit Ausdruck und Folge eines kulturevolutionären Prozesses: So pflegt ein Richter, seine Verhandlungen nicht in seinem privaten Schlafgemach zu halten, würde kein Anwalt vor Gericht argumentieren, dass die verwaltungsrechtliche Anfechtungsklage keine Klagefrist kennt und auch niemand der Aussage widersprechen, dass Autos für Menschen Mittel zum Transport sein könnten oder hochkonzentrierte Salzsäure kein Getränk sei (4. Rhetorische Eindeutigkeit bei sprachlich-kultureller Übercodierung). Die zuletzt genannte Weise ist allerdings weniger revisionsstabil als die übrigen Weisen, auf denen „Übercodiertheit" beruhen kann: Es ist weniger problematisch oder folgenreich (und daher weniger unwahrscheinlich), wenn die Zuverlässigkeitsvoraussetzung „Klagefrist" im Verwaltungsprozess aufgehoben wird und Richter im Bett Prozesse leiten, als wenn der „Satz vom Widerspruch" außer Kraft gesetzt, karmesinrote Dinge „grün" genannt oder das Geschehen bei einem Foltermord nicht als „grausam", sondern als „gewöhnliches Tötungs- und Sterbegeschehen" qualifiziert werden.[795] Was allerdings bis zu einem gewissen Grad auch im Bereich sensueller, logischer und sprachlich-kultureller Übercodierung möglich ist, ist ein beschränkter Etikettentausch, wie er etwa der juristischen Fiktion – also zum Beispiel der Gleichsetzung des „männlichen Bademeisters" mit einer „Frau" zur Frage der Befugnis zum Aufenthalt in einem Damenbad[796] – zugrunde liegt. Affektische Übercodierungen lassen sich mit dem Mittel der juristischen Fiktion dagegen schwieriger oder gar nicht wegfingieren.

Der Begriff der Codiertheit bezeichnet also den Grad der übersituativen Vorprägung eines Begründungsverhaltens in der konkreten Handlungssituation und steht im Gegensatz zu dem Erfordernis und Moment innovativer Situationsbewältigung. Derart kreative Eigenleistungen werden als Pol am

795 Damit soll aber nicht die viel zu starke These verbunden sein, dass kulturevolutionäre Codierungsprozesse ihrerseits keine Rückwirkung auf die kognitive bzw. sensuell-affektische Ebene nehmen könnten. Vgl. in diesem Kontext die durchaus umstrittene Sapir-Whorf-Hypothese in *Benjamin Lee Whorf*, Sprache – Denken Wirklichkeit; vgl. auch *Umberto Eco*, Einführung in die Semiotik, S. 85 ff. Neuerdings wird in der Linguistik ein „Wiedererstarken des linguistischen Relativitätsprinzips" attestiert, vgl. *Martin Thiering (Hrsg.)*, Die Neo-Whorfian-Theorie: Das Wiedererstarken des linguistischen Relativitätsprinzips, in: Zeitschrift für Semiotik 35 Heft 1/2 (2013), S. 3 ff. Zudem sind Regeln der Logik selbst als Standards der Argumentation begründungsbedürftig, vgl. hierzu FN 170. Vor diesem Hintergrund werden die hier getrennt präsentierten Quellen der Übercodierung als miteinander in Wechselwirkung stehend verstanden.

796 Vgl. zu diesem Fall *Dieter Simon*, Fiktionen (FN 23).

anderen Ende des Kontinuums „untercodiert“ genannt. Abnehmend nach dem Grad der Codierung können die Enthymeme in eine typologische Ordnung gebracht werden, an deren Spitze mit dem Tekmerion- und Eikos-Enthymem die Gruppe der deduktionsorientierten Enthymeme steht (einen präformierten Pfad nachvollziehende Argumentation). Auf sie folgen mit den Semeion- und paradeigmatischen Enthymemen die induktionsorientierten Formen. Das Semeion-Enthymem hat aufgrund der Einbettung in eine begriffliche Hierarchie, innerhalb derer in einer der enumerativen Induktion angenäherten Weise induziert wird, eine im Vergleich zum paradeigmatischen Enthymem stärker übersituativ an vorgeprägten Beständen ausgerichtete Charakteristik, ist jedoch immer noch kreative Eigenleistung: Der Richter entscheidet autonom in der jeweiligen Entscheidungs- und Begründungssituation, was innerhalb eines Begriffsfeldes darstellungswürdig ist und was als unproblematisch fortgelassen werden kann. Insofern kann von einem „mittleren“ Codierungsgrad gesprochen werden. Im Gegensatz hierzu ist das paradeigmatische Enthymem als „untercodiert“ durch schöpferische Leistungen der argumentierenden Instanz charakterisiert. Es ist geprägt durch klassenübergreifende Induktionen in einem wenig verfestigten begrifflichen Umfeld. Gar keinen Anschluss mehr an vorgängige Bestände findet das *eristische Enthymem*, das allenfalls den Charakter einer vorgetäuschten Fremdreferenz besitzt und in diesem Sinne „fehlcodiert“ ist. Nimmt man noch die Klasse der Logos-Figuren als quasi-argumentative Formation hinzu, ergibt sich im Anschluss an *von Schlieffen* in tabellarischer Form die folgende Typologie der Enthymeme:[797]

797 Vgl. das Vorbild von *Katharina von Schlieffen*, Wie Juristen begründen, in: JZ 2011, S. 114.

		Optional: Endoxon kann erscheinen als			**Grundstruktur**	**Codierungsgrad**
		Regel	**Backing**	**Pathos**		
I.	Tekmerion-Enthymem	Ja	Ja	Ja	Deduktion/ Orientierung an Deduktion	Übercodiert
II.	Eikos-Enthymem	Ja	Ja	Ja	Orientierung an Deduktion	Übercodiert
III.	Semeion-Enthymem	Nein	Ja	Ja	Orientierung an enumerativer Induktion	Mittlerer Codierungsgrad
IV.	Paradeigmatisches Enthymem	Nein	Ja	Ja	Klassenübergreifende Induktion	Untercodiert
V.	Logos-Figuren	Nein	Grds. nein, teils angedeutet	Ja	Teils fließender Übergang zur klassenübergreifenden Induktion	Äußerst niedrige Codierung
VI.	Eristisches Enthymem	Nur scheinbar	Nur scheinbar	Ja	offen	Untercodiert (fehlcodiert)

Schluss

Ausgangspunkt dieser Arbeit war *Max Webers* Verortung der Analogie in einem vormodernen, mythologischen und angelsächsischen Rechtsdenken, das im Widersatz stehe zu einem modernen, wissenschaftlichen, kontinentaleuropäischen Rechtsdenken, das vom Prinzip des Syllogismus beherrscht sei. Es hat sich erwiesen, dass die *Webersche* These vom Sieg des syllogistischen Prinzips selbst einen Mythos formuliert. In Verkehrung der fünf zu Anfang von *Weber* angeführten Postulate findet sich knapp 100 Jahre später bestätigt,

1. dass eine konkrete Rechtsentscheidung nicht bloß die Folge der „Anwendung" eines abstrakten Rechtssatzes auf einen konkreten „Tatbestand" ist,
2. dass für einen konkreten Tatbestand mit den Mitteln der Logik eine Entscheidung nicht aus präetablierten, abstrakten Rechtsätzen gewonnen werden kann,
3. dass das, was sich juristisch nicht rational „konstruieren" lässt, trotzdem juristisch relevant sein kann,
4. dass das Gemeinschaftshandeln der Menschen nicht durchweg und nicht einmal überwiegend als „Anwendung" oder „Ausführung" von Rechtssätzen gedeutet werden kann und Gestaltungsakte – insbesondere der Judikative – notwendige Bestandteile einer jeden Rechtsentscheidung sind und nicht zwangsläufig gegen Rechtssätze verstoßen,
5. dass die Darstellung von Recht als einem System von Rechtsregeln und Rechtsprinzipien, das eine Rechtsentscheidung zumindest latent in sich enthalte, zwar eine Fiktion aktualisiert, die der Entscheidungsperson allerdings aus sozialen bzw. rhetorischen Gründe abverlangt wird und
6. Rechtsprechung den vormodernen Regeln der Rhetorik, nicht der Wissenschaft folgt, dennoch weder beliebig noch schlechthin irrational ist.

Die Theorie einer durch Syllogismus oder Deduktion dominierten Form der Genese oder Begründung von Recht wurde in dieser Arbeit widerlegt. Weder wäre dieses Programm theoretisch vollständig umsetzbar noch dessen Umsetzung praktisch wünschenswert. Vor die Alternative gestellt, sich zur Frage zu entscheiden, ob Recht in seinen Dimensionen der Begründung und Findung durch das Prinzip der Analogie oder des Syllogismus gekennzeichnet sei, fällt die Entscheidung eindeutig zugunsten der Analogie aus. Dennoch wäre es offenkundig falsch, Recht anstelle durch die methodisch-dogmatischen Muster von Auslegung und Subsumtion (Prinzip Syllogismus) nunmehr durch Rechts- und Gesetzesanalogie (Prinzip Analogie) geprägt zu sehen. Eine solche Deutung würde, selbst falls man den juristischen Analogiebegriff um die Fälle der Analogie im untechnischen Sinne erweitert, verdecken, dass der

Analogiebegriff als zunächst theoretischer (das bedeutet logischer oder argumentationstheoretischer) Begriff auf einer verschiedenen Ebene liegt.

In dieser Arbeit wurden die Argumentations- oder Schlussweisen, die hinter diesen dogmatisch-methodischen Formationen stehen, analysiert, typisiert und schematisiert. Dies geschah unter Anknüpfung an und Fortbildung der auch heute geläufigen und bereits bei *Aristoteles*, *Kant* und *Peirce* diskutierten Schluss- oder Überzeugungsweisen der Deduktion, Induktion, Analogie und Abduktion. Dabei zeigte sich zunächst, dass Induktionen in zwei verschiedenen Weisen auftreten können: einmal in enumerativer Weise als induktiver Schluss innerhalb verfestigter Klassen, das andere Mal in klassenübergreifender Weise. Die Analogie, die in dieser Arbeit im Anschluss an die logische Form des aristotelischen Paradeigma rekonstruiert wurde, wurde hinsichtlich ihrer strukturalen Charakteristika als isomorph zur Abduktion ausgewiesen. Beide Schlussweisen sind komplex in dem Sinne, dass sie sich aus Induktion(en) und Deduktion(en) zusammensetzen, wobei ihr logisches Charakteristikum die klassenübergreifende Induktion ist. Die klassenübergreifende Induktion bewirkt, dass bei Analogie und Abduktion weder – wie bei der Deduktion – ein Wahrheitstransfer stattfindet noch – wie es grundsätzlich bei der enumerativen Induktion denkbar ist – ein statistischer Wahrscheinlichkeitsgrad für die Richtigkeit der Konklusion angegeben kann, sondern eine Konklusion lediglich gemäß der rhetorischen Wahrscheinlichkeit (*verisimilitudo*) in einer konkreten Handlungs- und Entscheidungssituation als plausibel zur Bewältigung einer Problemlage empfunden werden kann.

Erst gedacht in Verbindung mit dieser Problemlage werden die Konzepte der „Ähnlichkeit“ und „Differenz“ verständlich, die den Konstruktionsprozess von Begriffen oder Klassen sowie die Zuordnung lebensweltlicher Entitäten zu ihnen beherrschen. Der analogische Modus ermöglicht im dynamischen Geschehen namens Leben einerseits Kontinuität, anderseits Wandel und Anpassung. „Identität“ ebenso wie „totale Differenz“ sind bei dem erwähnten Zuordnungsvorgang nur die idealen Pole, zwischen denen ein Kontinuum aufgespannt ist. Zuordnungen werden durch ein hintergründiges Netz von auch intersubjektiv geteilten Codes verschiedener – sensuell-affektischer, logischer, kulturell-sprachlicher – Art „gesteuert“. Die Entscheidung darüber, ob eine Entität „hinreichend ähnlich“ für die Zuordnung zu einem Begriff ist oder – allgemeiner – wie sie in das übersituative „Web of Belief“ (*Quine/Ulian*) möglichst bestandsschonend („kohärent“) „eingehängt“ werden kann, kann durch dieses Netz weitgehend vorgezeichnet sein („Übercodierung“) und daher als Gewissheit oder Zwang erlebt werden oder aber wegen gegenläufiger oder fehlender Codierungen diffuser sein und gestalterische Optionen offen lassen und einfordern („Untercodierung"). Diese hintergründigen Codierungen einer Entscheidung vollständig offenzulegen ist unmöglich.

Zusammengeführt wurden die oben erwähnten logischen Grundstrukturen mit dem argumentationstheoretischen Konzept des Enthymems, das in substantieller und zwangsläufig fragmentarischer Argumentation – wie der juristischen – materielle Begründungszusammenhänge zu untersuchen hilft. Die Abduktion gehört nicht in diesen Kontext, da sie keine Begründungs-, sondern eine Findefunktion übernimmt. Obgleich in der Struktur nicht verschieden von der Analogie, antwortet sie in einer verschiedenen Modalität auf eine verschobene Fragestellung. Wie auch das Enthymem kann die Abduktion durch „Übercodiertheit" und „Untercodiertheit" charakterisiert sein.

Obgleich in rechtlichen Begründungen eine klassenübergreifende Induktion unausweichlich ist und Rechtsentscheidungen kaum je als durch Regeln vollständig determiniert präsentiert werden können, wird eine Engführung des Enthymembegriffs durch seine Identifizierung mit der Analogie im Konzept des „paradeigmatischen Enthymems" hier nicht vertreten. Stattdessen wurden dem „paradeigmatischen Enthymem" weitere Enthymemtypen zur Seite gestellt, die sich je nach Stärke der Codierung unterscheiden. Sie alle weisen – wenn auch in verschiedenem Grad – ein analogisches Moment auf, das ihrer scharfen Abgrenzung gegeneinander zumindest in Grenzbereichen entgegensteht. Wichtiger als die globale Charakterisierung juridischer Argumentation als „analogisch" oder „syllogistisch" sind aber Analysen der Eigenheiten verschiedener Phasen und Schichten rechtlicher Begründungsarbeit und das Ineinandergreifen der daran beteiligten Argumente. In erster Linie um dem strukturalen Pluralismus von Rechtsbegründungen gerecht zu werden, wurden die Konzepte und Schematisierungen dieser Arbeit entwickelt. Es wird dazu eingeladen, sich ihrer zu bedienen, sie zu erweitern und zu verfeinern, um die Strukturen in Rechtsbegründungen in einer reichhaltigeren Weise beschreiben zu können.

Einführung in die Aussagen- und Prädikatenlogik

Zum besseren Verständnis seien hier kurz in eher intuitiver Weise Symbolik und Funktionsweise der Aussagen- und Prädikatenlogik zusammengefasst erläutert:

Das *Konditional* „*Wenn* Vordersatz p, *dann* Hintersatz q“ wird durch einen Pfeil „→“ dargestellt, die vollständige Symbolisierung in der Aussagenlogik lautete entsprechend:

$$p \rightarrow q.$$

Die *Äquivalenz* „*Immer und nur dann wenn* Vordersatz p, *dann* Hintersatz q“ wird durch einen Doppelpfeil „↔“ dargestellt:

$$p \leftrightarrow q.$$

Die *Konjunktion* der „Aussage A *und* der Aussage B“ wird durch ein umgedrehtes, kleines V „∧“ dargestellt: $A \wedge B$.

Die *Disjunktion* der „Aussage A *oder* der Aussage B“ wird durch ein kleines V „∨“ dargestellt:

$$A \vee B.$$

Die *Negation* der Aussage A wird durch einen vorangestellten Haken „¬“ dargestellt:

$$\neg A.$$

Die symbolisierten Funktionen können in sogenannten Wahrheitstafeln definiert werden, in denen die zwei Werte wahr „w“ und falsch „f“ einerseits den Aussagen oder Sätzen andererseits den Verbindungen dieser Aussagen durch Junktoren zugewiesen werden:

A	**B**	**A ∧ B**	**A**	**B**	**A ∨ B**	**A**	**¬A**
w	w	w	w	w	w	w	f
w	f	f	w	f	w	f	w
f	w	f	f	w	w		
f	f	f	f	f	f		

In der ersten Zeile zur Konjunktion A ∧ B wird so definiert, dass diese den Wahrheitswert wahr „w" zugewiesen bekommt, wenn sowohl Aussage A als auch Aussage B dieser Wahrheitswert zugewiesen ist. Bei den anderen drei kombinatorisch möglichen Zuweisungen der Wahrheitswerter erhält die Konjunktion den Wahrheitswert falsch. Die Disjunktion A ∨ B erhält dagegen nur dann den Wahrheitswert falsch, wenn beide Aussagen den Wahrheitswerten falsch erhalten. Die Negation wiederum ist nur dann wahr, wenn die negierte Aussage falsch ist. Sowohl Konjunktion als auch Disjunktion lassen sich beliebig um weitere Aussagen erweitern.

p	**q**	**p → q**	**p**	**q**	**p ↔ q**
w	w	w	w	w	w
w	f	f	w	f	f
f	w	w	f	w	f
f	f	w	f	f	w

In dieser Tabelle kann man links an der dritten Zeile das Problem der materiellen Implikation bzw. das ex-falso-quod-libet-Theorem festmachen, da das Konditional so definiert ist, dass bei dem Wahrheitswert f des Vordersatzes und einem Wahrheitswert w des Hintersatzes das Konditional den Wahrheitswert w erhält. Theoretisch könnte das Konditional auch anders definiert werden, man würde damit allerdings aussagen, dass der indirekte Beweis als (mathematische) Beweisform unzulässig ist, handelte sich also für manche Kontexte gravierende Folgeprobleme ein.

Die Schemata lassen sich beliebig kombinieren. Hier seien die Verbindung von Konjunktion, Negation und Konditional demonstriert:

A	**B**	**C**	**A ∧ ¬B → C**
w	w	w	w
w	f	f	f
w	f	w	w
w	w	f	w
f	w	w	w
f	f	w	w
f	f	f	w
f	w	f	w

Nur die Wertebelegung in der zweiten Zeile würde zu einem falschen Konditional führen.

In der Erweiterung der Aussagenlogik durch die Prädikatenlogik werden einerseits Großbuchstaben für die Symbolisierung von Prädikaten verwendet, Kleinbuchstaben hingegen stehen für Zuweisungssubjekte. Wenn F für „ist groß" und a für „der Berg a" steht, so bedeutet Fa, dass der Berg a groß ist. Entscheidend ist aber die Einführung der Quantoren ∀ und ∃. ∀ ist der sogenannte Allquantor, ∃ wird Existenzquantor genannt. Auf beide folgt üblicherweise ein Kleinbuchstabe vom hinteren Ende des Alphabets w, x, y z, der eine ganze Klasse von zum Beispiel Bergen signifiziert, wohingegen vorhin ein bestimmter Berg a bezeichnet werden sollte.

In Verbundenheit mit der Aussagenlogik bedeutet ∀x: Fx → Gx übersetzt:

„Für alle x gilt, dass, wenn x ein F ist, x notwendigerweise auch ein G ist."

Widerlegt wäre diese Regel also, wenn es ein x gibt, das zwar ein F, aber kein G ist.

(∃x) Fx ∧ Gx bedeutet dagegen, dass es mindestens ein x gibt, das ein F und auch ein G ist.

Quantoren lassen sich auch miteinander kombinieren:

$$\forall x\text{: }((\exists x)\ Fx \land Gx) \rightarrow (Gx \rightarrow Fx).$$

Der außenstehende Universalquantor zeigt, dass der folgende Aussageteil eine Regel für alle x konstituiert. Innerhalb dieser Regel steht der Existenzquantor im Vordersatz. Im Hintersatz dagegen steht ein weiteres Konditional. Übersetzt bedeutet die Symbolisierung also: Für alle x gilt, dass, wenn es mindestens ein x gibt, welches sowohl F als auch G ist, alle x, die F sind auch G sind. Dem zweiten Konditional muss kein Universalquantor mehr vorangestellt werden, weil durch den außenstehende Universalquantor bereits klargestellt wird, dass es sich um einen Allsatz handelt.

Glossar

Abduktion:	Schlussform in der Schlusslehre von Peirce, die der Apagoge als Schluss auf die plausibelste Erklärung gleicht: Charakteristikum ist, dass von einer sicheren Prämisse – dem Ergebnis – und einer fragwürdigen Prämisse – der Regel – auf eine Konklusion – den Fall – geschlossen wird, allerdings muss bei Peirce der gleichfalls unsichere Fall, auf den geschlossen wird, besser gestützt sein als die Regel. Die Konklusion „Fall" kann bei ihrer Widerlegung eine bestimmte Regelformulierung zu Fall bringen.
Apagoge:	Schlussform in der Schlusslehre des Aristoteles, die der Abduktion als Schluss auf die plausibelste Erklärung entspricht: Charakteristikum ist, dass von einer sicheren Prämisse sowie einer fragwürdigen Prämisse, die nicht schlechter gestützt ist als die gleichfalls unsichere Konklusion, auf letztere geschlossen werden kann.
Auditorium:	Wird in der analytischen Rechtsrhetorik entgegen seiner unmittelbaren Bedeutung weit interpretiert und umfasst neben der Zuhörerschaft einer mündlichen Rede auch die Leserschaft eines verschriftlichten Textes, wird also weiter im Sinne von Adressatenkreis verstanden. Hintergrund ist, dass im attischen Rechtswesen nur mündlich vor Volksgerichten vorgetragen wurde und Aristoteles Rhetorik sich zunächst nur auf diese verengte Form von Rhetorik konzentrierte.
Backing:	Stützungsaspekte im Toulmin-Schema, bezogen auf Übergangsregeln (Warrants)
Deduktion:	Formgültiger Schluss vom Allgemeinen auf das Allgemeine oder Besondere

Endoxon: Bedeutet übersetzt „anerkannte Meinung", also eine Meinung, die vom Auditorium als wahrheitsähnliche Aussage akzeptiert wird; erfasst sind also insbesondere akzeptierte Dogmen und Gesetzesnormen. Zugeordnet werden Endoxa der Wirkmittelebene des Ethos.

Enthymem: Begriff des Arguments in einer rhetorischen Handlungssituation, das nach der hier vertretenen Interpretation vier spezifischere Ausformungen kennt. In Eikos- und Tekmerion-Enthymemen wird eine Behauptung durch einen Grund unter (impliziter) Stützung auf einen vom Auditorium geteilten Übergangsaspekt eingeführt, wohingegen bei Semeion- und paradeigmatischen Enthymem es an einem solchen Übergangsaspekt fehlt, er durch die Rede also erst eingeführt werden kann.

Epagoge: „Vollständige Induktion", obwohl von Aristoteles bei den rhetorischen Schlüssen diskutiert, handelt es sich bei der vollständigen Induktion um einen gültigen Schluss. Allerdings setzt Aristoteles hierzu eine Prämissenkonversion und die vollständige Beobachtung aller Vorkommnisse der Induktionsbasis voraus.

Ethos: Wirkmittelebene, die auf vom Auditorium geteilte Wert- und Wirklichkeitsvorstellungen referiert.

Ex-falso-quod-libet-Theorem:	Befasst sich mit der Problematik, dass aus einer Falschheit Beliebiges folgt. In der Aussagen- und Prädikatenlogik ist ein Schluss immer dann wahr, wenn der Vordersatz falsch ist. Es ist dann also gleichgültig, ob der Hintersatz wahr oder falsch ist. Bsp.: Wenn sich Textilfasern auf dem Sitz eines Autos befinden, dann hat dort auch niemand gesessen (p → q), nun befinden sich aber keine Textilfasern auf dem Sitz eines Autos (¬p), also ist es sowohl logisch gesehen richtig, dass auf dem Sitz jemand gesessen hat (q) oder auch dort nicht gesessen hat (¬q). Hieraus folgt die Problematik der fehlenden Möglichkeit, materielle Implikationen in einem Kalkül der Aussagen- und Prädikatenlogik darzustellen. Gelöst kann das Problem vielleicht dadurch, dass einer Falschheit in bestimmten Kontexten die Begründungskraft fehlt.
Induktion:	Schluss vom Besonderen auf das Allgemeine, wird hier untergliedert in die enumerative und die klassenübergreifende Induktion.
Logos:	Wirkmittelebene, die auf eine logisch-argumentative Funktion referiert.
Materielle Implikation:	Sind Relationen, in denen ein Grund mit einer Ursache (Kausalität), eine Zweckbestimmung mit einer Handlung (Finalität) oder eine Begründung mit einer Behauptung (Argument) verknüpft werden. Diese lassen sich wegen der Problematik des ex-falso-quod-libet-Theorems nur scheinbar zwangslos in der Gestalt eines Konditionals repräsentieren.
Modus ponendo ponens:	Bedeutet wörtlich „setzender Modus" in dem der bejahte Vordersatz den Schluss auf die Bejahung auch des Hintersatzes erlaubt: Wenn sich Textilfasern auf dem Sitz eines Autos befinden, dann hat dort auch niemand gesessen (p → q), nun befinden sich auf dem Autositz aber Textilfasern (p), also hat dort jemand gesessen (q).

Modus tollendo tollens:	Bedeutet wörtlich „aufhebender Modus", in dem der negierte Hintersatz den Schluss auf die Negation auch des Vordersatzes erlaubt: Wenn sich Textilfasern auf dem Sitz eines Autos befinden, dann hat dort jemand gesessen ($p \rightarrow q$), nun hat aber auf dem Sitz eines Autos niemand gesessen ($\neg q$), also befinden sich dort auch keine Textilfaser. ($\neg p$).
Paradeigma:	Eine der rhetorischen und komplexen Schlussformen in der Analytik des Aristoteles, die sich aus einer induktiven und einer deduktiven Phase zusammensetzt. Kennzeichen ist die induktive Einführung einer Regel, von der aus deduktiv geschlossen wird.
Pathos:	Wirkmittel, die affektisch-sensuelle Dispositionen des Auditoriums adressieren wie z. B. rhetorische Figuren.
Pisteis:	Beweismittel in der Rhetorik von Aristoteles, der zwischen technischen Beweismitteln (pisteis technoi) wie redegestalterischen Mitteln aus den Dimensionen Ethos, Pathos und Logos und untechnischen Beweismitteln (pisteis atechnoi) wie Zeugenaussagen, Urkunden und Ergebnisse der Augenscheinnahme differenziert.
Probabilitas:	Statistische Wahrscheinlichkeit
Quaternio terminorum:	Vierheit der Begriffe: In einem Syllogismus gibt es mit Ober-, Mittel- und Unterbegriff drei Begriffe, bei der Aufnahme eines vierten Begriffs (etwa durch Homonymie) ist der Syllogismus nicht mehr gültig. Bsp.: Aus dem Obersatz „Alle Semiotiker sind Wissenschaftler" und dem Untersatz „Alle Wissenschaftler sind sorgfältig" wird die Konklusion „Alle Semiotiker sind methodenbewusst" gezogen.
Rebuttal:	Widerlegungsgrund im Toulmin-Schema

Russelsche Antinomie:	Ist ein Paradox der (naiven) Mengenlehre, mit dem Bertrand Russell im Wege eines Widerspruchsbeweises einen Fehler bei Freges Versuch, mit der von ihm entwickelten Prädikatenlogik die Arithmetik auf ein mengentheoretisches Axiomensystem aufzubauen, nachweist. Russell führt den Beweis mit einer „Klasse aller Klassen, die sich nicht selbst als Element enthält." Er veranschaulicht seine Beweisführung mit dem berühmten Barbierbeispiel: „Man kann einen Barbier als einen definieren, der all jene und nur jene rasiert, die sich nicht selbst rasieren. Die Frage ist: Rasiert der Barbier sich selbst?" Wenn der Barbier sich nicht rasiert, dann rasiert er sich nach dieser Definition selbst. Wenn er sich dagegen rasiert, dann rasiert er sich nach dieser Definition gerade nicht selbst.
Semeion:	Nicht-notwendiges Zeichen
Syllogismus:	Ist eine formell zwingende Schlussform und gleichsam der Urtyp einer Deduktion, den Aristoteles in seiner ersten Analytik entwickelt hat. Bei ihr handelt sich um einen Schluss aus zwei Prämissen, dem Ober- und dem Untersatz, woraus auf einen Schlusssatz geschlossen wird. Erst durch die scholastische Weiterentwicklung wurde im aristotelischen Modus barbara (die drei „a" in Barbara weisen noch auf 3 drei allgemein bejahende Sätze hin) die Aufnahme singulärer Terme üblich. In der scholastischen Form lautet der Obersatz „Alle C sind B", der Untersatz „A ist ein C" und der Schlusssatz „A ist ein B".
Tekmerion:	Notwendiges Zeichen
Topos:	Fundort für die Bildung von Prämissen in Argumenten, wiederum unterteilt in formelle und materielle Topoi.
Transitivitätsgesetz:	Gesetz aus der Relationenlogik: Wenn x in einer Relation zu y steht und y in derselben Relation zu z, dann folgt daraus, dass auch x in dieser Relation zu z steht. Bsp.: Wenn x kleiner ist als y und y kleiner als z, dann ist x auch kleiner als z, gilt aber auch für den hypothetischen Syllogismus bzw. die Implikation: Wenn aus a b folgt und aus b c folgt, dann folgt aus a c ($a \rightarrow b$ und $b \rightarrow c$, also $a \rightarrow c$).

Trägheitsprinzip:	Wer etwas ändern möchte, trägt die Argumentationslast dafür, muss also Gründe vorzubringen, die nahelegen, dass das Neue besser als das Alte ist. Für die Wahrung des status quo hingegen braucht man keine Gründe.
Universalisierbarkeitsprinzip:	Ethisches Grundprinzip, das allerdings verschiedene Formulierungen gefunden hat: In der Formulierung von Hare geht es darum, dass eine Handlung allgemein als ethisch präferiert gilt und nicht abhängig von der Identität des Handelnden ist. Hieraus wird der Gedanke gewonnen, dass die Handlung von einer universell geltenden Regel angeleitet wird: In allen Handlungssituationen, die derjenigen, für die die Regel begründet worden ist, in allen wesentlicheren Hinsichten gleich ist, ist die in dieser Regel bestimmte Handlung vorzunehmen. In der Diskurstheorie von Alexy wird diese Regel durch Allquantifizierung repräsentiert.
Unvollständigkeitssatz (Gödel):	Eigentlich sind es zwei Unvollständigkeitssätze: Nach dem ersten Satz sind hinreichend mächtige, rekursiv aufzählbare formale System – bezogen auf die Arithmetik – entweder unvollständig oder widersprüchlich. Nach dem zweiten können solche Systeme nicht ihre eigene Konsistenz beweisen.
Verisimilitudo:	Rhetorische Wahrscheinlichkeit oder Plausibilität. Steht im Gegensatz zur statistischen Wahrscheinlichkeit
Warrant:	Übergangsregeln im Toulmin-Schema

Literaturverzeichnis

Aichele, Alexander: Enthymematik und Wahrscheinlichkeit, in: von Schlieffen, Katharina (Hrsg.), Das Enthymem. Zur Rhetorik des juridischen Begründens. Rechtstheorie 42 Heft 4, Berlin 2011, S. 495 ff.

Ahmling, Rebecca: Analogiebildung durch den EuGH im europäischen Privatrecht, Berlin 2012.

Alexy, Robert: Theorie der juristischen Argumentation, 2. Aufl., Frankfurt a. M. 1991.

Ders.: Theorie der Grundrechte, Frankfurt a. M. 1994.

Ders.: Die logische Analyse juristischer Entscheidungen, in: ders., Logik und Vernunft, Frankfurt a. M. 1995, S. 13 ff.

Ders.: Verfassungsrecht und einfaches Recht, in: Veröffentlichungen der Vereinigung deutscher Staatsrechtslehrer (VVDStR) 61 (2002), S. 25 ff.

Ders.: Die Gewichtsformel, in: Jickeli, Joachim / Kreutz, Peter / Reuter, Dieter (Hrsg.), Gedächtnisschrift für Jürgen Sonnenschein, Berlin 2003, S. 771 ff.

Ders.: Arthur Kaufmanns Theorie der Rechtsgewinnung, in: Neumann, Ulfrid / Hassemer, Winfried / Schroth, Ulrich, Verantwortetes Recht. Die Rechtsphilosophie Arthur Kaufmanns. Archiv für Rechts- und Sozialphilosophie (ARSP) Beiheft Nr. 100, Stuttgart 2005, S. 47 ff.

Ders.: Zwei oder drei?, in: Stamm, Jürgen (Hrsg.), Festschrift für Helmut Rüßmann, Saarbrücken 2013, S. 3 ff.

Anonym: Dissoi Logoi. Zweierlei Ansichten: Ein sophistischer Traktat. Text – Übersetzung – Kommentar. Herausgegeben von Peter Scholz und Alexander Becker, Berlin 2004.

Aristoteles: Zweite Analytiken. Mit einer Einleitung, Übersetzung und Kommentar herausgegeben von Horst Seidl, Hamburg 1984.

Ders.: Lehre vom Schluss oder Erste Analytik. Übersetzt und mit einer Anmerkung versehen von Eugen Rolfes. Mit einer Einleitung von Hans Günter Zekl, Hamburg 1992.

Ders.: Topik, neuntes Buch oder Über die sophistischen Widerlegungsschlüsse. Herausgegeben, übersetzt, mit Einleitung und Anmerkung versehen von Hans Günter Zekl, Hamburg 1997.

Ders.: Metaphysik. Übersetzt von Hermann Bonitz, Hamburg 1994.

Ders.: Kategorien (u.a.). Herausgegeben, übersetzt, mit einer Einleitung und Anmerkungen versehen von Hans Günter Zekl, Hamburg 1998.

Ders.: Nikomachische Ethik, Übersetzt und kommentiert von Franz Dirlmeier, 10. Aufl., Berlin 1999.

Ders.: Rhetorik, übersetzt und erläutert von Christof Rapp. Erster Halbband. Berlin 2002.

Auer, Marietta: Materialisierung, Flexibilisierung, Richterfreiheit: Generalklauseln im Spiegel der Antinomien des Privatrechtsdenkens, Tübingen 2005.

Austin, John L.: Zur Theorie der Sprachakte (How to do things with Words), Stuttgart 2010.

Babusiaux, Ulrike: Papinian Quaestiones. Zur rhetorischen Methode eines spätklassischen Juristen, München 2011.

Dies.: Der Kommentar als Haupttext, in: Kästle, David / Jansen, Nils (Hrsg.): Kommentare in Recht und Religion. Tübingen 2014, S. 15 ff.

Dies.: Römische Rechtsrhetorik, in: von Schlieffen, Katharina (Hrsg.), Handbuch Rechtsrhetorik (im Erscheinen).

Bach, Markus: Das Analogieverbot im Verwaltungsrecht, Berlin 2011.

Bäcker, Carsten: Der Syllogismus als Grundstruktur des juristischen Begründens, in: Rechtstheorie 40 (2009), S. 404 ff.

Ders.: Entscheiden und Begründen. Kritik und Rekonstruktion der Alexyschen Diskurstheorie, 2. Aufl., Baden-Baden 2012.

Ballweg, Ottmar: Rechtswissenschaft und Jurisprudenz, Basel 1970.

Ders.: Rechtsphilosophie als Grundlagenforschung der Rechtswissenschaft und der Jurisprudenz, in: ders., Analytische Rhetorik. Rhetorik, Recht und Philosophie. Herausgegeben von Katharina von Schlieffen, Frankfurt a. M. 2009, S. 3 ff.

Ders.: Phronetik, Semiotik und Rhetorik, in: ders., Analytische Rhetorik. Rhetorik, Recht und Philosophie. Herausgegeben von Katharina von Schlieffen, Frankfurt a. M. 2009, S. 87 ff.

Beaucamp, Guy: Zum Analogieverbot im öffentlichen Recht, in: Archiv für öffentliches Recht (AöR) 2009, S. 82 ff.

Beccaria, Cesare: Ueber Verbrechen und Strafe. Übersetzt von Julius Glaser, Wien 1851.

Becker-Eberhard, Ekkehart: Vorbem. zu § 253, in: Münchener Kommentar zur ZPO. Band 1, München 2016.

Blumenberg, Hans: Anthropologische Annäherung an die Rhetorik, in: ders., Wirklichkeiten in denen wir leben, Stuttgart 1981.

Bornscheuer, Lothar: Topik. Zur Struktur der gesellschaftlichen Einbildungskraft, Frankfurt a. M. 1976.

Borowski, Martin: Grundrechte als Prinzipien, 2. Aufl., Baden-Baden 2007.

Brewer, Scott: Exemplary reasoning: Semantics, Pragmatics and the rational force of legal argument by analogy, in: Harvard Law Review, Vol. 109, No. 5 (Mar., 1996), S. 949 ff.

Brodocz, André: Judikativer Minimalismus, in: Kritische Justiz (KJ) 2008, S. 178 ff.

Brozek, Bartosz: Rationality and discourse: towards a normative model of applying law, Köln 2007.

Ders.: Analogy in Legal Discourse, in: Archiv für Rechts- und Sozialphilosophie (ARSP) Vol. 94, No. 2 (2008), S. 188 ff.

Ders.: Is Analogy a Form of Legal Reasoning?, in: Borowksi, Martin / Paulsen, Stanley / Sieckmann, Jan-Reinard (Hrsg.), Rechtsphilosophie und Grundrechtstheorie: Robert Alexys System, Tübingen 2017, S. 291 ff.

Bruss, Hans-Christoph: Kommentierung zu § 701, in: Soergel, Hans Theodor (Begr.), Bürgerliches Gesetzbuch mit Einführungsgesetz und Nebengesetzen: BGB, Band 10: Schuldrecht 8, 10. Aufl., Stuttgart 2012.

Bung, Jochen: Subsumtion und Interpretation, Frankfurt a. M. 2004.

Ders.: Der juristische Syllogismus in der Methodenlehre von Karl Larenz, in: Gabriel, Gottfried / Gröschner, Rolf (Hrsg.), Subsumtion, Tübingen 2012, S. 215 ff.

Burnyeat, Myles: Enthymeme: Aristotle on the Logic of Persuasion, in: Aristotle's Rhetoric: Philosophical Essays, David J. Furley and Alexander Nehamas (Ed.), Princeton, New Jersey 1994, S. 3 ff.

Bydlinski, Franz: Juristische Methodenlehre und Rechtsbegriff, Wien 1982.

Canaris, Claus-Wilhelm: Die Feststellung von Lücken im Gesetz. Eine methodologische Studie über Voraussetzungen und Grenzen der richterlichen Rechtsfortbildung praeter legem, Berlin 1964.

Ders.: Systemdenken und Systembegriff in der Jurisprudenz, Berlin 1968.

Ders.: Methodenlehre der Rechtswissenschaft, 3. Aufl., Berlin u. a. 1995.

Canetti, Elias: Masse und Macht, Frankfurt a. M. 1980.

Carnap, Rudolf / Stegmüller, Wolfgang: Induktive Logik und Wahrscheinlichkeit, Wien 1959.

Christensen, Ralph / Müller, Friedrich: Was heißt Gesetzesbindung?, Berlin 1989.

Ders.: Die Paradoxie der Gesetzesbindung, in: Lerch, Kent (Hrsg.), Die Sprache des Rechts. Band 2: Argumentieren, Begründen und Entscheiden im Diskurs des Rechts, Berlin/New York 2005, S. 1 ff.

Ders.: Juristische Methodik. Band I: Grundlegung für die Arbeitsmethoden der Rechtspraxis, 11. Aufl., Berlin 2013.

Cicero: Topica (Topik). Übersetzt und mit einer Einleitung herausgegeben von Hans Günter Zekl, Hamburg 1983.

Cullmann, Timo: Autoritätsargumente in der Rechtsprechung des deutschen Bundesverwaltungsgerichts und des englischen Court of Appeal, Berlin 2009.

Di Fabio, Udo: § 27 Gewaltenteilung, in: Isensee, Josef / Kirchhof, Paul (Hrsg.), Handbuch des Staatsrechts. Band II, 3. Aufl., Heidelberg 2004.

Dworkin, Ronald: Bürgerrechte ernstgenommen, Frankfurt a. M. 1984.

Eco, Umberto: Semiotik und die Philosophie der Sprache, München 1985.

Ders.: Semiotik. Entwurf einer Theorie der Zeichen, München 1987.

Ders.: Einführung in die Semiotik, 9. Aufl., Stuttgart 2002.

Ders.: Die Grenzen der Interpretation, 3. Aufl., München 2004.

Eisenhardt, Ulrich: Deutsche Rechtsgeschichte, 6. Aufl., München 2013.

Engisch, Karl: Logische Studien zur Gesetzesanwendung, 3. Aufl., Heidelberg 1963.

Ders.: Einführung in das juristische Denken. Bearbeitet und fortgeführt von Thomas Würtenberger und Dirk Otto, 10. Aufl., Stuttgart 2005.

Ennuschat, Jörg: § 35 GewO, in: Tettinger, Peter / Wank, Ulrich / Ders. (Begr.), Gewerbeordnung. Kommentar, 8. Aufl., München 2011.

Esser, Josef: Vorverständnis und Methodenwahl in der Rechtsfindung, Frankfurt 1972.

Fikentscher, Wolfgang: Methoden des Rechts in vergleichender Darstellung. Band 4. Dogmatischer Teil, Tübingen 1977.

Foljanty, Lena: Recht oder Gesetz – juristische Identität und Autorität in den Naturrechtsdebatten der Nachkriegszeit, Tübingen 2013.

Foucault, Michel: Die Ordnung der Dinge, Frankfurt a. M. 1974.

van Fraassen, Bas: Laws and Symmetry, Oxford 1989.

Frege, Gottlob: Über die wissenschaftliche Berechtigung der Begriffsschrift, in: ders., Begriffsschrift und andere Aufsätze, 3. Aufl., Darmstadt 1977.

Ders.: Die Grundlagen der Arithmetik. Eine logisch mathematische Untersuchung über den Begriff der Zahl. Auf der Grundlage der Centenarausgabe herausgegeben von Christian Thiel, Hamburg 1986.

Fried, Charles: The Artificial Reason of the Law or: What Lawyers know, in: Texas Review 60 (1981), S. 35 ff.

Frotscher, Werner / Pieroth, Bodo: Verfassungsgeschichte, 12. Aufl., München 2013.

Fuchs, Andreas: Waren die Assyrer grausam?, in: Zimmermann, Martin (Hrsg.), „Extreme Formen von Gewalt in Bild und Text des Altertums“, München 2009, S. 65 ff.

Gabriel, Gottfried: Logik und Rhetorik der Erkenntnis. Zum Verhältnis von wissenschaftlicher und ästhetischer Weltauffassung, 2. Aufl., Münster 2013.

Gadamer, Hans-Georg: Wahrheit und Methode. Gesammelte Werke. Band I: Hermeneutik I, Tübingen 2010.

Gärditz, Klaus F.: Art. 20 (6. Teil), in: Berliner Kommentar zum Grundgesetz, Berlin 2013.

Gast, Wolfgang: Juristische Rhetorik, 5. Aufl., Heidelberg 2015.

Gehlen, Arnold: Der Mensch. Seine Natur und seine Stellung in der Welt, 13. Aufl. Wiesbaden 1968.

von Glasersfeld, Ernst: Universalien als Konstruktion, in: Hejl, Peter M. (Hrsg.), Universalien als Konstruktion, Frankfurt a. M. 2001, S. 241 ff.

Goodman, Nelson / Quine, W.V.O: Steps toward a constructive nominalism in: Journal of Symbolic Logic 12 (4) (1947), S. 105 ff.

Ders.: Tatsache, Fiktion, Voraussage, Frankfurt 1988.

Greco, Luis: Ist der Strafgesetzgeber an das Analogieverbot gebunden?, in: Goltdammer's Archiv für Strafrecht (GA) 2012, S. 452 ff.

Greszick, Bernd: Art. 20, in: Maunz, Theodor / Dürig, Günter (Begr.), Grundgesetz-Kommentar, 87. Ergänzungslieferung, München 2019.

Groarke, Leo: “Informal Logic”, The Stanford Encyclopedia of Philosophy (Summer 2019 Edition), Edward N. Zalta (ed.), abrufbar unter: https://plato.stanford.edu/archives/sum2019/entries/logic-informal/ (Stand: 31.10.2019).

Gröschner, Rolf: Jurisprudenz und Enthymem – eine leidenschaftliche Liaison, in: von Schlieffen, Katharina (Hrsg.), Das Enthymem. Zur Rhetorik des juridischen Begründens. Rechtstheorie 42 Heft 4, Berlin 2011, S. 515 ff.

Ders.: Dialogik des Rechts. Philosophische, dogmatische und methodologische Grundlagenarbeiten 1982–2012, Tübingen 2013.

Grotius, Hugo: De jure belli ac pacis libri tres. Neuer deutscher Text und Einleitung von Walter Schätzel, Tübingen 1950.

Grundmann, Thomas: Analytische Einführung in die Erkenntnistheorie, Berlin 2008.

Gruschke, Daniel: Vagheit im Recht: Grenzfälle und fließende Übergänge im Horizont des Rechtsstaats, Berlin 2014.

Habermas, Jürgen: Theorie des kommunikativen Handelns. Band 1: Handlungsrationalität und gesellschaftliche Rationalisierung, Frankfurt a. M. 1995.

Ders.: Faktizität und Geltung, Frankfurt a. M. 1998.

Habersack, Matthias / Mayer, Christian: § 14 Die überschießende Richtlinienumsetzung, in: Riesenhuber, Karl (Hrsg.), Europäische Methodenlehre. Handbuch für Ausbildung und Praxis, 3. Aufl., Berlin 2015, S. 297 ff.

Hare, Richard M.: Moralisches Denken: seine Ebenen, seine Methoden, sein Witz, Frankfurt a. M. 1992.

Hart, H. L. A.: Der Begriff des Rechts. Mit dem Postskriptum von 1994 und einem Nachwort von Christoph Möllers, Frankfurt a. M. 2011.

Hassemer, Winfried: Tatbestand und Typus. Untersuchungen zur strafrechtlichen Hermeneutik, Köln 1968.

Häublin, Martin: Kommentierung zu § 536 BGB, in: Münchener Kommentar zum BGB. Band 5/1, 7. Aufl., München 2018.

Heller, Theodor: Logik und Axiologie der analogen Rechtsanwendung, Berlin 1961.

Hempel, Carl Gustav: The Philosophy of Carl Gustav Hempel. Studies in Science, Explanation and Rationality edited by James H. Fetzer, Oxford 2011.

Henssler, Martin: Kommentierung zu § 701 BGB, in: Münchener Kommentar zum BGB. Band 5/2, 7. Aufl., München 2017.

Herberger, Maximilian / Simon, Dieter: Wissenschaftstheorie für Juristen, Frankfurt a. M. 1980.

Heyder, Udo: Gültigkeit und Nutzen der besonderen juristischen Schlussformen in der Rechtsfortbildung, Göttingen 2010.

Hillgruber, Christian: Art. 97, in: Maunz, Theodor / Dürig, Günter (Begr.), Grundgesetz-Kommentar, 87. Ergänzungslieferung, München 2019.

Hischer, Horst: Grundlegende Begriffe der Mathematik: Entstehung und Entwicklung, Wiesbaden 2012.

Hoffman, Dirk W.: Die Grenzen der Mathematik. Eine Reise durch die Kerngebiete der mathematischen Logik, 2. Aufl., Heidelberg 2011.

Hofstadter, Douglas / Sander, Emmanuel: Die Analogie. Herz des Denkens, Stuttgart 2014.

Honsell, Hans Heinrich: Einleitung zum Bürgerlichen Gesetzbuch, in: Staudinger, Hans Julius (Begr.), Kommentar zum Bürgerlichen Gesetzbuch. Buch 1: Allgemeiner Teil: Einleitung zum BGB; §§ 1–14; VerschG, Berlin 2013.

Horn, Dieter: Rechtssprache und Kommunikation, Berlin 1966.

Hoyningen-Huene, Paul: Systematicity: The Nature of Science, Oxford 2013.

Hromkovič, Juraj: Formale Sprachen, Berechenbarkeit, Komplexitätstheorie, Algorithmik, Kommunikation und Krypographie, 3. Aufl., Wiesbaden 2007.

Hruschka, Joachim: Das Verstehen von Rechtstexten – zur hermeneutischen Transpositivität des positiven Rechts, München 1972.

Ipsen, Jörn: Richterrecht und Verfassung, Berlin 1975.

Jachmann, Monika: Die Fiktion im öffentlichen Recht, Berlin 1998.

Joerden, Jan: Logik im Recht, 2. Aufl., Heidelberg u. a. 2009.

Johnston, Lewis A.: Die rhetorische Architektur erstinstanzlicher Strafentscheidungen, Frankfurt a. M. 2015.

Kalinowski, Georges: Die Rhetorik des Aristoteles und die juristische Logik, in: Ballweg, Ottmar / Seibert, Thomas-Michael (Hrsg.), Rhetorische Rechtstheorie. Festschrift für Viehweg zum 75. Geburtstag, München 1982, S. 99 ff.

Kant, Immanuel: Logik. Ein Handbuch zu Vorlesungen, in: Kirchmann, J. H. (Hrsg.), Philosophie Bibliothek oder Sammlung der Hauptwerke der Philosophie alter und neuer Zeit. Dreiundzwanzigster Band, 2. Aufl., Leipzig 1876.

Ders.: Metaphysische Anfangsgründe der Naturwissenschaft, in: Immanuel Kant Werke. Band IX. Kritik der Urteilskraft und naturphilosophische Schriften I, Wiesbaden 1957.

Ders.: Metaphysik der Sitten. Herausgegeben von Karl Vorländer, 4. Aufl., Hamburg 1966.

Kaufmann, Arthur: Analogie und „Natur der Sache", 2. Aufl., Heidelberg 1982.

Ders.: Rechtsphilosophie, 2. Aufl., München 1997.

Ders.: Das Verfahren der Rechtsgewinnung – Eine rationale Analyse: Deduktion, Induktion, Abduktion, Analogie, Erkenntnis, Macht, München 1999.

Kelsen, Hans: Reine Rechtslehre. Mit einem Anhang: Das Problem der Gerechtigkeit, 2. Aufl., Wien 1976.

Ders.: Allgemeine Theorie der Normen. Herausgegeben von Kurt Ringhofer und Robert Walter, Wien 1979.

Ders.: Was ist Gerechtigkeit?, Stuttgart 2000.

Kienpointner, Manfred: Alltagslogik. Struktur und Funktion von Argumentationsmuster, Stuttgart 1992.

Klatt, Matthias: Theorie der Wortlautgrenze. Semantische Normativität in der juristischen Argumentation, Baden-Baden 2004.

Ders. / Schmidt, Johannes: Abwägung unter Unsicherheit, in: Archiv für öffentliches Recht (AöR) 137 (2004), S. 545 ff.

Klug, Ulrich: Juristische Logik, 3. Aufl., Berlin u. a. 1966.

Knebel, Sven K.: Universalien (Antike bis Mittelalter) in: Ritter, Joachim / Gründer, Karlfried / Gabriel, Gottfried (Hrsg.), Historisches Wörterbuch der Philosophie. Band 11 (U-V), Basel 2001, Sp. 181 ff.

Koch, Hans-Joachim / Rüßmann, Helmut: Juristische Begründungslehre. Eine Einführung in die Grundprobleme der Rechtswissenschaft, München 1982.

Kramer, Ernst A.: Juristische Methodenlehre, 4. Aufl., Wien 2013.

Kraus, Manfred: Deduktion, Reduktion, Kontradiktion, in: von Schlieffen, Katharina (Hrsg.), Das Enthymem. Zur Rhetorik des juridischen Begründens (Rechtstheorie 42 Heft 4), Berlin 2011, S. 417 ff.

Kriele, Martin: Theorie der Rechtsgewinnung, Berlin 1967.

Kunig, Philip: Das Rechtsstaatsprinzip, Tübingen 1986.

Lakoff, George / Johnson, Mark: Leben in Metaphern. Konstruktion und Gebrauch von Sprachbildern, 7. Aufl., Heidelberg 2011.

Langhein, A. W. Heinrich: Das Prinzip der Analogie als juristische Methode – ein Beitrag zur Geschichte der methodologischen Grundlagenforschung vom ausgehenden 18. bis zum 20. Jahrhundert, Berlin 1992.

Larenz, Karl: Methodenlehre der Rechtswissenschaften, 6. Aufl., Berlin u. a. 1991.

Launhardt, Agnes: Topik und Rhetorische Rechtstheorie. Eine Untersuchung zu Rezeption und Relevanz der Rechtstheorie Theodor Viehwegs, Frankfurt u. a. 2010.

Lauth, Bernhard: Wahrscheinlichkeit, in: Krings, Bernhard u. a. (Begr.), Neues Handbuch philosophischer Grundbegriffe. Neu herausgegeben von Petra Kolmer und Armin G. Wildfeuer, Band 3 (Quantität-Zweifel), Freiburg 2011.

Leenen, Detlef: Typus und Rechtsfindung, Berlin 1971.

Lege, Joachim: Pragmatik und Jurisprudenz: über die Philosophie von Charles Sanders Peirce und über das Verhältnis von Logik, Wertung und Kreativität im Recht, Tübingen 1999.

Ders.: Was Juristen wirklich tun. Jurisprudential Realism, in: Brugger, Winfried / Neumann, Ulfrid / Kirste, Stephan (Hrsg.), Rechtsphilosophie im 21. Jahrhundert, Frankfurt a. M. 2008, S. 207 ff.

Looschelders, Dirk / Roth, Wolfgang: Juristische Methodik im Prozess der Rechtsanwendung, Berlin 1996.

Luhmann, Niklas: Legitimation durch Verfahren, 3. Aufl., Frankfurt a. M. 1983.

Ders.: Das Recht der Gesellschaft, Frankfurt a. M. 1995.

Ders.: Einführung in die Systemtheorie, 3. Aufl. Heidelberg 2006.

Mackie, John L.: Die Erfindung des moralisch Richtigen und Falschen, Stuttgart 1981.

Maultzsch, Felix: Grundstrukturen der englischen Case-Law-Methodik, in: Rückert, Joachim / Seinecke, Ralf (Hrsg.), Methodik des Zivilrechts – von Savigny bis Teubner, 2. Aufl., Baden-Baden 2012, S. 470 ff

Meder, Stephan: Rechtsgeschichte. Eine Einführung, Köln 2014.

Milikan, Ruth G.: Biosemantik, Frankfurt a. M. 2012.

Mill, John Stuart: A System of Logic, Ratiocinative and Inductive. Eight Edition, New York 1882.

Mittwoch, Anne-Christin: Vollharmonisierung und Europäisches Privatrecht. Methode, Implikationen und Durchführung, Berlin 2013.

Montiel, Juan P.: Grundlagen und Grenzen der Analogie in bonam partem im Strafrecht, Berlin 2014.

Müller-Mall, Sabine: Performative Rechtserzeugung, Göttingen 2012.

Musielak, Hans-Joachim: Kommentierung zu § 313, in: Münchener Kommentar zur ZPO. Band 1, 5. Aufl., München 2016.

Nierhauve, Christian: Rechtsklugheit, Frankfurt a. M. 2016.

Nietzsche, Friedrich: Über Wahrheit und Lüge im außermoralischen Sinn, in: *ders.* Nachgelassene Werke. Zweite Abtheilung. Band X. Aus den Jahren 1872/73–1856/57, 3. Aufl., Stuttgart 1922.

Neumann, Ulfrid: Rechtsontologie und juristische Argumentation: zu den ontologischen Implikationen juristischen Argumentierens, Hamburg 1979.

Ders.: Juristische Argumentationslehre, Darmstadt 1986.

Ders.: Theorie der juristischen Argumentation, in: Brugger, Winfried / Ders. / Kirste, Stephan (Hrsg.), Rechtsphilosophie im 21. Jahrhundert, Frankfurt a. M. 2008, S. 239 f.

Ders.: Ex falso numquam quodlibet! – Eine Skizze zum Verhältnis von Logik und Argumentation, in: ders., Recht als Struktur und Argumentation, Baden-Baden 2008, S. 56 ff.

Ders.: Juristische Logik, in: Kaufmann, Arthur / Hassemer, Winfried / Ders. (Hrsg.), Einführung in die Rechtsphilosophie und Rechtstheorie der Gegenwart, 7. Aufl., Heidelberg 2010, S. 298 ff.

Ders.: Wissenschaftstheorie der Rechtswissenschaften, in: Kaufmann, Arthur / Hassemer, Winfried / Ders. (Hrsg.), Einführung in die Rechtsphilosophie und Rechtstheorie der Gegenwart, 7. Aufl., Heidelberg 2010, S. 385 ff.

Ders.: Das Enthymem in der Theorie der juristischen Argumentation, in: von Schlieffen, Katharina (Hrsg.), Das Enthymem. Zur Rhetorik des juridischen Begründens. Rechtstheorie 42 Heft 4, Berlin 2011, S. 573 ff.

Ders.: Die Rechtsprechung im Kontext des verfassungsrechtlichen Prüfungsprogramm zu Art. 103 Abs. 2 GG (Rückwirkungsverbot, Analogieverbot, Bestimmtheitsgebot). Überlegungen im Anschluss an die Entscheidung des Bundesverfassungsgerichts zum Präzisierungsgebot (BVerfGE 126, 170), in: Fahl, Christian / Müller, Eckhart / Satzger, Helmut / Swoboda, Sabine (Hrsg.), Ein menschengerechtes Strafrecht als Lebensaufgabe. Festschrift für Werner Beulke zum 70. Geburtstag, Heidelberg 2015, S. 197 ff.

Neuner, Jörg: Die Rechtsfortbildung, in: Riesenhuber, Karl (Hrsg.), Europäische Methodenlehre. Handbuch für Ausbildung und Praxis, 3. Aufl., Berlin 2015.

Newen, Albert / von Savigny, Eike: Analytische Philosophie: eine Einführung, München 1996.

Ogden, Charles K. / Richards, Ivor A.: The meaning of meaning. A study of the influence of language upon thought and of the science of symbolism, New York 1923.

Oppenheim, Paul / Putnam, Hilary: Unity of Science as a Working Hypothesis, in: Minnesota Studies in the Philosophy of Science 2 (1958), S. 3 ff.

Ossenbühl, Fritz: § 100 Gesetz und Recht – Die Rechtsquellen, in: Isensee, Josef / Kirchhof, Paul (Hrsg.), Handbuch des Staatsrechts. Band V, 3. Aufl., Heidelberg 2005.

Ostheeren, Klaus: Topos, in: Ueding, Gert (Hrsg.), Historisches Wörterbuch der Rhetorik. Band 9: St-Z, Tübingen 2009, Sp. 630–696.

Patzig, Günther: Die aristotelische Syllogistik, Göttingen 1959.

Peirce, Charles Sanders: Collected Papers of Charles Sanders Peirce. Volume I: Principles of Philosophy and Volume II: Elements of Logic. Edited by Hartshorne and Paul Weiss. Fourth Printing, Cambridge 1978.

Ders.: Die Logik der Relative (1897), in: Gesammelte Schriften. Band 1. Herausgegeben von Christian Kloesel und Helmut Pape, Frankfurt a. M. 1986, S. 269 ff.

Ders.: Über die Einheit hypothetischer und kategorischer Propositionen (1897), in: Gesammelte Schriften. Band 1. Herausgegeben von Christian Kloesel und Helmut Pape, Frankfurt a. M. 1986, S. 230 ff.

Ders.: Minutiöse Logik (1901), in: Gesammelte Schriften. Band 1. Herausgegeben von Christian Kloesel und Helmut Pape, Frankfurt a. M. 1986, S. 376 ff.

Perelman, Chaim: Über Gerechtigkeit, München 1967.

Ders.: Logik und Argumentation, 2. Aufl., Königstein/Ts 1994.

Ders. / Olbrechs-Tyteca, Lucie: Die neue Rhetorik. Eine Abhandlung über das Argumentieren. 2 Bände. Herausgegeben von Josef Kopperschmidt. Stuttgart 2004.

Peyandeh, Mehrdad: Judikative Rechtserzeugung. Theorie, Dogmatik und Methodik der Wirkung von Präjudizien. Tübingen 2017.

Platon: Spätdialoge I. Theaitetos. Der Sophist. Der Staatsmann. Kratylos. Eingeleitet von Olof Gigon und übertragen Rudolf Rufener, Zürich u. a. 1965.

Ders.: Der Staat (Politeia). Übersetzt und herausgegeben von Karl Vretska, Stuttgart 1994.

Ders.: Gorgias. Übersetzung und Kommentar von Joachim Dalfe, Göttingen 2004.

Ders.: Nomoi. Buch VIII-XII. Übersetzung und Kommentar von Klaus Schöpsdau, Göttingen 2011.

Popper, Karl: Die offene Gesellschaft und ihre Feinde I: Der Zauber Platons, 4. Aufl., München 1975.

Ders.: Logik der Forschung, 11. Aufl. Tübingen 2005.

Ders.: Die beiden Grundprobleme der Erkenntnistheorie 3. Aufl., Tübingen 2010.

Poscher, Ralf: Theorie eines Phantoms – Die erfolglose Suche der Prinzipientheorie nach ihrem Gegenstand, in: Rechtswissenschaft (RW) Heft 4 (2010), S. 349 ff.

Posner, Richard A.: The Problems of Jurisprudence, 7th Printing, Cambridge 2000.

Ders.: How Judges think, Cambridge 2008.

Putnam, Hillary: „Degree of Confirmation" and Inductive Logic, in: Paul Arthur Schilpp (Hrsg.), The Philosophy of Rudolf Carnap, La Salle 1963, S. 761 ff.

Quine, Willard van Orman: Grundzüge der Logik, Frankfurt a. M. 1969.

Ders.: Natural Kinds, in: Rescher, Nicholas (Ed.), Essays in Honor of Carl Gustav Hempel. A tribute on the Occasion of his Sixty-Fifth Birthday, Dordrecht 1969, S. 5 ff.

Ders. / Ulian, Joseph S.: The web of Belief, New York 1978.

Ders.: On what there is, in: From a Logical Point of View, Stuttgart 2011, S. 6 ff.

Ders.: Two Dogmas of Empircism, in: From a Logical Point of View, Stuttgart 2011, S. 59 ff.

Quintilian: Ausbildung des Redners. Zwölf Bücher. Herausgegeben und übersetzt von Helmut Rahn, Darmstadt 2011.

Radbruch, Gustav: Grundzüge der Rechtsphilosophie, in: Gustav-Radbruch-Gesamtausgabe herausgegeben von Arthur Kaufmann. Band 2, Heidelberg 1993.

Rapp, Christof: Rhetorik und Philosophie in Aristoteles' Rhetorik, in: Jahrbuch Rhetorik. Band 18 (1999), S. 94 ff.

Ders.: Aristotelische Grundbegriffe, in: von Schlieffen, Katharina (Hrsg.), Das Enthymem. Zur Rhetorik des juridischen Begründens. Rechtstheorie 42 Heft 4, Berlin 2011, S. 383 ff.

Ratschow, Eckart: Rechtswissenschaften und Formale Logik, Baden-Baden 1998.

Rawls, John: Eine Theorie der Gerechtigkeit, Frankfurt a. M. 1979.

Reichenbach, Hans: Experience and Prediction, First Phoenix Edition, Chicago 1961.

Reimer, Franz: Juristische Methodenlehre, Baden-Baden 2016.

Reisberg, Daniel (Ed.): The Oxford Handbook of Cognitive Psychology, Oxford 2013.

Richter, Ansgar: Der Begriff der Abduktion bei Charles Sanders Peirce, Frankfurt a. M. 1995.

Robbers, Gerhard: Kommentierung zu Art. 20 Abs. 3, in: Bonner Kommentar zum Grundgesetz, Heidelberg 2014.

Rödig, Jürgen: Die Theorie des gerichtlichen Erkenntnisverfahrens. Die Grundlinien des zivil-, straf- und verwaltungsgerichtlichen Prozesses, Berlin u. a. 1973.

Russel, Bertrand: On denoting, in: Mind, Volume XIV, Issue 4 (1905), S. 479 ff.

Russell, Gillian: Quine on the Analytic/Synthetic Distinction, in: Harman, Gilbert/Lepore, Ernie (Ed.), A Companion to W.V.O Quine, Hoboken 2014, S. 181 ff.

Russell, Stuart J. / Norvig, Peter: Artificial Intelligence. A modern approach, Third Edition, New Jersey 2010.

Ryffel, Hans: Rechts- und Staatsphilosophie, Neuwied u. Berlin 1969.

Ryle, Gilbert: Der Begriff des Geistes, Stuttgart 2015.

Säcker, Franz J.: Einleitung, in: Münchener Kommentar zum Bürgerlichen Gesetzbuch: BGB, Band 1: Allgemeiner Teil §§ 1–240, AllgPersönlR, ProstG, AGG, 8. Aufl., München 2018.

Sartor, Giovanni: Defeasibility in Legal Reasoning, in: Rechtstheorie 24 (1993), S. 281 ff.

von Savigyny, Eike: Sprachspiele und Lebensformen: Woher kommt die Bedeutung?, in: ders. (Hrsg.), Ludwig Wittgenstein. Philosophische Untersuchungen, 2. Aufl., Berlin 2011.

von Savigny, Friedrich Carl: System des heutigen Römischen Rechts. Erster Band, Berlin 1840.

Sax, Walter: Das strafrechtliche Analogieverbot. Eine methodologische Untersuchung über die Grenze der Auslegung im geltenden deutschen Strafrecht, Göttingen 1953.

Schantz, Richard / Scholz, Oliver R.: Universalien (Neuzeit), in: Ritter, Joachim / Gründer, Karlfried / Gabriel, Gottfried (Hrsg.), Historisches Wörterbuch der Philosophie. Band 11 (U-V), Basel 2001, Sp. 187 ff.

Schapp, Jan: Hauptprobleme der juristischen Methodenlehre, Tübingen 1983.

Schindler, Jörg M.: Rechtsmetaphorologie – Ausblick auf eine Metaphorologie der Grundrechte. Eine Untersuchung zu Begriff, Funktion und Analyse rechtswissenschaftlicher Metaphern, Berlin 2016.

Schirren, Thomas: Redesachverhaltsfeststellung (Statuslehre), in: Fix, Ulla / Gardt, Andreas / Knape, Joachim (Hrsg.), Rhetorik und Stilistik. Ein internationales Handbuch historischer und systematischer Forschung, Bd. 1, Berlin/New York 2008, S. 610 ff.

Schittko, Martin P.: Analogien als Argumentationstyp vom Paradeigma zur Similitudo, Göttingen 2002.

von Schlieffen, Katharina: Rhetorik und rechtsmethodologische Aufklärung, in: Krawietz, Werner / Morlok, Martin (Hrsg.), Vom Scheitern und der Wiederbelebung juristischer Methodik im Rechtsalltag – ein Bruch zwischen Theorie und Praxis? Rechtstheorie 32 Heft 2/3, Berlin 2001, S. 175 ff.

Dies.: Zur topisch-pathetischen Ordnung juristischen Denkens. Resultate empirischer Rhetorikforschung, in: Lerch, Kent (Hrsg.), Die Sprache des Rechts. Band 2: Argumentieren, Begründen und Entscheiden im Diskurs des Rechts, Berlin / New York 2005, S. 405 ff.

Dies.: Rhetorische Rechtstheorie, in: Ueding, Gert (Hrsg.), Rhetorik, Tübingen 2005, S. 313 ff.

Dies.: Sie bringen mir ganze Bogen, und ich verstehe nichts davon – Altes und neues zur Rechtssprache als Fachsprache, in: Wackerbart, Ulrich / Vormbaum, Thomas / Marutschke, Hans (Hrsg.), Festschrift für Ulrich Eisenhardt zum 70. Geburtstag, München 2007, S. 87 ff.

Dies.: Rhetorik und Stilistik in den Rechtswissenschaften, in: Fix, Ulla / Gardt, Andreas / Knape, Joachim (Hrsg.), Rhetorik und Stilistik. Ein internationales Handbuch historischer und systematischer Forschung, Bd. 2., Berlin/ New York 2008, S. 1811 ff.

Dies.: Wie überzeugt der Richter sein Auditorium, in: Justice – Justiz – Giustizia 3/2009, S. 1 ff.

Dies.: Wie Juristen begründen, in: JuristenZeitung (JZ) 2011, S. 109 ff.

Dies.: Das Enthymem – Ein Modell juridischen Begründens, in: dies. (Hrsg.), Das Enthymem. Zur Rhetorik des juridischen Begründens. Rechtstheorie 42 Heft 4, Berlin 2011, S. 601 ff.

Dies.: Subsumtion, in: Gabriel, Gottfried / Gröschner, Rolf (Hrsg.), Subsumtion, Tübingen 2012, S. 379 ff.

Dies.: Was trennt und was verbindet: Argumentationstheoretisches und Rhetorisches Rechtsdenken, in: Frank Saliger u. a. (Hrsg.), Rechtsstaatliches Strafrecht. Festschrift für Ulfrid Neumann zum 70. Geburtstag, Heidelberg 2017, S. 377 ff.

Dies.: Das verborgene Organon und literale Rechtskultur im Wandel, in: dies. u. a. (Hrsg.): Republik – Rechtsverhältnis – Rechtskultur, Tübingen 2018, S. 373 ff.

Schmidt-Aßmann, Eberhard: § 26 Der Rechtsstaat, in: Isensee, Josef / Kirchhof, Paul (Hrsg.), Handbuch des Staatsrechts. Band II, 3. Aufl., Heidelberg 2004.

Schnapp, Friedrich E.: Art. 20, in: von Münch, Ingo / Kunig, Philipp (Hrsg.), Grundgesetz-Kommentar, 6. Aufl., München 2012.

Schönleiter, Ulrich: § 34d GewO, in: von Landmann, Robert / Rohmer, Ernst (Begr.), Kommentar zur Gewerbeordnung (Band 1), 81. Aufl., München 2019.

Schopenhauer, Arthur: Die Welt als Wille und Vorstellung, 3. Aufl., Paderborn 2005.

Schröder, Jan: Recht als Wissenschaft – Geschichte der juristischen Methodenlehre in der Neuzeit (1500–1933), 2. Aufl., München 2012.

Schultze-Fielitz, Helmuth: Art. 20 (Rechtsstaat), in: Dreier, Horst (Hrsg.), Grundgesetz-Kommentar, Tübingen 2015.

Schulz, Lorenz: Recht und Pragmatismus, in: Brugger, Winfried / Neumann, Ulfrid/Kirste, Stephan (Hrsg.), Rechtsphilosophie im 21. Jahrhundert, Frankfurt a. M. 2008, S. 286 ff.

Schulze-Werner, Martin: § 34d, in: Friauf, Karl Heinrich (Fortg.), Kommentar zur Gewerbeordnung, Köln 2018.

Schurz, Gerhard: Die Bedeutung abduktiven Schließens in Erkenntnis- und Wissenschaftstheorie, in: Schramm, Alfred (Hrsg.), Philosophie in Österreich, Wien 1996, S. 91 ff.

Ders.: Der Schluss auf die beste Erklärung, in: Schrenk, Markus (Hrsg.), Handbuch Metaphysik, Stuttgart 2017.

Searle, John: Consciousness and language, Cambridge 2002.

Ders.: Wie wir die soziale Welt machen, Frankfurt a. M. 2012.

Seibert, Thomas (Hrsg.): Fiktion im Recht, in: Zeitschrift für Semiotik 1990, S. 175 ff.

Ders.: Das Denkgesetz im Gesetz, in: von Schlieffen, Katharina (Hrsg.), Das Enthymem. Zur Rhetorik des juridischen Begründens. Rechtstheorie 42 Heft 4, Berlin 2011, S. 553 ff.

Sieckmann, Jan-Reinard: Die Prinzipientheorie der Grundrechte, Baden-Baden 2007.

Simon, Dieter: Die Unabhängigkeit des Richters, Darmstadt 1978.

Ders.: Vom Rechtsstaat in den Richterstaat? Vortrag vom 3. November 2008 im Rahmen der Vortragsreihe des Berliner Arbeitskreises Rechtswirklichkeit, abrufbar unter: http://archiv.rechtswirklichkeit.de/aktuelles/inhalte/dokumente/vortrag_simon.pdf (Stand 30.09.2019).

Ders.: Fiktionen, abrufbar unter http://mops-block.de/images/texte/Fiktionen.pdf (Stand 30.09.2019).

Ders.: Alle Quixe sind Quaxe, in: JuristenZeitung (JZ) 2011, S. 697 ff.

Sobota, Katharina: Sachlichkeit, Rhetorische Kunst der Juristen, Frankfurt a. M. u. a. 1990.

Dies.: Reflexion und Imitation in der Rechtsmethodik, in: Denninger, Erhard u. a. (Hrsg.). Festschrift für Peter Schneider zum 70. Geburtstag, Frankfurt a. M. 1990, S. 501 ff.

Dies.: Don't mention the norm, in: International Journal for the Semiotics of Law IV/ 10 (1991), S. 45 ff.

Dies.: Stimmigkeit als Rechtsstruktur, in: Archiv für Rechts- und Sozialphilosophie (ARSP) Vol. 77 (1991), S. 243 ff.

Dies.: Rhetorisches Seismogramm – eine neue Methode in der Rechtswissenschaft, in: JuristenZeitung (JZ) 1992, S. 231 ff.

Dies.: The Rhetorical Construction of Law, in: International Journal for the Semiotics of Law V/13 (1992), S. 39 ff.

Dies.: Das Prinzip Rechtsstaat. Verfassungs- und Verwaltungsrechtliche Aspekte, Tübingen 1997.

Dies.: Rhetorische Muster der Rechtsgewinnung am Beispiel einer Entscheidung des OVG Münster, in: Schirren, Thomas / Ueding, Gert (Hrsg.), Topik und Rhetorik. Ein interdisziplinäres Symposium, Tübingen 2000, S. 521 ff.

Solbach, Markus: Politischer Druck und richterliche Argumentation. Eine rechtsrhetorische Analyse von Entscheidungen des Bundesverfassungsgerichts, Frankfurt a. M. 2002.

Sommermann, Karl-Peter: Art. 20 Abs. 3, in: von Mangoldt, Kommentar zum Grundgesetz – Band 2, 6. Aufl., München 2010.

Spencer-Brown, George: Laws of Form, New York 1972.

Sprute, Jürgen: Die Enthymem-Theorie der aristotelischen Rhetorik, Göttingen 1982.

Stegmüller, Wolfgang: Probleme und Resultate der Wissenschaftstheorie und Analytischen Philosophie. Band I: Wissenschaftliche Erklärung und Begründung, Berlin u. a. 1974.

Steinhauer, Fabian: Regel und Fiktion. Zur normativen Kraft des Kontrafaktischen Untersuchung über zwei Argumentationsformen kultureller Selbstdarstellung, 2001, abrufbar unter http://elpub.bib.uni-wuppertal.de/servlets/DerivateServlet/Derivate-303/d050101.pdf (Stand 30.09.2019).

Stevenson, Charles L.: Persuasive Definitions, in: Mind Vol. 47, No. 187 (1938), S. 331 ff.

Stolleis, Michael: Das Auge des Gesetzes. Geschichte einer Metapher, München 2004.

Strauch, Hans-Joachim: Methoden des gerichtlichen Erkenntnisverfahrens. Prozesse richterlicher Kognition, München 2017.

Ders.: Wandel der Rechtsprechung durch Wikipedia, in: von Schlieffen, Katharina / Fischer, Jens (Hrsg.), Rechtsquelle Wikipedia (im Erscheinen).

Sunstein, Cass R.: On analogical reasoning, in: Harvard Law Review, Vol. 106, No. 3 (Jan., 1993), S. 741 ff.

Ders.: One Case at a time: Judicial Minimalism on the Supreme Court, Second Printing, Cambridge 2001.

Tarski, Alfred: Der Wahrheitsbegriff in den formalisierten Sprachen, in: Studia Philosophica 1 (1936), S. 261 ff.

Thiesing, Martin (Hrsg.): Die Neo-Whorfian-Theorie: Das Wiedererstarken des linguistischen Relativitätsprinzips, in: Zeitschrift für Semiotik Band 35 Heft 1/2 (2013), S. 3 ff.

Toulmin, Stephen: The Uses of Arguments, Cambridge 2003.

Ueding, Gert / Steinbrink, Bernd: Grundriß der Rhetorik. Geschichte, Technik, Methode, 5. Aufl., Stuttgart 2011.

Vaihinger, Hans: Die Philosophie des als-ob. System der theoretischen, praktischen und religiösen Fiktionen der Menschheit auf Grund eines idealistischen Positivismus. Mit einem Anhang über Kant und Nietzsche. 8. Auflage, Leipzig 1922.

Viehweg, Theodor: Topik und Jurisprudenz. Ein Beitrag zur rechtswissenschaftlichen Grundlagenforschung, 5. Auflage, München 1974.

Ders.: Zur Geisteswissenschaftlichkeit der Rechtsdisziplin, in: ders., Rechtsphilosophie und Rhetorische Rechtstheorie. Gesammelte Kleine Schriften mit einer Einleitung herausgegeben von Heino Garrn, Baden-Baden 1995, S. 23 ff.

Ders.: Some Considerations Concerning Legal Reasoning, in: ders., Rechtsphilosophie und Rhetorische Rechtstheorie. Gesammelte Kleine Schriften mit einer Einleitung herausgegeben von Heino Garrn, Baden-Baden 1995, S. 107 ff.

Ders.: Über die Zukunft der Rechtsphilosophie als Grundlagenforschung, in: ders., Rechtsphilosophie und Rhetorische Rechtstheorie. Gesammelte Kleine Schriften mit einer Einleitung herausgegeben von Heino Garrn, Baden-Baden 1995, S. 116 ff.

Ders.: Reine und Rhetorische Rechtslehre, in: ders., Rechtsphilosophie und Rhetorische Rechtstheorie. Gesammelte Kleine Schriften mit einer Einleitung herausgegeben von Heino Garrn, Baden-Baden 1995, S. 214 ff.

Vogel, Friedemann / Christensen, Ralph: Korpusgestützte Analyse der Verfassungsrechtsprechung: Eine Abwägung von Prinzipien findet nicht statt, in: Rechtstheorie 44 (2013), S. 29 ff.

Ders. / Pötters, Stephan / Christensen, Ralph: Richterrecht der Arbeit – empirisch untersucht. Möglichkeiten und Grenzen computergestützter Textanalyse am Beispiel des Arbeitnehmerbegriffs, Berlin 2015.

Voßkuhle, Andreas: Theorie und Praxis der verfassungskonformen Auslegung von Gesetzen durch die Fachgerichte, in: Archiv für öffentliches Recht (AöR) 125 (2000), S. 177 ff.

Weber, Max: Wirtschaft und Gesellschaft, Tübingen 1922.

Weinberger, Ota: Rechtslogik, 2. Aufl., Berlin 1989.

Weinreb, Lloyd L.: Legal Reason. The use of analogy in legal argument, Cambridge 2005.

Wilke, Dieter: § 112 Die rechtsprechende Gewalt, in: Isensee, Josef / Kirchhof, Paul (Hrsg.), Handbuch des Staatsrechts. Band V, 3. Aufl., Heidelberg 2005.

Wille Katrin: Kommentar zu den Laws of Form. Das elfte Kapitel: Equations of the second degree, in: Schönwalder-Kuntze, Tatjana u. a. (Hrsg.), in: George Spence Brown. Eine Einführung in die Laws of Form, 2. Aufl., Wiesbaden 2009, S. 174 ff.

Wittgenstein, Ludwig: Philosophische Untersuchungen, Frankfurt a. M. 1977.

Wolff, Christian: Grundsätze des Natur- und Völkerrechts, worinn alle Verbindlichkeiten und alle Rechte aus der Natur des Menschen in einem beständigen Zusammenhange hergeleitet werden, Halle 1754.

Wörner, Markus H.: Enthymeme – ein Rückgriff auf Aristoteles in systematischer Absicht, in: Ballweg, Ottmar / Seibert, Thomas-Michael (Hrsg.),

Rhetorische Rechtstheorie. Festschrift für Theodor Viehweg zum 75. Geburtstag, München 1982, S. 73 ff.

von Wright, Georg H.: Erklären und Verstehen, Hamburg 2008.

van Zantwijk, Temilo: Das Enthymem: Fragmentarische Ordnung und rhetorische Wahrscheinlichkeit, in: von Schlieffen, Katharina (Hrsg.), Das Enthymem. Zur Rhetorik des juridischen Begründens. Rechtstheorie 42 Heft 4, Berlin 2011, S. 437 ff.

Ziehen, Theodor: Lehrbuch der Logik, Bonn 1919.

Zimmermann, Reinhard: Gastwirtshaftung in Deutschland, in: Repgen, Tilman / Haferkamp, Hans-Peter (Hrsg.), Usus modernus pandectarum. Römisches Recht, Deutsches Recht und Naturrecht in der Frühen Neuzeit. Klaus Luig zum 70. Geburtstag, Köln 2007.

Zippelius, Reinhold: Juristische Methodenlehre, 10. Aufl., München 2006.

Zitelmann, Ernst: Lücken im Recht, Leipzig 1903.

www.ingramcontent.com/pod-product-compliance
Ingram Content Group UK Ltd.
Pitfield, Milton Keynes, MK11 3LW, UK
UKHW021417071026
15692UKWH00004B/15

9 783631 853511